| 한국장로교총회창립 100주년기념 표준주석 |

데살로니가전·후서

개정증보판

대한예수교장로회총회교육자원부 편

한국장로교출판사

발간사

　본 주석서는 대한예수교장로회총회의 신앙과 신학 이념을 따라 평신도와 신학생, 목회자와 신학 교수들이 성경을 바르게 이해하도록 도움을 주는 데 그 목적이 있다.

　대한예수교장로회 교단은 1934년 희년에 즈음하여 성경전서 주석의 간행을 총회에서 결의한 바 있다. 그리하여 1937년부터 총회표준주석(1937년, 「욥기」, 「시편」, 「잠언」, 「전도서」, 「아가」; 1939년, 「로마서」, 「고린도전·후서」, 「갈라디아서」)이 간행되기 시작하였다. 그러나 제2차 세계대전의 발발과 일제강점기의 한국교회 탄압으로 주석 발간 사업은 일시 중단되었다. 1945년, 해방은 되었으나 38선으로 남북이 분열되고, 1950년 6·25한국전쟁의 비극을 겪어야 했다. 1953년, 휴전된 후 총회표준주석 사업이 재개되어 1954~1957년(1954년, 「이사야」; 1955년, 「요한복음」; 1956년, 「창세기」; 1957년, 「레위기」, 「민수기」)에 출판이 있었으나, 1959년에 교단의 분열로 오늘에 이르기까지 총회표준주석 사업은 불가한 형편이었다.

　대한예수교장로회 제90회기(2005) 총회는 총회창립 100주년(2012)기념

사업의 일환으로 교단 신학의 정체성 확립과 한국장로교회의 신학적 표준을 제시할 총회표준주석을 출판하기로 결의하고, 총회 산하 신구약성경 신학자들에게 집필을 위촉하게 되었다.

2005년 12월 한국장로교총회창립 100주년기념 표준주석편찬위원회가 조직된 후 집필 원칙을 정하고 집필자를 선정하여, 그 원칙에 충실할 것을 서약하게 하였다. 지난 7년 동안 집필자들의 깊은 기도와 연구의 산고 끝에 이제 그 실체가 드러나 장로교 총회표준주석이 출판되었다. 편찬위원회는 수차례 모임을 갖고 50여 명에 이르는 많은 집필자들을 격려하고 집필 목적과 방향 제시를 수시로 하여 주석서의 통일성과 진정성을 유지하게 하였다. 집필된 원고가 제출된 경우, 검독위원회가 총회의 신학과 신앙에 맞는 주석을 출판하기 위해 내용을 수정 또는 추가할 것을 요청하기도 하였다.

이 주석서가 빛을 보기까지 집필자는 물론이고, 총회교육자원부 김치성 총무와 한국장로교출판사의 수고가 있었고, 전국 교회들의 기도 지원이 있었다. 무엇보다도 출판비 및 연구비 전액을 이름 없이 지원해 준 교회가 있었다. 이에 독자 여러분과 함께 하나님께 찬양을 드리며, 이 일에 헌신하신 분들께 감사를 드린다.

유사 이래 성경보다 더 긴 세월 동안 연구되고 읽혀진 책은 없다. 그렇기 때문에 해석 방법도 시대와 지역에 따라 다양하게 나타났다. 에스라 시대까지 거슬러 올라가서 사용된 미드라쉬(Midrash) 주해 방법부터 시작하여 중세의 종교개혁자들과 현대 비평주의자들의 해석 방법 등 수많은 해석학적 이해가 있어 왔고, 여러 언어로 번역되어 하나님의 말씀인 성경은 읽혀졌다. 그러나 하나님의 말씀은 (해석자들이나 번역자들에게) 매이지 않는다(딤후 2:9). 성경 주석가와 번역자들은 자기 시대와 문화 속에서 어떤 전제(presupposition)를 갖고 성경을 읽기 때문에 언제나 해석의 한계가 있음을 인정할 수밖에 없다. 그런 의미에서 본 주석서도 예외는 아닐 것이다. 그럼에도 불구하고 데살로니가전·후서는 그 한계를 최소화시키기 위해 다양한 신학적 입장, 다른 해석들, 교회사적 해석들, 지리적 상황을 포함하려고 노력했다.

우리의 전제는 신구약성경 66권이 하나님의 영감으로 특별 계시된 말씀이라는 대한예수교장로회의 신앙고백을 준거(準據)로 했다. 그러므로 데살로니가전·후서는 집필자 자신의 신앙고백과 신학도 내포되었지만, 그보다 총회의 신앙과 신학의 표준적 입장에서 성경을 주석한 것이다. 즉, 사도신경, 웨스트민스터신앙고백서, 장로교신앙고백을 따르는 개혁주의 신학과 신앙 전통을 따른 것이다.

집필을 하는 데 있어서 학문적 깊이를 외면할 수는 없으나 목회자나 평신도가 성경을 이해하는 데 도움을 주기 위해 설교를 위한 묵상을 삽입하기도 하였다. 그러나 각 권의 기록자, 기록 연대, 문학적 특징, 책의 목적 등을 설명하는 개론적 연구를 할 때에는 그것이 학문적 연구에 꼭 필요하다고 여겨지는 경우에 한하여 최근 많은 성경학자들이 사용하는 비평적 방법도 가설(假說)로는 소개하였으나 결론은 따르지 않았다. 그것이 교회의 신앙적 지도를 위한 적절한 방법은 아니기 때문이다.

영감으로 된 하나님의 말씀인 성경의 해석은 성령의 조명이 가장 중요한 조건이다. 따라서 데살로니가전·후서의 집필자들은 종교개혁자들이 채택했던 문법적, 역사적, 신학적 원리를 주된 해석 방법으로 채택하고, 기도하면서 하나님의 계시된 말씀의 원의를 알기 쉽게 해석하려고 힘썼다. 외래어 사용은 가급적 줄이되 히브리어나 헬라어와 같은 원어를 반드시 읽어야 할 경우에는 음역화해서 누구나 원어의 발음으로 읽게 했다. 각주(脚註)도 가급적 줄이되 문장 뒤에 참고로 넣었다. 또한 각 절이 아닌 단락별로 주해를 하여 전체적 파악을 도왔다.

주석 앞에는 대한성서공회가 출판한 개역개정 성경(4판)을 단락별로 제시했다. 히브리어 성경은 BHS(Biblia Hebraica Stuttgartensia)를, 헬라어 성경은 United Bible Societies가 출판한 The Greek New

Testament(4thed)를 각각 원문으로 채택하여 사용하였다. 특히 개역개정 성경의 번역에 대한 문제가 있다는 의견을 총회가 받아들여 본 편찬위원회에 수정 의뢰를 하였고, 집필자들이 원문을 바로 번역하여 대한성서공회에 제시함으로 수시 교정 제도를 따라 수정하도록 했다.

우리의 생명이시며 찬양의 대상이 되신 우리 주 예수 그리스도를 계시하시고, 하나님의 공의와 사랑을 그의 십자가를 통하여 실현시켜 우리를 구원하신 하나님의 깊은 뜻을 알게 해 주는 신구약성경을 더 많은 사람들이 더 깊이, 더 분명하게 이해하고, 믿게 하기 위하여 대한예수교장로회총회 창립 100주년을 기하여 한국 교회와 세계 교회 앞에 겸손한 자세로 이 주석을 내어놓는다.

"내가 온 것은 양으로 생명을 얻게 하고 더 풍성히 얻게 하려는 것이라" (요 10 : 10b).

Soli Deo Gloria!

한국장로교총회창립 100주년기념
표준주석편찬위원회
위원장 이 종 윤

추천사 1

                ~~~

할렐루야! 2012년은 대한예수교장로회(통합)총회가 창립 100주년을 맞이하는 해입니다. 총회가 창립된 이후 1세기가 지난 지금까지 우리 한국 교회를 세계가 주목할 만큼 눈부시게 성장할 수 있도록 도와주신 에벤에셀의 하나님께 모든 찬송과 영광과 감사를 드립니다.

이와 같은 한국 교회의 놀라운 부흥 가운데서도 마음 한구석에 늘 안타까움이 자리하고 있었는데, 그것은 바로 우리 한국 교회만의 권위 있는 주석이 없다는 사실이었습니다. 현재 목회현장에서 사용되는 우리말 주석들은 대부분 오래되었거나 현대의 한국 교회 상황에 맞지 않는 서구 교회의 해석, 또는 성서학 전문가들의 주석이 아닌 짜깁기식 주석이 대다수를 차지합니다.

이러한 현실 가운데 이번 총회창립 100주년기념사업의 일환으로 본 교단에서 「한국장로교총회창립 100주년기념 표준주석」을 출간하기로 결의하고, 주석서를 출간하게 된 것은 대단히 자랑스럽고 의미 있는 일이 아닐 수 없습니다.

이번 「표준주석」의 출판으로 한국 교회는 이전보다 더욱 '개혁주의 신학과 신앙 전통'을 따르는 성경 해석의 기초를 확립하게 될 것이며, 많은 목회자들이 이 주석서를 통해 하나님의 말씀에 중심을 둔 목회를 실천할 수 있을 것으로 기대합니다. 더 나아가 이 「표준주석」은 한국 교회의 신앙을 더욱 견고히 하는 성경 해석의 표본이 될 것입니다.

아무쪼록 이번 「표준주석」 출간을 계기로 우리 한국 교회가 당면한 갖가지 위기를 극복하고 더욱 하나님 말씀으로 충만하여, 평화통일은 물론 주님의 지상명령인 땅끝까지 복음을 전하는 사명을 보다 잘 감당하는 교회로 거듭나게 되기를 기대하며, 한국의 모든 교회와 성도님들께 자랑스럽게 이 주석서를 추천하는 바입니다. 샬롬!

장로회신학대학교
전 총장 장 영 일

추천사 2

「한국장로교총회창립 100주년기념 표준주석」의 발간을 축하합니다. 한국 교회 역사에서 중요한 자리를 차지하고 있는 「총회표준주석」은 한국 교회에 큰 영향을 끼친 박윤선 박사님께서 박형룡 박사님을 도와 「표준주석」의 고린도후서 주석 집필에 참여하면서 평생을 주석 집필에 헌신하게 했던 뜻깊은 주석이었습니다.

그러나 그동안 중단되었던 표준주석 사업을 재개함에 있어 편집위원장 이종윤 목사님이 밝힌 대로 성경이 성령으로 영감된 정확 무오한 하나님의 말씀이라는 분명한 신앙고백 위에 집필하도록 하였다는 편집 원칙을 통해 「표준주석」의 맥을 잇고자 하는 의지를 보여 줍니다.

이런 맥락에서 비평적 성서연구가 교회의 신앙적 지도에 적합하지 않다는 인식을 가지고 전통적인 개혁주의 해석 방법을 채택할 뿐만 아니라 복음적이고 목회적인 관심을 드러낸 점도 환영할 만한 일입니다. 또한 성경 자체에 대한 전문적인 지식뿐만 아니라 한국 교회와 성도를 체험적으로 알고 있는 성경학자들이 오랜 기도와 연구 끝에 발간하였다는 점도 높이 사고 싶습니다.

    아무쪼록 데살로니가전·후서가 많은 이들에게 풍성하고 깊이 있는 신학적 성찰을 제공하는 귀한 책이 되길 소망합니다.

합동신학대학원대학교
전 총장 성 주 진

데살로니가전·후서
차 례

발간사 _ 2
추천사 1 _ 6
추천사 2 _ 8
참고문헌 _ 407

:: 데살로니가전서 ::

서 론 ··· 17
  A. 데살로니가 교회의 문제에 대한 역사적 연구 ············ 18
  B. 데살로니가의 정치·사회·종교적 정황 ····················· 22
    1. 시민 제의(civic cults) ······································· 22
    2. 정치·종교적 정황 ·· 27
  C. 저자, 수신자 및 기록 목적 ····································· 34
  D. 특징과 구조 ··· 41

제 I 부 인 사(1:1) ··· 51
  A. 인 사(1:1) ·· 52

제 II 부 첫째 단락(1:2-3:13) ······ 61
A. 첫 번째 감사: 데살로니가 교우들의 믿음과 본(1:2-10) ······ 62
B. 사도적 임재(apostolic parousia): 바울의 목양(2:1-12) ······ 86
1. 바울의 들어감(2:1-2) ······ 87
2. 목양의 성격(2:3-4) ······ 93
3. 삶의 행위(2:5-8) ······ 98
4. 목양(2:9-12) ······ 106
C. 두 번째 감사: 데살로니가 교우들의 행동(2:13-16) ······ 115
D. 사도적 임재: 부재 중의 목양과 감사(2:17-3:10) ······ 127
E. 마침 기도(3:11-13) ······ 154

제 III 부 둘째 단락(4:1-5:24) ······ 161
A. 서론적 권면(4:1-2) ······ 163
B. 첫 번째 권면(4:3-12) ······ 168
1. 하나님의 뜻: 거룩함(4:3-8) ······ 169
2. 형제 사랑: 이웃 사랑(4:9-12) ······ 183
C. 주 예수의 강림과 죽은 자들의 부활(4:13-18) ······ 191
D. 두 번째 권면(5:1-11) ······ 210
E. 세 번째 권면(5:12-22) ······ 229
1. 교회 구성원들에 대한 목회적 지침(5:12-15) ······ 230
2. 예전적 권면과 예언에 대한 지침(5:16-22) ······ 240
F. 마침 기도(5:23-24) ······ 250

제 IV 부 끝인사(5:25-28) ······ 255

:: 데살로니가후서 ::

서 론 ··· 265
  A. 진정성 문제 ·· 267
  B. 데살로니가후서의 종말론 ······························ 270
  C. 데살로니가 서신의 순서 ································ 274
  D. 기록 목적 ·· 278
  E. 저작 시기 ·· 281
  F. 구 조 ··· 284

제I부 서 두(1:1-2) ·· 289

제II부 엑소르디움(1:3-12) ································· 293
  A. 감 사(1:3-4) ·· 295
  B. 최후의 심판 때의 이야기(1:5-10) ················· 301
  C. 기도 보고(1:11-12) ······································ 317

제III부 파르티치오(2:1-2) ·································· 325

제IV부 프로바치오(2:3-17) ································· 333
  A. 거짓에 관한 증거들(2:3-12) ·························· 335
  B. 감 사(2:13-14) ··· 357
  C. 결 론(2:15) ·· 364
  D. 중보의 기도(2:16-17) ··································· 366

제Ⅴ부 엑소르타치오(3:1-13) ·· 371
  A. 전체적 권면: 중보 기도의 요청(3:1-5) ······························ 372
  B. '아탁토이'에 대한 권면(3:6-13) ·· 382

제Ⅵ부 페로라치오(3:14-15) ·· 395

제Ⅶ부 종 결(3:16-18) ·· 401

데살로니가전서

데살로니가전서

서 론

A. 데살로니가 교회의 문제에 대한 역사적 연구
B. 데살로니가의 정치·사회·종교적 정황
C. 저자, 수신자 및 기록 목적
D. 특징과 구조

| 데살로니가전서 |

서론

A. 데살로니가 교회의 문제에 대한 역사적 연구

데살로니가 교회 공동체의 정황에 관한 몇 가지 다른 견해들은 종종 바울의 선교 사역을 통해 일어난 반대자들을 규명하려는 이론들을 기초로 제기되었다. 먼저, 19세기에 바우어(F. C. Baur)와 튀빙엔 학파는 바울이 다른 선교지와 마찬가지로 데살로니가에서도 유대주의자들(이방인이 온전한 그리스도인들이 되기 전에 먼저 유대인이 되어야 함을 요구하는 자들)의 반대에 직면했다고 주장하였다. 하지만 이 이론은 이를 뒷받침할 만한 증거자료를 데살로니가 서신 안에서 찾을 수 없기에 더 이상 지지를 받지 못한다. 예를 들면, 갈라디아서에 등장하는 논쟁과 같이 유대주의자들에게 결정적인 율법, 할례, 칭의와 같은 주요 논의들과 빌립보서에서와 같은 유대 정체성에 대한 유대주의자들의 자부심과 관련된 비난(빌 3:19)이 데살로니가 서신에 나타나지 않는다.

이후 쉬미탈스(Schmithals, 123-218)는 데살로니가 서신을 영지주의와의 연관성에서 이해하였다. 그는 바울이 그가 선교한 공동체에 난입한 영지주의자들과 맞서 싸웠다고 주장하였다. 바울은 영지주의자들의 비난에 맞서 그의 사도적 사역을 변호하고 있고(살전 1:5; 2:1-12), 성적인 문제에 있어서의 영지주의자들의 방종(살전 4:3-8)과 게으름을 조장하는 열광주의(살전 4:9-12)를 비판하고 공격하고 있다는 것이다. 바울이 영지주의자들에 의해 거부된 부활을 옹호하고 있으며(살전 4:13-18), 모든 종말론적 사건들을 부정하는 영지주의자들에 대항해서 그리스도교의 종말론을 펼치고 있고(살전 5:1-11), 영지주의 난입자들에 맞서서 공동체 지도자들의 권위를 지지하고 있다는 것이다(살전 5:12-13).

하지만 쉬미탈스의 영지주의적 가설은 다음과 같은 이유로 더 이상 설득력을 가지지 못한다. 첫째, 쉬미탈스가 추려낸 특징들은 그 어느 것도 성격상 반드시 영지주의적인 것이 아니다. 예를 들면, 데살로니가전서 2장 1~12절은 바울을 향한 외적 혹은 내적 비난에 대한 사도적 변호로 보기가 어렵다. 비록 데살로니가 교우들이 바울의 종말론적 가르침에 대해서 혼란스러워했음이 분명하지만, 데살로니가 서신에서는 그들이 부활이나 혹은 다른 종말론적 사건들을 부정하였다는 사실을 찾아볼 수가 없다. 오히려 데살로니가전서 2장 1~12절은 바울의 복음 사역의 선포적인 성격을 드러낸다. 말허비(Malherbe 1989: 35-48)는 이 구절이 개종한 데살로니가 교우들에게 스토아 철학자들이나 혹은 견유 철학자들 가운데의 이상적인 도덕적 철학자와 같이 바울 자신의 사역의 온전함을 보여주고자 하는 시도였음을 밝혀 주었다.

둘째, 데살로니가 서신에는 외부로부터의 난입자들을 향한, 예를 들면, 갈라디아서 5장 12절과 고린도후서 11장 12~15절에서와 같은 신랄한 성격을 띤 말들이 나타나지 않는다. 이 점은 교회 내에서 발생한 문제가 어떠한 것이든 그것은 외부로부터 들어온 것이 아님을 나타낸다. 셋째, 영지주의적 특징들인 영과 육의 이원론, 그리스도론적 사변, 창세기 1~3장의 사변적 사용, 방탕한 행동에 대한 내용이 나타나지 않는다.

바울의 대적자에 대한 또 다른 보편적 이론은 열광주의자들에 관한 것이다. 데살로니가 교회의 대부분의 문제들은 바울이 가르친 것이 과격화되어 생긴 문제라는 것이다. 이는 바울을 통해 성령을 받음으로써 그들이 주의 임재의 종말론적 사건을 경험하게 되었다는 해석이다. 이러한 과격화는 스스로를 영적으로 우월하다고 느끼는 자들에게 방탕과 게으름을 가져왔다는 것이다. 적지 않은 학자들은 이러한 이론을 채택하여 영적 열광주의가 영적 엘리트들 가운데 실현된 종말론으로 드러났음을 강조하고 있다(예, W. Lütgert).

어떤 의미에서 영적 열광주의의 실현된 종말론(뤼트게르트)과 영지주의적 탈종말론(쉬미탈스)의 입장 사이에는 유사한 연관성이 있다. 두 입장은 동일한 기본적 증거에 의존하여 방탕한 행동이나 게으름으로 나타난 영적 엘리트주의의 형태를 바울이 비판하고 있다고 주장한다. 다만 차이가 있다면 열광주의적 해석은, 쉬미탈스의 영지주의적 가설과 달리, 외부의 난입자들을 필요로 하지 않는다는 점이다.

하지만 영적 열광주의의 가장 큰 약점은 데살로니가 서신 자체 내에서 성령 받음과 관련된 문제와 종말론 사이의 분명한 연관성을 보여주지 못한다는 점이다. 영적 은사가 주요 쟁점이었던 고린도전서와 비교할 때에 데살로니가 서신 내에서는 영적 열광주의의 존재를 입증할 만한 증거를 찾기가 어렵다. 데살로니가전서 5장 19~22절은 데살로니가 서신에서 영적 은사에 관한 유일한 언급이지만 열광주의의 흔적을 뒷받침해 주지 못한다.

최근에 주윗(Jewett)은 데살로니가 서신에서 바울이 겪었던 반대에 대한 새로운 이론을 제기하였다. 그는 '신-인', 혹은 '신적 인간 이데올로기' (divine man ideology) 이론을 내세운다. '신-인 이데올로기'는 공동체 내에서 어떤 사람들은 그들 자신이 인간 경험의 정상적인 경계를 초월했다고 믿었다는 주장이다. 주윗은 바울의 선교사로서의 행동(살전 2:1-12)과 '규모 없는 자들'(개역), 또는 '게으른 자들'(개역개정)로 번역된 τοὺς ἀτάκτους (투스 아탁투스 〈살전 5:14; 살후 3:6-15〉)의 행동을 비교함으로써 '신-인 이데올로기'와 관련된 태도를 발견할 수 있다고 주장한다(Jewett, 149-157). 첫째, 간사함, 부정, 속임수(살전 2:3)는 '아탁토이'의 특징으로 그들의 착취적이고 수치스러운 행동을 나타낸다. 둘째, 고린도후서와 관련하여 그들의 영적 우월성을 인정받으려는 태도이다. 셋째, 데살로니가 교회의 급진주의자들과 '신-인' 사이의, 예를 들면, 황홀경과 같은 일반적 유사점이다. 데살로니가 교회의 '아탁토이'는 황홀경의 경험으로 시간과 고통(어려움)을 초월하고 심지어 죽음까지도 초월했다는 것이다. 이러한 그들의 의식이 성령의 묵시문학적 승리 안에서 살고 있지만 박해를 경험하는 공동체에게 충격과 절망을 안겨 주었다는 것이다.

하지만 데살로니가전서에서 '아탁토이'와 간사함, 부정, 속임수와의 연관성을 찾기가 쉽지 않다. 데살로니가전서 4장 11~12절의 경우에 있어서 요점은 '아탁토이'의 수치스러운 방탕이 아니라, 데살로니가 교회 공동체의 질서에 심각한 위협이 되는 그들의 태만함과, 그로 인해 외부인들에게 비쳐지는 수치스러운 행동이다(Russell, 113; 참고, 박영호, 362-369). 그러므로 바울은 "자기 손으로 일하라"라는 권면과 관련하여 그리스도인들이 외인들로부터의 질책을 면할 조용하고 질서 있으며 사려 깊은 삶을 권면하는 것이다. 데살로니가 교회에서 기원된 '아탁토이'와 고린도 교회에 들어와서 스스로를 '최고의 사도들'로 생각하는 자들로 인해 생긴 문제들을 연관 짓는 것은 지나친 읽기(해석)이다.

데살로니가에서 바울이 직면한 문제가 위에서 제기한 유대주의자들, 영지주의적 경향, 영적 열광주의자, 일종의 '신적 인간'이데올로기가 아니라면 바울이 데살로니가에 보낸 두 편지의 배경은 무엇일까? 이러한 배경을 살피기 위해 우리는 먼저, 데살로니가의 정치·사회·종교적 정황을 살펴보아야 할 것이다.

B. 데살로니가의 정치·사회·종교적 정황

1. 시민 제의(civic cults)

사도행전 17장에는 데살로니가에서 유대인들이 광장(아고라)의 몇 사람들과 더불어 바울이 유숙한 야손의 집을 쳐들어가 소동을 부린 기사가 기록되어 있다. 그들은 바울과 그와 함께한 자들을 찾지 못하자 야손과 형제들을 끌고 나가 '읍장들'(폴리타르코이: 지방행정관)과 '백성들(의 모임)'(δῆμος, 데모스) 앞에 세우고는 "천하를 어지럽게 하던 이 사람들이 여기도 이르매 야손이 그들을 맞아들였도다 이 사람들이 다 '가이사의 명'(τῶν δογμάτων Καίσαρος, 톤 도그마톤 카이사로스)을 거역하여 말하되 다른 임금 곧 예수라 하는 이가 있다 하더이다"(행 17:6-7)라고 소리 질렀다. 누가는 데살로니가의 지방행정과 관련하여 지방행정관(πολιτάρχης, 폴리타르케스)이라는 단어를 사용한다. 빌립보와 같은 로마의 직할 식민지에는 지방행정관이 없었지만 마케도니아 지역에는 지방행정관이 있었다. 지방행정관은 상류층으로부터 발탁되었고, 한 사람이 지방행정관 모임을 주도하는 책임을 맡았다. 지방행정관의 수는 도시마다 조금씩 다르지만 보통 5~6명이었다. 지방행정관의 임기는 1년이었지만, 지방행정관은 능력에 따라 연임할 수도 있었고, 중임도 가능하였다. 지방행정관은 시의 최고 행정관료였다. 따라서 그들은 '백성들(의 모임)', 곧 '민회'(δῆμος, 데모스)를 소집하고, 법령을 인준하며, 법령이 지켜지도록 관장하였다(참고, Green, 21-22).

이처럼 누가의 보고가 정확하다면 바울과 함께한 자들이 어긴 '가이사의 명'은 무엇일까? 이는 아마도 가이사의 집에 대한 충성 서약이 가이사의 명으로 이해되었을 가능성이 크다(Donfried, 31-34). 실제로 역사적인 악티움 전투에 앞서 '토타 이탈리아'(tota Italia)의 서약(전체 이탈리아는 옥타비아누스를 지지할 것을 서약함)에 그 뿌리를 둔 이러한 충성 서약은 각 황제에게서 반복되었다. 악티움 해전은 옥타비아누스 그리고 안토니우스와 이집트의 여왕 클레오파트라의 연합군 간의 전투로서 주전 31년 그리스의 악티움에서 일어난 해전이었다. 이 전투에서 승리한 옥타비아누스는 로마에 대한 권력을 장악하였고, 로마의 원로원에 의해 아우구스투스라는 칭호를 얻었다. 그 결과 역사적으로 로마는 공화정 시대가 끝나고 새로운 제정 시대를 맞이하였다.

지방행정관은 이러한 충성 서약을 지키고, 이를 어기는 것에 관한 불만을 접수하는 책임을 지고 있었다(Judge, 6-7). 사도행전 17장에서 바울이 전한 본래의 메시지를 재구성하기란 불가능하지만 바울의 메시지에는 분명하게도 정치적 의미로 이해 혹은 오해될 요소를 지니고 있었다. 데살로니가 서신에는 하나님께서 데살로니가 교우들을 '자기 나라'로 부르셨다는 언급(살전 2:12)과 초기 로마의 평화와 안전에 대하여 정면으로 부딪히는 공격적 발언이 나타나며(살전 5:3), 또한 '파루시아', '영접', '주'와 같은 정치적 뉘앙스가 강한 용어가 발견된다(살전 4:13-18). 파루시아는 황제나 정치 관료의 방문과 연관이 있고, 영접은 황제 또는 관리의 도착과 관련하여 그들을 맞이하는 도시의 관례를 의미한다(Josephus, *Ant.* 11, 327ff).

'주'(퀴리오스) 역시 앞의 두 용어와 더불어 사용될 때에는 분명한 정치적 의미를 가진다. 지중해 동쪽 지역에서 주라는 용어는 아우구스투스 이래로 로마의 통치자들을 가리키는 것으로 사용되었다(김세윤, 19). 데살로니가에

서의 바울의 복음 선포에 대하여 김세윤은 다음과 같이 평가한다:

> 바울이 주 예수 그리스도를 선포하는 것은……당시 로마의 정치적 관점으로 해석하면 예수를 주(퀴리오스)로 선포하는 것이므로 로마 황제에 대한 반역입니다. 그렇다면 바울의 복음 선포를 가이사에게 반역하는 행위로 제소하는 것은 그들[유대인들] 편에서 볼 때 가장 효과적이었을 것입니다[필자 첨가](김세윤, 19).

가이사의 명은 무엇보다도 데살로니가의 시민 제의(civic cult) 및 정치·사회·종교적인 면과 깊은 연관성을 가진다. 이를 확증하기 위해서는 먼저 데살로니가의 간략한 역사에 대한 이해가 요구된다. 도시 데살로니가는 주전 316년 알렉산더의 장군 중 하나였던 마케도니아 왕 카산드로스에 의해 건설되었다. 그는 아내의 이름을 따서 이 도시를 데살로니가로 명명하였다. 그의 아내는 필립 2세의 딸이요, 알렉산더의 이복 누이였다. 이 도시에는 고대 도시 테르메(Therme)와 약 35개의 성읍들이 포함되어 있었다. 주전 168년 로마에 의해서 파괴된 후, 마케도니아는 경제적으로 심각한 빈곤의 시기를 맞이하였다. 로마는 마케도니아 왕국의 부를 빼앗아 갔으며, 마케도니아가 다시는 회복할 수 없게끔 경제적 조치를 취했다. 로마는 왕국을 4개의 지방으로 분할하였고, 지방 간의 교역을 금지하였으며, 광산을 폐쇄하였다. 이러한 경제적 상황은 마케도니아가 로마의 속주로 합병된 후에도 회복되지 않았다.

주전 146년 마케도니아가 로마의 속주로 합병될 때에 데살로니가는 마케도니아의 지방 수도가 되었고, 로마의 총독이 거주한 행정 소재지였다. 데살로니가는 주전 42년 그 유명한 필리피 전투에서 이 전투에서 승리한 안토니우스와 옥타비아누스를 지원하였다. 이 사건은 데살로니가가 새로운 번영의 시대를 맞이하는 전기가 되었다. 악티움 해전에서 승리하고 다시 로마를 통일한 안토니우스와 옥타비아누스는 데살로니가 시민들에게 많은 은택을 베풀었다. 많은 비석과 동전의 명문이 증거하듯이 데살로니가는 조상의 관습에 따라 자치권을 가지게 되었으며, 로마에 바치는 공세가 면제된 자유 도시(free city)의 지위를 누릴 수 있었고(*Thessalonice liberae condicionis*), 승자를 위한 경기를 열 수 있었다. 이러한 영예는 통상적으로 로마인들의 이해에 놀랄 만한 충성을 보인 사람들과 도시에게 허락되었다(참고, Green, 19). 비석과 동전의 명문들은 이 도시의 생존과 자유를 준 최고의 후견인인 안토니우스와 옥타비아누스를 기리기 위한 것이었다.

바울이 데살로니가를 방문할 당시 마케도니아 지방의 수도인 데살로니가는 자유 도시로서의 경제적, 정치적 혜택을 누리고 있었다. 마케도니아의 중요한 항구 도시요 무역 도시인 데살로니가는 로마의 주요 군사 도로인 에그나티아 가도(*Via Egnatia*)에 위치하였다. 이 길은 아드리아 해안에 위치한 아폴로니아와 디르하키움에서 데살로니가로 이어졌고, 후에는 동쪽으로 빌립보와 그 항구 도시인 나폴리까지 그리고 비잔티움까지 연장되었다. 에그나티아 가도는 아드리아 해안의 디르하키움이나 아폴로니아에서 바다를 건너 이탈리아 반도에 있는 부른디시움(Brundisium)에 이르게 되고, 부른디시움은 아피아 가도(*Via Appia*)를 통해 로마에 연결되었다. 이처럼 데살로니가는 에그나티아 가도를 통해 비잔티움, 혹은 동쪽으로는 일리리쿰에 이를 수 있고, 아드리아해를 건너서 아피아 가도를 통해 로마에 이를 수 있는 교통의 중심지였다. 데살로니가는 활기찬 대도시로서 또한 내륙으로도 쉽게 연결되며 좋은 도로망을 통해 북쪽 국경과도 쉽게 교류할 수 있었다. 데살로니가는 지리적으로 아시아와 멀리 떨어져 있지 않았으며, 해로를 통해 로마에 속한 지역에도 쉽게 접할 수 있었다.

데살로니가의 번영은 주전 2세기 중엽에서부터 1세기 중엽에 이르기까지 주로 로마와의 이해 관계에 의해 결정되었을 뿐만 아니라, 데살로니가가 로마의 황제들(베네펙토르:후견인)을 숭배하여 로마의 환심을 이끌어 냄으로써 이루어졌다. 로마의 후원이 그 중요성을 더함에 따라 점차로 로마의 '후견인들'(즉, 황제들)은 신들과 더불어 숭배의 대상에 포함되었다. 아마도 주전 95년경 이러한 발전이 생겨났으며 주전 1세기에 여신 '로마'도 이전에 존재한 영예의 대상에 합류되어 숭배를 받았다(Hendrix, 39-58). 신들과 여신 로마와 로마의 황제들(후견인들)에 대한 숭배는 점차로 이 도시의 관습이 되었다. 이러한 로마의 후견인들을 숭배하는 황제 숭배(imperial cult)와 시민 제의는 로마의 후원으로 말미암은 로마인들을 향한 데살로니가인들의 감사와 충성의 상징이었다.

후견인-피후견인(patron-client) 제도는 고대 로마제국의 거대한 사회적 조직망을 형성하는 가장 근본적이고 광범위한 형태이다:

> 고전 시기와 헬라 시기에서의 헬라의 후견인은 중요한 공적인 혹은 개인적인 봉사로 명예를 얻은 자였다. 헬라 시대에 와서 고전적인 헬라의 후원자의 기능과 명예는 왕적 권위를 주장하는 지도자들에 의해 사유되었다. 이러한 현상은 알렉산더의 신적 신분이 강화됨과 병행되었다. '베네펙토르'(후원자)와 '소테르'(구세주)라는 칭호는 점차로 신격화된 헬라의 왕들의 개인화되고 통례화된 별칭이 되었다(예를 들면, 톨레미 소테르, 유메네스 베네펙토르). 주전 2세기의 로마의 지도자들도 헬라 동쪽 지방의 특징이었던 그러한 특별한 소테르/베네펙토르와 왕적 신분의 조합인 별칭을 얻었다. 로마의 통치권을 가진 장군들이 헬라 동쪽 지역에서 통치권을 갖게 되자 그들은 헬라의 왕들과 같이 알렉산더의 후계자로서의 온전한 능력을 갖춘 정통 계승자로서 이해되었고 그들 자신도 자신들을 그렇게 이해했다(김형동 2010: 332-333).

로마의 지배력이 커짐에 따라 로마와 헬라의 후견인-피후견인의 관계는 공화정 말기와 초기 제정 시대에 헬라 지역에서 작용하기 시작했고, 로마의 후견인 제도의 조직망은 그레코-로마의 사회적 구조 속에 점차로 확고하게 정착하게 되었다(김형동 2010: 332).

주후 1세기 초기에 이르러서는 시민들의 숭배의 구조는 점차로 다른 양상을 띠게 되었다. 황제는 심지어 도시의 보호자 신들을 대치하여 숭배 구조의 최정상에 등장하였다(Hendrix, 51). 데살로니가와 같은 도시들은 로마 황제의 후원을 확보하기 위한 두 가지 방법을 확립하였다. 첫째, 신전과 사제를 둔 황제 숭배를 확립하였다. 황제 숭배는 한편으로는 받은 은혜에 대한 감사의 형태였고, 다른 한편으로는 도시의 미래의 이익을 간청하는 수단으로 작용하였다. 숭배의 행위들은 보다 포괄적인 의미의 교환, 즉 거래였기 때문이었다.

둘째, 도시는 그 도시에 거주하는 로마 시민들과 좋은 관계를 유지하였다. 왜냐하면 그들은 제국의 권력에 연결되는 통로로 작용하였기 때문이었다. 특별히 그 지역을 다스리는 군주는 '시민'으로 인정되어 시민 후견인의 명예를 받았다. 이러한 제도를 활용하여 군주들은 영향력을 넓혀 갔고 데살로니가도 역시 이러한 것을 정치적으로 활용하여 시민 제의를 확대함으로써 황제 숭배는 시민 생활을 크게 지배하였다.

2. 정치·종교적 정황

고대 로마의 종교는 그리스와 마찬가지로 다신교였다. 고유한 신들과 외부에서 들어온 여러 신들을 받아들여 "세계 종교의 박람회장" 같았던 고대 그리스-로마 사회에서 '신'은 매우 위대한 인간이라는 개념도 함축하고 있었다. 따라서 위대한 인간이 죽은 후 그의 공적에 의해 신이 되었다(최혜영 2019: 174-175). 로마 사회에서 *religio*란 신들에 대한 의례 행위(*cultus deorum*)로 숭배 의례(cult) 혹은 의식 행위(ritual)라 할 수 있다. 따라서 로마인들에게 '경건하다'라는 것은 국가의 신들을 섬긴다는 것을 의미하였다

(최혜영 2019: 172-173).

그리스-로마 종교의 근본은 신과 인간들의 불평등하지만 상호적인 관계에 근거한다. 신들은 영예와 제의를 기대했고, 인간들은 그 대가로 안전과 축복을 바라는 것이었다. 따라서 그리스-로마의 종교는 인간들로부터 구체적 행동과 적절한 행위를 요구하였고, 신의 보호는 예배자들에게 주어진 적절한 행동에 대한 보상이었다. 신들에 대한 경배는 기도와 찬송과 희생 제의와 축제로 행해졌다. 그 가운데 희생 제의는 인간들이 신들과 접촉하는 일차적 기회이자 가장 핵심적인 절차로서 인간들은 희생 제의를 통해 신성한 세계와의 유대감을 확인하고, 공동체의 결속과 유대를 공고히 하고, 개인과 폴리스(polis, 도시국가)가 신들의 혜택을 받는다고 생각했다. 따라서 그리스-로마의 종교는 복잡한 희생 제의에 가까웠다.

그리스와 구별되는 로마 시대의 매우 중요한 종교 현상은 정령의 신 게니우스와 황제 숭배이다. "게니우스는 일종의 조상신과 같은 존재로 후일 황제 숭배 의례와 결합되어 더욱 중요하게 여겨졌고", 황제 숭배는 "아시아의 전통적인 통치자 숭배 의식에다 로마 전통의 게니우스-조상 숭배 관습이 합해진 것이다. 이에 따라 옥타비아누스 아우구스투스의 양부인 카이사르는 신격화되었으며, 옥타비아누스는 신의 아들(*divus filius*)이 되었다"(최혜영 2019: 174-175). 황제 숭배는 제정 시대를 연 아우구스투스 시대 때부터 정착되기 시작한 정치와 종교가 결합된 형태로서 황제와 제국은 하나로 인식되게 되었다. 따라서 황제 숭배는 로마제국민을 하나로 묶어주는 구심점 역할을 하였을 뿐만 아니라 "1세기 지중해 연안의 종교와 정치, 공적 생활, 오락, 건축을 하나로 통일시켰던 지배적 요인"이다(고먼, 75).

바울과 실라와 디모데가 복음을 전하기 위해 데살로니가에 도착했을 때, 데살로니가는 고대의 여타 다른 도시들과 마찬가지로 많은 신들을 숭배하고 있었다. 헬라 세계의 다른 도시와 마찬가지로 데살로니가에서도 종교는 도시의 삶과 문화에서 분리할 수 없는 요소로 정치, 경제, 공동체의 삶의 모든 차원에 깊이 스며들어 있었다. 고대 도시 데살로니가는 지금 그리스에서 두 번째로 큰 도시 데살로니키 아래에 파묻혀 있어서 포괄적인 발굴 작업이 불가능하지만 남아 있는 비문이나 동전과 같은 역사적 자료들은 많은 신들과 영웅들의 이름들을 열거하고 있다.

　이러한 혼합주의적 종교적 환경 내에서 여신 로마와 연관된 황제 숭배는 데살로니가에서도 분명하게 행해졌다. 한마디로 말하자면, 데살로니가는 '제국에 흠뻑 젖은'(Empire-saturated) 도시였다(Boring, 17). 황제 숭배는 로마에 대한 한 도시의 충성을 상징하였고, 그 도시의 '평화와 안전'을 보장하였다(살전 5:3 참조). KAISAROS NAOS(카이사르의 신전)라는 아우구스투스 시대(주전 27-주후 14)의 비문은 카이사르 신전의 존재를 증거한다. 데살로니가의 동전에는 제우스 상을 대체하는 카이사르의 두상이 새겨져 있었다. 카이사르 제의는 황제를 위하여 황제에게 바치는 희생 제의와 많은 시민 행사와 축제의 날들을 포함하였다. 이러한 황제 제의는 로마에 의해 강요된 상의하달(top-down) 방식의 운동이 아니라, 데살로니가 시민들에 의해 행해졌고 장려된 것이었다(Boring, 18).

　황제 숭배는 종교와 행정부의 연합의 절정이었다(Green, 38-39). 데살로니가인들은 카이사르를 신으로 칭송하였고, "새로운 질서에 대한 신성한 재가"의 결과로 그를 위한 신전을 건립하였다(Hendrix, 108). 데살로니가에서는 카이사르를 신으로 칭송하는 동전이 주전 27년에 주조되었다. 이는 로마인들의 얼굴이 새겨진 첫 번째 동전이었다. 비록 동전에서는 '신의 아들'(하나님의 아들)이라는 칭호가 아우구스투스에게 사용되지 않았지만, 신성한 카이사르와 나란히 나타난 점은 그가 신의 아들로 인정을 받았다는 점을 시사한다. 하지만 '세바스토스'와 '신의 아들'이라는 칭호는 옥타비아누스에게 헌정된 명문에 등장한다. 아우구스투스로 번역되는 '세바스토스'라는 칭호는 종교적 용어로서 인간 이상의 존재, 곧 '숭배를 받을 자'라는 의미를 지녔다(Green, 39).

황제 아우구스투스를 섬기는 사제가 임명되었으며, 아우구스투스를 섬기는 사제들은 다른 어떤 사제들보다 높은 지위를 얻게 되었다. 발견된 비문에 의하면 그 사제의 이름이 제일 먼저 언급되고 있고, 이어서 여신 로마와 로마의 후견인들(황제들)의 사제들이 언급되었으며, 뒤이어 여러 '신들'의 사제들의 이름이 등장하였다(Green, 41). 이처럼 여신 로마와 후견인으로서의 로마인들은 신들을 예배하는 데살로니가의 제의들 속에 깊숙이 자리잡게 되었다(Hendrix, 19-61).

데살로니가는 다양한 종교적 숭배 의례를 가지고 있었다. 거기에는 세라피스, 디오니소스, 카비루스 같은 '밀의(密意) 종교'(신비 종교)도 포함되어 있었다. 이집트의 신 세라피스와 이시스 숭배는 구원과 영생을 약속하였고, 입회자들에게는 밤에 열리는 입회식 이전에 겸손, 죄의 고백, 회개가 요구되었다. 디오니소스는 포도주와 그에 취한 상태의 신으로서 디오니소스 제의는 포도주, 섹스, 음악, 그리스 연극의 심오함을 포함한 풍요와 삶의 기쁨을 제공하였다. 디오니소스 제의의 밤의 주연은 영생의 기쁨을 미리 맛보는 자리로서 흔히 볼 수 있는 남근상은 신의 생명을 주는 힘을 상징하였다(Boring, 17).

남근상 숭배와 관련된 카비루스 숭배는 바울이 데살로니가를 방문한 시기에 데살로니가의 가장 중요한 종교적 숭배 의례였다(Donfired, 25). 카비루스 숭배(cult of Cabirus)는 카비루스 신이 무참히 살해되자 그 동생들이 그를 왕으로 받들면서 성대하게 제사를 지냈다는 이야기에서 나온 밀의 종교로 언젠가 카비루스가 부활해서 데살로니가로 돌아온다는 신화를 바탕으로 하였다. 카비루스 숭배는 일반적으로 복수 형태인 카비리(Cabiri) 숭배로 일컬어지고 있지만 데살로니가에서는 독특하게도 카비루스 숭배로만 증거되고 있다. 플라비안 시대에 카비루스는 데살로니가의 주된 수호신이었다. 카비루스는 다산과 항해에 있어서의 보호신이었다(Edson, 192). 비록 카비루스 숭배에 있어서 데살로니가와 사모드라게 섬(행 16:11)과의 연관성에 관한 확증적인 증거는 없지만, 데살로니가와 이 섬의 밀의 종교와의 연관성은 결코 간과할 수 없다.

사모드라게 섬의 종교는 흥미로운 현상을 밝혀 주고 있다. '히에론'(신전)은 종교적 의식을 집행한 넓은 방(hall)으로서 외관은 신전과 같고 내부는 초기 그리스도인들이 모였던 방과 놀라울 정도로 흡사하였다. 앉아서 예배를 드렸고, 초기 그리스도교와 비슷하게 죄를 고백하는 의식이 있었다(Lehmann, 54). 사모드라게 종교의 기본적 강조점은 생명의 인자한 양육(benign nurturing of life)에 관한 것으로 오케아노스(Okeanos) 신과 잘 어울린다. 오케아노스는 그 이름이 말하듯이 모든 강과 시내와 개울의 아버지로서 그의 아내 테튀스(Tethys)와 함께 생명의 원초적 근원으로 묘사되고 있다(Donfried, 28). 플루타르코스는 테튀스를 "친절한 유모요, 모든 것들의 공급자"로 일컬었다(*Zeus and Osiris*, 364 D).

다른 도시들과 마찬가지로 데살로니가에서도 종교는 일상의 삶과 긴밀히 연관되어 있었다. 예를 들면, 디오니소스 숭배자들은 함께 모여서 밀의 예배를 드렸고 장례 예식을 체계화하였다. 또한 도시는 회원들이 함께 공동의 식사를 가지는 '최고신'(제우스)을 예배하는 모임을 주관하였다. 신들에 대한 찬양과 숭배는 단지 개인의 일이 아니라 도시의 일이었다. 보통 고대의 도시들은 그들을 돌봐 주는 수호신들(patron deities)을 가지고 있었고, 신들에게 제사를 드림으로써 신들에게 영광을 돌렸다. 데살로니가에서도 예외는 아니었다. 희생 제사, 기도, 신상들은 공적 의회나 시의회의 회합에 있어서 일반적인 요소였다. 행정부는 신들을 위한 축제와 경기를 주관하였다. 경기는 신들에게 희생 제사, 기도와 봉헌물을 바침으로써 시작되었다. 세습 혹은 선출로 뽑힌 경기 주관자는 그 도시의 고위 관료였다.

아우구스투스의 통치와 그의 후계자들의 합법성을 기리는 데살로니가의 관행들은 분명하게도 어떠한 특별성을 나타낸다. 따라서 데살로니가와 다른 여러 곳에서의 황제 숭배를 단지 종교적 헌신의 표현으로만 이해해서는 안

된다. 황제 숭배는 "데살로니가와 로마의 관계의 경제적 실제가 친밀하게 한데 얽혀진 정치적·외교적 행위"이자(Green, 41), 동시에 "로마 정부를 공적, 사적인 생활의 핵심적 힘으로 여기는 정치적이자 종교적인 규범"이었다(최혜영 2009: 267).

데살로니가의 종교적 환경은 여타 다른 고대 도시들과 마찬가지로 복잡하였다. 하나님의 부르심을 받아 '복음'에 응답한 자들은 '우상들'로부터 돌아서야만 했다. 데살로니가 사람들에게 있어서는 개인이나 가정의 여러 신들 가운데 또 하나의 새로운 신을 받아들이는 것은 문젯거리가 될 수 없었다. 하지만 데살로니가 그리스도인들에게 있어서 종교적 문제는 그리 단순한 것이 아니었다. 그들의 문제는 단순히 또 하나의 새로운 신을 받아들이는 것이 아니라, 그들의 가정이나 도시의 수호신들을 버려야 함에 있었다(살전 1:9). 신들과의 관계를 끊는 것은 사적이고 개인적인 행위가 아니었다. 그것은 시민적인 행위로서 도시와 직결되었다.

사회는 다신교와 다원주의를 용납했지만 시민 제의든 혹은 가족의 신들이든 간에 전통적인 종교적 충성심을 버리는 것을 용납하지 않았다. 그렇다면 필시 황제 숭배를 포함한 우상을 버리는 행위는 그리스도인들과 주위 사람들 간에 있었던 사회적 긴장의 근본 요인이었을 것이다. 그 시대에 무신론자는 매우 찾아보기 힘들었다. 오히려 재미나게도 유대인들과 그리스도교인들이 '무신론자'라는 이름으로 불려 쉽게 환난과 박해에 놓이게 되었다. 초기 그리스도교 역사에 있어서 로마제국과의 궁극적 갈등은 "공동체의 대다수가 적합하고 올바른 관계로 여기던 현시적인 권력(신적이든 인간적이든)과 관련된 것에 동참하기를 그리스도인들 대다수가 거부하였다"라는 점과 "그리스도인들은 이교 신들과 황제 숭배를 거절함으로써 궁극적으로 로마제국의 전통적인 근본 구조를 공격하였다"라는 점에 있었다(최혜영 2009: 268-270).

바울이 그들을 방문했을 즈음 데살로니가인들은 이처럼 분명하게 황제를 숭배하는 신학(royal theology)을 가지고 있었다. 바울은 데살로니가전서에서 여러 번 환난 또는 박해를 언급한다. 데살로니가전서는 데살로니가 교인들이 "많은 환난 가운데서……말씀을 받았음"(살전 1:6)과 그들의 '동족'으로부터 고난을 받았음(살전 2:14)과 이 환난 중에 아무도 흔들리지 않게 하려고 디모데를 파송하였음(살전 3:3)을 언급한다. 이러한 환난에 대한 내용은 데살로니가전서 3장 4절에서 잘 요약되고 있다: "우리가 너희와 함께 있을 때에 장차 받을 환난을 너희에게 미리 말하였는데 과연 그렇게 된 것을 너희가 아느니라".

데살로니가후서도 이러한 고난(살후 1:5)과 환난(살후 1:6)을 언급한다. 이러한 어려움은 무엇보다도 박해(살후 1:4)라는 용어와 하나님이 "너희로 환난을 받게 하는 자들에게는 환난으로 갚으신다"(살후 1:6)는 표현에서 두드러진다. '사탄'에 대한 언급 역시 이와 깊은 관련을 보인다. 바울은 사탄이 거듭해서 데살로니가 교회를 방문하는 것을 방해하고 있음을 말한다(살전 2:18). 이 말은 바울이 이 도시를 다시 방문하는 것을 강하게 반대하는 정치적 정황을 나타내는 말이 아니고 무엇이겠는가? 브루스(Bruce 1951: 327)는 "바울이 데살로니가 지방행정관들의 결정 뒤에 있는 사탄의 반대를 뚜렷하게 인식하고 있다"라고 주장한다. 데살로니가전서 3장 5절, "이러므로 나도 참다못하여 너희 믿음을 알기 위하여 그를 보내었노니 이는 혹 시험하는 자가 너희를 시험하여 우리 수고를 헛되게 할까 함이라"의 '시험하는 자'에 대한 언급 역시 이러한 정치적 정황을 함의한다. 바울은 이제 믿기 시작한 연약한 신자들에게 미치는 정치적 반대와 압박이 너무나 극심해 그들이 그리스도를 믿는 믿음을 포기할까 봐 노심초사하고 있었다. 데살로니가의 시민 제의와 관련하여 이러한 이해는 실제적 가능성을 띤 것이라 생각된다.

C. 저자, 수신자 및 기록 목적

데살로니가전서는 바울의 첫 번째 편지이자 그리스도교의 첫 문서이다. 데살로니가전서에서 바울, 실루아노, 디모데 이 세 사람은 공동으로 편지를 보낸 발신인(공동 저자)으로 등장한다. 바울과 더불어 실루아노와 디모데의 이름이 언급됨은 단지 예의적 차원이 아니라, 실루아노와 디모데는 바울과 더불어 고린도(행 18:5)와 데살로니가(행 17:1-9)에서 복음 사역을 함께 하였다.

도시의 이름을 언급하는 다른 편지(참조, 고전 1:2; 고후 1:1; 갈 1:2; 살후 1:1)와는 달리, 독특하게도 바울은 '데살로니가인들의 교회'(τῇ ἐκκλησίᾳ Θεσσαλονικέων, 테 에클레시아 데살로니케온) 앞으로 그의 서신을 보냈다(살전 1:1; 살후 1:1 주석 참고). 여기서 ἐκκλησία(에클레시아)라는 언급은 이미 발전된 교회론적 의미를 함축하는 제도적 교회라기보다는 데살로니가라는 특정한 도시에 살고 있는 데살로니가 교우들의 일정한 시간과 장소에서 이루어진 실제적인 '모임'이나 '회합'을 의미한다(박영호, 43; Donfried, 139). 바울은 이 모임을 황제나 신들의 이름으로 모이는 일반적이고도 대중적인 모임과는 구별되는 "하나님 아버지와 예수 그리스도 안에 있는" 모임이라고 규정하고 있다. 바울은 하나님 아버지와 예수 그리스도 안에서 모인 데살로니가 교우들을 "하나님에 의해서 사랑을 받는 형제들"이라 칭한다. 바울은 '형제들'이라는 표현을 즐겨 사용한다. 이 표현은 데살로니가 서신에서 21회(단수, 형제: 7회) 사용된다. 데살로니가후서에서는 '주께서 사랑하시는 형제들'(2:13)로 나타난다.

데살로니가전서는 '믿음, 소망, 사랑'이라는 삼중적 표현의 형태로 시작되고(1:3) 끝을 맺는다(5:8). 디모데가 돌아와서 바울에게 데살로니가 교회의 형편에 대해서 보고할 때, 그는 그들의 '믿음과 사랑'(3:6)에 관한 기쁜 소식만을 언급한다: "지금은 디모데가 너희에게로부터 와서 너희 믿음과 사랑의 기쁜 소식을 우리에게 전하고……"(3:6). 거기에는 소망이라는 요소가 빠져 있다. 그리고 그 단락은 바울이 직접 가서 얼굴을 보고, "그들의 믿음에 있어서 부족한 것을 보충하려 한다"(3:10)라는 말로 끝이 난다. 데살로니가전서의 첫 세 장이 소망이라는 말로써 각각 끝나고 있음(1:10; 2:19; 3:13)과 비슷한 정황에서 '강림'(파루시아)이 언급되고 있음(2:19; 3:13; 4:15; 5:23)은 데살로니가 교우들의 믿음에 있어서 부족한 것은 다름 아닌 주 예수의 강림과 관련된 소망이라는 점을 시사한다.

데살로니가전서에서 바울은 지나치다 할 만큼 자신과 데살로니가 교우들과의 관계와 그들의 기억에 호소한다(1:5; 2:2, 5, 9, 10, 11; 3:3b-4; 4:1-2, 4, 6, 10-11; 5:1-2). 이러한 바울의 진술은 강림이 오기 전에 죽은 자들을 다루는 부분이 시작되는 4장 13절에서, "형제들아 자는 자들에 관하여는 너희가 알지 못함을 우리가 원하지 아니하노니……"라는 말과 더불어 갑자기 멈춘다. 여기서 '알지 못한다'라는 동사는 데살로니가전서의 다른 곳에서는 나타나지 않는 용어로서 새로운 지식과 정보가 주어짐을 알리는 문학적 장치이다. 바울은 새로운 지식과 정보에 대한 언급이 끝이 났음을 알리기 위해서 데살로니가전서 5장 1절에서 "형제들아 때와 시기에 관하여는 너희에게 쓸 것이 없다"라고 말한다.

그러므로 데살로니가전서에서 "주의 강림과 죽은 자들의 부활"이라는 주제를 다루는 4장 13~18절은 매우 중요한 부분으로서 바울이 데살로니가전서를 쓰게 된 주요 동기인 것이다. 바울이 선포한 종말론적 틀 안에서 새로운 문제가 발생한 것이다. 그것은 바로 주 예수의 강림이 오기 전에 "그리스도 안에서 죽은 자들"에 관한 문제이다. 이 문제에 대해 바울은 데살로니가 교우들이 아무런 소망도 없는 이방인들과 같아서는 안 된다고 주장한다. 오히려 바울은 긍정적으로 그들이 공통으로 지닌 믿음을 언급한다.

그리스도 안에서 죽은 자들에 관한 문제가 데살로니가전서에서, 다시 말하면, 데살로니가 교회에 있어서 왜 그렇게도 중요한가? 그리고 '잠자는 자들'(4:14)은 누구인가? 브루스(F. F. Bruce)에 따르면, 그렇게 빨리 '잠든 자들'은 아마도 박해에 의해 희생된 순교자들일 것이다. 초기 그리스도교 역사에서 매우 이른 시기의 박해에 의한 죽음의 문제를 논하는 학자들이 거의 없기에 브루스의 제안은 정통적인 견해가 아니었다. 하지만 이러한 그의 제안은 다시금 평가되어야 하고, 정당한 것이라 판단된다. 사도행전 7장은 스데반의 순교에 대해 분명하게 언급한다: "주 예수여 내 영혼을 받으시옵소서 하고 무릎을 꿇고 크게 불러 이르되 주여 이 죄를 그들에게 돌리지 마옵소서 이 말을 하고 자니라(ἐκοιμήθη, 에코이메쎄)"(행 7:59-60). 여기서도 '자다'라는 동사는 박해에 의한 죽음을 가리키는 표현이다. 이러한 정치, 사회, 종교적 반대의 가능성과 환난과 고통의 정황 가운데서 데살로니가전서는 데살로니가 교우들에게 하나님께서 그들을 택하셨음을 확신시키면서, 소망과 강림(파루시아)이라는 두 쌍둥이 주제를 힘주어 강조한다.

소망과 강림에 대한 강조가 어떻게 데살로니가 교회의 전반적인 정황과 맞아떨어지며, 바울로 하여금 구체적으로 이 두 주제를 강조하게끔 한 특별한 정황은 무엇인가? 앞서 언급한 바, 바울의 방문은 데살로니가 도시의 소요를 가져왔고(행 17:1-9; 살전 2:13-16), 그곳에서의 적대감으로 인해 급히 바울과 동역자들은 데살로니가를 떠나지 않을 수 없었다. 제소된 바울의 죄목은 가이사(Caesar)가 아닌 또 다른 왕, 예수를 선포한다는 것이다. 주 예수 그리스도의 복음에 대한 선포는 유대인의 견해에서나 로마의 견해에서 볼 때 위험한 것이었고, 부정한 것으로 평가되었다(김세윤, 19).

바울의 메시지는 이방 데살로니가의 정치적, 시민적, 종교적 구조에서 볼 때, 분명히 도전적이었다라는 점이 편지 전반에 나타난다. 예를 들면, 데살로니가전서에는 하나님께서 데살로니가 교우들을 '자기의 나라'로 부르셨다(2:12)는 언급과 더불어, "그들이 평안하다, 안전하다 할 그 때에 임신한 여자에게 해산의 고통이 이름과 같이 멸망이 갑자기 그들에게 이르리니 결코 피하지 못하리라"(살전 5:3)라는 표현은 초기 로마의 평화와 안전에 대하여 정면으로 부딪히는 공격적 발언이라 할 수 있다(Donfried, 144). 앞서 언급한 바, '파루시아', '영접', '주'와 같이 정치적 뉘앙스가 강한 용어가 또한 발견된다. 여기서 특별히 관심을 끄는 두 용어가 있다. 그것은 바로 '파루시아'와 '영접'이다. 이 두 용어는 일상적 용어이면서, 어떤 정황에서는 매우 특별한 사건을 가리키는 전문 용어이다.

파루시아는 특별하고도 전문적인 의미에서 신성이나 혹은 주권자의 영광스러운 방문을 가리킨다. 고대에서 주로 이 말은 왕이나 황제의 지방 방문을 가리키는 것이었다. 거기에는 축제와 경기, 희생 제사와 같은 환영 행사와 더불어 왕이 지방의 유지나 사람들에게 노고를 치하하기 위해 상을 베푸는 의례가 있었다(Crossan, 204-206). '영접'(아판테시스) 역시 전문적 의미에서 도시로 입성하는 존엄한 자를 맞이하기 위해 도시 바깥으로 사절단을 내보내어 합당한 존경과 영예를 돌리는 관례이다(Josephus, *Ant*. 11, 327ff). 관리들과 수많은 무리가 특별한 옷을 차려입고서 도시로부터 나와서 오는 이를 맞이하였다. 도시 전체는 권세자의 방문을 노래와 큰 소리와 희생 제사로 맞이하였다. 요세푸스는 어떻게 로마 시민들이 새로운 황제 베스파시안을 영접했는지를 잘 묘사하고 있다:

> 그가 가까이 이르렀다는 보고와 먼저 갔던 이들이 그가 각 그룹들을 상냥하게 맞이하더라는 보고에 남아 있는 전체 사람들은 아내와 자식들을 데리고 길 양 옆에서 그를 맞이하기 위해 기다리고 있었다. 그가 지나갈 때 각 그룹들은 그 광경에 기뻐하였고, 그의 온화한 모습에 감동되어 그를 '베네펙토르'(후견인), '구세주', '로마의 황제에 합당한 유일한 자'로 환호하면서 목청껏 소리 질렀다. 게다가 도시 전체는 신전과 같이 화환과 향기로 가득 찼다(*Bell*. 7. 70-72).

키케로는 주전 49년 이탈리아를 지나는 카이사르의 순행에 대해 "얼마나 그가 성읍들로부터 영접(아판테시스)을 받고, 영광을 누렸을지 상상해 보라."(*Ad Att* 8.16.2)라는 말로써 파루시아와 영접을 묘사하였다.

그러므로 데살로니가전서의 신학은 하나님의 택한 자들, 그리고 박해와 고통을 받는 자들과 함께하시는 하나님, 또한 그들을 약속한 구원으로 이끄시는 하나님에 관한 것이다(Donfried, 120). 데살로니가전서에서 발견되는 신학적 주제들은 이교도 문화 속에서 살아가는 그리스도인의 삶의 문제와 더 나아가 박해와 순교에 의해서 야기된 정황에 대한 응답이다. 바울은 이러한 박해의 정황에 직면한 데살로니가 교우들에게 묵시(문학)적 신학을 제시한다. 이러한 묵시문학적 신학은 그리스도 사건에 대한 묵시문학적 해석으로서 임박한 하나님의 우주적 승리를 가리킨다(참고, 베커, 14-19). 하나님의 승리가 임박했다면 현재는 사탄이 최후로 활동하여 박해와 배교가 일어나는 때이다(살후 2:18; 3:5). 이러한 모티프는 유대 박해 문학에서 흔히 볼 수 있는 특징들이었다.

바울이 그의 사역으로 인하여 고난과 박해를 받았다는 사실은 의심의 여지가 없다. 데살로니가전서 2장 1~4절과 13~16절, 3장 7절의 중요한 본문 이외에도 고린도후서 4장 7~12절과 11장 23~33절, 갈라디아서 6장 17절, 빌립보서 1장 20절은 이를 증거한다. 바울의 박해와 고난은 그의 사도적 사역에 있어서 필수 조건이었다. 바울에게 있어서 고난은 하나님의 승리로 인도하는 우주적 투쟁의 일부분이었다. 또한 그에게 있어서 하나님은 그리스도 사건을 통하여 창조질서의 임박한 구속을 개시하신 분이다. 따라서 박해를 받아들임은 복음에의 순종이며, 기쁨으로 박해를 받아들임은 성령을 통한 하나님의 선물이다(1:6).

비록 고난을 기쁨으로 받아들이는 바울의 태도가 그것이 하나의 확립된 모티프로 자리잡은 유대의 순교 문학과 비교될 수 있겠지만, 이 둘 사이에는 특징적인 차이점이 있다. 바울에게 있어서 모든 정황 가운데서의 기쁨, 특별히 박해 가운데서의 기쁨은 항상 성령의 종말론적 선물이다. 그것은 믿음에 뿌리를 깊이 두고서 하나님의 임박한 승리에 대한 소망으로 자라난다. 그것은 믿는 자와 그리스도 사이의 자각적인 관계의 결과이다. 현재의 상황이 아무리 어려울지라도 믿는 자는 성령의 종말론적 선물을 통해 이러한 상황을 초월할 수 있다. 이러한 신학적 모티프들은 데살로니가전서 전체에 스며들어 있다. 그러므로 바울이 그의 편지 마지막에 다음과 같은 말을 쓰는 것은 지극히 당연한 것이었다: "항상 기뻐하라 쉬지 말고 기도하라 범사에 감사하라 이것이 그리스도 예수 안에서 너희를 향하신 하나님의 뜻이니라 성령을 소멸하지 말며"(5:16-19). 따라서 바울에게 있어서 고난과 환난은 주 예수 그리스도 안에 나타난 하나님의 종말론적 계시 안에서만 이해될 수 있는 것이다.

데살로니가전서는 복음과 택하심이라는 주제에 대해 역설한다. 바울은 서두의 감사 부분에서 "하나님의 사랑하심을 받은 형제들아 너희를 택하심을 아노라 이는 우리 복음이 너희에게 말로만 이른 것이 아니라 또한 능력과 성령과 큰 확신으로 된 것임이라……"(1:4-5)라는 말로써 그의 편지를 시작한다. 교회의 최우선적 특징은 '택하심'이라는 말로써 확증되고, 이 택하심은 다시금 편지의 마지막에 등장한다: "평강의 하나님이 친히 너희를 온전히 거룩하게 하시고 또 너희 온 영과 혼과 몸이 우리 주 예수 그리스도께서 강림하실 때에 흠 없게 보전되기를 원하노라 너희를 부르시는 이는 미쁘시니 그가 또한 이루시리라"(5:23-24). 데살로니가전서에서 '택하심'이라는 말은 편지 전체를 (수미상관구조로) 묶고 있으며(*inclusio*), 또한 이 택하심이라는 주제는 편지 내에서 '부르심'과 '세우심'이라는 말로써 권면과 소망을 구체화한다:

> 너희도 아는 바와 같이 우리가 너희 각 사람에게 아버지가 자기 자녀에게 하듯 권면하고 위로하고 경계하노니 이는 너희를 부르사 자기 나라와 영광에 이르게 하시는 하나님께 합당히 행하게 하려 함이라(2:11-12).

서론

하나님이 우리를 부르심은 부정하게 하심이 아니요 거룩하게 하심이니 (4:7).

하나님이 우리를 세우심은 노하심에 이르게 하심이 아니요 오직 우리 주 예수 그리스도로 말미암아 구원을 받게 하심이라(5:9).

바울은 하나님의 택하심이라는 주제를 강조함으로써 데살로니가 교우들을 이방의 환경과 구별하고, 그들로 하여금 순교에까지 이르는 박해의 정황에 반응케 하며, 더 나아가, 이방의 문화 가운데서 하나님의 택하심을 받은 자로서 어떠한 삶을 살아나가야 할지를 도전한다. 그러므로 택하심이라는 모티프는 데살로니가전서의 주된 신학적 요소로서 명시적으로 언급되고 있다 (1:4; 2:12; 4:7; 5:24).

데살로니가전서에서 '부르시는 이'는 (그리스도가 아니라) 하나님이시다. 하나님은 부르시는 이로 그의 부르심의 목표는 데살로니가 교우들로 하여금 '구원을 받게 함'이다(5:9). 하나님은 '자기 나라와 영광'으로 우리를 부르신다(2:12). 이는 우리가 항상 주와 함께 있게/살게 함이다. 또한 주는 장래의 진노에서부터 우리를 '건지시는 이'시다. 하나님의 진노는 인간들의 상태에 대한 하나님의 반응으로서 소망이 없는 상태(4:13)를 가리킨다. 하나님의 부르심은 종말에 앞서서 인간을 구원하시는 종말론적인 은혜의 택하심이다. 이러한 부르심은 부정함을 제거함으로써 이루어진다(4:7; 5:9). 그리고 부름을 받은 그들이 교회이다. 이는 그들이 종말론적 공동체로서, 주의 강림을 기다리는 자들로서 항상 주와 함께/주와 더불어 살기 위함이다. 하나님께서는 부르신 그들을 친히 온전하게 보전하실 것이다.

하나님의 부르심은 '복음'에 의해서 이루어진 것이다(1:4-5). 복음은 그리스도교 메시지를 지칭하는 용어로서 '하나님의 복음'(2:2, 8, 9)을 가리킨다. 왜냐하면 복음 안에서 부르시는 이인 하나님이 활동하시기 때문이다.

바울은 이러한 복음을 위탁받았기에 '우리의 복음' 또는 '우리가 전한 복음'(갈 1:8-9 참조)이라는 표현을 쓰며, 때로는 '하나님의 말씀', '주의 말씀'이라고 말한다. 복음을 통한 하나님의 택하심은 말로써 이루어진 것으로 데살로니가전서에서만 복음과 말씀이라는 말이 같이 사용된다(1:2-2:16; 3:2). 따라서 복음이란 선교적 용어이다. 데살로니가 교우들은 이방인들로서 이전에는 살아 계시고 참된 하나님을 몰랐지만, 이제 복음을 통하여 하나님에게로 돌아온 자들이다(1:9). 복음을 통한 하나님의 택하심은 종말론적인 하나님의 구원 행위이다.

택하심과 복음의 관계는 사도 바울 없이는 온전히 설명되지 못한다. 비록 바울이 그와 교회의 관계를 부모와 자녀의 관계로 표현하지만(2:7), 바울은 이방인들에게 복음을 전하라고 이를 위탁받은 사도이다. 하나님께서 이스라엘에게 그의 신탁을 맡기신 것처럼, 바울에게 이러한 특별한 일을 맡기셨다. 그러므로 "너희가 아는 바와 같이"라는 표현은 필요 이상으로 자세히 말하고 있는 것이 아니라 바울이 전파하고 제시한 복음을 변호함에 있어 꼭 필요한 주요 요소이다(Donfried, 133-134). 복음에 대한 전반적인 변호는 그의 복음이 유효한 것임을 지속적으로 자세하게 설명하는 것과 밀접하게 연관되어 있다. 그가 전한 복음의 유효함을 보여주지 않는다면 바울의 위로의 말이 무슨 소용이 있었겠는가!

D. 특징과 구조

데살로니가의 사회적 정황과 데살로니가전서 그 자체의 특징과 구조에 대한 이해는 데살로니가전서의 신학을 이해하는 데 커다란 도움을 줄 것이다. 우리는 편지의 특징과 구조를 주제적, 서간적, 수사학적 비평이라는 방법론을 통해 분석할 수 있다. 서간 비평은 편지의 구성(예, 인사, 감사, 본문, 마지막 인사)을 밝혀 줄 뿐만 아니라, 또한 데살로니가전서가 고대 우정의 편지로서 여러 특징적인 주제들을 담고 있음을 알게 한다. 데살로니가전서는 우정의 편지로서 공동체를 높이 평가하고 동시에 목회적 관심으로 명예로운 일을 추구하도록 훈계한다. 바울은 자신을 우월한 선생으로 자처하지 아니하고, 오히려 데살로니가 공동체와 공감하는 친구이자 부모로 자신을 제시한다(Schoon-Janssen, 179-193).

데살로니가전서는 인사로 시작해서 마지막 인사로 끝나는 편지 형태를 취한다. 일반적으로 바울의 편지는 감사에 이어서 '본론'(body)이 시작된다. 하지만 데살로니가전서는 다르다. 감사는 편지의 전반부에 두루 흩어져 있다. 오히려 데살로니가전서에 있어서 감사는 확실히 본론에 속한다고 할 수 있다(Lambrecht, 177). 데살로니가전서는 로마서와 같이 전반부는 이론적 부분으로, 후반부는 권면 부분으로 쉽게 구분되는 것이 아니다. 후반부에 해당하는 데살로니가전서 4~5장은 권면 이상으로 교리적 부분도 담고 있기 때문이다.

또한 편지의 구조는 수사학적 담론이 담고 있는 각 요소에 따라 엑소르디움(*exordium*), 나라치오(*narratio*), 파르티치오(*partitio*), 프로바치오(*probatio*), 페로라치오(*peroratio*)로 구분될 수 있다. 엑소르디움은 시작 혹은 서두이다. 나라치오는 일어난 사건에 대한 설명이다. 파르티치오는 문제를 제시하고, 프로바치오는 증명(논증)한다. 프로바치오 부분은 수사학적 담론에 있어서 가장 중요한 부분이다. 마지막으로 페로라치오는 연설의 피날레(끝)로 첨가되는 부분이다. 그레코-로마의 수사학적 비평은 편지가 그렇게 구성된 이유와 편지가 기록된 당시의 정황을 밝히는 데 도움이 된다.

케네디(Kennedy, 3)는 수사학의 중요성을 다음과 같이 설명한다:

수사학이란 화자나 저자가 자신의 목적을 이루기 위해 사용하는 담론에 있어서의 특성/성격이다. 어휘의 선택과 배열은 사용되는 기술 중 하나이다. 그러나 수사학 이론에서 '고안'(invention)이라 불리는 것 ― 주제를 다룸, 증거의 사용, 논증, 감정의 조절 ― 이 종종 더 중요하고, 그리스인과 로마인들에게 이해된 수사학 이론의 중심이다.

수사학을 구사함에 있어서 바울의 편지는 그가 교육을 잘 받았음을 분명하게 보여 준다. 아리스토텔레스는 수사학적 관점에서 대중 담론을 세 가지 범주, 즉 법정적(judicial), 심의적/정치적(deliberative), 의례적/사회적(epideictic) 수사학으로 구분한다. 법정적 수사학은 과거의 행위에 대한 사실 유무를 판단하는 것으로 그 목적은 기소나 변호이다. 한편, 심의적/정치적 수사학은 미래의 선택을 결정하는 것으로 그 목적은 설득을 통해 권유하거나 단념시키는 것이다. 의례적/사회적 수사학은 현재에 관한 것으로 개인이나 공동체가 가져야 할 가치관의 옳고 그름을 따지는 것이다. 따라서 그 목적은 칭송이나 비난이다.

대부분의 학자들은 좋은 행위를 칭찬하고(예, 2:1-12) 나쁜 행위를 비난한다는(예, 2:14-16) 점에서 데살로니가전서를 의례적/사회적 수사학의 한 예로 간주한다(참고, Chapa, Jewett, Wanamaker, Donfried, Hughes). 하지만 어떤 학자들은 데살로니가전서를 앞으로의 행동을 위한 심의적 수사학의 예로 간주한다(예, Johanson, Kennedy). 데살로니가전서를 규정함에 있어서 그 어느 하나를 선택하는 것은 불필요한 것이며 피해야 하는 것이다. 바울은 데살로니가전서에서 현재뿐만 아니라 미래의 문제도 다루고 있다. 그는 또한 좋은 행동을 칭찬할 뿐만 아니라, '제멋대로 행하는 자들'('아탁토이')이 올바른 길로 돌아서기를 간절히 바라며, 그의 편지가 모든 형제에게 읽혀지기를 간절히 바라고 있다(5:27). 게다가, 4장 1절~5장 22절을 수사학에 있어서의 프로바치오로 보기는 어렵다(Lambrecht, 174).

바울의 편지의 가장 큰 특징은 그것이 '사도적 편지'(보다 일반적으로는 목회적 편지)라는 점이다(고면, 186). 바울은 사도적 편지의 창시자이다. 사도적 편지란 바울의 편지가 공적 예배의 모임 때에 읽혀졌다는 의미이다(White, 437). 오늘날 편지의 예전적 영향 외에도 바울의 편지의 수사학적 성격을 고려하는 것은 일반적인 접근이다. 따라서 데살로니가전서를 분석함에 있어서도 예전적이며 수사학적인 측면이 정당하게 고려되어야 할 것이다.

사도적 편지로서의 바울의 편지의 특징은 목회적 권면에 있다. 데살로니가전서 4장과 5장이 권면 부분이라는 점은 잘 알려져 있다. 권면적 스타일은 데살로니가전서의 형태와 기능에 실제적으로 반영되어 있을 뿐만 아니라 데살로니가전서 전반에 걸쳐 나타난다. 권면적 편지의 특징 중 하나로서 바울은 데살로니가전서에서 지나치다 할 만큼 자신과 데살로니가 교회와의 관계와 그들의 기억에 호소한다:

1:5	너희가 아는 바와 같으니라
2:1	너희가 친히 아나니
2:2, 5	너희가 아는 바와 같이, 너희도 알거니와
2:9	너희가 기억하리니
2:10	너희가 증인이요
2:11	너희도 아는 바와 같이
3:3b-4	너희가 친히 알리라……너희가 아느니라
4:1-2	너희가 아느니라
4:6	우리가 너희에게 미리 말하고 증언한 것과 같이
4:10-11	너희에게 명한 것 같이
5:1-2	너희에게 쓸 것이 없음은……너희 자신이 자세히 알기 때문이라

그들의 기억과 그들의 앎에 호소하는 점은 그들에게 권면하는 내용이 새로운 것이 아니라, 그들이 이미 알고 있는 가르침이기에 굳이 다시 언급할 필요가 없는 것이기도 하다. 따라서 바울은 어떤 점에 있어서 그들에게 다시 쓸 것이 없음을 언급한다(4:9; 5:1 참조). 하지만 이러한 언급은 상대방에 대한 칭찬으로서 권면의 편지의 전형적 표현 가운데 하나로 권면의 토대를 마련하는 것이다(Malherbe 2000: 84). 바울은 형제 사랑과 때와 시기에 대해 "쓸 것이 없다"라고 말을 하지만 데살로니가 교우들이 알고 있는 바와 같이 그것이 중요한 문제이기에 이 문제(들)에 대해 다시금 심도 있게 다룸으로써 그들의 믿음을 굳게 세우고자 한다(4:9-12; 5:1-3).

수신자들의 기억과 앎에 대한 호소는 바울이 자신에 대해 상술하는 사도적 임재 단락(2:1-12)에 집중적으로 나타난다('알다'[1, 2, 5, 11절]; '기억하다'[9절]). 바울 자신에 대한 자서전적 언급은 전형적인 권면의 편지 스타일은 아니다. 비록 바울은 당시의 도덕적 철학자들의 관행을 따르고 있지만 그는 자신을 철학자로 제시하는 것이 아니라 믿음의 사도로서 그들이 본받아야 할 모델로 제시한다. 여기에서도 바울은 데살로니가 교우들이 기억하고 알고 있는 바에 호소함으로써 그들과의 관계를 더욱 돈독히 하고, 그럼으로써 그가 4장과 5장에 권면하고자 하는 내용의 토대를 마련한다(Malherbe 2000: 84).

4장과 5장의 내용은 데살로니가 교우들을 위로하는 권면이다. 데살로니가 교회는 최근에 개종한 이방인-그리스도인들로 구성된 교회로 그들은 아직도 그리스도인으로서의 행동에 대한 가르침이 필요하였다. 따라서 데살로니가전서는 교리적 내용보다 주로 행동에 관심하였고, 따라서 권면적 성격의 편지가 가장 적절한 스타일이다. 그런 면에서 데살로니가전서는 권면적 성격을 가장 잘 보여주는 편지 가운데 하나라 할 수 있다(Malherbe 2000: 85).

데살로니가전서와 데살로니가후서가 바울의 편지 가운데 거의 대부분

'우리'라는 일인칭 복수로 쓰여지고 있다는 점은 데살로니가 서신이 목회적 권면의 편지라는 점을 잘 보여준다. 데살로니가전서에서 일인칭 복수 표현은 동사로 45회, 분사로 20회, 대명사로 43회나 사용된다. 한편, 단수 표현은 동사로 단지 2회(3:5; 5:27), 대명사 '나'(ἐγώ, 에고)로 단지 한 번(2:18) 사용된다. 데살로니가후서에서는 일인칭 복수 표현은 동사로 17회, 분사로 1회, 대명사로 22회 나타난다. 반면에 단수 동사는 단지 2회(살후 2:5; 3:17) 사용된다(참고, Malherbe 2000: 86).

데살로니가전서와 데살로니가후서의 서두에서 편지를 보내는 자는 바울과 더불어 실바누스와 디모데로 소개된다(살전 1:1; 살후 1:1). 실제로 데살로니가 선교 사역에 세 사람은 함께하였다. 따라서 데살로니가 서신을 세 명의 공동 저자에 의해 기록된 것으로 간주하는 것은 어쩌면 자연스럽다고 할 수 있다. 하지만 다른 편지에서 바울이 공동의 저자를 언급하지만 그는 단수 표현을 사용한다. 즉, 편지를 쓴 사람이 바울이라는 것이다(예, 고전 1:1, 4, 10; 빌 1:1, 3; 몬 1, 4). 그렇다면 데살로니가 서신의 저자는 바울인가, 아니면 공동의 저자인가? 공동의 저자의 한 사람으로 실바누스가 자주 거론된다(참고, Donfried, 53). 왜냐하면 그는 사도행전과 베드로전서에서 언급된 실라로(행 15:32; 벧전 5:12), "선지자라 여러 말로 형제를 권면하여 굳게 하고"(행 15:32), "그로 말미암아······쓰다"(Διὰ Σιλουανοῦ ······ἔγραψα〈벧전 5:12〉)라는 표현이 그와 어울린다는 것이다. 데살로니가 서신에서도 '권면하다', '굳게 하다'라는 동사가 자주 언급되기 때문이다.

하지만 '우리'라는 복수 어법은 권면의 특징으로서 예배 때에 낭독될 때에 단수 '나'라는 표현보다 따뜻한 어조를 나타낸다. 또한 복수 표현은 유대교와 그리스도교의 설교적 어법으로 사용되었고, 그리스-로마의 서간체의 어법으로 자주 사용되었다(참고, Malherbe 2000: 88-89). 데살로니가 서신이 바울에 의해 쓰여졌다. 실라와 디모데는 바울의 동역자였고, 데살로니가전서를 쓸 때에도 그들은 고린도에 바울과 함께 있었다. 실라와 디모데를 공동의 저자로 언급함으로써 바울은 데살로니가 교우들에게 그와 동역자들이 함께 사역한 선교 사역을 기억나게 하고, 어려움 가운데 처한 그들과 함께한 디모데가 돌아옴으로써 소식을 듣고서 이 편지를 쓰게 되었다는 점을 상기시킨다(Malherbe 2000: 89).

바울의 편지는 헬라 세계의 수사학을 반영한다. 헬라 세계에서 편지 쓰기는 수사학을 가르치는 학교에서 가르쳐졌다. 편지를 쓰는 첫째 규칙은 상대방과 대화하듯이 쓰는 것이다. 왜냐하면 "편지는 대화의 다른 한쪽이기 때문이다"(데메트리우스, *De elocutione*, 223). 편지는 일종의 기록된 대화이다. 편지는 일반적인 의사소통의 형식보다 더 공식적인 연설 형태로 이해되었다(Collins, 338-339). 바울이 그의 편지를 작성한 방법은 마치 헬라의 웅변가들이 그들의 연설을 작성한 것과 매우 닮았다. 바울이 사용한 어휘, 스타일, 후기는 바울이 그의 편지를 '연설-행위'(speech-act)로 '쓰고 있다'는 점을 나타낸다. 특별히 4장 15절, "우리가 주의 말씀으로 너희에게 이것을 말하노니……"라는 표현은 바울이 그의 편지를 연설 행위로 생각하고 기록하고 있음을 잘 보여준다.

데살로니가전서는 크게 두 부분으로 쉽게 구분된다. 감사와 소위 '사도적 임재'(혹은 방문: 파루시아)를 담고 있는 전반부(1-3장), 그리고 권면과 종말론적 가르침에 관한 후반부(4-5장)로 구분된다. 먼저 1~3장을 살펴보자. 1~3장에서 가장 특징적인 점은 감사가 많이 등장한다는 것이고, 세 번에 걸친 감사는 1~3장에서의 지배적인 요소라는 점이다. 데살로니가전서에서 감사는 총 43절로 전체 편지의 3/5에 해당한다. 심지어 슈베르트(Schubert, 26)는 감사를 데살로니가전서의 본론으로 간주하면서 이것이 바울이 전하고자 하는 주요 정보를 담고 있다고 주장한다.

감사는 대개 수신자들의 신앙에 대해 하나님께 감사 기도하는 형식을 취하면서 수신자들을 치켜세우고 칭찬하고 격려한다. 이러한 칭찬을 통해 바울은 수신자들과의 라포(rapport)를 형성하고, 이렇게 형성된 라포는 편지의 내용을 잘 받아들일 수 있게 한다(김세윤, 29). 감사라는 넓은 문맥 안에서 바울은 마치 대화를 하듯이 데살로니가 교우들에서 자신에게로, 그리고 다시 데살로니가 교우들에게로 그의 편지를 전개하고 있다.

4~5장 역시 1~3장과 매우 흡사한 구조를 보여 준다. 4~5장은 일반적으로 권면 부분(4:1-12; 5:12-22)과 종말론적 부분(4:13-5:11)으로 크게 구분된다. 종말론적 부분은 좀 더 구체적으로 다음과 같은 세 단락으로 구분된다:

　A. 4:13-18:주의 강림과 죽은 자들의 부활로 서로 위로하라.
　B. 5:1-8:임박한 종말, 그러나 그 시기는 알 수 없기에 깨어 정신을 차릴지라.
　A'. 5:9-11:마지막 구원으로 인해 피차 권면하라.

그렇다면 4~5장 역시 서로 연결된 각각의 단락과 마지막 간구로 구성되어 있다. 각각의 단락은 도덕적 권면과 훈계를 담고 있는 권면(paraenesis)과 새로운 가르침을 통한 서로에 대한 위로와 격려를 담고 있는 권고(exhortation)이다. 권면에서 종말론적 가르침(4:13-5:11)으로의 흐름은 데살로니가전서의 모든 권면이 종말론적 목적에 이바지하고 있음을 보여 준다.

그러므로 데살로니가전서는 다음과 같은 구조를 가진다. 데살로니가전서의 구조에 관한 이와 같은 접근은 서간적 기준과 수사학에 있어서의 주제적 기준을 결합한 관점에서 제시된 것이다:

Ⅰ. 인 사(1:1)
　A. 인 사(1:1)

Ⅱ. 첫째 단락(1 : 2-3 : 13)

    A. 첫 번째 감사 : 데살로니가 교우들의 믿음과 본(1 : 2-10)

    B. 사도적 임재(apostolic parousia) : 바울의 목양(2 : 1-12)

    C. 두 번째 감사 : 데살로니가 교우들의 행동(2 : 13-16)

    D. 사도적 임재 : 부재 중의 목양과 감사(2 : 17-3 : 10)

    E. 마침 기도(3 : 11-13)

Ⅲ. 둘째 단락(4 : 1-5 : 24)

    A. 서론적 권면(4 : 1-2)

    B. 첫 번째 권면(4 : 3-12)

    C. 주 예수의 강림과 죽은 자들의 부활(4 : 13-18)

    D. 두 번째 권면(5 : 1-11)

    E. 세 번째 권면(5 : 12-22)

    F. 마침 기도(5 : 23-24)

Ⅳ. 끝인사(5 : 25-28)

제 I 부

인 사

데살로니가전서 1 : 1

A. 인 사(1 : 1)

| 데살로니가전서 1 : 1 |

인 사

A. 인 사(1 : 1)

¹바울과 실루아노와 디모데는 하나님 아버지와 주 예수 그리스도 안에 있는 데살로니가인의 교회에 편지하노니 은혜와 평강이 너희에게 있을지어다

고대의 편지에 있어서 인사말 혹은 서두는 "A가 B에게 문안하노라"(A to B, greetings)라는 규범적인 양식을 취한다. 발신인의 이름을 먼저 언급하고, 이어서 수신자의 이름을, 그리고 문안 인사를 한다(χαίρειν, 카이레인 〈행 23 : 26 ; 약 1 : 1〉). 데살로니가전서의 인사말은 비록 그 형태는 당시의 일반적인 편지의 인사말과 비슷하지만 수정된 형태이다. 데살로니가전서의 서두는 바울의 편지 가운데 가장 짧은 서두이다.

[1:1] "바울과 실루아노와 디모데". 다른 서신과 마찬가지로 바울의 이름은 다른 이들의 이름과 더불어 서두에 언급되고 있다(고전 1:1; 고후 1:1; 빌 1:1; 골 1:1; 몬 1). 바울, 실루아노, 디모데 이 세 사람의 이름은 데살로니가후서의 서두에도 똑같이 공동의 이름으로 편지를 보낸 발신인으로 등장한다. 하지만 로마서와 에베소서, 목회서신의 서두에서는 바울의 이름만이 등장한다. 바울은 자신이 편지를 쓰면서도 그의 동역자들을 공동 발신인으로 표기한다. 데살로니가전서에서 실루아노와 디모데의 이름이 언급됨은 단지 예의적 차원이 아니다. 특별히 실루아노와 디모데는 고린도(행 18:5)와 데살로니가(행 17:1-9)에서 복음 사역에 함께한 동역자였다.

실루아노는 실라의 라틴어 이름이다. 실라 역시 '사울'이라는 이름의 아람어 형태의 음역이다. 실루아노는 사도행전의 실라와 동일 인물로서 바울이 2차 전도 여행 당시 마가를 두고서 바나바와 이견이 생겼을 때 바울이 그의 조력자로 택했던 사람이다. 그는 원래는 디아스포라 출신으로 팔레스틴에서도 오랫동안 살아서 헬라 문화와 유대 문화를 잘 알고 있었다. 그는 처음부터 예루살렘 교회에 속하여 예루살렘 공회에서 천거되어 공회의 결정을 전달한 지도자(행 15:22)이자, 선지자였다(행 15:32). 이후 그는 바울의 전도 여행에 함께하여 바울과 합력하여 복음을 전하였다(고후 1:19). 실루아노라는 이름은 베드로후서에서 베드로의 서기로 다시금 언급되고 있지만 동일 인물인지는 확실하지 않다. 사도행전에서 바울은 실라와 자신을 일컬어 '로마인'이라고 한다(행 16:37). 그렇다면 실루아노는 로마식 이름이고 실라는 그의 애칭이거나 아람어 이름일 것이다.

디모데는 바울의 편지에서 자주 언급되는 인물이다. 그는 바울의 신뢰를 받은 자로서 전도 여행에 함께하였다. 바울은 문제에 직면한 교회를 돌보기 위해 자신을 대신해 그를 보내었다(행 19:22; 고전 4:17; 16:10; 빌 2:19; 살전 3:2, 6). 디모데는 실루아노(살전 1:1; 살후 1:1)와 소스데네(고전 1:1)를 제외하고는 바울의 동역자이면서 바울서신의 공동 저자로 언급된 유일한 인물이다(살전 1:1 ; 살후 1:1 ; 고후 1:1 ; 빌 1:1 ; 몬 1 ; 골 1:1). 디모데는 갈라디아 남부 도시(아마도 루스드라) 태생으로 유대인 어머니와 헬라인 아버지 사이에서 태어났다. 바울이 그를 "주 안에서 내 사랑하고 신실한 아들"(고전 4:17)이라고 언급한 점을 미루어 보아, 아마도 그는 바울의 1차 전도 여행 때에 바울과 바나바의 전도로 개종한 것 같다(참고, Malherbe 2000: 98). 2차 전도 여행 때 바울이 실라와 함께 그 지역을 다시금 방문하였을 때, 그는 할례를 받고서 바울과 동행하여 마케도니아로 전도 여행을 함께 하였다(행 16:1-10 ; 17:14, 15). 그 후에 그는 마케도니아에서부터 실라와 함께 고린도로 가서 바울과 합류하였다(행 18:5).

"데살로니가인의 교회에 편지하노니". 바울은 데살로니가인들의 '교회'(ἐκκλησία, 에클레시아) 앞으로 그의 초기 서신을 보냈다(갈 1:2 ; 고전 1:2 ; 고후 1:1 ; 참조, 살후 1:1). 하지만 그의 후기의 서신들에서는 수신자들이 다양하게 표현되고 있다:

하나님의 사랑하심을 받고 성도로 부르심을 받은 모든 자에게(롬 1:7).

빌립보에 사는 모든 성도와……에게(빌 1:1).

어떤 면에서 데살로니가 서신은 고린도 서신과 같이 인종적이고 정치적인 개념을 담고 있다. 왜냐하면 데살로니가 서신은 특정한 지역에 위치한 교회 앞으로(예, 데살로니가), 혹은 특정한 인종과 정치적인 그룹으로 구성된 (예, '데살로니가인들의') 에클레시아 앞으로 보내진 편지이기 때문이다. 여기서 에클레시아는 사도행전 19장 32, 39절에서의 경우와 같이 정기적으로 소집된 정치적 단체나 일반적인 시민들의 모임을 가리키는 시민결사체의 정치, 문화적 개념으로 후대의 발달된 교회론적 이해에 따른 교회와는 차이가 있다(Donfried, 140 ; 박영호, 207-223). 하지만 에클레시아라는 표현은 이미 칠십인역(LXX)에서 100회 이상 '하나님의 성회'(Qāhal Yahweh)와 '이스라엘의 성회'(Qāhal Yiśrāēl, 신 31:30, 수 8:35; 대하 7:8)와 같이 민족 전체를 대표하는 집회로서 "하나님의 뜻이 전달되는 자리로서의 중요성이 두드러지는" 신학적 의미를 함축하고 있다(박영호, 192, 211). 그렇다면 에클레시아라는 언급은 데살로니가 교우들의 실제적인 모임을 가리키는 것으로 이 모임은 황제나 신들의 이름으로 모이는 일반적이고도 대중적인 모임과는 구별되는 "하나님 아버지와 예수 그리스도 안에 있는" 실제적인 모임이었다(Donfried, 143).

바울은 여기서 '데살로니가인들의'(Θεσσαλονικέων, 데살로니케온) 두 가지 형태의 모임, 즉 '하나님'의 이름으로 모이는 모임과 '신 카이사르'의 이름으로 모이는 모임을 분명하게 구분 짓는다. 흥미로운 사실은 종족명(nomen gentilicium)을 나타내는 '데살로니가인들의'라는 표현이 로마와의 특별한 연대감을 확인하고 로마의 황제를 ΘΕΟΣ 혹은 divi fulius로 인정하는 표현으로 빈번하게 사용되었다는 점이다(Donfried, 140-143). 예를 들면, "하나님 아버지와 주 예수 그리스도 안에 있는 데살로니가인들의"라는 표현은 고대 데살로니가의 동전의 명문과 정확하게 대조 혹은 대비를 이룬다. 그 동전의 앞면에는 월계관을 쓴 카이사르의 두상이 '신'이라는 명문과 함께, 뒷면에는 옥타비아누스의 두상이 '데살로니가인들의'(Θεσσαλονικέων)라는 명문과 함께 새겨져 있다.

"하나님 아버지와 주 예수 그리스도 안에 (있는)". 이교도에서 개종한 지 오래되지 않은 데살로니가 교우들에게 있어서 에클레시아라는 표현 그 자체는 하나님과의 신성한 유대를 결부시킬 수 없다. 그러므로 바울은 에클레시아에 단서를 붙인다. 그 단서는 "하나님 아버지와 주 예수 그리스도 안에 (있다)"라는 것이다. '하나님 안에 (있는)'(ἐν θεῷ, 엔 데오)이라는 표현은 바울서신 가운데서도 데살로니가전서에서만 언급된다. 바울은 '하나님 안에'라는 말로써 데살로니가인들의 에클레시아를 규정한다. 그들의 모임은 '하나님과 예수 그리스도 안에' 있는 '성회'이다. 그리스도와의 신비적 연합을 가리키는 일반적 표현인 '그리스도 안에'(ἐν Χριστῷ, 엔 크리스토)라는 문구와 달리, '하나님 안에 (있는)'이라는 표현은 바울서신에 있어서 그리 흔하게 사용되는 표현이 아니다.

그렇다면 왜 바울은 여기서 '하나님 안에'라는 표현을 사용하는 것일까? 전치사 ἐν(엔)은 흔히 장소적, 혹은 도구적 의미로 사용된다. 장소적 의미일 경우, '엔 크리스토'와 같이 존재론적 의미에서의 하나님과의 연합과 관계를, 도구적 의미일 경우, 하나님과 그리스도 예수에 의해서 생겨난 교회를 의미한다. 데살로니가 교우들, 그들은 누구인가? 그들은 조상으로부터 물려받은 전통적 신들을 버림으로써(1:9) 그들 도시의 동족으로부터 소외되어 고난을 받고 있는 자들이었다(2:14). 그러므로 신적 기원과 연합을 표현하는 '하나님 안에 (있는)'이라는 표현은 그들에게 견줄 수 없는 특별한 존엄성, 곧 위엄과 자존감을 주었을 것이다(크리소스톰; 참고, Green, 85).

이러한 이해는 '하나님 아버지'라는 표현에서 분명해진다. 하나님 아버지는 그리스도인들의 특징적인 표현으로서 예수에게 그 기원을 둔다. 바울은 그의 모든 편지에서 하나님을 '우리 아버지'라 부른다(롬 1:7; 고전 1:3; 고후 1:2; 엡 1:2; 빌 1:2; 골 1:2; 몬 3). 하지만 바울은 그의 첫 편지, 데살로니가전서에서 '우리'라는 표현이 없는 '하나님 아버지'라는 표현을 사용한다. 그렇다면 하나님 아버지라는 표현은 그리스도인들과 하나님과의 관계성보다는 하나님 자체에 관심을 두는 표현이라 할 수 있다. 하나님 아버지는 창조주 하나님을 일컫는 표현이다(Malherbe 2000: 101). 예를 들면, 바울은 이방인이었던 고린도 교우들에게 편지할 때, 하나님을 아버지로 표현하면서 하나님을 창조주로 소개한다: "우리에게는 한 하나님 곧 아버지가 계시니 만물이 그에게서 났고 우리도 그를 위하여 있고 또한 한 주 예수 그리스도께서 계시니 만물이 그로 말미암고 우리도 그로 말미암아 있느니라"(고전 8:6). 창조주를 아버지로 일컫는 표현은 플라톤에서도 찾아볼 수 있다(*Timaeus* 28C; 37C). 특별히 필로는 이 표현을 즐겨 사용하였다(참고, Malherbee 2000: 100).

여기서 예수는 '주'로 칭해지는데, 이 표현은 칠십인역(LXX)에서는 하나님을 일컫는다. 이방인들에게 있어서 주라는 칭호는 여러 신들을 지칭한다. 본문에서 바울은 예수를 주로 칭하고, 하나의 전치사 ἐν으로 하나님과 예수 그리스도를 나란히 언급한다(ἐν θεῷ πατρὶ καὶ κυρίῳ Ἰησοῦ Χριστῷ, 엔 쎄오 파트리 카이 퀴리오 예수 크리스토). 바울은 예수 그리스도의 주 되심, 즉 그의 신성을 드러내고자 한다.

"은혜와 평강이 너희에게 있을지어다". '은혜와 평강'이라는 인사는 당시 헬라의 편지 서두에 사용된 '카이레인'이라는 인사와는 다른 새로운 형태의 인사이다. 우리 그리스도인들에게 매우 친숙한 은혜와 평강이라는 인사는 바울 이전에는 찾아볼 수 없다. 따라서 바울에게서 기인한 것으로 판단된다. 은혜와 평강이라는 인사는 새롭고도 놀라운 것으로 깊은 신학적 의미를 함축하고 있다. 은혜와 평강이라는 인사는 모든 바울의 편지에 사용된다.

'은혜'(χάρις, 카리스)는 헬라의 편지에서 일반적으로 사용되는 인사인 '카이레인'(기뻐하기를 바란다)에서 파생된 것이다. '평강'(εἰρήνη, 에이레네)은 히브리인들의 일반적 인사인 '샬롬'을 가리킨다. 따라서 은혜와 평강이라는 인사는 헬라와 히브리식 인사가 결합된 형태이다. χαίρειν(카이레인)에서 χάρις(카리스)로의 변화는 비록 소리에 있어서는 약간의 차이를 보이지만, 그 뜻에 있어서는 커다란 변화를 가져온다. 은혜(카리스)는 "기쁨(카라)을 가져오는 그 무엇"으로, 곧 기쁨과 행복을 가져다주는 행동과 태도를 의미한다. 따라서 은혜는 하나님께서 우리에게 기쁨을 가져다주시는 은총과 선물을 의미한다. 바울에게 있어서 은혜는 "인간의 공적과는 무관한 하나님이 그저 주시는 선물로 예수의 삶과 죽음과 부활에서 드러난 무조건적인 하나님의 사랑을 표현한다"(Boring, 53). 그러므로 χάρις라는 인사는 "하나님께서 여러분들을 위해 그리스도 안에서 그의 아들을 내어주시는 그 사랑이 여러분에게 계속되기를 바란다"(김세윤, 28)라는 의미를 담게 된다.

평강은 헬라인들에게는 '전쟁이 없는 상태'라는 소극적 의미를 지니지만, 유대인들에게는 넓은 의미에서의 번영을 가리키고, 그 뿌리적 의미는 완전함이다. 평강(샬롬)은 유대인들 간의 일반적 인사로서 "다른 이가 가질 내적 평안함을 기원하는 표현이라기보다는 하나님과 사람(들) 사이의 구원하시는 관계의 핵심", 곧 구원하시는 하나님의 임재를 가리킨다(Green, 86). 그러므로 평강은 실제로 구원과 동의어이다. "하나님은 평강의 하나님, 곧 구원하시는 하나님이다(롬 15:33; 16:20; 빌 4:9; 살전 5:23)"(Boring, 54). 그러므로 "은혜와 평강이 너희에게……"(χάρις ὑμῖν καὶ εἰρήνη, 카리스 휘민 카이 에이레네)라는 인사말의 순서는 오히려 "은혜가 너희에게 그리고 평강이"(grace to you and peace)라는 번역이 원문에 가깝다. 바울에게 있어서 우선된 것은 은혜이다. 은혜로 말미암아 평강이라는 열매가 주어지기 때문이다(참고, 김세윤, 28). 즉, 은혜는 모든 축복의 근원이고, 평강은 축복의 목표이자 결말이다.

바울의 손에 의해 편지 서두에서의 인사가 이제 예배로 모인 자들에게 축복을 기원하는 축복/축복기도(benediction)가 되었다. 바울의 편지의 삶의 자리(*Sitz im Leben*)는 예배이기 때문이다. 바울은 그의 편지가 예배로 모인 자리에서 낭독되는 것을 염두에 두었기에 "인사를 전하는 것보다 예전적 기능이 더 중요했을 것이다"(참고, Malherbe 2000: 100). 이러한 예전적 이해는 은혜와 평강이 편지의 마지막 축복/축복기도에서 다시 등장한다는 점에서 정당하다:

평강의 하나님이 친히 너희를 온전히 거룩하게 하시고 또 너희의 온 영과 혼과 몸이 우리 주 예수 그리스도께서 강림하실 때에 흠 없게 보전되기를 원하노라(5:23).

우리 주 예수 그리스도의 은혜가 너희에게 있을지어다(5 : 28).

해설(Comment)

데살로니가 교우들을 향한 이 편지의 인사말은 수신자들의 상징적 세계와 정체성을 확립한다. 수신자들을 다양하게 묘사하는 바울의 다른 서신과는 달리 데살로니가전서의 가장 두드러진 특징은 수신자들인 데살로니가 교우들이 하나님과 그리스도와의 관계에서 정의되고 있다는 점이다. 먼저, '하나님 아버지 안에 (있는)'이라는 표현은 바울서신 가운데서도 데살로니가전서에서만 언급된 표현으로서 데살로니가인들의 '모임'(에클레시아)의 신적 기원과 연합을 묘사한다. 둘째, '하나님 아버지'라는 표현은 바울이 그의 다른 모든 편지에서 '하나님 우리 아버지'라는 표현과 달리 하나님 자체에 관심을 두는 표현으로서 모든 만물의 근원되시는 창조주 하나님을 일컫는 표현이다. 데살로니가 교우들은 또한 "주 예수 그리스도 안에" 있다. 바울은 칠십인역(LXX)에서 하나님을 일컫고, 당시 세계에서는 로마의 황제를 일컫는 '주'라는 표현을 예수에게 적용한다.

데살로니가전서는 데살로니가인들의 '에클레시아' 앞으로 보내진 편지이다. 이러한 사실은 시민결사체의 모임을 일컫는 에클레시아라는 용어가 그리스도인들의 모임이라는 소그룹에 적용되었다는 놀라운 점을 드러내 보인다(박영호, 130, 201). 이 점은 신학적 상징체계 안에서 그들의 모임이 일상적 모임(casual meeting)을 넘어서는 에클레시아가 가지는 '공적' 의미와 '보편적 교회'(the universal church)의 의미를 함의한다는 점을 제시한다(박영호, 201). 카이사르의 이름으로 모이는 모임과 구분되는 데살로니가인들의 '에클레시아'가 창조주 하나님의 뜻이 전달되는 명예로운 자리라는 것이다. 이러한 맥락에서 바울은 데살로니가 교우들을 향한 권면에서 '하나님의 뜻'을 밝히 드러낸다(4:3).

　인사 역시 신학적 표현으로서 수신자들의 정체성을 각인시킨다. 은혜와 평강은 단순한 '안녕'(카이레인)이라는 인사가 아니다. 바울에 의해서 헬라식 인사(카이레인)와 유대교적 인사(샬롬)가 합쳐져서 '은혜와 평강'이라는 새로운 그리스도교 인사가 만들어졌다. 하나님의 은혜가 있는 곳에 샬롬 곧 진정한 평강이 임한다. 그러므로 은혜와 평강은 주 되시는 예수 그리스도 안에서 만물의 근원이 되시는 창조주 하나님께서 베푸시는 구원의 선물을 가리킨다.

제II부

첫째 단락

데살로니가전서 1 : 2-3 : 13

A. 첫 번째 감사 : 데살로니가 교우들의 믿음과 본(1 : 2-10)
B. 사도적 임재(apostolic parousia) : 바울의 목양(2 : 1-12)
C. 두 번째 감사 : 데살로니가 교우들의 행동(2 : 13-16)
D. 사도적 임재 : 부재 중의 목양과 감사(2 : 17-3 : 10)
E. 마침 기도(3 : 11-13)

| 데살로니가전서 1 : 2-3 : 13 |

첫째 단락

A. 첫 번째 감사 : 데살로니가 교우들의 믿음과 본 (1 : 2-10)

²우리가 너희 모두로 말미암아 항상 하나님께 감사하며 기도할 때에 너희를 기억함은 ³너희의 믿음의 역사와 사랑의 수고와 우리 주 예수 그리스도에 대한 소망의 인내를 우리 하나님 아버지 앞에서 끊임없이 기억함이니 ⁴하나님의 사랑하심을 받은 형제들아 너희를 택하심을 아노라 ⁵이는 우리 복음이 너희에게 말로만 이른 것이 아니라 또한 능력과 성령과 큰 확신으로 된 것임이라 우리가 너희 가운데서 너희를 위하여 어떤 사람이 된 것은 너희가 아는 바와 같으니라 ⁶또 너희는 많은 환난 가운데서 성령의 기쁨으로 말씀을 받아 우리와 주를 본받은 자가 되었으니

⁷그러므로 너희가 마게도냐와 아가야에 있는 모든 믿는 자의 본이 되었느니라 ⁸주의 말씀이 너희에게로부터 마게도냐와 아가야에만 들릴 뿐 아니라 하나님을 향하는 너희 믿음의 소문이 각처에 퍼졌으므로 우리는 아무 말도 할 것이 없노라 ⁹그들이 우리에 대하여 스스로 말하기를 우리가 어떻게 너희 가운데에 들어갔는지와 너희가 어떻게 우상을 버리고 하나님께로 돌아와서 살아 계시고 참되신 하나님을 섬기는지와 ¹⁰또 죽은 자들 가운데서 다시 살리신 그의 아들이 하늘로부터 강림하실 것을 너희가 어떻게 기다리는지를 말하니 이는 장래의 노하심에서 우리를 건지시는 예수시니라

헬라의 편지에는 통례적으로 인사말에 이어서 대부분의 경우 수신자의 건강을 위하여 신께 드리는 기도가 언급되고, 이어서 종종 신 혹은 신들에 대한 틀에 박힌 감사가 덧붙여지기도 한다. 바울 역시 거의 모든 편지에서 인사말에 이어 감사를 언급한다(예외, 갈라디아서). 하지만 감사 단락(thanksgiving section)은 바울서신에서 바울의 특별한 편지 양식으로 확고히 자리매김한다. 감사 단락은 (1) 서두의 인사말에 바로 이어서, 그리고 편지의 본론(몸말) 앞에 하나의 단락으로 자리매김한다; (2) 감사는 통례적인 헬라의 감사보다 상당히 길고, 인사치레가 아니라 매우 실제적이다. 열 몇 단어 정도에 지나지 않는 헬라의 감사에 비해 바울의 편지의 감사 단락은 평균 100 단어에 이른다(Boring, 55). 감사의 분량은 편지를 쓰는 자와 받는 자 사이의 친밀한 정도를 반영한다. 감사 단락에서 바울은 편지의 본론에서 거론할 주요 주제들을 소개한다; (3) 바울의 편지는 예배 때에 낭독되었다. 따라서 감사와 찬양의 맥락 안에서 사도적 연설의 분위기를 반영하기에 감사와 기도는 진지하게 받아들여졌다(Boring, 55).

데살로니가전서에서 감사는 1장 2절에서 시작되어 3장 13절에까지 이른다. 그 사이에 2장 1~12절과 2장 17절~3장 8절에서 바울의 사역의 성

격, 소위 '사도적 임재'(apostolic parousia)에 대한 언급이 등장하지만 다시금 감사가 나타난다(2:13; 3:9-10). 감사의 메시지는 적어도 3장 10절에까지 확대되어 편지 전반부에 전체적으로 배어 있다. 감사는 간단한 기도를 포함한다. 바울은 기도 가운데 데살로니가 교우들을 떠올리고(2절), 그들의 믿음의 역사와 사랑의 수고와 소망의 인내를 기억하고(3절), 그들의 택하심을 알고(4절) 하나님께 감사를 드린다.

첫 번째 감사 단락은 1장 2절에서 10절까지로 이어지는데 헬라어로는 한 문장으로 구성되어 있다. '감사하다'(Εὐχαριστοῦμεν, 유카리스토멘)라는 동사에 '떠올리고'(2절), '기억하고'(3절), '알고'(4절)라는 3개의 동사가 분사 형태로 연결되어 있다. 바울은 그의 메시지를 통해 복음을 받아들인 데살로니가 교회의 행위에 감사하고(2-5절), 사도들과 주를 본받아 믿음의 본이 된 데살로니가 교회를 칭찬하고(6-8절), 데살로니가 교우들의 개종을 선교적 선포로 요약한다(9-10절).

[1:2] "우리가 너희 모두로 말미암아 항상 하나님께 감사하며". 바울은 기도할 때에 복음에 응답한 데살로니가 교우들을 떠올리면서 하나님께 감사를 올린다. 감사를 표현하는 헬라어 동사는 '유카리스테오'(εὐχαριστέω)이다. 이 말은 빠르게 주의 만찬에서의 전문 용어가 되었다(이그나티우스, *Ephesians* 13.1; 저스틴, *1 Apology* 65-66; Aune, 185). 하지만 목회서신의 두 곳에서의 감사 기도는 전적으로 다른 표현을 사용한다(Χάριν ἔχω, 카린 에코 〈딤전 1:12; 딤후 1:3〉). 그리고 베드로전서 1장 3~12절의 기도는 찬사(eulogy) 혹은 축복 기도이다. 이는 고린도후서 1장 3~7절에서와 같이 '찬송하리로다'(εὐλογητός, 율로게토스)라는 말로 시작하기 때문이다. 에베소서 1장 3~14절은 찬사에 이어서 감사가 나온다(엡 1:15-23).

신약성서 시대의 지중해 세계에서는 어떤 사람이 행한 그 무엇에 대해 감사를 표현할 때, 수평적으로 그 사람에게 감사한 것이 아니라, 수직적으로 하나님과 신들에게 감사를 드렸다. 예를 들면, 바울도 빌립보 교우들의 경제적 지원에 대한 감사의 마음을 표시함에 있어서 "내가 너희를 생각할 때마다 나의 하나님께 감사한다"라고 말한다(빌 1:3). 한편, 사람에 대한 감사는 상대방에게 "감사합니다"(Thank you)라고 말하지 않고, "이 일이 마무리 되었으니 우리는 이제 서로에게 더 이상 갚을 것이 없습니다"라고 말하였다(Boring, 59).

바울은 참되고 살아 계신 하나님께 항상 감사한다. '항상 감사한다'라는 표현은 바울의 감사 어법의 표준이 되는 전형적 표현이지만(고전 1:4; 빌 1:4; 살후 1:3; 몬 4; 참조, 골 1:3), 바울은 데살로니가전서에서 그의 감사한 마음을 '항상'(2:16; 3:6), '끊임없이'(1:3; 2:13; 5:17), '범사에'(5:18)라는 말로써 나타낸다. 감사의 내용은 데살로니가 교우들 모두에 관한 것으로 구원의 근원이신 하나님께 감사하는 것이다. 그들의 믿음, 사랑, 소망은 구원의 증거이기에 바울은 그들이 하나님의 택하심에 깊이 뿌리를 내리고 있음을 하나님께 감사한다(1:3).

[1:3] "믿음의 역사와 사랑의 수고와……소망의 인내". 데살로니가 교우들의 믿음, 사랑, 소망은 바울이 하나님께 감사하는 구체적인 이유이다. 바울은 이것을 하나님 앞에서 끊임없이 기억하면서 감사한다. '믿음, 사랑, 소망'이라는 세 표현은 바울에 의해서 처음으로 하나의 삼자조합(triad)을 이룬다(Malherbe 2000: 109). 신약성서에서 이 조합의 나열 순서는 문맥적 정황에 따라 다르게 언급되고 있다. 강조되는 바가 뒤에 온다: 믿음, 사랑, 소망(1:3; 5:8; 골 1:4-5); 믿음, 소망, 사랑(롬 5:1-5; 고전 13:13; 히 10:22-24; 벧전 1:21-22). 고린도전서 13장은 사랑장으로 사랑에 대해서 강조하므로 믿음, 소망, 사랑의 순으로 나타난다(고전 13:13). 본문에서는 소망이 마지막에 위치한다. 이는 데살로니가전서가 소망을 강조하고 있음과, 소망에 대한 내용이 데살로니가전서의 중심이 되는 논의로 그 절정을

이룬다는 점을 제시한다.

'믿음, 사랑, 소망'이라는 순서는 기독교 신앙의 과거-현재-미래라는 시간적 차원을 요약하는 적절한 표현일 수 있다. 과거의 그리스도 사건에 나타난 하나님의 행위에 대한 믿음과 하나님의 사랑을 드러내는 현재의 실존과 미래의 파루시아를 기다리는 소망이 그리스도인의 신앙을 요약한다는 것이다(Boring, 60). 믿음, 사랑, 소망은 편지 내에서 다시금 자세하게 언급된다: 믿음(1:2-2:16; 2:17-3:13); 사랑(4:1-12; 5:12-24); 소망(4:13-18; 5:1-11). 믿음은 역사(일)로써, 사랑은 수고로써, 소망은 인내로써 드러난다. 믿음과 사랑에 있어서 역사(일)와 수고의 차이는 실제적인 것보다 수사적인 표현의 차이이다. 갈라디아서에서 바울은 "믿음은 사랑으로써 역사한다"(갈 5:6)라고 언급한다.

'믿음, 사랑, 소망'과 마찬가지로 '역사(일), 수고, 인내' 역시 셋이 하나의 조합(triad)을 형성한다. 셋이 하나의 조합을 이루는 역사, 수고, 인내는 복음 전파 사역에의 노력과 애씀을 나타내는 표현이다(Malherbe 2000: 108):

역사(ἔργον, 에르곤): 고전 3:13-15; 빌 1:22; 행 13:2; 14:26; 15:38

수고(κόπος, 코포스):
   1. 육체적 노동(고전 4:12; 고후 11:23; 살전 2:9; 딤전 4:10)
   2. 바울 자신의 사역(고후 11:27; 갈 4:11; 빌 2:16; 살전 3:5)
   3. 다른 이의 사역(고전 3:8; 16:16; 고후 10:15)

인내(ὑπομονή, 휘포모네): 고후 6:4; 12:12; 눅 21:19

'역사(일), 수고, 인내'의 조합의 순서는 데살로니가 교우들의 복음 전파 사역에의 수고와 애씀이 궁극적으로는 인내에 이르게 됨을 점층적으로 표현한다(Malherbe 2000: 108). 인내는 소망이 빚어내는 덕목이다. 인내는 초기 그리스도교의 가장 값진 덕목 가운데 하나로서 순교자의 덕목이었다. 예수 그리스도에 대한 소망은 그리스도의 강림(파루시아)에 대한 확신이다. 이러한 소망의 인내야말로 환난 가운데서도 복음 사역을 감당케 하며, 사랑을 넘치게 하며, 마음을 굳건하게 하여 마침내 그리스도의 영광에 이르게 한다:

> 하나님 우리 아버지와 우리 주 예수는 우리 길을 너희에게로 갈 수 있게 하시오며 또 주께서 우리가 너희를 사랑함과 같이 너희도 피차간과 모든 사람에 대한 사랑이 더욱 많아 넘치게 하사 너희 마음을 굳건하게 하시고 우리 주 예수께서 그의 모든 성도와 강림하실 때에 하나님 우리 아버지 앞에서 거룩함에 흠이 없게 하시기를 원하노라(3:11-13).

[1:4] "하나님의 사랑하심을 받은 형제들아". 바울은 그의 수신자들, 데살로니가 교우들을 "하나님에 의해서 사랑하심을 받은 형제들"이라 칭한다. 데살로니가후서에서는 "주께서 사랑하시는 형제들"(살후 2:13)로 표현된다. 바울은 '형제들'(ἀδελφοί, 아델포이)이라는 표현을 즐겨 사용한다. '형제들', 즉 '형제자매'라는 용어는 그리스도인들을 일컫는 일반적 용어로서 신약성서에서 요한2서와 유다서를 제외한 모든 책에서 발견된다. 이 표현은 데살로니가전서에서 19회(단수[아델포스]: 4회) 사용된다. 데살로니가전서에서 형제라는 용어의 사용은 상대적으로 훨씬 긴 바울의 다른 서신과 비교해 볼 때 월등히 많다(예, 로마서의 10배; 고린도전서의 20배; 고린도후서의 3배; Malherbe 2000: 110).

형제, 자매와 같은 '친족 언어'(kinship language)는, 예를 들면, 공동체 의식을 중요하게 여겼던 밀의 종교와 철학적 그룹과 같은 다른 그룹에서도 사용되었다. 하지만 그 어떤 그룹도 신성한 아버지에 의해 하나님의 자녀가 되었다고 말하지 않는다(Boring, 61). 형제라는 용어가 "하나님에 의해 사랑을 받는" 그리고 '택하심'이라는 용어에 의해 수식된다는 점에서 신앙 공동체 구성원을 '형제'로 일컫고, 개종자를 하나님에 의해 사랑을 받고(엘레에메넨) 부름을 받은 자로 이해하는 유대교를 그 배경으로 함이 분명하다. 바울은 이러한 이해를 로마서에서 호세아의 글을 수정 인용하여 이방인 그리스도인에게 적용한다:

긍휼히 여김을 받지 못하였던 자를 긍휼히 여기며(호 2:23)
(엘레에소 텐 우크 엘레에메넨)

사랑하지 아니한 자를 사랑한 자라 부르리라(롬 9:24-25)
(칼레소……텐 우크 에가페메넨 에가페메넨)

이곳과 데살로니가후서 2장 13절에서 사용되는 하나님에 의해 '사랑하심을 받은'(ἠγαπημένοι, 에가페메노이)이라는 표현은 바울이 보통 쓰는 '사랑하는 자'(ἀγαπητοί, 아가페토이 〈예, 롬 1:7; 고전 15:58〉)와는 달리 완료분사 형태이다. 이는 구원하시는 하나님의 사랑의 행위로서의 택하심(2:12; 4:7; 5:24; 참조, 골 3:12; 유 1)에 초점을 맞춘 하나님의 지속적인 사랑을 표현한다(Boring, 62; Malherbe 2000: 110). "하나님의 사랑하심을 받은"이라는 말은 사랑의 하나님에 대한 일반적 특징이 아니라 데살로니가 교회를 신앙의 공동체 안으로 부르신 하나님의 구체적인 행위를 가리킨다. 그러므로 '사랑하심을 받은'과 '택하심'은 데살로니가 교우들 개인을 지칭하는 것이 아니라 '데살로니가인들의 교회'를 가리키는 '교회론적' 용어이다(참고, Boring, 62).

"택하심을 아노라". '택하심'은 하나님의 사랑의 행위를 가리키는 표현으로서 구원으로 택하심을 의미한다. 형제라는 '친족 언어'와 마찬가지로 택하심은 '소속감의 언어'/'가족 언어'(language of belonging)로 공동체의 정체성을 규정한다(Meeks 1983: 85). 택하심은 내적으로는 새로운 소속감을 제공하였고, 외적으로는 하나님의 진노 아래 놓인 대다수의 사람들과 구분되는 우월감을 만들었다. 하나님의 택하심은 택함을 받은 자의 장점과 인격이 아닌 전적으로 하나님의 사랑에 의해 주도되었다. 구약성서에서 하나님은 자신을 알리시기 위해 하나님의 사람들을 택하셨다(신 4:37; 왕상 3:8; 사 41:8, 9; 43:10; 44:1, 2; 45:4; 49:7). 신약성서에서 그들은 그리스도 안에서 택함을 입은 자들로 묘사된다(롬 16:13). 하나님은 창세 전에 그들을 택하셨고(엡 1:4), 때를 따라 부르셨다(살후 2:13, 14). 하나님께서 그들을 택하심은 '그 아들(예수 그리스도)의 형상을 본받게 하기 위함'이다(롬 8:29).

[1:5] "우리 복음". 바울은 하나님께서 데살로니가 교우들을 택하셨음을 '복음'(유앙겔리온)이라는 말로 설명한다. 복음은 본 절의 주어이다. 그 복음은 바울이 전한 복음이다. 따라서 바울은 이 복음을 '우리(의) 복음'이라고 한다. 이는 사도들이 전한 복음이라는 점을 강조한다. 이 복음은 사도들이 전파한 예수 그리스도와 그의 구원에 관한 메시지이다. 다른 곳에서 바울은 복음을 '하나님의 복음'(2:8-9), 혹은 '그리스도의 복음'(살전 3:2; 롬 15:19)이라 일컫는다.

로마제국 내의 도시들은 '복음'(유앙겔리온)이라는 용어를 익히 잘 알고 있었다. 그것은 황제 제의에서 흔히 나타나는 것으로 황제의 탄생 혹은 황제의 삶에 있어서의 초월적인 사건에 대한 소식을 일컬었기 때문이다:

> 카이사르는 그가 나타난(에피파네인) 이래 복음(유앙겔리온)에 대한 모든 사람의 기대를 뛰어넘어 그보다 앞선 사람들이 가져다준 혜택을 능가했을 뿐만 아니라 그 뒤에 올 사람들에게 그를 능가할 기대를 남겨놓지 않았다. 그로 인해 신의 탄신일은 온 세상을 위한 복음(유앙겔리아)이 되기 시작했다(Elliot and Reasoner, 35; 재인용, 고먼, 79).

황제의 복음은 선포 이상의 의미를 담고 있었다. 왜냐하면 사람들은 복음의 선포가 새로운 시대를 가져왔다고 믿었기 때문이다. 선포와 그 효과 사이의 연계성은 사도들의 복음 선포에 있어서도 분명하게 나타난다. 데살로니가에서의 바울의 복음 선포는 큰 능력으로 임하였고(5절), 복음에 응답한 자들의 삶에 있어서 큰 변화를 가져왔다(6-10절).

[사역] "말로만 이른 것이 아니라 또한 능력과 성령과 충만함으로 된 것임이니라". 바울과 그의 동역자들이 전한 복음은 데살로니가 교우들에게 "말로만이 아니라 능력과 성령과 충만함으로" 임하였다. 바울은 여기서 수사학적 장치인 대구법(antithesis)을 활용한다. 대구법은 수사학적, 철학적 전통으로서 바울의 특징적 스타일이기도 하다. 여기서 바울이 사용하는 대구법은 일반적 형태(not only……but)가 아니라, 특별한 형태(not……only, but also [οὐκ……μόνον ἀλλὰ καὶ])의 대구법이다. 이 대구법은 비교하고자 하는 둘의 차이를 보여주면서 둘째 것이 첫째 것을 포괄하는, 따라서 이 둘의 관계는 대조가 아니라 둘째 것을 강조함에 있다(Kemmler, 156-159; 재인용, Malherbe 2000: 112). 그러므로 본문은 "말로만이 아니라, 또한 능력과 성령과 충만함으로(도)"라는 뜻을 갖는다.

바울은 여기서 말과 대조가 되는 '행위/일'(ἔργον, 에르곤)을 언급하지 않는다. 한편, 비슷한 맥락에서 당시의 철학자들은 일(에르곤)을 언급하면서 통상적으로 그들이 이룬 업적이나 행위에 사람들의 이목을 집중시켰다. 그러나 바울은 그가 (말로) 전한 복음의 다른 차원을 묘사한다. 즉, 복음은 "또한 능력으로, 성령으로, 충만함으로" 그들에게 임하였다는 것이다. 능력은 성령의 활동을 가리킨다. 바울의 말과 복음 전파(케리그마)는 수사적 기교가 아니라, "성령의 나타나심과 능력으로" 임하였고(고전 2:4), '성령의 능력으로' 이루어졌다(롬 15:9).

"충만함으로"([ἐν] πληροφορίᾳ πολλῇ, [엔] 플레로포리아 폴레). 동사 πληρόω(플레로오)는 '채우다', '이루다'(딤후 4:5), 혹은 '확신하다'(롬 4:

21 ; 14 : 5)를 의미한다. 명사, πληροφορία(플레로포리아) 역시 '충만함' 혹은 '확실함'(골 2 : 2), '확신'(히 6 : 11 ; 풍성함[개역개정])을 의미한다. [ἐν] πληροφορίᾳ πολλῇ를 '큰 확신으로'(개역개정)라고 해석하는 학자들은 '우리 복음', 즉 바울이 전파한 복음이 어떻게 데살로니가 교우들에게 임하였는지, 다시 말하면, 바울이 복음을 전파한 방식과 태도를 가리킨다고 해석한다(Frame, 81 ; Malherbe 2000: 112 ; Wanamaker, 79). 이러한 해석은 바울이 복음을 전파함에 있어서 "담대하게, 즉 확신을 가지고 행하였다"(ἐπαρρησιασάμεθα, 에파레시아메싸 〈2 : 2〉)라는 점에 근거한 것이다.

한편, 그린(Green, 96)은 문맥에서의 초점이 바울의 선포에 나타난 하나님의 역사에 있음과 '능력'과 '성령'과 πληροφορία가 평행적 표현이라는 점에 주목하면서 πληροφορία를 '충만함'으로 해석한다. 여기서 바울이 말하고자 하는 바는 그가 전파한 복음의 성격에 있다. '능력으로'(ἐν δυνάμει, 엔 뒤나메이), '성령으로'(ἐν πνεύματι ἁγίῳ, 엔 프뉴마티 하기오)에서 전치사 ἐν(엔)은 '상태나 조건의 표지'(BDAG 327.2)의 기능으로 바울의 방식과 태도가 아니라, 복음 자체가 임하는 방식을 가리킨다. 동사 '이르렀다/되었다', 즉 '이르게 되었다'(ἐγενήθη, 에게네쎄)의 주어는 바울이 아니라 복음이다. 그렇다면 [ἐν] πληροφορίᾳ πολλῇ는 복음을 수식하는 표현이므로 "복음이 '큰 확신으로' 임하였다"라는 표현은 어울리지 않는다. 따라서 '충만함으로'로 해석되어야 한다. 복음의 선포는 "능력으로, 성령으로, 충만함으로" 임하였다.

"우리가 너희 가운데서 너희를 위하여 어떤 사람이 된 것". 먼저는 데살로니가 교우들에게 임한 복음의 성격에 대해서, 즉 복음과 데살로니가 교우들 간의 관계에 대해서 언급했다면, 이제는 복음을 전파한 자신과 데살로니가 교우들 간의 관계에 대해서 언급한다. "어떤 사람이 된 것"은 바울과 데살로니가 교우들 사이의 관계를 표현한다. 그 관계는 복음과 분리될 수 없는 바울의 사역의 성격을 통해 형성된 것이다. 바울은 그러한 그의 사역을 두 말로 표현한다. 그의 사역이 '너희 가운데서', '너희를 위하여' 행하여졌다는 것이다. 바울의 이러한 사역의 성격은 2장 1~12절에서 구체적으로 상술되고 있다. '너희 가운데서'라는 말은 데살로니가 교우들과의 연관성을 상기시킨다. 이는 많은 대중 앞에서 자신들을 떠벌리는 철학자들과는 달리, 바울은 데살로니가 교우들 가운데서(2:7) '어떠한 사람'인지를 '담대하게'(파레시아) 드러내 보여주었다는 점을 함의한다(참고, Malherbe 2000: 113).

"……바와 같다". '……바와 같다'는 데살로니가전서에서 14회 사용된다. 때로는 이 표현은 "너희가 아는 바와 같다"와 결합되어 바울과 데살로니가 교우들과의 연속성과 바울이 그들과 함께 있을 때에 그들과 함께 한 경험과 역사를 그들로 하여금 기억하게 한다. "너희가 안다"라는 표현은 바울서신 가운데 데살로니가전서에서 가장 빈번하게 사용된다(2:1-2, 5, 11; 3:3-4; 4:2; 5:2). "우리가 어떤 사람이며 어떻게 복음을 전했는지 너희가 알지 않느냐"라고 그들에게 직접적으로 호소하는 것이다. 이러한 호소는 권면적 편지의 전형적 표현인 동시에 그들이 바울과 주 예수를 '본받음'(imitation)의 근거가 된다.

[1:6] "너희는 많은 환난 가운데서". 데살로니가 교우들이 바울과 주를 본받음은 바로 "많은 환난 가운데서도" 말씀을 받아들였다는 것이다. 이것은 데살로니가 교회만의 특별한 경험이 아니었다. 유대에 있는 하나님의 교회들도 그러하였다(2:14). 데살로니가 교회는 유대에 있는 교회들과 바울과 그리고 주 예수의 발걸음을 따라 걷고 있었다. 그리스도는 죽음을 받아들임으로 말미암아 본을 보여주셨다. 그러므로 여기서 바울은 그리스도를 순교자, 즉 순교자의 원형으로 세운다.

일반적으로 '환난'(θλῖψις, 쓸립시스)은 그리스도인들이 자신들의 신앙으로 말미암아 겪는, 내적 고통에서부터 외적 탄압에 이르는, 광범위한 어려움을 가리킨다. 비록 사도행전은 데살로니가 교회 전반에 걸친 박해를 언급하고 있지 않지만, 데살로니가후서에서는 '박해와 환난'이 나란히 언급된다(살후 1:4). 말허비는 데살로니가 교우들이 겪은 환난을 "복음을 받아들임으로써 그들의 과거와 단절된 사람들이 경험한 마음의 고통과 고뇌로 이해하는 것이 온당하다"라고 주장한다(Malherbe 1987: 48). 환난의 동사적 의미는 포도주를 만드는 과정에서 포도가 터질 때까지 압착하는 것을 나타낸다. 유대인들은 바울을 잡고자 무리를 부추겨 소동을 일으켰고(행 17:5), 베뢰아까지 그를 쫓았다(행 17:13). 데살로니가 교우들도 그들의 '동족'(데살로니가 거민들)으로부터 고난을 당하였다(2:14; 3:3, 7; 살후 1:4, 6; 참조, 롬 8:35). 그렇다면 이 환난은 단순히 그들의 감정적 상태나 혹은 심적 고통을 가리키는 것이 아니라, 극심하고 고통스러운 어려움을 포함하는 외부의 반대와 폭력적인 적대 행위를 가리킨다(Donfried, xxi, 43; Green, 98).

비록 고난을 기쁨으로 받아들이는 바울의 태도가 고난 가운데서의 기쁨이 '확립된 모티프'로 자리잡은 유대교의 순교 문학이나 혹은 고통을 받아들이는 스토아철학의 가르침과 비교될 수도 있겠지만, 바울에게 있어서 고난 가운데서의 기쁨은 항상 성령의 종말론적 선물이다. 이러한 기쁨의 근원은 성령의 내주로 인한 열매로서 성령이 주시는 선물이다(행 13:52; 롬 14:17; 갈 5:22; 벧전 4:13-14; 참조, 눅 10:21). 성령은 성도들의 고난 가운데 함께하신다. 마가복음에서 성령의 구체적인 사역에 대한 유일한 언급은 고난 가운데 처한 성도들을 위로하고 권고하심이다: "사람들이 너희를 끌어다가 넘겨 줄 때에 무슨 말을 할까 미리 염려하지 말고 무엇이든지 그때에 너희에게 주시는 그 말을 하라 말하는 이는 너희가 아니요 성령이시니라"(막 13:11).

"성령의 기쁨으로 말씀을 받아". 고난 가운데 기쁨은 믿음에 뿌리를 깊이 박고서 하나님의 임박한 승리에 대한 소망으로 자라나는 은혜이다(롬 14:17; 15:13; 빌 1:4, 25). 이 은혜는 성령에 의해 직접적으로 주어졌다: "소망의 하나님이 모든 기쁨과 평강을 믿음 안에서 너희에게 충만하게 하사 성령의 능력으로 소망이 넘치게 하시기를 원하노라"(롬 15:13). 콘젤만(Hans Conzelmann)은 바울의 사역에 나타난 이러한 역설적인 기쁨을 아래와 같이 묘사한다:

> 바울에게 있어서 기쁨은 사도로서의 그의 사역과 긴밀하게 묶여져 있다. 그 기쁨은 믿음의 기쁨이요(빌 1:25), 성령의 열매이다(갈 5:22). 따라서 기쁨 안에는 종말론적이고, 역설적인 요소가 있다. 종말론적 중요성은 소망과의 관련에서도 찾아볼 수 있다(롬 12:12; 15:13). ……기쁨과 소망의 관계는 로마서 5장 1절 이하에서 반대 개념인 환난의 도움으로 드러난다(TDNT IX, 369).

이러한 기쁨은 그리스도인으로 개종함에 따른 주요 결과들 가운데 하나로서 그 어떠한 역경도 이 기쁨을 없이할 수가 없었다. 그리스도인들의 이러한 삶의 태도를 결정지은 것은 그들의 성령의 경험이었다(Green, 99).

[1:7] "그러므로 너희가 마게도냐와 아가야에 있는 모든 믿는 자의 본이 되었느니라." 그 결과 데살로니가 교우들은 바울과 주를 본받음으로 인해 그들도 다른 모든 믿는 자들의 본이 되었다. 고대인들은 어떤 사람의 삶을 본받는 것을 도덕적 교육의 수단으로 높이 평가하였기에 본받음에 직접적으로 호소한다(Green, 97). 7~8절은 3절에서 언급된 데살로니가 교회의 행위에 관해 자세하게 언급한다. 바울은 앞서 6절에서 자신과 그리스도가 본이 되었음을 넌지시 언급했지만, 이제 바울은 데살로니가 교회가 마케도니아와 아가야의 교회들에게 본이 되었음을 분명하게 언급한다. 여기서 '본'(τύπος, 튀포스)은 그릇이나 그림 등의 표본, 모형과 같은 의미를 가지며, 신약성서의 도덕적 가르침 가운데 다양하게 나타난다. 본은 본받아야 한다는 의미를 가진다(빌 3:17; 살후 3:9). 따라서 윤리적 가르침에서 사람이 따라야 할 행동의 본으

로 사용되었다.

사본상의 다른 읽기가 있다. 본문에서 '본'(튀포스)의 복수 형태(τύπους, 튀푸스)가 많은 사본들의 지지를 받고 있다. 하지만 단수 형태(τύπον, 튀폰)가 원문으로 판단된다. 왜냐하면 복수 형태는 '너희'라는 복수에 일치시키기 위한 것이기 때문이다. 단수 형태는 공동체 전체를 집합적으로 바라보는 것으로 개인이 아니라 공동체 전체가 본이 되었음을 제시한다(Malherbe 2000: 116). 신약성서에서 공동체 전체가 다른 교회들의 본으로 제시된 유일한 본문이다. 크리소스톰은 데살로니가전서에 대한 그의 설교에서 "뛰어나고 존경을 받을 만한 사람들은 그들의 덕을 자신들 안에 가두어 두지 않고, 그들의 좋은 소문으로 말미암아 많은 사람들을 이롭게 하며, 다른 이들을 더 나은 사람이 되게 한다"(*Homily* 2)라고 언급하였다.

[1:8] "주의 말씀이 너희에게로부터". 바울은 데살로니가 교회가 마케도니아와 아가야에 살고 있는 모든 믿는 자들의 본이 된 이유를 설명한다. 그 이유(γάρ, 가르)는 그들이 전한 복음이 각처에 퍼져 나가 바울과 그의 동역자들이 더 이상 말할 필요가 없었다는 것이다. 바울은 '너희로부터'(ἀφ᾽ ὑμῶν, 아포 휘몬)라는 말을 문장 제일 앞에 둠으로써 복음 전파에 있어서 데살로니가 교우들의 역할을 다시금 강조한다. 그들이 전한 주의 말씀이 마케도니아와 아가야뿐만 아니라 각처에 울려 퍼지고 있다는 것이다. '너희로부터'라는 말에서 바울은 출처를 표현하기 위해 일반적으로 사용되는 전치사 ἐκ(에크) 대신에 ἀπό(아포)를 쓴다. 신약성서에서 전치사 ἀπό는 종종 수동문에서 행위자를 표시하는 전치사 ὑπό(휘포, by[영])를 대신한다. 결과적으로 그들이 '주의 말씀'의 출처가 아니라 그들에 의해서 주의 말씀이 전해졌음을 표현한다(Malherbe 2000: 116).

'주의 말씀'은 '여호와의 말씀'이라는 표현과 같은 구약성서적 어법으로(예, 렘 1:4, 11; 겔 3:16; 6:1; 7:1), 곧 복음을 의미한다(3:1; 행 8:

25). 다른 점이 있다면, '주'는 하나님이 아니라 예수 그리스도를 가리키고, 주격적 소유격(예, "여호와의 말씀이라")이 아니라 목적격적 소유격으로 예수 그리스도는 바울이 전한 메시지의 내용이 된다(Malherbe 2000: 117).

[사역] "마게도니아와 아가야뿐만 아니라 각처에 울려 퍼졌고". '울려 퍼졌다'(ἐξήχηται, 엑세케타이)에서 동사 ἐξηχέω(엑세케오)는 신약성서에서 단 한 번 여기에 사용되지만, 천둥 소리(시락서 40 : 13), 군중의 큰 함성(필로, *In Flaccum*, p. 39), 모든 곳에 이르는 소문(마카비3서 3 : 2), 혹은 크리소스톰이 제안하듯이, "가까운 장소를 가득 채우는 우렁찬 트럼펫 소리"를 묘사할 때 사용되었다. 동사 ἐξηχέω는 소리가 사방으로 퍼져 나가는 이미지를 나타내므로 '들린다'가 아니라 '울려 퍼진다'라고 할 수 있다. 사방으로 퍼져 나가는 이러한 이미지는 "마게도니아와 아가야뿐만 아니라 각처에"라는 말과 조화를 이룬다.

"마게도니아와 아가야뿐만 아니라 각처에". 마게도니아(ἐν τῇ Μακεδονίᾳ, 엔 테 마케도니아)와 아가야([ἐν τῇ] Ἀχαΐα, [엔 테] 아가야)와 그리고 '각처에'(ἐν παντὶ τόπῳ, 엔 판티 토포) 퍼져 나간 복음의 확산을 표현한다. 바울은 여기서 전치사 ἐν을 사용한다. 전치사 εἰς(에이스)나 πρός(프로스)와는 달리 ἐν은 복음이 확산된 지역적 범위를 묘사하는 것이 아니라, 마케도니아와 아가야, 그리고 각처에서 일어난 복음 전도 사건을 묘사한다. 이러한 맥락에서 바울은 7절에서와 같이 마케도니아와 아가야 앞에 각각 ἐν을 사용한다(Malherbe 2000: 116, 117).

마케도니아는 그리스의 북부 지역으로 로마가 데살로니가에 이르는 군사 도로(비아 에그나티아)를 건설함으로써 이후 빌립보와 네아폴리스 항구를 거쳐 비잔티움에까지 이르는 로마 지배력의 동쪽 전초 기지가 되었다. 아가야는 그리스의 중앙과 남부 지역을 가리킨다. 아가야는 아우구스투스 치세 때에 독립된 영지로 분리되었고, 그 행정 수도는 고린도였다.

바울은 'οὐ μόνον……ἀλλὰ'(not only……but)의 대구법을 사용한다. '각

처에'라는 말은 칭찬을 담은 과장법적 수사이다(Malherbe 2000: 116). 하지만 대구법은 마케도니아와 아가야를 넘어서 각처에 이른 복음의 실제적인 사건을 나타낸다. 데살로니가 교회는 실제로 선교하는 교회였다. 그들 가운데 몇몇은 바울과 더불어 복음을 전파하였다. 예를 들면, 데살로니가 교회의 아리스다고와 세군도는 바울과 함께 시리아와 예루살렘에 도착하였다(행 20:4). 아리스다고는 또한 바울과 함께 2차 전도 여행에 동행하여 에베소에 이르렀고(행 19:29), 심지어 로마에 이르기까지 동행하였다(행 27:2; 골 4:10; 참고, 몬 24).

본 절의 헬라어 구문은 파격 구문(anacoluthon)의 문장이다. 따라서 끊어 읽기의 문제점이 야기된다. 몇몇 학자들은 아래와 같이 교차대구적 구조를 이루는 두 개의 문장으로 끊어 읽기를 주장한다(예, 그린, 104):

a 너희로부터 주의 말씀이 울려 퍼졌다.
   b 마케도니아와 아가야뿐만 아니라 각처에
a' 하나님을 향한 너희의 믿음도 퍼져 나갔다.
   b' 그래서 우리는 아무 말도 할 필요가 없다.

하지만 본문은 주어('주의 말씀'과 '너희의 믿음')와 서술어('울려 퍼졌다'와 '퍼져 나갔다')가 동의어인 부분(a와 a')과 서로 대조를 보여주는 부분(b와 b')으로 구성된 대구법(anthesis) 문장이다. 이러한 대구법은 뒷부분이 앞부분을 포함하는 강조 어법의 문장이다(Malherbe 2000: 117). 그러므로 마케도니아와 아가야뿐만 아니라 각처에 "데살로니가 교회의 복음 전파가 널리 퍼져서 (어떤 곳에서는) 사도들이 복음을 전할 필요가 없었다"라는 뜻을 나타낸다.

"하나님을 향하는 너희 믿음의 소문". 그렇다면 여기서 퍼져 나간 것은 데살로니가 교회의 믿음에 대한 소문인가, 아니면 그들이 전파한 복음인가?

대부분의 주석가들은 데살로니가 교회의 '믿음에 대한 소문'이 널리 울려 퍼진 것으로 이해한다(예, 브루스, 83). 하지만 헬라어 원문은 '너희 믿음의 소문'이 아니라 '(하나님을 향한) 너희 믿음'(ἡ πίστις ὑμῶν ἡ πρὸς τὸν θεὸν, 헤 피스티스 휘몬 헤 프로스 톤 쎄온)이다. 정관사 ἡ(헤)의 반복은 하나님이 그들의 신앙의 대상(ἡ πρὸς τὸν θεὸν)이라는 점을 분명하게 표현하는 강조적 어법으로, 우상을 향했던 이전의 그들의 믿음(1:9)과 대조를 이룬다(Frame, 86). 앞서 언급한 바, '주의 말씀'과 '너희의 믿음'은 동의어로서 '주의 말씀'은 '복음'을 가리키므로 퍼져 나간 것은 너희 믿음에 대한 소문이 아니라 복음이다(참고, Green, 104).

"우리는 아무 말도 할 것이 없노라". 이 말은 전형적인 권면의 표현이다. 바울은 다시금 수신자들을 칭찬하기 위해 권면의 표현을 사용한다. 데살로니가후서 1장 3~4절은 그가 데살로니가 교회를 친히 자랑하였다고 언급하고 있다. 이후에 그는 고린도 교회에게 마케도니아 교회들이 어려운 가운데서도 풍성한 헌금을 했음을 자랑하였다(고후 8:1-2). 이러한 바울의 태도는 "그래서 우리는 아무 말도 할 필요가 없노라"라는 언급과는 상반된다. 그렇다면 "우리는 아무 말도 할 것이 없노라"라는 말은 데살로니가 교회를 자랑하는 말로서 하나님을 향한 그들의 믿음, 곧 데살로니가 교회가 전한 복음이 퍼져 나가서 어떤 장소에서는 바울이 복음을 전할 필요가 없었다는 것이다(Green, 105; Malherbee, 118). 이러한 이해는 "내(바울)가 그리스도의 이름을 부르는 곳에는 복음을 전하지 않기를 힘썼노니 이는 남의 터 위에 건축하지 아니하려 함이라"(롬 15:20)라는 바울의 복음 전파 원칙과도 일치한다. 또한 '말하다'라는 헬라어 동사 λαλέω(랄레오)는 발언하는 행위 자체를 언급하는 것으로서 바울서신에서 사도적 복음 전파를 가리키는 전문 용어이다(2:2, 4, 16; 롬 15:18; 고후 2:17). 한편, 동사 λέγω(레고)는 발언의 내용을 언급하는 표현으로, 즉 "……을 말한다"처럼 사용된다(Frame, 86).

[1:9] "우리가 어떻게 너희 가운데에 들어갔는지". 본 절과 다음 절(10절)에서 바울은 자신이 데살로니가 교회의 복음 전도의 노력에 대하여 어떻게 알게 되었는지를 설명한다. 바울은 데살로니가 교회로부터 복음을 전해 들은 마케도니아와 아가야와 각처에 있는 사람들로부터 데살로니가 교회의 소식을 듣게 된다. 그들로부터 들은 내용은 두 가지다. 하나는 바울과 그의 동역자들에 관한 것이고, 다른 하나는 데살로니가 교회에 관한 것이다. 먼저, 바울에 관하여 '들어감'으로 번역된 헬라어 εἴσοδος(에이소도스: 엑소도스의 반의어)는 두 가지 의미를 갖는다. 수동적으로는 환영(welcome)을 뜻하고, 능동적으로는 방문(visit)을 뜻한다. 대부분의 주석들은 εἴσοδος를 사도들이 받은 환영으로 이해한다. 하지만 바울이 데살로니가에 들어갈 때 데살로니가 사람들이 바울을 반가이 맞았거나 환영을 한 것이 아니었다(참조, 살전 2:1). 또한 신약성서의 다른 곳에서도 εἴσοδος는 능동적 의미의 들어감을 뜻한다(행 13:24; 히 10:19; 벧후 1:11; Frame, 87). 그렇다면 각처의 사람들로부터 바울이 들은 소식은 데살로니가인들이 어떻게 바울을 환영했는가에 관한 것이 아니라, 바울이 어떻게 데살로니가에 들어갔는가에 관한 것이다. 바울은 그와 동역자들의 '들어감'을 2장 1절에서 다시금 언급한다. 크리소스톰에 따르면, 바울의 들어감에 대한 언급은 바울 자신과 수신자들에 대한 찬사로서 바울이 전한 복음의 내용을 생각나게 하여 그들을 위로하고, 격려하고, 권면하고자 함이다(Chrysostom, *Homilies on 1 Thessalonians 2*. 재인용. Malherbe 2000: 131).

"너희가 어떻게……". 두 번째 내용은 데살로니가 교회에 관한 것이다. 데살로니가 교회가 어떻게 바울과 바울이 전한 메시지를 받아들였는지, 즉 데살로니가 교우들의 개종에 관한 것이다. 이 부분은 바울의 전형적인 표현이 아니다. 오히려 사도행전의 선교 케리그마(행 9:35; 14:15)와 헬라 유대교의 선교 책자에서 그 평행을 찾아볼 수 있다(예, 토빗 14:6). 따라서 9~10절의 선교 케리그마는 이방인을 향한 선교를 요약하는 바울 이전의 공식 표현(pre-Pauline formula)을 담고 있다. 바울이 거의 사용하지 않는 '돌아섰다'(ἐπεστρέψατε, 에페스트렙사테)라는 동사는 헬라 유대교와 헬라 철학에서 개종을 가리키는 일반적 동사이다. 예를 들면, 사도행전에서 바울과 바나바가 루스드라 사람들에게 "……이런 헛된 일을 버리고 천지와 바다와 그 가운데 만물을 지으시고 살아 계신 하나님께로 돌아서라"라고 말한다(행 14:15).

9~10절의 선교 케리그마의 초점은 그리스도가 아닌 하나님이다(Frame, 87). 먼저, 개종은 하나님께로 돌아서는 것이다. 하나님은 다시 반복되어 '살아계시고 참되신' 하나님으로 진술되고, 예수는 하나님과의 관계에서 '그의 아들'로, 그리고 "하나님께서 그를 죽은 자들 가운데서 살리셨다"라고 진술된다(Malherbe 2000: 132). 바울은 본문에서 개종에 관하여 두 가지를 언급한다. 문장 구조는 개종을 가리키는 '돌아서다'라는 주동사에 '섬기다'(δουλεύειν, 둘류에인)와 '기다리다'(ἀναμένειν, 아나메네인)라는 동사가 부정사 형태로 연결되어 있다.

"하나님께로 돌아섰다"라는 표현은 하나님께로(πρὸς τὸν θεὸν, 프로스 톤 데온) 돌아섰기에 우상에게 등을 돌렸다는 것을 의미한다. 따라서 개종에 관한 선교 케리그마는 이방인들을 향하고 있다. 사도행전에 의하면, 많은 무리의 '하나님을 경외하는 자들'과 적지 않은 귀부인들이 그리스도교 메시지를 받아들였다(행 17:4). 본래 우상을 가리키는 εἰδώλον(에이돌론) 자체는 악한 것을 묘사하는 부정적 이미지를 가지지 않는다. 하지만 칠십인역(LXX)에서 εἰδώλον은 거짓 신들의 동의어로 이방신들을 가리키는 용어로 사용되었다(대상 10:9; 시 115:4; 사 10:11). 데살로니가인들은 그들의 전통적인 신들과 사모드라게, 이집트, 로마로부터 유입된 다양한 신들을 섬겼다. 당시 종교는 사회의 씨줄과 날줄의 한 부분으로서 정치적, 경제적으로 결합되어 있었기에 개종은 단순히 개인적인 문제가 아니라 사회적, 정치적 의미를 포함하고 있었다. 자신의 삶 속에서 점진적으로 덕을 깨달아 가는 철학적 견해와는 달리 개종은 자신의 존재를 급진적으로 재정향(re-orientation)하는 것이었다.

그러므로 개종은 구체적으로 살아 계시고 참되신 하나님을 '섬기는' 것이다(신학적). 부정사 '섬기다'는 '돌아섰다'는 동사에 연결되어 개종의 목표로서의 종교적 성별(consecration), 곧 거룩함을 함의한다(4:3; Frame, 88). '섬기다'(δουλεύω, 둘류오)는 종(둘로스)이 되다라는 뜻으로, 이전에 하나님 아닌 것들(우상들)에게 종살이를 했지만 이제는 하나님에게 매이게 되는 것이다(참조, 갈 4:8). 하나님에 대한 첫째 묘사는 하나님은 '살아 계신' 하나님(θεῷ ζῶντι, 데오 존티)이다. 살아 계신 하나님은 논쟁적 정황에서 우상들과 구별하기 위해 사용된 창조주 하나님을 가리키는 헬라 유대교적 표현이다(Malherbe 2000: 120). 죽어 있기 때문에 아무것도 할 수 없는 신들(우상들, 신 5:26; 수 3:10; 삼상 17:36; 왕상 17:1, 2; 왕하 19:4; 시 42:2; 96:5; 115:4-7; 사 37:4, 17; 단 6:26)과는 대조적으로 하나님 한 분만이 살아 계신 참된 신이시다.

하나님에 대한 둘째 묘사는 '참되다'(ἀληθινός, 알레씨노스)이다. '참되다'는 거짓에 반대되는 의미라기보다는 '진정한, 실제적'이라는 의미를 갖는다. 따라서 '참되신 하나님'이라는 표현 역시 창조주에 대한 묘사이다. 참되신 하나님이라는 표현은 바울서신에서 이곳에서만 나타나지만 요한문서에서는 쉽게 찾아볼 수 있다(예, 요 7:28; 17:3; 요일 5:20-21; 계 3:4). 오직 창조주 하나님만이 참되게 존재한다. 그러므로 그는 우상들과 거짓 신들과 구별된다. 하나님에 관한 '살아 계시다'와 '참되다'라는 두 표현은 우상들과 대조를 이루는 표현으로서 예레미야 10장 10절에 나타난다: "오직 여호와는 참 하나님이시요 살아 계신 하나님이시요 영원한 왕이시라". 살아 계신 하나님과 참되신 하나님이라는 두 표현은 개종을 묘사하는 헬라 유대교 선전 책자에서 찾아볼 수 있다(Malherbe 2000: 121).

[1:10] "또 죽은 자들 가운데서 다시 살리신 그의 아들이 하늘로부터 강림하실 것을 너희가 어떻게 기다리는지를 말하니". 개종은 구원에 대한 소망을 함의한다. 이는 구체적으로 "하늘로부터 그의 아들을 기다리는" 것이다(종말론적, 구원론적). 바울은 여기서 두 개의 변칙적 표현, '기다리다'와 '그의 아들'이라는 칭호를 사용한다. 그것은 바로 개종이 함의하는 구원에 대한 소망을 나타낸다. '기다리다'(ἀναμένω, 아나메노)라는 동사는 70인역(LXX)에서는 자주 사용되지만 신약성서에서는 단 한 번 여기서 사용된다. 강림에 대한 기다림을 표현할 때 바울은 흔히 강한 열망을 담은 동사 δέχομαι(데코마이)의 강조형인 ἀπεκδέχομαι(아페크데코마이, 롬 8:19; 고전 1:7; 갈 5:5; 빌 3:20)와 ἐκδέχομαι(에크데코마이, 고전 11:33; 16:11)를 사용한다. 바울이 동사 ἀναμένω(아나메노)를 사용하는 것은 70인역(LXX)을 반영하고자 함이다. 그 이유는 첫째, 70인역(LXX)에서 ἀναμένω는 하나님의 백성들의 '구원 혹은 하나님의 자비'에 대한 소망을 가리키기 때문이다(사 59:11; 유딧 8:17; 시락 2:7)(참고, Green, 109; Malherbe 2000: 121). 둘째, 파루시아 대한 강한 열망을 표현하는 동사인 ἀπεκδέχομαι나 ἐκδέχομαι를 사용하지 않음으로써 바울은 우선적으로 개종이 함의하는 '구원'에 초점을 맞춘다.

이러한 이해는 '그의 아들'이라는 표현에서도 확인된다. 데살로니가전서에서 여기에서만 나타나는 예수에 대한 '그(하나님)의 아들'이라는 기독론적 칭호 또한 바울서신의 중요한 본문에서(롬 5:8-11; 8:3, 32; 갈 2:20; 4:4f) 하나님이 그의 아들을 통해 구원을 주셨다는 맥락에서 사용된다(참고, Wanamaker, 86). 하나님과의 친밀성과 동질성을 드러내는 '그의 아들'이라는 칭호는 구원자라는 뜻을 강하게 함의한다. 따라서 본 절에서도 그의 아들, 예수는 "장래 노하심에서 우리를 건지시는" 이시다.

"이는 장래의 노하심에서 우리를 건지시는 예수시니라". 마지막으로 바울은 하나님의 진노와 구원을 언급한다. '장래의 노하심'은 마지막 때에 하나님을 모르고 순종치 않는 자들과 불의한 자들을 향한 하나님의 공의로운 심판을 가리키는 전형적인 표현이다(살후 1:6-10; 롬 1:18). 예수는 진노로부터 우리를 건지시는 구원자이다(Ἰησοῦν τὸν ῥυόμενον, 예순 톤 뤼오메논). '건지다'(ῥύομαι, 뤼오마이)라는 동사는 '구원하다'(σῴζω, 소조)보다 자주 사용되지는 않지만 칠십인역(LXX)에서 구원자 하나님에게 사용된다(단 3:88; 8:4, 7, 11 LXX). 하나님을 일컫는 구원자라는 칭호가 이제 예수에게 적용되고 있다. 구원자 예수는 바로 십자가에 달려 돌아가신 예수이다. 실은 그가 하나님의 아들이었기에 하나님이 그를 살리셨다. 비록 가끔은 "예수께서 살아나셨다"라는 표현도 나타나지만, 그 아들을 하나님께서 "죽은 자들 가운데서 다시 살리셨다"라는 진술은 사도적 선포의 핵심이었고, 교회의 보편적인 고백이었다.

"하늘로부터 (강림하실 것을)". 하나님이 살리신 그의 아들 예수는 지금 하나님과 함께 높이 계시다가 하늘로부터 영광 가운데 오시리라는 점을 함의한다. 이제 바울은 종말론적 관점에서 구원자 예수를 묘사한다. 예수는 '하늘로부터'(ἐκ τῶν οὐρανῶν, 에크 톤 우라논)라는 말에 의해 수식된다. 이는 곧 예수의 강림을 의미한다. 그의 강림은 그의 파루시아(2:19; 3:13; 4:15), 그가 왕으로 오시는 종말론적 구원 사건으로 하나님이 그의 아들 예수를 통해 그의 구원을 완성하신다는 점을 나타낸다. 이로써 바울은 앞으로 편지 전체에 걸쳐서 전개될, 그리고 데살로니가전서의 하이라이트가 되는 종말론적 관심을 개진한다.

해설(Comment)

1장 2~10절은 감사 단락으로 바울이 데살로니가인들에게 보내는 첫 번째 편지 내의 다섯 기도문(혹은 '기도 보고') 가운데 첫째 부분이다(1:2-3;

2:13; 3:1-10; 3:11-13; 5:23). 바울은 이 감사 단락에서 편지의 본론에서 다루게 될 주제들을 소개한다. 바울은 첫 번째 감사에서 데살로니가 교회가 모든 믿는 자의 본이 된 점을 들어 칭찬한다. 이러한 칭찬은 데살로니가전서가 권면의 성격의 편지라는 점을 보여준다.

데살로니가 교회는 많은 환난 가운데서도 성령의 기쁨으로 말씀을 받아들임으로써 바울과 주를 본받는 자가 되어 복음 전파 사역에 동참하였다. '고난 가운데 기쁨'이라는 주제는 유대교에서 흔히 나타난다(마카비2서 7:30; 마카비4서 10:20-21; 바룩2서 52:6). 주전 4년 랍비 유다와 마티아스는 그의 제자들로 하여금 "자기 나라의 율법을 위해 죽은 것은 고귀한 행동이다. 왜냐하면 그러한 목표에 이른 영혼들은 불멸과 영원이 거주하는 축복을 얻기 때문이다"라고 말하면서, 헤롯에 의해 성전에 세워진 황금 독수리 상을 끌어내리게 하였다. 죽을 줄 알면서도 독수리 상을 끌어내린 제자들은 "죽은 뒤에 우리는 큰 축복을 누리게 되리라"라고 큰 기쁨으로 말하였다. 스토아철학은 "영혼의 고귀함으로 고난을 받아들이는 것은 다른 이들의 모범이 된다"라고 가르쳤다(Seneca, Ad Polybium 5.4). 스토아철학에 있어서 그것은 정해진 운명을 받아들이는(*Amor faci*) 문제였다.

바울은 새로이 개종한 데살로니가 교우들에게 믿음으로 인하여 그들이 환난을 받게 될 것임을 가르쳐 왔다. 그리고 그 일이 지금 그들 가운데 일어나고 있다고 말한다(살전 2:14; 3:3-4; 살후 1:4-7; 3:3-5). 환난은 하나님의 백성이 겪는 억압과 고통으로서 하나님의 백성의 '표시'이다(Boring, 66). 신약성서에서 환난은 믿는 자들이 처한 상황을 묘사하는 것으로 '종말론적 시련'이라는 신학적 의미를 담고 있다(마 24:9, 21, 29; 계 1:9). 바울에게 있어서 환난은 묵시문학적 견해에서 아기의 태어남으로 인해 기뻐하게 될 산모의 진통에 비유되는 '메시아적 화'(messianic woes)이다. 그러므로 환난은 주 예수 그리스도 안에 나타난 하나님의 종말론적 계시의 신비로서 그리스도와의 온전한 교제(코이노니아)에 이르는 길이기도 하다:

"내가 그리스도와 그 부활의 권능과 그 고난에 참여함을 알고자 하여 그의 죽으심을 본받아 어떻게 해서든지 죽은 자 가운데서 부활에 이르려 하노니"(빌 3:10-11).

신약성서에서 환난은 제자도의 중요한 요소이다(마 8:18-22; 10:22-25; 막 8:34; 요 15:18-21; 16:33; 행 9:15-16; 14:21-22). 주께서 고난을 당하심 같이 그를 따르는 자들도 그러하였다(롬 8:17; 고후 1:5; 빌 1:29; 벧전 2:21; 3:17-18; 4:12-13). 팔레스틴 내에서의 예수 운동 역시 "지배적 그룹(들)에 의해 사회적 반대와 거부에 부딪쳤다." Q는 이러한 정황을 '이리 가운데의 양'으로 묘사한다(김형동 2010: 43). 데살로니가 교회는 이제 복음 전도자들의 운명에 놓였을 뿐만 아니라 주의 운명에도 동참하게 되었다. 빌립보서에서 바울은 이것을 가리켜 "그의 고난에까지 참여(코이노니아)하게 되었다"라고 말한다(빌 3:10).

바울은 첫째 감사 단락을 사도들의 들어감과 데살로니가 교회의 개종에 관한 내용으로 요약한다. 개종과 관련하여 바울은 이전의 헬라 유대교의 선교 케리그마를 반영한다. 하지만 본문에서 반영된 선교 케리그마는 "이는 장래의 노하심에서 우리를 건지시는 예수시니라"(1:10)라는 말씀이 보여주듯이 그리스교적 색채를 띠고 있음이 분명하다. 구원 사역이 예수의 사역으로 나타나기 때문이다. 예수는 하나님의 아들로서 그 아들의 다시 오심은 '새롭게 되는 날'('새 세상'[새한글] 〈마 19:28〉)이요, '만물을 회복할' 때로서 이에 대한 임박한 기대감이 초기 그리스도교 공동체 가운데 있었다. 그리하여 그들은 자신의 세대에 주의 강림을 목격하리라고 희망했다. 하나님의 아들을 기다림은 단순한 기다림이 아니라 기다리는 자들의 윤리적 의미를 함축한다. 따라서 기다리는 자는 거룩한 삶을 영위하여 그를 만날 준비를 해야 한다(5:6-8, 23).

B. 사도적 임재(apostolic parousia) : 바울의 목양 (2 : 1-12)

2장에서부터 편지의 본론이 시작된다. 흔히 편지의 본론은 편지를 쓰는 주된 문제점이나 목적을 담는 부분으로 관점이 수신자들에서부터 편지를 쓰는 이로 바뀐다(Schnider and Stegner, 43-44). 수사학적 관점에서 이 단락(2 : 1-12)은 나라치오(*narratio*)이다. 바울은 여기서 (1) 자신과 데살로니가 교우들의 확립된 우정의 관계를 자세히 언급하고, (2) 바울의 복음과 에토스(ethos:삶의 방식 혹은 기풍)를 이교도들의 잘못된 기만과 구별하며, (3) 바울의 에토스를 나머지 권면 부분의 모델로 활용한다. 나라치오의 내용들은 앞선 엑소르디움(*exordium*)에서 언급한 내용을 진척시키며, 프로바치오(*probatio*)에서 새롭게 실현되고 설명될 내용을 미리 제시한다.

바울은 앞서 언급한 그와 동역자들이 데살로니가 교회에 어떻게 들어갔는지(2 : 1-2), 그리고 그곳에서의 자신의 행위가 교회에게 본이 된 점(2 : 4-12)을 다시금 자세하게 언급한다. 이처럼 2장 1~12절이 편지의 주된 내용을 담지 않고 바울이 자신을 변호하는 내용을 담고 있는 것 같아 많은 학자들은 본문을 '사도적 변증'(apostolic apology)이라는 이름으로 본문의 기능을 이해하였다. 변증이란 그 전체적 내용이 어떤 사람이나 혹은 그룹에 대한 비난에 응답함으로써 자신을 변호하거나 혹은 그들에 대한 적대적 견해를 극복하고 막는 것을 목표로 하는 것이다.

그러나 최근의 수사학적 관점에서는 바울이 자신에 관해 자세하게 언급하는 것은 자신을 변호하고자 하는 것이 아니라, 직접 자신을 본보기로 늘어서 편지의 후반부의 윤리적 권면에서 수신자들을 격려하고 용기를 주고자 한다는 것이다(참고, Malherbe 1989: 35-48, 58-60 ; 2000: 153-156). 바울은 그와 데살로니가 교회와의 관계를 수신자들로 하여금 다시금 기억하게 함으로써(2 : 1) 이러한 정서적 돈독함 위에서 그들을 권면한다. 수사학적 관점에서 2장 1~12절이 칭찬을 담고 있고, 바울을 반대하는 일련의 명백한 비난이 없다는 점에서 데살로니가전서는 사회적/의례적(epideictic) 수사학을 반영한다.

고대 사회에서 편지는 편지를 쓰는 자와 수신자들 사이의 거리를 극복하기 위한 시도로, "편지는 편지를 쓰는 이의 임재를 대신하는 것으로 간주되었다"(Malherbe 1983: 241). 몸은 수신인과 함께 하지 못하지만 편지를 통해 그 교회 공동체와 함께 있음을 나타내는 것을 '사도적 임재'(apostolic parousia)라 한다. 이러한 형태의 편지는 편지를 쓰는 자와 수신자들 사이의 관계를 돈독히 하여 권면을 위한 토대를 마련한다. 이러한 관점에서 데살로니가전서 2장과 3장은 4장과 5장의 권면을 위한 단초적 작업이다(Stowers, 95).

1. 바울의 들어감(2 : 1-2)

¹형제들아 우리가 너희 가운데 들어간 것이 헛되지 않은 줄을 너희가 친히 아나니 ²너희가 아는 바와 같이 우리가 먼저 빌립보에서 고난과 능욕을 당하였으나 우리 하나님을 힘입어 많은 싸움 중에 하나님의 복음을 너희에게 전하였노라

[2:1] "형제들아……너희가 친히 아나니"(Αὐτοὶ γὰρ οἴδατε, ἀδελφοι). 원문은 강조 형태의 '너희'(αὐτοὶ)와 접속사 γάρ로 시작된다. 여기서 접속사 γάρ는 본 단락이 앞부분과 연결되어 있음과 '정말로' 또는 '정말이지'(indeed)라는 뜻으로 '너희'를 강조하는 이유를 나타낸다(Malherbe 2000: 134). 데살로니가에 바울과 그의 동료들의 들어감을 각처의 사람들도 알고 있지만, 정말이지 너희도 친히 알고 있다는 것이다. 앞서 바울은 각처의 사람들로부터 들은 소식을 두 가지로 요약하였다(1 : 9). 첫째는 데살로니가에 그의 들

어감이고, 둘째는 데살로니가 교우들이 보여준 반응, 즉 그들의 개종이었다.

바울은 앞에서 요약적으로 말한 그의 들어감을 이제 구체적으로 상술한다. 주목할 것은 바울은 "너희가 안다"라는 점을 반복해서 언급함으로써 데살로니가 교우들에게 그들 가운데서의 그의 사역을 기억나게 한다는 점이다(1, 2, 5, 11절). "너희가 안다"라는 표현은 신약성서에서 63회 나타나고, 소위 '바울의 친서'(7개 서신)에서 25회 나타난다. 그 가운데 9회는 데살로니가전서에서 나타난다(Boring, 81). 여기서 바울은 "너희가 안다"라는 표현을 논쟁적 상황에서 혹은 자신을 변호하기 위해 사용하지 아니하고, 애정을 가지고('형제들아') 그들이 알고 있는 바에 호소한다. 이 점은 데살로니가전서가 전형적인 권면의 편지라는 점을 보여준다.

"우리가 너희 가운데 들어간 것". 바울의 '들어감'(에이소도스, 1:9 주석 참고)이 어떠하기에 이렇게 중요한 문제로 다루는가? 들어감에 대한 언급은 앞선 1장 9절을 다시 설명한다는 것이다. 1장 9절은 "우리가 어떻게 너희 가운데에 들어갔는지"라는 언급만 있지 '어떻게' 들어갔는지에 관한 구체적인 언급이 없다. 분명한 점은 바울의 들어감이 단순한 방문이 아니라는 것이다. 바울의 들어감은 바로 앞서 언급한 "말로만 이른 것이 아니라 또한 능력과 성령과 충만함으로"(1:5) 임한 복음의 특징과 더불어 바울은 이제 데살로니가 교우들이 아는 바에 호소하여 그 자신의 목양의 성격을 그들에게 상기시킨다.

"헛되지 않은"(οὐ κενή, 우 케네). κενός(케노스)는 '무력한' 혹은 '헛된'이라는 의미로 특징이나 결과를 묘사한다. 말허비에 따르면, 철학자들은 자신들을 전문 연사들과 구별하여, 고군분투 없이 말만 그럴듯한 연설을 두고 '헛된'(κενός) 것이라고 하였다. 그렇다면 κενός는 연설 자체의 내용보다 연사의 특징이나 특성을 반영한다(Malherbe 2000: 136). 당시의 대중적 철학자들(소피스트)은 청중과 제자들을 모으기 위해서 화려하게 자신들을 과시하면서 도시에 들어갔다. 문제는 그들의 동기였다. 그들의 주된 동기는 돈,

명예 혹은 영광, 칭송, 심지어 속이고자 하는 간사함이었다.

하지만 바울은 그 자신의 동기와 온전성(integrity)을 들어서 그의 들어 감이 그런 헛된 것이 아님을 상기시킨다. 3장 5절에서 바울은 그의 사역의 결과, 다시 말해서, 그의 수고의 열매가 '헛되게' 될까 염려하지만, 여기서의 οὐ κενή는 자신이 행한 수고의 '성격'에 관한 것으로 "빈 수레가 요란하다" 혹은 '속빈 강정'이라는 표현의 반대적 의미를 나타낸다.

[2:2] "(그러나) 너희가 아는 바와 같이 우리가 먼저 빌립보에서 고난과 능욕을 당하였으나". 본문은 강한 대조적 성격을 드러내는 접속사 ἀλλά(그러나)로 시작하여 '헛된' 것과 대조가 되는 바울의 사역의 성격을 묘사한다. 바울은 수신자들에게 데살로니가에 들어가기 이전의 이력, 즉 빌립보에서 고난을 받고 능욕을 당한(ὑβρισθέντες, 휘브리스쎈테스) 것을 그들에게 기억나게 함으로써 헛된 것과는 대조되는 고군분투한 들어감의 성격을 강조한다.

빌립보는 로마의 제대 군인들이 정착한 친로마 군사 도시로 로마에 충성을 다하는 도시였다. 빌립보는 바울이 복음을 전한 마케도니아의 첫 도시로 바울은 그곳에서 육체적인 고난을 당하였을 뿐만 아니라, 사회적으로도 모욕을 당하였다. 그곳 빌립보에서 바울은 로마 시민권자임에도 불구하고 사법적 절차도 없이 매질을 당하였고 감옥에 구금되었다(행 16:19-24). 데살로니가에서도 유대인들이 시기하여 불량배들을 모아 소요를 일으켰다. 무리의 강압적인 모욕(ὕβρις, 휘브리스)을 두려워하여 삶의 고통에 개입되는 것을 원치 않았던 (사이비) 철학자들과는 달리 바울은 자신의 동기가 참되었기에 고난과 모욕을 용기로 직면하였다.

"하나님을 힘입어 많은 싸움 중에 하나님의 복음을 너희에게 전하였노라". 이러한 많은 갈등과 소요 가운데서도 바울은 담대히 하나님의 복음을 전할 수 있었음을 설명한다. 그것은 하나님께서 그에게 용기를 주셨기 때문이다. 원문의 구조는 "하나님을 힘입어 하나님의 복음을"이라는 말을 "많은 싸움 중에……담대히 전하였다"라는 말이 감싸고 있다: "많은 싸움 중에 (하나님을 힘입어 하나님의 복음을) 너희에게 담대히 전하였노라".

"많은 싸움 중에". 여기서 싸움이라는 헬라어 ἀγών(아곤)은 갈등과 문제 가운데서의 걱정이나 근심을 가리킨다(골 2:1). 고통(agony)이라는 영어 표현도 ἀγών에서 파생되었다. ἀγών은 때로는 운동 경기에 있어서 경주를 의미한다(히 12:1). 앞서 1장 6절은 복음이 환난 가운데 전해졌음을 말한다. 따라서 싸움은 바울을 반대하는 갈등과 소요에 처한 바울 자신의 형편을 설명하는 것으로서, 심한 갈등과 어려움 가운데서 힘쓰고 애쓰는 모습을 나타낸다. 즉, 복음을 전하기 위해 고군분투하는 모습을 나타낸다.

"(담대히) 전하였노라". 담대함(παρρησία, 파레시아)은 아테네의 민주정치에 뿌리를 두고 있는 것으로 말에 있어서의 자유함을 가리킨다 (Malherbe 2000: 136). 바울 당시 '파레시아'는 견유철학의 최고의 이상 가운데 하나였다. 철학자는 사람들의 영혼을 수술하는 의사로서 파레시아는 청중들의 심한 비난 가운데서도 청중들 앞에서 자유롭게 말할 수 있는 담대함을 의미하였다(Malherbe 1989: 59). 본문에는 이러한 담대함을 나타내는 파레시아의 동사꼴이 사용되고 있다(ἐπαρρησιασάμεθα, 에파레시아사메싸). '전하였노라'(개역개정)라는 번역은 파레시아가 함의하는 담대함과 자유함을 드러내지 못한다. 참고로 새한글성경은 본문을 "거리낌 없이 전했습니다"로 번역한다.

견유철학자의 담대함 또는 확신은 "너 자신을 알라"라는 당시의 잘 알려진 격언에 대한 응답에서 나온 자기이해(self-understanding)였다. 철학자들은 종종 담대함을 용기(θάρσος, 싸르소스)라는 말과 함께 사용하여 "용기를 내어 담대하게 말하였다"라고 한다(참고, Malherbe 2000: 137). 바울도 이 단락(2:1-12)에서 자신에 대한 지식을 표출하고 있다. 하지만 바울은 단순히 "많은 싸움 중에 용기를 내어 담대히 전하였다"라고 말하지 아니하고, "하나님을 힘입어……하나님의 복음"이라는 말을 덧붙여서 담대함에 대한 이해를 당시의 철학자들과는 완전히 다르게 표현하고 있다(Malherbe 2000: 137).

"하나님을 힘입어……하나님의 복음을". 철학적 전통에서도 신은 참된 철학자에게 용기를 주기 때문에 참된 철학자는 무리들을 용기로 직면한다. 하지만 바울은 그가 담대하게 하나님의 복음을 전할 수 있는 능력의 원천이 자신이 아니라 하나님에게 있음을 드러낸다. '하나님을 힘입어'(개역개정)는 '하나님 안에서'(ἐν τῷ θεῷ, 엔 토 데오)라는 뜻을 갖는다. 전치사 ἐν은 도구격으로 바울로 하여금 담대히 복음을 전하게 하신 이가 하나님이라는 점을 나타낸다. 더 나아가, 바울이 담대하게 전한 내용도 당시의 철학자들과 달랐다. 그가 전한 것은 '하나님의 복음'이었다. 앞서 바울은 복음을 '우리 복음'(1:5)이라고 하였지만 여기서는 '하나님의 복음'이라 한다(2, 8, 9절; 참조, 롬 1:1; 15:16; 고후 11:7). 하나님이 그에게 복음을 위탁하셨기 때문이다(4절). 본 단락에서 바울은 하나님을 9번이나 언급함으로써 그의 사역에서의 하나님의 역할을 강조한다. 따라서 '하나님의 복음'에서 소유격은 하나님으로부터 기원하였음을 나타내는 '출처/근원의 소유격'(genitive of origin)이다(Malherbe 2000: 137).

해설(Comment)

데살로니가전서 2장 1~12절은 바울의 목양의 성격을 잘 드러낸다. 바울의 다른 편지와는 달리 데살로니가 서신은 바울의 신학적 이슈에 대한 논쟁(예, 율법과 칭의)도, 대적자(예, 유대주의자)가 전제되는 것도 아니다. 데살로니가전서에는 외부의 대적자들을 향한 어떠한 비판의 목소리도, 데살로니가 교회가 바울을 비난했다는 증거 또한 없다. 오히려 바울은 데살로니가 교우들의 개인적 기억에 호소할 뿐만 아니라, 디모데는 그들이 바울을 간절히 보고자 하는 열망이 있음을 전하고 있다(3:6).

그러므로 바울이 그를 반대하는 비난에 대해 스스로를 변호하는 것으로 본 단락을 읽어서는 안 된다(Donfried, 194). 오히려 바울은 당시의 대중적인 방랑 철학자들의 행태와 자신을 구별하여 데살로니가 교우들을 위한 그 자신의 온전함을 드러낸다. 바울 자신의 온전성과 사역의 특징에 대한 언급은 '사도적 임재'(apostolic parousia)의 한 형태이다. 고대 사회에서 편지를 쓰는 자가 멀리 떨어져 있어 수신자에게 갈 수 없을 때 편지는 그 사람을 대신하였다. 본 단락은 사도적 변증이라기보다는 바울의 목회자로의 면모를 보여주는 '사도적 임재'라고 할 수 있다. 굳이 변증적 요소가 있다면 사도직에 대한 의심과 공격에 대해 변증하는 것이 아니라 떠돌이 소피스트(철학자들)과의 차별을 시도하여 자신의 진정성을 드러내고자 함이다.

바울과 동역자들의 데살로니가에 '들어감'은 당시의 동기가 순수하지 못한 방랑 전도자들과는 달리 진실되었고, 사도들의 모습은 참된 전도자의 모습이었다. 당시 철학자 혹은 변사가 어떤 도시에 들어감은 커다란 사건이었다. 실제로 아리스티데스(Aristeides)는 그가 서머나에 들어갈 때, "그 도시에 들어가기도 전에 나에 대한 소문을 들은 사람들이 나를 맞으러 나오고 있었다. 젊은 사람들 가운데서도 가장 출중한 자들이 나에게 열중하였다. 이미 강연에 대한 구체적인 계획이 서 있었고, 초대의 목록이 정리되어 있었다"(재인용, Russell, 76). 그러나 바울과 동료들이 데살로니가에 들어갈 때에는 이러한 요란한 환영 행사가 없었다. 2장 1~12절에서 바울은 자신과 동역자들의 들어감을 다른 일반 방랑 전도자들의 들어감과 조심스럽게 구별하고 있다.

말허비(Malherbee 1989: 35-48)에 따르면, 바울은 자신의 메시지를 당시의 다른 철학적 방랑 전도자들의 메시지와 구별하고자 하였다. 데살로니가 교회의 사역에 대한 바울의 묘사는 그 내용과 묘사하는 방법에 있어서 견유철학자 디오 크리소스톰의 묘사와 흡사하다. 철학자 디오에 따르면, 어떤 견유철학자들은 무리의 모독과 폭행(ὔβρις, 휘브리스)을 두려워하여 삶의 고통에 개입되는 것을 원치 않았기에 그들 가운데 어떤 이들의 말은 헛된 것, 곧 속빈 강정이었지만, 반대로 참된 철학자는 무리들을 용기로 직면하였다. 왜냐하면 신이 그에게 용기를 주기 때문이었다. 한편, 바울은 빌립보에서 모독과 폭행을 겪었다. 그러한 아픔 경험 가운데서도 그는 데살로니가에 들어갔다. 바울은 그의 들어감이 속빈 강정이 아니었음과 그러한 고군분투(싸움) 가운데 하나님을 힘입어 복음을 담대하게 전하였음을 밝히는 것이다(2:1-2).

2. 목양의 성격(2:3-4)

³우리의 권면은 간사함이나 부정에서 난 것이 아니요 속임수로 하는 것도 아니라 ⁴오직 하나님께 옳게 여기심을 입어 복음을 위탁 받았으니 우리가 이와 같이 말함은 사람을 기쁘게 하려 함이 아니요 오직 우리 마음을 감찰하시는 하나님을 기쁘시게 하려 함이라

[2:3] "우리의 권면". 바울은 앞서 복음을 '담대하게 전하였다'라고 말하였다. 이제 그는 주제를 전환하여 그렇게 그가 전했던 복음 사역의 성격에 대해 묘사한다. 바울은 그가 전한 복음을 '우리의 권면'(ἡ παράκλησις ἡμῶν, 헤 파라클레시스 헤몬)이라고 한다. '우리의 권면'은 문맥상 바로 앞서 2장 2절에서 언급한 데살로니가에서 바울이 전한 '하나님의 복음'을 가리킨다. '권면'(παράκλησις, 파라클레시스)이 복음 선포를 가리키는 경우는 신약성서에서 이곳이 유일하다. 하지만 70인역(LXX)에서 '파라클레시스'는 종말론적 위로로시의 하나님의 구원 선포를 의미한다.

권면(파라클레시스)은 문맥에 따라 (1) 성서 이전 헬라어에서 도움을 청하는 '부름' 또는 '초청'이라는 기본적 의미로, (2) 기본적 의미가 강화된 신

들이나 사회적으로 높은 지위에 있는 자에게 호의를 구하는 '간청'(고후 8:
4)으로, (3) 혹은 도덕적 가르침의 영역에서 '권면'(고전 14:3; 딤전 4:13;
히 12:5)으로, (4) 어려움과 슬픔 가운데 '위로'(눅 6:24; 행 9:31; 15:
31; 고후 1:4-7; 4:13; 7:7; 빌 2:1; 살후 2:16; 몬 7)를 의미한다.
칠십인역(LXX)에서 권면(권면하다)은 이스라엘을 향한 하나님의 종말론적
위로, 곧 종말론적 구원, 하나님의 약속의 성취, 하나님 나라의 도래와 같은
의미로 사용된다(Boring, 82). 예를 들면, 제2이사야는 이사야 40장 1절에
서 "너희의 하나님이 이르시되 너희는 위로하라(파라칼레이테) 내 백성을 위
로하라(파라칼레이테)"라고 공표한다.

권면이라는 명사형 외에도 동사 '권면하다'($\pi\alpha\rho\alpha\kappa\alpha\lambda\acute{\epsilon}\omega$, 파라칼레오)가
이 짧은 편지에서 8회나 사용된다. 데살로니가전서는 환난과 고난을 당하는
교회를 향해 쓰여진 위로와 격려의 편지이기 때문이다. 바울서신 가운데서
도 '위로하다'($\pi\alpha\rho\alpha\mu\upsilon\theta\acute{\epsilon}o\mu\alpha\iota$, 파라뮈쎄오마이)라는 동사는 데살로니가전
서에서만 사용된다(2:12; 5:14). 특히 5장 14절의 "마음이 약한 자들을 격
려하라"($\pi\alpha\rho\alpha\mu\upsilon\theta\epsilon\tilde{\iota}\sigma\theta\epsilon$ $\tau o\grave{\upsilon}\varsigma$ $\grave{o}\lambda\iota\gamma o\psi\acute{\upsilon}\chi o\upsilon\varsigma$, 파라뮈쎄이스쎄 투스 올리
고프쉬쿠스)라는 권고는 절망한 자들에게 위로를 주려는 이 편지의 의도를
잘 보여준다.

"간사함(미혹됨)이나 부정에서 난 것이 아니요 속임수로 하는 것도 아니
라". 바울은 데살로니가전서 전반에 걸쳐서 부정 어법('……아니라')이나 반
의어를 사용하는 대구법 수사학을 구사한다. 바울은 그의 권면, 즉 (여기서
는) 그의 복음 전파가 간사함이나 부정함이나 속임수로부터 나온 것이 아니
라 하나님으로부터 나왔음을 강조한다. '간사함'(개역개정)을 가리키는 $\pi\lambda\acute{\alpha}$
$\nu\eta$(플라네)는 능동적 의미의 속임이 아니라, 수동적 의미의 잘못됨으로 미혹
된 상태를 의미한다(Frame, 95). $\pi\lambda\acute{\alpha}\nu\eta$는 종말론적 잘못, 곧 미혹됨을 가
리키는 것으로(살후 2:11; 마 27:64), 이단과의 연관성에서 사용되고(엡
4:14; 벧후 2:18; 3:17), 여기에서와 같이 '참되다'의 반대적 의미를 나타

낸다:

> 속이는 자(πλάνοι, 플라노이) 같으나 참되고(고후 6:8).

> '하나님의 진리' vs '그릇됨(πλάνη, 플라네)'(롬 1:27).

데살로니가 교우들은 참되고 살아 계신 하나님에게로 돌아섰다. 그 결과 그들은 이방인들의 우상숭배와 하나님을 모르는 자들의 잘못(4:5)으로부터 자유롭게 되었다. 마찬가지로 바울은 자신이 전한 복음도 그러한 잘못된 행동이나 미혹됨으로부터 기원한 것이 아님을 밝힌다.

"부정함"(ἀκαθαρσία, 아카싸르시아). 하나님과 관련하여 이방인들의 잘못된 생각과 행동의 또 다른 표시는 그들의 부정함이다. 부정함의 의미는 온전성이 결여된 것으로 동기가 깨끗지 못하고 더럽다는 도덕적 의미를 함축한다. 하지만 신약성서 전반에서 부정함은 주로 성적 타락을 의미하는 음란을 일컫는다(롬 1:24; 고후 12:21; 갈 5:19; 엡 5:13; 골 3:5). 데살로니가전서에서도 부정함은 분명하게 하나님을 모르는 이방인들의 행동과 관련된 음란을 가리킨다(4:7). 부정함이 앞서 언급된 미혹됨 또한 음란을 함의한다(롬 1:27; 벧후 2:18; 3:17)라는 점은 부정함이 단순하게 도덕적 동기에 국한된 것이 아니라 바울이 데살로니가에서의 음행과 관련된 다양한 종교적 제의와 거리를 두고 있음을 나타낸다(Milligan, 18). 이러한 바울 자신의 예는 데살로니가 교우들을 향하여 "음행을 버리라"(4:3)는 윤리적 권면의 본이 된다.

"속임수로"(ἐν δόλῳ, 엔 돌로). 속임수(δόλος, 돌로스)는 원래 미끼로 고기를 잡는다는 뜻이다. 전지사 ἐν은 바울의 사역의 수단이나 방법을 묘사한다. 바울은 데살로니가 교우들에게 자신의 사역의 출처뿐만 아니라 방법에 있어서도 올곧았음을 그들로 기억하게 한다. 그는 데살로니가 교우들을 호리기 위해 어떠한 속임수도 쓰지 않았다는 것이다. 당시 방랑 궤변론자들과 마술사들(사기꾼들)은 사람들을 호리기 위해 온갖 수사학적 요령과 장치를 사용하여 돈을 뜯어내었다(Frame, 96).

[2:4] "오직 하나님께 옳게 여기심을 입어 복음을 위탁 받았으니". 바울은 자신이 하나님으로부터 검증을 받고서 사도로서 인정받았음을 밝힌다. 그가 (하나님의) 복음을 위탁 받았다는 것이다. 동사 '옳게 여기심을 입다'(δεδοκιμάσμεθα, 데도키마스메싸)는 시험을 거쳐 인정을 받았다는 뜻으로 현재완료 수동태는 지금 그가 하나님으로부터 인정을 받은 상태에 있음을 나타낸다.

"사람을 기쁘게 하려 함이 아니요 오직 우리 마음을 감찰하시는 하나님을 기쁘시게 하려 함이라". 역시 반어적 대구법으로 구성된 문장이다. 앞의 '말하다'라는 동사에 '기쁘게 하다'라는 동사가 분사로 연결되어 사람들이 아니라 하나님을 기쁘게 하려고 복음을 전하였음을 표현한다. "사람을 기쁘게 하려 함이 아니요"(οὐχ ὡς ἀνθρώποις ἀρέσκοντες)의 ὡς(호스)와 더불어 사용된 현재분사(ἀρέσκοντες, 아레스콘테스)는 통상적인 부정어 μή(메) 대신에 οὐ(χ)를 사용하여 강한 부정을 표현한다(Malherbe 2000: 141). 그래서 바울은 "하나님이 우리의 심장을 감찰하신다"라는 '맹세 형식'(assertion formula)을 사용하여 자신의 동기의 온전함을 표현한다.

사람의 마음을 살피시고 검증하시는 하나님에 대한 생각은 구약성서에서 매우 일반적이다(시 7:9; 139:23; 잠 17:3; 렘 11:20; 12:3; 17:10; 대상 28:9; 29:7). 예레미야 선지자는 하나님을 "콩팥과 심장을 감찰하시는" 분으로 묘사한다(렘 11:20). 예레미야는 "여호와여 주께서 나를 아시고 나를 보시며 내 마음이 주를 향하여 어떠함을 감찰하시오니……"(렘 12:3)라고 말한다. 따라서 하나님은 예레미야에게 다음과 같이 선언하신다. "내가 이미 너를 내 백성 중에 망대와 요새로 삼아 그들의 길을 알고 살피게 하였노라"(렘 6 : 27). 바울은 하나님으로부터 인정을 받고서 복음을 선포하는 위임을 받았다. 하나님의 인정과 위임이 있었기에 그래서 그는 말하는 것이다. 여기서 '말하다' 동사는 사도적 선포를 가리킨다(1 : 8 ; 2 : 2, 16).

해설(Comment)

바울은 "하나님이 우리의 심장을 감찰하신다"라는 맹세 형식(assertion formula)을 사용하여 자신의 동기의 온전함을 표현한다. 바울과 동역자들의 사역은 그 당시의 보편적인 사회 현상이었던 일반적인 방랑 전도자들과는 분명히 달랐다. 당시의 방랑 전도사들은 밥벌이와 돈벌이를 위해서 철학적 혹은 종교적 비책을 팔았다. 따라서 바울은 먼저 그들과 다른 자신의 동기와 행동의 순수함을 강조할 필요가 있었다. 한마디로 바울은 사리사욕을 추구하지 않았다. 사리사욕은 "간사함이나 부정함이나 속임수로부터" 나오는 것이다. 간사함은 미혹된 상태를 말하는 것으로 결국은 "사람의 영광을 하나님의 영광보다 더 사랑하는" 잘못을 의미한다(요 12 : 43). 바울은 그의 권면이 '하나님의 복음'(2 : 2), 곧 하나님이 '역사하는' 것으로서 잘못된 가르침이 아니라 참된 것임을 역설한다(골 1 : 5 ; 요일 4 : 6).

바울의 권면('우리의 권면', 3절)은 단순히 바울의 말만을 가리키는 것이 아니라, 앞서 2절에서 언급한 고난과 능욕 가운데서도 데살로니가 교우들에게 복음을 전한 바울의 생각과 행동까지도 포함한다(Donfried, 182). 빌립보에서 겪은 것과 같은 그러한 어려운 정황 속에서도 바울이 복음을 담대히 전함은 데살로니가 교우들에게 '파라클레시스'(위로, 간청, 권면)가 되었다.

하나님은 우리를 검증하신다. 그는 사람의 마음을 꿰뚫어 보신다(롬 8 : 27). 결과적으로 바울은 마음을 감찰하시는 하나님께서 자신이 행하는 사역의 동기의 온전성에 대한 증인이 되었음에 호소한다. 바울은 하나님에 의해서 위임되었기 때문에 그가 바라는 바는 하나님을 섬김에 있었다. 그래서 그는 사람들을 기쁘게 하려고 말하지 아니하였고, 그의 마음을 살피시고 시험하시는 하나님을 기쁘시게 하려고 말하였다(갈 1:10; 딤후 2:4; 참조. 롬 8:8; 고전 7:32-34; 골 1:10; 3:22; 살전 2:15; 4:1; 요일 3:22). 그러므로 근본적으로 바울이 기쁘게 하고자 하는 대상은 사람이 아니라 하나님이었다.

3. 삶의 행위(2:5-8)

⁵너희도 알거니와 우리가 아무 때에도 아첨하는 말이나 탐심의 탈을 쓰지 아니한 것을 하나님이 증언하시느니라 ⁶또한 우리는 너희에게서든지 다른 이에게서든지 사람에게서는 영광을 구하지 아니하였노라 ⁷우리는 그리스도의 사도로서 마땅히 권위를 주장할 수 있으나 도리어 너희 가운데서 유순한 자가 되어 유모가 자기 자녀를 기름과 같이 하였으니 ⁸우리가 이같이 너희를 사모하여 하나님의 복음뿐 아니라 우리의 목숨까지도 너희에게 주기를 기뻐함은 너희가 우리의 사랑하는 자 됨이라

[2:5] "너희도 알거니와 우리가 아무 때에도 아첨하는 말이나". 아첨(κολακεία, 콜라케이아)은 자신의 유익을 위하여 복종하거나, 솔직하지 않은 말을 섞어서 남을 기쁘게 하는 말이다. 헬라 세계에서도 아첨은 자신의 이익을 위해 솔직하지 않은 말을 사용하는 것으로 흔히 다른 이들로부터 돈을 얻어 내는 방법으로 이해되었다. 아첨은 뇌물(선물)과 접대로 사람의 호의를 얻어내는 것과 동일한 것으로 그 사람의 나쁜 인격의 증거가 된다(Dio Cassius 71.35; 재인용, Green, 122). 따라서 바울은 아첨과 탐심을 동시에 부정하고 있다.

"탐심의 탈을 쓰지 아니한 것을 하나님이 증언하시느니라". 탈(πρόφασις, 프로파시스)은 참된 동기를 숨기는 그럴듯한 구실을 가리킨다. 탐심/탐욕

(πλεονεξία, 플레오넥시아)은 더 많이 가지고자 하는 욕구가 아니라, 마땅히 가져야 할 것 이상을 가지려는 것이요, 다른 이들에게 속한 것을 바라는 욕구이다. 탐욕은 최고의 악행 가운데 하나이고(Discourse 17:6), 탐욕스러운 자들은 자신들뿐만 아니라 이웃들에게도 해를 끼친다(Discourse 17:7). 바울은 이기적인 목적을 숨기기 위해 그의 메시지를 포장하지 않았음을 하나님을 증인으로 내세운다. 하나님을 증인으로 내세우는 것은 유대적 관행이다(욥 16:19; 시 89:37). 바울은 그의 말의 진실됨을 드러내기 위해 하나님을 증인으로 세운다(2:10; 롬 1:9; 빌 1:8). 신약성서는 탐욕을 엄히 경계한다. 탐욕은 음행, 도둑질, 살인, 간음, 악의 등과 함께 인간의 내면으로부터 나와 사람을 더럽히는 악들 가운데 하나이다(막 7:22). 탐욕은 하나님의 나라를 상속받지 못할 죄악에 속한다(고전 6:11). 탐욕은 실제로 우상숭배이다(골 3:5; 엡 5:5).

[2:6] "사람에게서는 영광을 구하지 아니하였노라". 바울은 앞서 이미 이와 비슷한 말을 했다(2:4). 영광은 명예, 위엄, 혹은 명성을 가리킨다. 당시의 변사(辯士)들은 지금의 대중 가수나 할리우드 스타와 비슷한 유명 인사들(셀럽)로서 영광은 이상적인 철학자들을 묘사하는 잣대에 속했다. 당시의 적지 않은 방랑 전도자들은 그들의 권위에 기대거나 혹은 이에 상응하는 관심이나 복종을 사람들에게 요구하였다. 디오 크리소스톰은 프로메테우스(Prometheus)라는 소피스트를 다음과 같이 조롱하였다. "그는 여론에 의해 망해 가고 있다. 왜냐하면 그가 칭송을 받을 때마다 그의 간은 부풀고 커진다. 그리고는 그가 비난을 받을 때 간은 다시금 줄어든다"(Discourse 32.11; cf. Plutarch, Moralia 131A). 에픽테투스(Epictetus)는 제자들의 희생을 치르고 자신들의 영광만을 구하는 소피스트들을 향해서 욕을 퍼부었다: "너희들이 솜씨 있게 약간의 격언을 암송할 때 단지 '브라보!'를 외치기 위해서 젊은이들이 가정으로부터 부모, 친구들, 친지들, 그들의 약간의

재산을 두고 떠나온 것이란 말인가?"(*Discourse* 3.23.32).

이에 반해 바울의 목적은 성공한 복음전도자로서의 명성이나 많은 추종자를 얻는 것이 아니었다. 바울은 아리스토텔레스가 규정한 악의 삼종 세트-자기만족, 돈, 명예-와 자신이 상관이 없음을 밝힌다(*Nicomachean Ethics* 1.4 1095a23; 참고, Malherbe 2000: 143). 바울에게 있어서도 영광은 그의 사역과 관련된다. 하지만 그는 데살로니가 교우들을 두고서 '우리의 영광'이라 말한다(2:20). 왜냐하면 그의 사역은 하나님의 영광을 위한 것이기 때문이다. 영광은 하나님의 나라와 영광으로 부르시는 종말론적 요소를 함의한다. 바울은 자신을 질그릇에 비유한다. 하지만 이 질그릇 안에는 복음이라는 보물이 담겨져 있는 것이다(고후 4:7). 바울은 교우들에게 섬김과 존경을 요구하지 않았고, 오히려 자신을 예수를 위한 성도들의 종으로 자처한다(고후 4:5).

[2:7] "우리는 그리스도의 사도로서 마땅히 권위를 주장할 수 있으나". 바울은 자신과 동역자들을 '사도들'(ἀπόστολοι, 아포스톨로이)이라 소개한다. 엄격한 의미에서 사도들은 '열두 제자'에 국한되었지만, 바울은 자신을 포함하여 부활한 그리스도를 만나 복음을 위임받은 자들에게까지 이 말을 적용시키고 있다(참고, 모든 사도 〈고전 15:7〉; 유니아와 안드로니고 〈롬 16:7〉; 아볼로 〈고전 4:9〉; 에바브로디도 〈빌 2:25〉). 사도라는 명칭은 데살로니가전서에서 여기에서 단 한 번 언급되고 있다. 그렇다면 사도라는 명칭 자체는 일반적인 의미에서의 사절, 혹은 선교사로서 복음 선포와 교회 개척에 있어서 주목할 만한 교회 지도자를 일컫는다(롬 16:7; 고전 4:9; 빌 2:25; Wanamaker, 99).

바울은 여기서도 대조적 대구법을 사용한다. 하나는 "그리스도의 사도로서 마땅히 권위를 주장할 수 있는" 자신의 권리에 관한 것이요, 다른 하나는 "도리어 우리는 너희 가운데서 젖먹이가 된" 그 권리의 포기에 관한 것이다.

"마땅히 권위를 주장할 수 있다"라는 표현은 복음을 전하는 자들의 권리에 대한 언급이다. 일꾼이 자기 삯/먹을 것을 받는 것은 마땅하기 때문이다(눅 10:7; 마 10:10). 여기서 '권위'로 번역된 βάρος(바로스)와 데살로니가 서신에서 이 말의 동사적 형태(ἐπιβαρῆσαί, 에피바레사이)는 경제적 짐이나 부담을 의미한다(2:9; 살후 3:8; 참조, 고후 11:9; 12:13). βάρος는 당시의 문학에서 경제적 부담, 예를 들면, 모든 세대들에게 잘 알려진 버거운 무게인 세금을 내는 부담을 가리킨다. 하지만 권위와 부담이라는 두 의미는 양립될 수 있는 것이기에, 바울은 이 말의 양가적 의미를 다 살리고 있다(Milligan, 20-21). 다시 말해서, 사도로서 마땅히 부양받을 권리를 주장할 수 있기에 그는 데살로니가 교우들에게 경제적 부담을 지울 수 있다는 것이다.

그러나 바울은 사도로서 요구할 수 있는 특별한 권위를 주장하기 위하여 그의 사도성을 언급하지 않는다. 오히려 바울은 경제적 지원을 받을 권리를 포기할 때 그의 사도적 권위를 언급한다(고전 9:1-6). 빌레몬에게 오네시모를 위해 편지할 때에도 사도로서 담대히 요구할 수 있으나 오히려 그는 간곡히 부탁한다(몬 10). 본문에서도 대조적 대구법을 사용하여 두 번째 부분, "젖먹이가 되었다"는 것을 강조하기 위한 수사학적 목적으로 권위를 언급한다(Malherbe 2000: 145).

[사역] "도리어 너희 가운데서 젖먹이가 되었다"(ἀλλ᾽ ἐγενήθημεν νήπιοι ἐν μέσῳ ὑμῶν). 본문에는 중요한 사본상의 다른 읽기가 있다. '젖먹이'(νήπιοι, 네피오이)라는 읽기와 '유순한 자'(ἤπιοι, 에피오이)라는 읽기이다. '젖먹이'(네피오이)는 바울서신에서 10회에 걸쳐 사용되지만, '유순한'(에피오이)이라는 표현은 오직 여기에서만 사용된다. 젖먹이(네피오이)라는 읽기가 좋은 사본들의 지지를 받고 있을 뿐만 아니라, 어려운 읽기로 원문에 더 가깝다. 문제는 사본에 있어서 '젖먹이'가 강한 지지를 받고 있지만, 대부분의 주석가들은 문맥적으로 '유순한'이라는 표현이 어울린다고 생각하여 '유순한

자'(ἤπιοι, 에피오이)라는 읽기를 선호한다. 그 이유는 한 사람이 동시에 젖먹이와 유모가 될 수 없다는 것이고, 또한 젖먹이가 바울서신의 다른 곳에서(롬 2:20; 고전 3:1; 13:11; 갈 4:1, 3) 경멸적 의미로 사용된다는 것이다(참고, Wanamaker, 100).

하지만 본문에서 본문비평의 원칙을 무시하고서 유순한 자라는 읽기를 택할 이유를 찾을 수 없다. 첫째, 네스틀레 알란트 28판은 7a절에서 완전한 마침표를 보여준다. 즉, "……도리어 너희 가운데서 젖먹이가 되었다"로 문장이 끝이 난다. 따라서 젖먹이와 유모가 동시에 바울을 가리키므로 서로 어울리지 않는다는 주장은 유보되어야 한다. 둘째, 젖먹이와 유모의 유비는 너무나 자연스럽다(Frame, 100). 젖먹이의 이미지는 자연스럽게 "유모가 자기 자녀를 기름과 같이 우리가 이같이 너희를 사모하여……"라는 다음 문장을 이끌어낸다. 셋째, 젖먹이의 이미지는 앞의 "마땅히 권위를 주장할 수 있다"라는 반어적 대구법에 더 잘 어울린다. 유순한 자보다 오히려 젖먹이가 '아첨의 말', '탐심의 탈', '사람으로부터 영광을 구함'과 무관한 바울의 모습을 더 잘 드러낸다. 넷째, 아래에서 상술할 데살로니가의 사회, 문화, 종교적 배경은 젖먹이라는 읽기를 지지한다. 참고로 새한글성경(2021)은 "그러나 여러분 가운데서 젖먹이가 되었습니다"라는 읽기를 택한다.

"유모가 자기 아이를 양육함 같이, 그처럼……"(ὡς ἂν τροφὸς θάλπῃ τὰ ἑαυτῆς τέκνα, οὕτως……). 문장 구조는 "유모가 자기 아이를 양육함 같이"(ὡς[호스]……)라는 문장이 앞 문장에 연결되는 것이 아니라 뒷 문장에 연결되어 "그처럼(οὕτως, 후토스)……사모하였다"라는 문장을 이끌어 낸다. 유모의 양육은 단순한 유순함을 넘어서 헌신적인 보살핌을 함축한다. 여기서 동사 '기르다/양육하다'(θάλπω, 쌀포)는 아픈 이를 돌본다는 의미를 갖는다(Malherbe 2000: 146).

바울은 자신의 목회를 자신의 아이를 양육하는 τροφός(트로포스: 유모 혹은 어머니)에 비한다. 유모는 신약성서에서 단지 여기에서만 사용되지만,

젖을 먹이는 유모와 가족 사이의 계약은 로마 사회에서 일반적인 것이었다. 친모가 자신의 아이들에게 젖을 물리는 경우는 우리가 생각하는 것보다 일반적이지 못하였다. 유모는 아이에게 젖을 먹이는 책임뿐 아니라 아이를 돌보고 교육하는 일까지 맡았다. 그래서 유모는 아이가 일평생 크게 의지하는 사람이었다. 그러나 여기서 '자신의 아이'(τὰέ αυτῆς τέκνα, 타 헤아우테스 테크나)라는 점으로 보아 τροφός는 그 아이의 어머니일 가능성이 높다. 바울은 종종 자신과 교인들과의 관계를 부모-자식의 관계로 비유한다:

> 나의 자녀들아 너희 속에 그리스도의 형상을 이루기까지 다시 너희를 위하여 해산하는 수고를 하노니(갈 4:19).

> 우리가 너희 각 사람에게 아버지가 자기 자녀에게 하듯 권면하고 위로하고 경계하노니(살전 2:11).

바울은 자신의 아이를 돌보는 유모처럼 데살로니가 교우들을 낳고 양육하였다.

양육하는 유모의 이미지는 헬라철학에서 교육에 적용되어 널리 사용되는 이미지이다(Malherbe 1987: 35-48). 하지만 최근 돈프리드는 양육과 관련하여 데살로니가에서의 디오니소스 종교를 포함한 사모드라게 밀의 종교와의 관련성을 주장한다(2:8 주석 참고). 사모드라게 밀의 종교에서 기본적으로 가장 강조하는 점은 '생명의 인자한 양육'이다. 오케나오스(Okenaos)의 이름이 나타내듯이 그는 모든 강과 시내와 개울의 아버지로, 그의 아내 테튀스(Tethys)와 더불어, 생명의 태고적 근원으로 묘사된다. 플루타르크는 테튀스를 "친설한 유모와 모든 것의 부양자"라고 언급한다(*Zeus and Osiris*, 364 D; 참고, Donfried, 28).

[2:8] "우리가 이같이 너희를 사모하여". '사모하여'(ὁμειρόμενοι, 호메이로메노이)라는 표현은 신약성서에서 단 한 번 여기에 사용된다. 바울은 데살로니가 교우들을 향한 사랑을 표현함에 있어서 일반적인 어휘를 택하지 아니하였다. 동사 ὁμείρομαι(호메이로마이)는 동사 ἐπιθυμέω(에피튀메오)의 동의어로 깊은 애정을 드러내고, 서로 깊이 밀착되어 있음을 나타낸다(*TDNT* 5.176). 돈프리드(Donfried, 24)는 동사 ὁμείρομαι가 앞의 양육이라는 이미지와 더불어 디오니소스 종교를 그 배경으로 하고 있음을 주장한다. 젖먹이 디오니소스는, 호머에 의해서 '유모'라고 일컫는 니사의 요정들에 의해 양육을 받았다. 유모는 "모든 아름다움, 다정함, 매력의 빛이 모성이라는 태양에 합쳐져서 가장 미묘한 생명을 영원히 따뜻하게 보살피고 양육하는" '원형적 여성성'(archetypal femininity)을 나타낸다(Otto, 178).

"하나님의 복음뿐 아니라 우리의 목숨까지도 너희에게 주기를 기뻐함은". '어머니-유모'의 사랑으로 바울은 자신이 가진 것(하나님의 복음)뿐만 아니라 심지어 자신(목숨)까지 주기를 원하였다. 브루스는 '목숨'의 헬라어 ψυχή(프쉬케)가 '애정과 의지의 자리'(참조, μιᾷ ψυχῇ, 미아 프쉬케 〈빌 1:27〉; σύμψυχοι, 쉼프쉬코이 〈빌 2:2〉; ἰσόψυχον, 이소프쉬콘 〈빌 2:20〉)이므로 본문을 단순히 "우리가 너희를 위해 우리 목숨까지 기꺼이 주겠다"라는 의미가 아니라, "우리가 너희에게 기꺼이 우리 자신을 주며, 우리 자신을 조건 없이 너희의 처분에 맡길 의향이 있다"라고 해석한다(104-105).

"너희가 우리의 사랑하는 자 됨이라". 바울이 자신을 내어줄 수 있는 이유는 그가 데살로니가 교우들을 사랑하기 때문이다. 바울과 데살로니가 교우들의 관계를 헬라 세계의 이상적인 관계인 우정이라는 관점에서 바라볼 수도 있지만(참고, Malherbe 1995: 81), 바울은 여기서 사도들과 데살로니가 교우들의 관계를 실제적인 가족 간의 사랑의 관계를 나타내는 용어로 표현한다(참고, Meeks 1983: 86-88). '사랑하는 자들'(ἀγαπητοί, 아가페토이)은 가족 구성원들과 같은 서로 가깝고 밀접한 관계를 나타내는 표현이다 (고전 4:14, 17; 엡 5:1; 빌 2:12; 4:1; 몬 16). 데살로니가전서에 친족 언어적 표현이 흘러넘치고 있음은 전혀 놀라운 일이 아니다. 하나님은 데살로니가 교회 공동체에 속한 구성원들의 아버지시다(1:3; 3:11, 13). 바울은 자신을 데살로니가 교우들의 아버지로, 그리고 자신의 아이들을 양육하는 어머니로 묘사한다. 그리고 데살로니가 교우들은 하나님(1:4)과 사도들의 '사랑하심을 받은 자들'이다(2:8). 거듭해서 그들은 '형제자매'로 불린다 (1:4; 2:1, 9, 14, 17; 3:2, 7; 4:1, 6, 10, 13; 5:1, 4, 12, 14, 25-27). 바울과 데살로니가 교회의 관계는 서로가 사랑하는 관계로서 심지어 서로를 위해 목숨까지도 내어놓았다.

해설(Comment)

철학자 디오 크리소스톰에 따르면 돌팔이 철학자들은 청중들을 속이고 그릇되게 인도한다. 하지만 이상적인 철학자는 깨끗한 마음으로 말해야만 하고 간사함이 없어야 하고, 영광이나 개인적 이득을 위해서 속임수로나 아첨으로 전하지 않는다. 디오는 그 자신이 신의 뜻을 따라 말했다고 주장한다. 디오는 철학자라면 개인적인 위험에도 불구하고 청중들의 상황에 그의 메시지를 맞추어 그들을 이롭게 해야 하고, 심지어 그들의 아버지보다도 개인적으로 그들에게 더 친절해야 한다고 강조한다. 철학자는 시종일관 거칠고 무자비해서는 안 되며 경우에 따라서는 유모처럼 유순해야 한다는 견해를 디오는 피력한다(Malherbe 1989: 47).

말허비는 본문과 디오의 문체 및 언어 사이의 평행에 주목한다. 바울은 그릇된 생각, 곧 속임수로 복음을 전하지 않았다(2:3). 바울은 부정함이나 간사함으로 말하지 아니하였다(2:3). 바울의 주장에 따르면 그는 탐심의 탈을 쓰지 아니하였고, 사람의 영광을 구하지 아니하였으며, 아첨하지 아니하였다(2:5-6). 바울은 데살로니가 교우들을 위해 그의 목숨까지도 내어놓을 각오가 되어 있었고(8절), 자녀를 대하는 아버지처럼 각각을 개인적으로 대하였으며(10절), 그리스도의 사도로서 그들에게 부담을 지울 수 있는 권리가 있었지만 그는 젖먹이같이 순진무구하였다(6-7절). 말허비에 따르면 이러한 형태의 가르침은 변호가 아니라 권면의 모델로서 자신을 제시하는 것이다 (Malherbe 1989: 48).

그러므로 '헛된 것', 다시 말하면, 속빈 강정과 같지 아니한 사도들의 들어감과 데살로니가에서의 바울의 사역은 다음과 같은 성격을 지니고 있었다:

- 고난이 선행되었다.
- 담대하게 전파되었다.
- 젖먹이와 같이 간사함이나 부정이나 속임수가 없었다.
- 목숨까지 내어 주는 사랑의 특징을 지녔다.
- 계속적이고도 폐를 끼치지 않으려는 수고와 애씀을 지녔다.

4. 목양(2:9-12)

⁹형제들아 우리의 수고와 애쓴 것을 너희가 기억하리니 너희 아무에게도 폐를 끼치지 아니하려고 밤낮으로 일하면서 너희에게 하나님의 복음을 전하였노라 ¹⁰우리가 너희 믿는 자들을 향하여 어떻게 거룩하고 옳고 흠 없이 행하였는지에 대하여 너희가 증인이요 하나님도 그러하시도다 ¹¹너희도 아는 바와 같이 우리가 너희 각 사람에게 아버지가 자기 자녀에게 하듯 권면하고 위로하고 경계하노니 ¹²이는 너희를 부르사 자기 나라와 영광에 이르게 하시는 하나님께 합당히 행하게 하려 함이라

[2:9] "형제들아 우리의 수고와 애쓴 것을 너희가 기억하리니". 바울이 데살로니가 교우들의 믿음의 역사와 사랑의 수고를 기억하듯이(1:3), 바울은 데살로니가 교우들이 자신의 수고와 애씀을 기억하고 있음을 확신한다(2:2; 살후 2:5). 지금까지는 바울은 데살로니가 교우들의 알고 있음을 언급했지만(1:5; 2:1, 2, 5), 이제는 그들의 기억에 대해 언급한다. 수신자들의 알고 있음과 기억에 대한 언급은 데살로니가전서의 권면적 특징을 보여준다(참고, Malherbe 2000: 82-84).

'수고와 애쓴 것'은 육체적 노동을 가리킨다. '수고'(κόπος, 코포스)에 '애씀'(μόχθος, 목쏘스)이 덧붙여져서 힘들고 어려운 육체적 노동을 가리킨다. 애씀은 복음전도와 생계를 꾸리기 위한 노동으로 인해 지치고, 힘든 상태를 묘사한다(Malherbe 2000: 148). 신약성서에서 바울에게서 이 두 용어는 종종 같이 사용된다. 바울은 비록 자족할 수 있었지만(빌 4:10), 수고와 애씀이라는 표현이 나타내듯이, 여전히 가난했었고(고후 6:10), 빈곤과 박탈감 가운데(고전 4:11; 고후 6:5; 11:27) 하나님의 복음을 전하였다.

"너희 아무에게도 폐를 끼치지 아니하려고 밤낮으로 일하면서 너희에게 하나님의 복음을 전하였노라". 당시의 일반적인 노동의 시간은 "해 뜰 때부터 해 질 때까지"였다. '밤낮으로'는 쉬지 않고 힘들게 일함을 나타내는 관용적 표현이다. 따라서 굳이 밤을 새워가며 혹은 해가 뜨기 전 새벽 일찍 일어나서 계속해서 일하였음을 가리키는 것으로 이해할 필요는 없다. 복음 전도의 주된 현장은 길거리가 아니라 바울 자신의 작업장(insula: 주상복합 작업장)이었다. 현재분사 ἐργαζόμενοι(에르가조메노이)는 일을 하면서 복음을 전하였다는 것으로 이는 작업장에서 노동과 복음 전도가 함께 이루어졌음을 나타낸다. 작업장에서 그들은 하나님의 복음을 '전하였다'(ἐκηρύξαμεν, 에케릭사멘). '전하다'(κηρύσσω, 케뤼소)라는 동사의 명사형은 '케뤽스'이다. 케뤽스는 왕의 사자, 곧 전령으로서 그가 전하는 말은 '공표'요, '선언'인 것이다. 칠십인역(LXX)에서 동사 κηρύσσω는 선지자들의 선포를 가리킨다

(Boring, 88). 따라서 '하나님의 복음'이라는 말과 더불어 다시금 바울이 전하는 복음이 하나님으로부터 기원했음을 나타낸다.

바울이 이렇게 수고하고 애쓴 것은 "너희 아무에게도 폐를 끼치지 않기"(πρὸς τὸ μὴ ἐπιβαρῆσαί τινα ὑμῶν, 프로스 토 메 에피바레사이 티나 휘몬) 위함이었다. '폐를 끼치다'는 표현은 '경제적 부담을 지우다'라는 의미로 바울서신에서 다양한 형태로 나타난다: ἐπιβαρέω'(에피바레오, 폐를 끼치다 〈살후 3:8〉); καταβαρέω(카타바레오, 짐을 지우다 〈고후 12:16〉); ἀβαρής(아바레스, 누를 끼치다 〈고후 11:9〉). 바울은 그가 복음을 전할 때, 그가 성도들로부터 부양받을 권리가 있음을 잘 알고 있었다(2:7; 고전 9:6, 12). 하지만 그는 복음을 전해 받은 개종자들에게 경제적 부담을 지우지 않았다. 그것은 그가 그들을 사랑하는 증거로서 복음을 전하는 것과 자신을 주는 것은 서로 분리할 수 없는 것이기 때문이다. 그것은 그의 선교 원칙이자 선교 전략이었다. 물론 경우에 따라서는 교회로부터 비용을 받았다(고후 11:8; 빌 4:16). 예를 들면, 그가 세운 교회를 떠났을 경우에 바울은 기꺼이 그 교회로부터 경제적 도움을 받았다.

[2:10] [사역] "우리가 얼마나 경건하게, 의롭게, 흠 없이 처신했는지". 새한글성경은 "우리가 얼마나 한결같게, 올바르게, 나무랄데 없이 처신했는지"라고 번역함으로써 동사 ἐγενήθημεν(에게네쎄멘)과 동사를 수식하는 세 부사의 의미를 살리고자 한다. '경건하게, 의롭게, 흠 없이'라는 부사는 바울이 데살로니가에 머물 때 그가 실제로 어떤 사람이 되었는지(ἐγενήθημεν), 즉 어떻게 처신했는지를 나타낸다. 신약성서에서 '경건하게'(ὁσίως, 호시오스)와 '의롭게'(δικαίως, 디카이오스)는 함께 세 번 사용된다(눅 1:75; 엡 4:24; 딛 1:8).

본문에서 부사 '경건하게'(ὁσίως)의 형용사는 흔히 쓰이는 ἅγιος(하기오스)가 아니라 ὅσιος(호시오스)이다. ὅσιος는 흔히 '의롭다'라는 용어와 함께 사용되어 신과 인간의 법에 순응하는 행위를 묘사한다. 예를 들면, 소크라테스는 "사람들을 대함에 있어서 의롭고(디카이오스), 신들을 대하는 그의 태도에 있어서 경건하였다(호시오스)"(Plato, *Gorgias* 507B; 재인용, Green, 133). 솔로몬의 지혜서에 의하면, 하나님은 '거룩함과 의로움'으로 세계를 다스리신다(지혜 9:3). '경건하게'는 하나님을 섬기는 일에 헌신하는 태도를, '의롭게'는 근본적으로 하나님의 율법을 준수하여 구체적인 의로움의 기준에 다다랐음을 뜻한다(Frame, 103).

바울은 데살로니가에서 "가이사의 명을 어겼다"라는 죄목으로 고소를 당하였다(행 17:7). 사도들의 복음 전파로 인해 데살로니가 교우들은 시민 제의와 국가의 신들을 버리게 되었고, 이로써 신들에 대해서 불경건하게 행동했다는 것이다(살전 1:9; 참고. 벧전 1:18). 로마인들에게 있어서 경건하다는 것은 국가의 신들을 믿고, "국가의 관습에 따라 의례를 행하는" 것으로 규정되기 때문이다(최혜영 2019: 172).

'흠 없이'(ἀμέμπτως, 아멤프토스)는 주어진 규준에 있어서 책망할 것이 없음을 말한다. 어떤 사람이 흠 없이 살았다는 증언은 일생을 통하여 자신이 해야 할 일을 성실히 완수하였다는 것을 묘사한다. 이러한 표현은 고대의 묘비에서 흔히 사용되었다(Green, 133). '흠 없이'는 신약성서에서 이곳과 데살로니가전서 5장 23절에서 사용되는데, 5장 23절에서는 분명하게 종말론적 의미를 담는다. 그렇다면 바울은 그와 그의 동역자들의 행동이 이방인들의 눈에 볼 때도 신과 인간의 법에 순응하여 흠 없이 행동했음을 표현하는 것이 아니라, 하나님 앞에서 그러함을 나타낸다(비교, Green, 133). 이러한 이해는 그가 데살로니가 교우들과 하나님을 증인으로 내세운다는 점에서 분명해진다.

"너희가 증인이요 하나님도 그러하시도다". 바울은 그가 한 말의 확실함을 드러내기 위해 '너희'를 제일 앞에 두어 강조하고, 하나님도 증인으로 내세운다. 바울은 데살로니가 교회와 하나님이 사도적 온전성에 대한 증인임을 강조한다(참고, "두 증인의 입으로나 또는 세 증인의 입으로 그 사건을 확정할 것이며"〈신 19:15〉). 증인(μάρτυρες, 마르튀레스: μάρτυς[마르튀스]의 복수)이라는 말은 법정 용어이면서, 여기에서처럼 어떤 사람의 인격을 확증할 때에도 사용된다(Green, 132). 예를 들면, 사도행전에서 사도는 예루살렘 교회에게 "너희 가운데서 성령과 지혜가 충만하여 '칭찬받는'(μαρτυρουμένους[마르튀루메노스], 증명된) 사람 일곱을 택하라"(행 6:3)라고 언급한다. 이러한 장중한 어조는 그들 자신을 그리스도 안에서의 새로운 삶의 본보기로 제시하면서 권면 부분에서 수신자들이 왜 스스로 일해야 하는지를 권면하고자 함이다(참조, 4:11f.; 5:14; Wanamaker, 104).

"너희 믿는 자들을 향하여"(ὑμῖν τοῖς πιστεύουσιν, 휘민 토이스 피스튜우신). 여격 ὑμῖν의 정확한 의미에 대한 해석의 차이가 있지만 큰 차이를 보여주지 않는다. '너희 믿는 자들에게, 혹은 향하여'라는 해석이 지배적이다(예, Best, 105). 하지만 와나메이커는 ὑμῖν이 '경건하게, 의롭게, 흠 없이'와 연관된다는 점에서 '너희 믿는 자들 가운데서(among)'로 해석되어야 함을 강하게 주장한다(Wanamaker, 105).

[2:11] "너희도 아는 바와 같이 우리가 너희 각 사람에게 아버지가 자기 자녀에게 하듯". 바울은 앞서 데살로니가 교우들이 그의 행위의 증인임을 언급하였다(2:10). 바울은 다시금 "너희도 아는 바와 같이"라는 말로써 목양적 관심으로 그들에게 편지하고 있음을 환기시킨다. 바울은 복음을 통해 그들을 낳은 영적 아버지이다(고전 4:15; 몬 10; 참조, 딤전 1:2): "그리스도 예수 안에서 내가 복음으로써 너희를 낳았다"(고전 4:15). 바울은 여기서 그의 개종자들과의 관계를 묘사하기 위해 아버지와 자녀의 메타포를 사용한다. 아버지의 이미지는 유대 사회나 헬라 사회에서 도덕적 가르침에 사용되는 보편적 이미지이다. 고대 사회에서 자녀들의 도덕적 가르침과 행동에 대한 책임은 아버지의 몫이었다(Wanamaker, 106). "아버지가 자녀에게 (하듯)"

(ὡς πατὴρ τέκνα ἑαυτοῦ, 호스 파테르 테크나 헤아우투)이라는 원문 자체에는 동사가 없다. 이러한 형태는 만연체 스타일의 한 예로서 연결되는 세 분사가 동사 역할을 한다(Milligan, 25). 즉, "아버지가 자녀에게 (하듯), 권면하고, 위로하고, 경계하노라".

개종은 새로운 가치관에 따른 새로운 삶의 형태(스타일), 즉 '재사회화'(resocialization)를 요구한다. 재사회화는 이제 막 그리스도인이 된 데살로니가 교우들로 하여금 새로운 하나님의 백성의 공동체에 속했다는 것을 의식하도록 하려는 것이다. 바울은 복음의 선포를 통해, 그 자신의 행동을 통해, 그리고 권면과 위로를 통해 새로이 '믿는 자들'(2:10)에게 새로운 삶의 형태, 즉 "자기(하나님의) 나라와 영광에 이르게 하시는 하나님께 합당히 행하기를"(2:12) 권면한다. 따라서 권면에 있어서 아버지의 이미지가 사용된다. 바울서신에 있어서 '아버지-자녀'의 메타포는 바울과 그의 개종자들 사이의 수직적 관계를 함의하면서, 동시에 사도의 '자애롭지만 우월한' 지위를 나타낸다(Petersen, 128-131).

"(너희 각 사람에게)……권면하고 위로하고 경계하노니". 각 사람을 향하는 개인적 권면은 바울의 전도가 거리에서 행한 대중적 전도가 아니라 작업장에서 일을 통해 만난 개별적 전도였음을 보여줄 뿐만 아니라(Wanamaker, 106), 새로이 개종한 자 개개인을 세심하게 양육한 심리학적인 측면도 보여준다(Malherbe 2000: 151). 어떤 이에게는 권면을, 다른 이에게는 위로를, 또 다른 어떤 이에게는 경계의 말을 준 것이다: "……권면하고 위로하고 경계하노니".

'권면하다'라는 말은 가장 일반적이고, 포괄적 개념을 나타내고, 뒤따르는 '위로하다'와 '경계하다'라는 말은 구체적인 권면의 성격을 나타낸다(Malherbe 2000: 151). '권면하다'(파라칼레오)와 '위로하다'(파라뮈쎄오)라는 동사는 그 뜻에 있어서 서로 밀접하게 연관되어 있다. '위로(하다)'는 바울서신에서 항상 '권면(하다)와 더불어 사용된다(5:14; 고전 14:3; 빌 2:1).

여기서 '위로하다'라는 말은 유족에게나, 빈곤, 또는 사회적 비난, 혹은 경멸에 고통당하는 자들을 향한 표현으로서 '격려하다, 고무하다'라는 의미를 담고 있다. 따라서 권면과 격려는 동전의 양면과 같은 것으로 서로 분리될 수가 없다(5:14; 요 11:19, 31). 이는 사회, 문화, 종교적 반대에 직면하여 새로운 개종의 삶을 살아가기 힘들어하는 이들, 혹은 가까운 이들의 죽음을 경험한 유족을 권면하고 위로하는 상황을 염두에 둔 말이다. '경계하다'라는 동사는 원래 '증언하다'라는 뜻으로 '엄숙히 선언하다'라는 의미를 가지며(행 20:26; 갈 5:3), 어떤 행동을 취할 것을 요구하거나 고집할 때 사용한다. 바울은 제멋대로 행하는 자들이나 그와 비슷한 사람들을 엄히 경계할 때 이 말을 사용한다(4:11; 5:14).

[2:12] "하나님께 합당히 행하게 하려 함이라". 바울이 데살로니가 교회를 향하여 권면하고 위로하고 경계하는 목적은 데살로니가 교우들이 하나님께 합당히 행하게 하려 함이다. '행하다'(περιπατέω, 페리파테오)라는 동사는 문자적으로는 '걸어가다'라는 의미를 가지지만 칠십인역(LXX)과 특별히 바울에게 있어서 도덕적이고 종교적 의미에 있어서의 한 사람의 삶의 행위, 또는 삶 전체를 일컫는 표현이다(참조, 4:1, 12; 살후 3:6, 11; Green, 137; Malherbe 2000: 152). '합당히'(ἀξίως, 악시오스)는 유대교와 그리스도교의 특징적 표현으로서 바울서신에서 도덕적 맥락에서 사용되며, 당시의 비문과 문헌에서도 신들과 도시 앞에서 높은 도덕적 수준의 삶을 살았던 사람을 가리킨다(Green, 137).

[사역] "자기 나라와 영광으로 너희를 부르시는 하나님". '너희를 부르시는 하나님'은 '너희를 부르시는 이'(5:24)에서처럼 실제로 하나님에 대한 칭호이다(Boring, 90). 예를 들면, 하나님은 없는 것을 있는 것으로 부르시는 이시요(롬 4:17), 이스라엘을 부르시는 이시요(사 48:12), 그의 백성을 부르시는 이시다(고후 4:6). '부르시는'(καλοῦντος, 칼룬토스)이라는 분사의

현재 시제(참조, 5:24; 갈 5:8)는 이 부르심이 단순한 초대가 아니라, 그가 말하는 것을 이루시는 수행 언어로서 중단 없이 계속되는 하나님의 창조와 섭리와 구원 사역을 가리킨다(참고, Boring, 90). 이러한 하나님의 부름의 목적은 '그의 나라와 영광'이다.

　주목할 것은 (하나님의) 나라와 영광은 서로 밀접하게 연관을 맺고 있다는 점이다. 바울서신에서 하나님의 나라는 그리스도께서 영광 가운데 오실 때에 계시될 것이다. 예수 그리스도께서 다시 오셔서 최후의 적인 사망을 쳐부수고, 그 나라를 하나님께 넘길 때에 그 시간은 완성될 것이다(고전 15:23-28; 참조, 살후 2:8, 14). 그리고 그의 영광 가운데 그의 자녀들이 참여할 것이다:

> 또한 그로 말미암아 우리가……하나님의 영광을 바라고 즐거워하느니라(롬 5:2).

> 이를 위하여 우리의 복음으로 너희를 부르사 우리 주 예수 그리스도의 영광을 얻게 하려 하심이니라(살후 2:14).

"합당히 행하게 하려 함이라". 하나님이 기뻐하실 성도들의 합당한 삶은 하나님의 나라와 영광에 정초되어 있다. 비록 하나님의 나라는 바울서신에서는 거의 잘 사용되지 않는 용어이지만 사도행전에서 에베소에서의 바울의 전도를 요약하는 용어로 사용되고 있다.

해설(Comment)

바울의 목양에 대한 설명은 계속된다. 바울은 그 자신이 복음을 전함에 있어서 자신의 이익을 포기하고 복음을 듣는 자들의 안녕을 위해 열심을 다했다는 점을 데살로니가 교우들에게 밝힌다. 여기서도 바울은 앞에서와 마찬가지로 '너희도 알거니와'라는 말을 삽입함으로써 그가 말하는 것이 진실임과 이것을 데살로니가 교우들도 알고 있음에 호소한다. 그리고 그가 전한 복음이 하나님의 것임을 다시금 주장한다(참조, 2:2, 9).

바울은, 한 걸음 더 나아가, 데살로니가에서의 애쓴 수고를 언급함으로써 그가 데살로니가 교우들을 얼마나 사랑하였는지를 기억하게 하고, 그래서 그가 자신을 내어주었음을 상기시킨다. 바울은 아무에게도 폐를 끼치지 않으려고 밤낮으로 일하면서 복음을 전하였다. 바울은 그들의 짐이 되지 않기 위해 스스로 노동의 수고를 택하였다. 그레코-로마 사회는 노동을 천시하였다. 하지만 모두가 노동을 천시하는 것은 아니었다. 헬라의 변사들 가운데도 자신의 생계를 위한 직업을 가지고 있었고, 자신의 작업장을 철학적 가르침을 위한 장소로 사용하였다. 바울의 경우도 그러하다. 노동에 대한 바울의 견해와 태도는 그레코-로마 사회의 견해를 반영하는 것 같다(Malherbe 2000: 161).

바울이 복음을 전한 자들로부터 경제적 지원을 받지 않는 것은 그의 선교 원칙이자 선교 전략이라 할 수 있다. 본문과 관련하여 바렛이 제시하는 바울의 선교 전략은 다음과 같다: (1) 만일 선교사들에게 경제적 지원을 해야 한다고 생각하면 그것은 잠정적 개종자들에게 유보 혹은 거리낌이 될 수 있다; (2) 선교는 선교사 자신과 뗄 수 없는 관계로 예수의 사랑과 자기희생의 복음은 자기이익을 추구하고 개종자들의 희생 위에 금전적 이득을 추구하는 선교사와는 양립될 수 없다(참고, Barrett, 207). 그러므로 노동의 수고는 바울의 선교 원칙 혹은 선교 전략이기도 하지만, 그의 사랑의 표현이었다

(Malherbe 2000: 162).

바울은 이러한 그의 온전성에 대해 데살로니가 교우들과 하나님을 증인으로 소환한다. 분명한 점은 바울은 본 단락에서 데살로니가 교우들을 권면할 내용의 윤곽을 마련하고 있다는 것이다. 이를 위해 바울은 자신을 그들이 따라야 할 본으로 제시하고 그렇게 행하였다. 바울은 그러한 그 자신을 "경건하고, 의롭고, 흠 없이"라고 묘사한다. 바울은 분명히 전통적인 권면의 기준을 따르고 있다. 하지만 다른 점은 하나님 나라의 관점에서 바라보는 종말론적 시각이다. 데살로니가 교우들을 택하신 궁극적 목표는 종말론적 승리를 가져올 하나님의 나라에로의 부름이다. 바울에게 있어서 하나님의 나라는 "……말에 있지 아니하고 오직 능력에 있음이라"(고전 4:20)라는 말씀에서 드러나듯이 복음과 일치하는 삶을 가리킨다. "하나님의 나라는 먹는 일과 마시는 일이 아니라 성령 안에서 누리는 의와 평화와 기쁨이다"(롬 14:17). 부르심을 입은 자들이 이미 그러한 유산 가운데 살고 있음을 언급하는 것은 그들이 성령 안에서 그 열매를 이미 받았기 때문이고, 궁극적으로 하나님이 그들을 '그의 나라와 영광으로'(2:12) 이르시게 하신다는 것이다.

C. 두 번째 감사 : 데살로니가 교우들의 행동(2:13-16)

[13]이러므로 우리가 하나님께 끊임없이 감사함은 너희가 우리에게 들은 바 하나님의 말씀을 받을 때에 사람의 말로 받지 아니하고 하나님의 말씀으로 받음이니 진실로 그러하도다 이 말씀이 또한 너희 믿는 자 가운

데에서 역사하느니라 ¹⁴형제들아 너희가 그리스도 예수 안에서 유대에 있는 하나님의 교회들을 본받은 자 되었으니 그들이 유대인들에게 고난을 받음과 같이 너희도 너희 동족에게서 동일한 고난을 받았느니라 ¹⁵유대인은 주 예수와 선지자들을 죽이고 우리를 쫓아내고 하나님을 기쁘시게 하지 아니하고 모든 사람에게 대적이 되어 ¹⁶우리가 이방인에게 말하여 구원받게 함을 그들이 금하여 자기 죄를 항상 채우매 노하심이 끝까지 그들에게 임하였느니라

앞서 바울은 자신에게 초점을 맞추어 자신의 사역을 자세하게 언급하였다(2:1-12). 이제 그는 데살로니가 교회에 초점을 맞추어 하나님께 감사한다. 이러한 감사는 뒤이은 단락(2:17-3:10)에서 다룰 고난, 환난, 하나님의 말씀이라는 주제들을 언급한다.

이 단락은 바울이 데살로니가 교회에게 보낸 원래의 편지가 아니라 후대에 삽입된 것이라는 논의를 불러일으켰다. 무엇보다도 2장 16절, "노하심이 끝까지 그들에게 임하였느니라"라는 표현이 예루살렘 성전의 멸망을 언급하는 것으로 이해되었기 때문이다(F. C. Baur). 또한 15~16절에서의 선지자들의 죽음과 전도자들의 박해, 그리고 조상들의 죄를 채움과 이 세대에 대한 심판에 대한 강조는 반-유대적 정서를 담고 있는 마태복음을 반영하는 것으로 이해되었다.

하지만 이 단락은 후대의 삽입이나 첨가가 아니라 데살로니가전서의 본래적 부분에 속한다(Boring 92; Malherbe 2000: 165). 이 단락은 첫 번째 감사와 비슷하다. 바울은 다시금 감사를 통해 그가 하고자 하는 말을 구체적으로 발전시켜 나간다. 1장에서의 전반적인 감사는 다시금 2장의 감사에서 환난과 관련되어 구체화되고, 3~4장의 감사에서는 소망의 문제로 구체화된다. 환난과 소망은 데살로니가전서에 있어서 데살로니가 교회를 향한 바울의 주된 관심사이기 때문이다. 이 단락은 반-유대적 정서를 담고 있는 것

이 아니라, 오히려 데살로니가 교회와 유대에 있는 예루살렘 모교회와의 연속성을 드러냄으로써 하나님의 구원 역사 내에서 데살로니가 교회를 자리매김한다(Boring, 92).

[2:13] [사역] "이러므로 우리 또한 하나님께 끊임없이 감사함은"(Καὶ διὰ τοῦτο καὶ ἡμεῖς εὐχαριστοῦμεν τῷ θεῷ). 접속사 καί(카이)는 이 단락이 앞의 단락과 연속되면서 새로운 점을 더하고 있음을 나타낸다(Malherbe 2000: 165). 즉, 이 부분의 감사는 앞의 감사(1:5-6)와 비슷한 형태를 가지면서 좀 더 구체화된다. 본문은 강조 어법인 '또한 우리도'(καὶ ἡμεῖς, 카이 헤메이스)라는 표현을 더하여서 바울 또한 이 점에 대해 감사하고 있음을 강조한다. 아마도 이 점은 디모데를 통해 바울에게 전한 데살로니가 교회의 편지나 소식(참조, 4:9, 13; 5:1)을 전제로 하는 것 같다. 즉, 그들이 바울에게 전한 편지나 소식에서 그들이 하나님께 감사하듯이, 바울 또한 감사하고 있다는 것이다(브루스, 120; Frame, 107). 바울이 감사하는 이유는 데살로니가 교회가 바울이 전한 말씀을 하나님의 말씀으로 받아들였다는 점이다.

"하나님의 말씀을 받을 때에". 여기서 '(전해)받을 때에'(παραλαβόντες, 파라라본테스)는 전승의 전달 과정에 있어서 '(전해)받다'(παραλαμβάνω, 파라람바노)라는 동사로서 '(전해)주다'(παραδίδωμι, 파라디도미)라는 동사와 더불어 전승을 이어받고, 전하는 전문 용어이다. 전승의 전문 용어인 동사 παραλαμβάνω가 사용된 점은 '사도의 가르침'인 '전승'(tradition)을 받아들였음을 함의한다. '우리에게 들은 바의 말씀'(λόγον ἀκοῆς, 로곤 아코에스)에서 '들은 바'를 일컫는 ἀκοή(아코에)는 이사야 53장 1절에서와 같이 능동적 의미를 나타낸다. 이사야 53장 1절은 신약성서에서 로마서와 요한복음에서 직접적으로 인용되고 있는 것으로(롬 10:16, 요 12:38; 참조, 갈 3:2, 5; 히 4:2), 전해 들은 메시지, 전승을 가리킨다(Milligan, 28):

주여 우리가 전한 것을 누가 믿었나이까(롬 10 : 16).
κύριε, τίς ἐπίστευσεν τῇ ἀκοῇ ἡμῶν;

주여 우리에게서 들은 바를 누가 믿었으며(요 12 : 38).
κύριε, τίς ἐπίστευσεν τῇ ἀκοῇ ἡμῶν;

참고로 같은 표현인 τῇ ἀκοῇ ἡμῶν(테 아코에 헤몬)이 '우리가 전한 것'(로마서)과 '우리에게서 들은 바'(요한복음)로 각각 다르게 번역되고 있다.

"사람의 말로 받지 아니하고 하나님의 말씀으로 받음이니". 여기서 '받음이니'(ἐδέξασθε, 에덱사스쎄)라는 동사는 앞의 '(전해)받다'(파라람바노)와는 다른 동사이다. 동사 δέχομαι(데코마이)는 주도적으로 힘써 영접함을 뜻한다. 신약성서에서 복음 혹은 하나님의 말씀을 받아들임을 가리키는 용어이다(고전 15 : 1 ; 갈 1 : 9 ; 마 13 : 20 ; 막 10 : 16). 따라서 단순히 외적인 받아들임이 아니라 '간절한 마음으로'(행 17 : 11), '기쁨으로'(눅 8 : 13), '환난 가운데서 기쁨으로'(1 : 6)와 더불어 힘써 영접함을 나타낸다(Malherbe 2000: 166).

바울이 전한 말씀은 종종 그의 대적자들에 의해 사람의 말로, 또는 바울이 고안한 궤변으로 종종 비난을 받았다. 갈라디아서에서도 바울은 힘써 그가 전한 복음이 사람의 뜻을 따라 된 것이 아님을 강조한다: "이는 내가 사람에게서 받은 것도 아니요 배운 것도 아니요 오직 예수 그리스도의 계시로 말미암은 것이라"(갈 1 : 12). 바울은 데살로니가 교회가 그가 선포한 말을 하나님의 말씀으로 받아들임에 대해 이처럼 감사하지 않을 수 없음을 '끊임없이'(1 : 3 주석 참고)라는 말로써 그의 감사를 표현한다.

"이 말씀이 또한 너희 믿는 자 가운데에서 역사하느니라". '역사하다'(ἐνεργέω, 에네르게오)라는 동사는 능동태 혹은 중간태로 사용되어 인간의 영역 내에서의 하나님의 행위(마 14 : 2 ; 막 6 : 4 ; 고전 12 : 6, 11 ; 갈 2 : 8 ; 3 :

5 ; 엡 1 : 11, 20 ; 3 : 20 ; 빌 2 : 13 ; 골 1 : 29), 혹은 초자연적인 행위(엡 2 : 2 ; 살후 2 : 7)를 나타낸다. 신약성서에서 21번 중 18번은 바울서신에서 사용된다(Frame, 108). 여기서 '역사하다'라는 동사는 중간태(ἐνεργεῖται, 에네르게이타이)로 사용된다. 앞서 바울은 그가 전한 말씀이 말로만 이른 것이 아니라 능력으로 임하였음을 언급하였다(1 : 5). 바울은 다시금 그가 전한 말씀을 데살로니가 교회가 하나님의 말씀으로 받을 때에 그 말씀이 믿는 자들 사이에 역사하였다는 점을 언급한다. 복음은 믿는 자들에게 있어서 하나님의 능력이다(롬 1 : 16 ; 고전 1 : 18).

[2 : 14] "형제들아 너희가 그리스도 예수 안에서 유대에 있는 하나님의 교회들을 본받은 자 되었으니". '너희'가 강조된 문장이다. 앞선 13절에서 '우리'가 강조된 것과 같이 이제 수신자들인 데살로니가 교우들이 강조된다. 바울은 데살로니가 교회가 복음을 전하는 자신과 예수를 본받는 자들이 되었음을 앞서 언급하였다(1 : 6). 바울은 이제, 더 나아가, 데살로니가 교회가 이미 유대에 있는 교회들을 본받은 교회가 되었음을 언급한다. 이는 유대에 있는 교회들과 마찬가지로 데살로니가 교회가 박해에 직면했음을 의미한다. 여기서 유대에 있는 하나님의 교회는 '예수 그리스도 안에'라는 표현에 의해 수식되고 있는 점으로 미루어 볼 때 그리스도인 공동체를 가리킨다. 바울은 그리스도인 공동체를 유대인 공동체와 구분하고 있다(Frame, 109 ; Malherbe 2000: 168). 유대에 있는 교회들은 예루살렘 모교회를 포함하여 흩어진 그리스도인 공동체(교회들)를 가리킨다. 스데반의 죽음 이후의 유대인들의 핍박으로 말미암아 유대에 있는 그리스도인 공동체(교회들)는 핍박을 피하여 흩어지게 되었다.

유대에 있는 교회들을 핍박한 자들은 유대인이었다. 하지만 데살로니가 교회는 그들의 '동족'에 의해 핍박을 받았다. 여기서 동족(συμφυλέτης, 쉼필레테스)이라는 표현 그 자체는 당연히 헬라인들을 가리킨다. 그런데도 바울은 바로 뒤이은 15~16절에서 유독 유대인들에 대해서 매우 부정적인 반응을 보인다. 사도행전 17장 1~11a절에 따르면 바울과 실라는 데살로니가에서 유대인들의 반대에 부딪혔다. 유대인들은 저자의 불량배들을 데리고 바울과 그의 동료들을 찾아가서 지방행정관들(읍장들) 앞에 고소하였다. 유대인들은 헬라인들과 함께 바울에게 적대적으로 행동함으로써 그 도시(데살로니가)를 '어지럽게 하였다'. 그렇다면 '너희 동족'이라는 표현은 "인종적 개념이 아니라 지역적 개념으로서……데살로니가에서의 박해를 처음 부추겼던 유대인들을 배제할 필요가 없다"(Milligan, 29). 다시 말해서, 유대인과 헬라인이라는 이분법적 사고에서 유대인이 배제된 헬라인만을 가리키는 것이 아니라, 그 도시에 사는 유대인들이 포함된 데살로니가 거민을 가리킨다. 이렇게 이해할 때 바로 다음 구절에서 바울이 유대인에 대해 신랄히 비판하고 있는 이유가 분명해진다.

[2:15] "유대인은 주 예수와 선지자들을 죽이고 우리를 쫓아내고 하나님을 기쁘시게 하지 아니하고 모든 사람에게 대적이 되어". 유대인을 향한 일련의 비난은 데살로니가전서가 수신자들에게 낭독되는 수사학적 특징을 잘 드러내 보인다. 본문 전체는 접속사 καί로 연결된 속격 '-ων'(-온)이라는 소리로 운을 이루는 분사구분으로 이루어진 문장이다:

유대인은
(1) 주 예수와 선지자들을 죽이고
  (καὶ……ἀποκτεινάντων, 카이……아포크테이난톤)
(2) 우리를 쫓아내고
  (καὶ……ἐκδιωξάντων, 카이……에크디옥산톤)
(3) 하나님을 기쁘시게 하지 아니하고
  (καὶ……ἀρεσκόντων, 카이……아레스콘톤)

(4) 모든 사람에게 대적이 되어

(καὶ……ἐναντίων, 카이……에난티온)

본문과 뒤따르는 16절에서 바울은 유대인을 향하여 일련의 비난을 열거하고 최후의 심판을 선고한다. 특별히 15~16절, 이 두 절은 후대에 삽입된 구절로 이해되어 심지어 데살로니가전서 전체를 바울의 편지가 아니라는 적지 않은 논의를 불러일으켰다(F. C. Baur). 그러나 오히려 이 구절은 바울이 예수 전승(Q)에 깊이 뿌리를 내리고 있음을 보여준다.

"유대인은 주 예수와 선지자들을 죽이고". 예수의 죽음에 대한 책임을 유대인에게 돌리는 것은 바울서신 가운데 이곳이 유일하다. 예수의 죽음과 관련하여 바울은 보통 십자가에 못 박힌 그리스도를 언급하거나(고전 1:23; 2:2; 갈 3:21), '이 세대의 통치자들'을 지목하여 예수를 죽인 자들이라고 한다(고전 2:8). 이는 예수의 죽음의 책임을 악한 영적 세력이나 그것의 대리인(agent)인 로마에게 돌리는 것이다(Malherbe 2000: 169). 하지만 본문에서 바울은 유대인을 지목하여 예수를 죽였다고 말한다. 여기서 유대인은 이방인과 반대되는 인종적 의미의 유대인 전체를 가리키지 않는다(Boring, 103).

바울은 이전의 전승을 사용함이 분명하다. 이 두 구절은 Q 11장의 화선언(Q/눅 11:47~52; 평행본문 마 23:29-32)과 현저한 유사성을 보인다. Q 11장(화선언)에 의하면, 선지자들의 죽음에 대한 책임은 특별히 예루살렘의 몫이었다. 화선언은 구체적으로 예루살렘 권력층과 바리새인들을 지목하여 그들에게 화를 선포한다(김형동 2010: 37). 사도행전에서도 예수의 죽음에 대한 책임은 예루살렘 거민과 그들의 통치자들에게 해당된다(행 2:23, 36; 3:13-17; 7:52; 13:27, 28).

바울이 원용하는 전승은 초기 그리스도교 전승인 Q이다. Q의 화선언(Q 11장)은 하나님 나라에 반대하는 바리새인들의 적대 행위를 비난한다. "너희도 들어가지 않고 또 들어가고자 하는 자도 막는"(Q 11:52) 행위는 하나님 나라 운동에 대한 고의적인 적대 행위이자 선지자들의 죽음에 대한 책임과도 직결된다(김형동 2010: 36-37):

> 화 있을진저 너희는 선지자들의 무덤을 만드는도다……내가 선지자와 사도들을 그들에게 보내리니 그 중에서 더러는 죽이며 또 박해하리라 (Q 11:47-49).

본문에서도 유대인들은 예수와 선지자들을 죽였고 박해하였다고 비난을 받는다. 본문은 Q 11장 49절, "내가 선지자와 사도들을 보내리니 그 중에서 더러는 죽이며 또 박해하리라"라는 말씀과의 평행을 보여준다.

"우리를 쫓아내고". '박해하다'라는 동사를 사용할 때 바울은 보통 단순한 형태의 διώκω(디오코)를 사용한다(예, 롬 12:14; 고전 4:12; 15:9; 갈 1:13, 22; 빌 3:6). 하지만 여기서 바울서신에서 단 한 번, 그리고 누가복음(Q) 11장 49절에서 사용되는 '쫓아내다'(ἐκδιώκω, 에크디오코)라는 동사를 사용하여 심한 박해(BADG, 239), 혹은 심한 박해에 수반되는 추방을 묘사한다(Malherbe 2000: 170). '쫓아내고'(ἐκδιωξάντων, 에크디옥산톤)의 단순과거 시제는 데살로니가에서 유대인들의 사주로 말미암아 사도들이 쫓겨날 수밖에 없었던 사건을 가리킨다(행 17:5-10). 환난 가운데서 말씀을 받아들인 데살로니가 교회를 하나님의 구원 역사 내에 자리매김하듯이, 바울은 자신을 박해받는 선지자의 전통에 자리매김한다. 이러한 이해는 하나님 나라를 전파하기 위해 보냄을 받고, 거부당한 선지자적 전통에서 예수의 거부당함과 죽음을 이해하고 공동체의 정체성에 정당성을 부여하는 Q 이해와도 일치한다(김형동 2010: 27).

"하나님을 기쁘시게 하지 아니하고". 박해하는 자들의 삶의 모습은 "하나님을 기쁘시게 하지 않는다". 현재 시제가 사용된 것은 박해자들의 습관적이고 지속적인 태도를 가리킨다. "육신에 있는 자들은 하나님을 기쁘시게 할수 없다"(롬 8:8). 대조적으로 바울은 데살로니가 교회를 향하여 어떻게 하나님을 기쁘시게 할 수 있는지를 더욱 많이 힘쓰라고 권면한다(4:1).

"모든 사람에게 대적이 되어". 박해자들은 하나님을 기쁘시게 하지 아니할 뿐만 아니라 모든 사람에게 대적이 되고 있다. '대적이 되다'(ἐναντίος, 에난티오스)라는 말은 일반적으로는 바람이 반대로 부는 것이나(예, 마 14:24; 막 6:48; 행 27:4; 28:17), 사람들의 거슬리는 행위와 같은 것에(행 26:9) 적용되는 용어이지만 신약성서에서 유독 여기에서만 사람에게 적용되고 있다. 이것은 유대인을 혐오하는 이방인들의 보편적인 정서를 반영하는 것은 아니다(Frame 112; Malherbe 2000: 170). 바울의 비난은 이방인들의 구원을 위해 복음을 전파하는 것을 방해하는 특정한 유대인을 향한 것이다.

[2:16] "우리가 이방인들에게 말하여 구원받게 함을 그들이 금하여". 본문은 앞서 καί로 연결된 일련의 비난(참고, 15절 주석)과 달리 καί 없이 분사로 연결되어 바로 앞의 유대인이 모든 사람에게 대적이 된 이유를 설명한다. 즉, "(유대인이) 모든 사람에게 대적이 되고 있다. 왜냐하면 열방이 구원을 얻기 위해 우리가 열방에게 전도하는 것을 그들이 금하기 때문이다". '모든 사람'과 '열방'의 평행은 본문이 바로 앞의 유대인이 모든 사람의 대적이 되고 있다는 문장에 직접적으로 연결되고 있음을 제시한다. 여기서 바울은 데살로니가에 있을 때 폭동을 일으킨 유대인들의 적대적 행위를 염두에 두고 있다(행 17:5 이하). 바울은 구체적으로 이러한 유대인들을 비난하는 것이다. 따라서 이러한 유대인들의 행위는 불가분 하나님의 진노를 초래한다.

[사역] "항상 자기 죄를 채우기 위해서"(εἰς τὸ ἀναπληρῶσαι αὐτῶν τὰς ἁμαρτίας πάντοτε). 'εἰς τὸ+부정사'는 목적 또는 결과를 나타내는 구문이다. 바울에게 있어서 'εἰς τὸ+부정사'는 대부분 목적을 표현하고, 데살로니가전서의 다른 곳(2:12; 3:10; 4:9)에서도 목적을 표현하는 것으로

사용된다(Malherbe 2000: 170 ; Wanamaker, 116). '항상'이라는 부사 역시 결과를 나타내는 것과 어울리지 않는다. 오히려 '항상'은 지속적인 일련의 행동으로써 어떤 목적을 겨냥하고 있음을 함의한다. 우리말 번역은 이 부정사 구문의 연결과 관련된 두 가지 다른 이해를 제시한다. 대표적인 두 번역을 비교해보자:

> 우리가 이방인에게 말하여 구원받게 함을 그들이 금하여 자기 죄를 항상 채우매 노하심이 끝까지 그들에게 임하였느니라(개역개정).

> 그들은 우리가 이방 사람에게 말씀을 전해서 구원을 얻게 하려는 일까지도 방해하고 있습니다. 그리하여 그들은 자기들의 죄의 분량을 채웁니다. 마침내 하나님의 진노가 그들에게 이르렀습니다(새번역).

개역, 개역개정, 공동번역, 공동번역개정은 이 부정사 구문을 뒷 문장과 연결하여 "자기 죄를 항상 채우매 노하심이 끝까지 그들에게 임하였느니라"라고 이해한다. 하지만 원문은 'εἰς τὸ+부정사' 구문으로 문장이 끝난다. 따라서 뒷 문장과 직접적으로 연결되지 않는다. 오히려 본문은 유대인들이 항상 자기 죄를 채우기 위해서 사도들이 열방에게 전도하는 것을 방해하는 것과 연결된다.

본문에서 이 부정사 구문은 단순과거 부정사로 표현되고 있다. 주석가들은 지속적인 일련의 행동을 나타내는 '항상'이라는 부사와 일회적인 순간적 동작을 나타내는 단순과거 부정사, '아귀까지 채우다'(ἀναπληρῶσαι, 아나플레로사이)가 함께 사용되는 점을 문제점으로 제기하면서, 일련의 행동이 집합적으로 하나로 이해된다는 견해로 귀착된다(Frame, 113 ; Wananmaker, 116). 하지만 '아귀까지 차다'라는 동작은 아귀까지 차는 한 순간을 가리키므로 일회적인 동작을 표현하는 단순과거 부정사 형태는 지극히 자연스러운 표현이다. 이러한 이미지에는 죄의 잔이 가득 찰 때 하나님의 심판이 임한다라는 묵시문학적 표상이 담겨 있다.

"노하심이 끝까지 그들에게 임하였느니라". 여기서 노하심은 '하나님의 진노'로 마지막 때에 하나님을 모르고 순종치 않는 자들에게 임할 최후의 심판을 가리키는 묵시문학적 표상이다(1:10 주석 참고). 5장 9절에서도 진노는 종말론적 문맥 안에서 사용된다. 바울서신 가운데 진노는 데살로니가전서와 로마서에서만 나타나는데, 종말론적 관점에서 과거와 현재의 행위를 미래와 연관시킨다(참조, 2:5, 8; 3:5; 4:15; 5:9; 9:22; 12:19; 13:4, 5). 하나님의 진노는 과거와 현재와 미래를 아우르는 종말론적 개념이다.

하나님의 진노를 가리키는 '끝까지'(εἰς τέλος, 에이스 텔로스)는 하나님의 궁극적 진노의 실현을 예기하는 표현이다. 똑같은 표현이 복음서에 나타나지만(마 10:22; 24:13; 막 13:13; 눅 18:5; 요 13:1), 바울서신에서는 이곳에서만 나타난다(참조, ἕως τέλους ⟨고전 1:8; 고후 1:13⟩; εἰς τὸ τέλος ⟨고후 3:13⟩). εἰς τέλος는 양상을 나타낼 때는 '온전히'(completely), '전적으로'(totally), '완전히/끝까지'(in the highest measure)라는 뜻을 가지고, 시간을 나타낼 때는 '마침내'(finally, in the end), '영원히'(forever), '끝까지'(to the end)라는 뜻으로 사용된다. 구조적으로 본문은 앞의 문장과 평행을 이룬다(Frame, 114):

ἀναπληρῶσαι	αὐτῶν	τὰς ἁμαρτίας	πάντοτε
채우기 위하여	자기들의	죄를	항상
ἔφθασεν δὲ	ἐπ᾿ αὐτοὺς	ἡ ὀργὴ	εἰς τέλος.
임하였다	그들에게	노하심이	끝까지

따라서 '끝까지'를 '항상'과 같이 시간적 의미로 이해하는 해석이 지배적이다 (Frame, 114; Malherbe 2000: 171; Best, 121). 이 시간적 의미에 대해서 와나메이커는 구체적으로 마지막 순간, 즉 그리스도가 악한 자들을 멸하시는 순간까지로 이해한다(118). 하지만 본문에서 εἰς τέλος는, '항상'이 '아귀까지 채우는' 동작의 양상을 나타내는 것과 같이, 시간적 의미가 아니라 동작의 양상을 묘사하는 것으로 '끝까지' 혹은 '완전히/온전히'라는 의미를 나타낸다.

해설(Comment)

앞선 1장 6~9a절에서 언급된 '본받음'과 '환난'이라는 주제가 다시금 본 단락(2:13-16)에서 제기되고 확장된다. 여기에서는 특별히 유대인들의 행동이 데살로니가 교우들의 행동과 대조된다. 데살로니가 교회는 바울과 실루아노와 디모데를 본받은 것뿐만 아니라, 유대인들에게 박해를 받았던 유대에 있는 교회들의 충성스러운 인내를 본받음으로써 마케도니아와 아가야에 있는 모든 교회들의 모범이 되었다.

그러나 믿지 않는 '유대인들'은 '하나님의 진노'(2:16)의 대상이 되었다. 유대인들은 바울의 선포를 하나님의 말씀으로 받아들이지 아니하였고, 오히려 바울과 사도들을 쫓아내고 데살로니가 교회를 박해하였다. 유대인들은 열방이 구원 받음을 방해함으로써 모든 사람의 대적이 되었다. 따라서 하나님의 노하심이 온전히 그들에게 임하였다(2:15-16). 선지자의 죽음과 자신의 죄를 채운다는 생각은 유대 전통에 속하며 초기 그리스도교 전승과도 일치한다.

베커에 따르면, 바울은 "복음의 일관된 중심을 그리스도-사건의 묵시문학적 해석에 두고 있다"(Beker, 18). 그리스도-사건은 묵시문학적 역사의 절정으로서 바울신학의 우선된 언어, 곧 '심층 구조'(deep structure)이다. 바울은 최후의 심판의 종말론적 승리의 관점에서 현재와 과거를 바라본다. 한편, 개교회의 상황에서 직면했던 상황적합성(contingency : 우발적 사건에 따른 부수적 사건)은 이차적 언어, 곧 '표층 구조'(surface structure)이다. 예를 들면, 칭의와 화해, 본문에서의 진노와 같은 구체적이고도 개별적인 상징들은 이차적 언어에 속한다.

하나님의 진노는 묵시문학적 표상으로서 종말론적 개념을 가진다. "하나님의 진노가 불의로 진리를 막는 사람들의 모든 경건하지 않음과 불의에 대하여 하늘로부터 나타난다"(롬 1 : 18). 하나님의 진노가 또한 복음 안에서 계시되고 있다. 하나님의 진노의 완전한 의미는 "역사의 진행 가운데 죄인들에게 임하는 재난 속에서가 아니라 겟세마네와 골고다에서의 계시에서 찾아야 할 것이다"(Cranfield, 1.106-110). 십자가는 묵시문학적 역사의 전환점이자 하나님의 심판과 진노의 절정을 가리킨다. "그리스도의 죽음은 권세자들에 대한 종말론적 심판이다. 그리스도의 죽음에서 하나님의 묵시문학적 심판은 최후의 심판 때에 확정될 것이다"(Beker, 90). 그러므로 하나님의 진노는 예수의 죽음과 현재와 미래를 아우르는 종말론적 개념이다.

D. 사도적 임재 : 부재 중의 목양과 감사(2 : 17-3 : 10)

[17]형제들아 우리가 잠시 너희를 떠난 것은 얼굴이요 마음은 아니니 너희 얼굴 보기를 열정으로 더욱 힘썼노라 [18]그러므로 나 바울은 한번 두번

너희에게 가고자 하였으나 사탄이 우리를 막았도다 ¹⁹우리의 소망이나 기쁨이나 자랑의 면류관이 무엇이냐 그가 강림하실 때 우리 주 예수 앞에 너희가 아니냐 ²⁰너희는 우리의 영광이요 기쁨이니라 3 : ¹이러므로 우리가 참다 못하여 우리만 아덴에 머물기를 좋게 생각하고 ²우리 형제 곧 그리스도의 복음을 전하는 하나님의 일꾼인 디모데를 보내노니 이는 너희를 굳건하게 하고 너희 믿음에 대하여 위로함으로 ³아무도 이 여러 환난 중에 흔들리지 않게 하려 함이라 우리가 이것을 위하여 세움 받은 줄을 너희가 친히 알리라 ⁴우리가 너희와 함께 있을 때에 장차 받을 환난을 너희에게 미리 말하였는데 과연 그렇게 된 것을 너희가 아느니라 ⁵이러므로 나도 참다 못하여 너희 믿음을 알기 위하여 그를 보내었노니 이는 혹 시험하는 자가 너희를 시험하여 우리 수고를 헛되게 할까 함이니 ⁶지금은 디모데가 너희에게로부터 와서 너희 믿음과 사랑의 기쁜 소식을 우리에게 전하고 또 너희가 항상 우리를 잘 생각하여 우리가 너희를 간절히 보고자 함과 같이 너희도 우리를 간절히 보고자 한다 하니 ⁷이러므로 형제들아 우리가 모든 궁핍과 환난 가운데서 너희 믿음으로 말미암아 너희에게 위로를 받았노라 ⁸그러므로 너희가 주 안에 굳게 선즉 우리가 이제는 살리라 ⁹우리가 우리 하나님 앞에서 너희로 말미암아 모든 기쁨으로 기뻐하니 너희를 위하여 능히 어떠한 감사로 하나님께 보답할까 ¹⁰주야로 심히 간구함은 너희 얼굴을 보고 너희 믿음이 부족한 것을 보충하게 하려 함이라

이 단락은 데살로니가 교회와 떨어져 있는 동안의 바울의 목양을 보여준다. 데살로니가를 떠난 후부터 데살로니가전서를 쓰기 전까지 바울은 데살로니가 교우들과 지속적인 관계를 유지하였다. 펑크(Funk, 249)에 따르면, 이 단락은 그 양식(form)과 내용에 있어서 바울의 '사도적 파루시아'(apostolic parousia, 이러한 의미의 예로는 고후 10 : 10 ; 빌 1 : 26 ; 2 : 12를

보라)에 해당한다.

2장 1~12절과 마찬가지로 본 단락에서도 바울은 데살로니가 교우들과의 지속적인 관계를 설명함으로써 이 편지의 본질적인 권면의 의도를 계속해서 나타낸다. 고대의 편지에서 매우 일반적인 우정이라는 주제는 본 단락의 두드러지는 특징이다. 바울은 애정 어린 우정의 감정으로 데살로니가 교우들에게 편지를 쓰고 있다. 실제로 우정의 편지는 친구들 간의 편지가 아니라 오히려 신분적으로 우위에 있는 자가 낮은 자에게 어떤 요청을 하기 위하여 쓰는 편지였다(Stowers, 58f).

본 단락의 우정이라는 주제는 4장과 5장에서의 분명한 권면을 위한 준비 작업으로 이해되어야 할 것이다. 플루타크(Plutarch)에 의하면 참된 친구는 그의 친구들에게 세심한 주의를 기울인다. 책망할 필요가 있을 경우에 먼저 친구의 행동을 칭찬함으로써 행동을 교정하기 위해 솔직히 말할 수 있는 정황 혹은 분위기를 만들어야 한다. 수사학적으로 특별히 3장 6~10절에서 데살로니가 교우들을 칭찬함은 4장 1절~5장 22절에서 데살로니가 교우들로 하여금 그리스도인다운 행동과 신앙을 계속해서 유지하도록 권면하기 위함이다(Wanamaker, 120).

[2:17] "형제들아". '형제들'(아델포이)이라는 표현은 데살로니가 교우들을 부르는 애칭이다. 바울은 데살로니가전서에서 새로운 주제를 시작할 때 형제들이라는 친족 호칭을 사용하여 사랑의 감정을 표현한다(2:1; 4:1, 13; 5:1, 12). 이러한 사랑의 감정은 앞서 유모(2:7), 젖먹이(2:7), 아버지(2:11)로 표현되었다.

"우리가 잠시 너희를 떠난 것은". 바울은 유대인들의 박해로 인해 부득불 데살로니가 교우들과 떨어질 수밖에 없었다(ἀπορφανισθέντες ἀφ᾽ ὑμῶν). 바울은 이것이 마치 어린아이를 잃어버린 부모의 심정과도 같다고 토로한다. '떠났다'(ἀπορφανισθέντες, 아포르파니스쎈테스)라는 말은 '고아가

되었다'라는 뜻을 가진 ἀπορφανίζω(아포르파니조)의 수동태 분사이다. 동사 ἀπορφανίζω는 부모를 잃어버린 아이, 혹은 아이를 잃어버린 부모, 양자 모두에게 적용된다(Wanamaker, 120). 고아를 가리키는 영어 표현 orphan 도 ἀπορφανίζω에서 기원하였다. '너희를'(ἀφ᾿ ὑμῶν, 아포 휘몬)에서 다시금 분리를 나타내는 전치사 ἀπό(아포)를 사용함으로써 그들과 떨어진 심정을 강하게 드러낸다(Malherbe 2000: 182). 데살로니가 교우들에 대한 바울의 지극한 애정이 드러나 보인다.

바울은 데살로니가 교회를 떠난 것이 '잠시'라는 점을 밝힌다. 원문에서의 '잠시'(πρὸς καιρὸν ὥρας, 프로스 카이론 호라스)라는 표현은 강조 형태이다. 잠시를 나타내는 두 가지 표현이 있다. 그것은 πρὸς καιρόν(프로스 카이론 〈고전 7:5; 눅 8:13〉)과 πρὸς ὥραν(프로스 호란 〈고후 7:8; 갈 2:5; 몬 15〉)이다. πρὸς καιρὸν ὥρας는 잠시를 가리키는 두 표현의 조합으로 잠시라는 시간을 강조한다.

"얼굴이요 마음이 아니니". 고대의 우정의 편지는 일반적으로 육체적으로 떠나 있음이 감정이나 정신적으로 떠나 있음을 의미하지 않는다는 점을 언급하였다(Green, 151). 바울 또한 "얼굴이지 마음이 아니다"라는 표현을 사용한다. 비록 이러한 표현은 당시의 일반적인 관례적 표현이었지만 "너희 얼굴 보기를 열정으로 더욱 힘썼노라"라는 말로써 바울은 데살로니가 교우들을 간절히 보기 원했다는 열망을 토로한다. 바울은 비록 육체적으로는 데살로니가 교우들과 함께할 수 없었지만, 그는 마음과 생각으로 그들과 함께하였다(빌 1:7; 고후 8:16; 참조, 고전 5:3; 골 2:5).

"너희 얼굴 보기를 열정으로 더욱 힘썼노라". 부득불 데살로니가 교우들을 떠났었기 때문에 바울은 다시 그들에게로 돌아가고자 열망하였다. 그는 데살로니가 교우들을 직접 대면하여 만나고 싶어 했다. 이러한 표현은 단순한 수사적 표현이 아니다. 바울은 갈라디아서에서도 단지 글로써 표현할 수 없는 그의 심정을 직접 만나서 말하고 싶어함을 토로한다(갈 4:20). 멀리 떨어져 있지만 마음으로 함께함을 나타내는 편지에서의 일반적 표현은 '파토스'이다(참조, 3:6; Malherbe 2000: 183). 여기서 바울은 '열정으로'(ἐν πολλῇ ἐπιθυμίᾳ, 엔 폴레 에피튀미아)라는 말을 사용하여 직접 만나보기를 간절히 원했음을 표현한다. 열정을 가리키는 헬라어 ἐπιθυμία(에피튀미아)는 육체적 열망이나 욕망을 나타낸다. 신약성서에서 ἐπιθυμία는 주로 부정적 의미로 사용되고 있지만 여기서는 데살로니가 교우들을 보고 싶어하는 바울의 격정을 드러낸다(참조, 눅 22:15; 빌 1:23).

[2:18] "그러므로 나 바울은 한번 두번 너희에게 가고자 하였으나". 그러므로 διότι(디오티)는 '이러한 이유 때문에', '왜냐하면'이라는 뜻으로 일반적인 표현 ὅτι(호티)보다 강조된 표현이다. 앞서 17절에서 언급한 "너희 얼굴 보기를 힘썼다"라는 표현이 "너희에게 가기를 원했다"라는 말로 다시 표현된다. 바울은 데살로니가에 가는 것을 무엇이 막았든지 간에 그것은 자신이 바라던 바가 아니었음을 강하게 드러낸다. 따라서 자신이 데살로니가에 가기를 여러 번 시도했음을 드러내기 위해 '정말로 나 바울(은)'(ἐγὼ μὲν Παῦλος, 에고 멘 파울로스)이라는 강조적 표현을 쓴다. 통상적으로 "μέν(멘, on the one hand)……δέ(데, on the other hand)……"라는 형식으로 사용되는 μέν이 단독으로 사용되어 '정말로'라는 뜻을 나타낸다(Malherbe 2000: 183-184).

데살로니가전서와 데살로니가후서에서 바울은 대부분 단수적 표현보다는 복수 표현인 '우리'를 주어로 사용한다. 그러나 여기서 바울은 주어로 분명하게 '나'라는 단수 표현을 쓰고 있다. 바울은 데살로니가전서와 데살로니가후서에서 어떤 점이 자신과 깊은 관련이 있어 그것을 드러내기 원할 때(3:5; 5:27; 살후 2:5; 3:17), 서간체의 형식상의 주어 '우리' 대신에 '나'라는 표현을 사용하고, 한 걸음 더 나아가, 자신의 이름을 언급한다(Mahlherbe 2000: 184). 바울이 자신의 개인적 이름을 언급하는 것은 자신의 감정을 드러내는 경우에 그러하다(고후 10:1; 몬 22). '한번 두번'이라는 말은 한번 이상이라는 의미를 담고 있는 것으로 종종 혹은 거듭이라는 의미로 사용된다(신 9:13; 왕상 17:39; 느 13:20; 마카비1서 3:30).

"사탄이 우리를 막았도다". 다시금 '우리'라는 표현이 사용된다. 물론 여기서 '우리'는 바울 자신을 가리킨다. 비록 사탄은 그를 막았지만 그는 디모데를 데살로니가로 다시 보낼 수 있었다(3:2). 사탄은 히브리어 '사탄'에서 온 말로 '대적하는 자'이다. 신약성서에서 사탄은 특별한 대적자로서 그의 주된 활동은 하나님의 백성들 앞에 장애물을 두어 하나님의 뜻이 그들 안에서와 그들을 통해 성취되는 것을 방해하는 것이다. '막았다'(ἐνέκοψεν, 에네콥센)라는 동사는 군사 용어로 적군의 진군을 막기 위해 길을 허물거나 차단하는 것을 의미한다(Green, 152). 문자적으로는 '자르다'라는 의미로 길이 끊겨 통과할 수 없음을 표현한다.

사탄이 바울을 막은 일이 어떤 사건을 가리키는지 구체적 정황을 추론하기가 쉽지 않다. 사도행전 17장 5절 이하의 사건에서 알 수 있듯이 정치적 세력의 개입으로 추정된다. 바울이 데살로니가를 떠나 돌아오지 못하게 지방행정관들은 야손을 구금하였고, 보석금을 받고 놓아 주었다(행 17:9). 그 이후의 정확한 역사적 정황을 재구성하기란 불가능하다. 하지만 데살로니가에서 바울과 동역자들이 떠날 수밖에 없었고, 다시 데살로니가에 돌아올 수 없도록 막았던 일을 바울은 사탄의 일로 해석한다. 데살로니가후서에서도 악한 자의 나타남(파루시아)은 사탄의 활동으로 규정된다(살후 2:9). 그렇다면 바울은 하나님의 메시지에 반대하는 정치적 세력을 사탄으로 여기는 것 같다. 바울은 사탄을 (1) 시험하는 자(ὁ πειράζων, 호 페이라존 〈3:5〉), (2) 악한 자 (ὁ πονηρός, 호 포네로스 〈살후 3:3〉), (3) 이 세상의 신(ὁ θεὸς τοῦ αἰῶνος τούτου 〈고후 4:4〉), (4) 공중의 권세 잡은 자, 곧 불순종의 아들들 가운데 역사하는 영(엡 2:2)으로 표현한다.

[2:19] [사역] "왜냐하면 주가 강림하실 때에 우리 주 예수 앞에서 누가 우리의 소망이고, 기쁨이고, 자랑의 면류관입니까? 역시 여러분이 아니겠습니까?" 본문은 이유를 밝히는 접속사 '왜냐하면'(γάρ)으로 시작하는 수사학적 질문이다. 이는 바울이 데살로니가 교우들에게 거듭 가고자 마음을 먹은 이유를 설명한다. 바울은 그러한 이유를 종말론적 맥락 가운데 둔다. 수사학적 질문은 주 예수의 오심이라는 미래를 지향하고, 데살로니가 교우들이 바로 그의 소망임을 표현한다. "소망은 미래의 실재에 대한 확신에 찬 기대로서 이미 현재를 변화시키고 있는" 종말론적 실재이다(Boring, 112). 이것은 그의 종말론적 소망이 주 예수 앞에 함께 서게 될 데살로니가 교우들의 영적 상태와 밀접하게 연결되어 있다는 것이다:

> 내가 하나님의 열심으로 너희를 위하여 열심을 내노니 내가 너희를 정결한 처녀로 한 남편인 그리스도께 드리려고 중매함이로다(고후 11:2).

> 우리가 그를 전파하여 각 사람을 권하고 모든 지혜로 각 사람을 가르침은 각 사람을 그리스도 안에서 완전한 자로 세우려 함이니(골 1:28).

바울은 데살로니가전서 5장 9절에서 이 점을 분명하게 밝힌다: "하나님이 우리를 세우심은 노하심에 이르게 하심이 아니요 오직 우리 주 예수 그리스도로 말미암아 구원을 받게 하심이라".

기쁨 또한 종말론적 언급으로 사용된다(롬 12:12; 15:13; 참조, 14:17; 눅 1:14; 2:10; 벧전 1:8). 기쁨은 미래의 실재, 즉 장래의 구원에 대한 확실함에 근거한 그리스도인의 표시(열매)이다(1:6). 여기서 기쁨은 빌립보서 4장 1절에서와 같이 면류관과 함께 사용되어 종말론적 기쁨을 가리킨다. 그리스도가 오실 때에 데살로니가 교우들이 그에게 줄 기쁨과 자랑을 함의하는 것이다. 자랑은 내적인 기쁨이 밖으로 표출되는 것이다. 따라서 자랑은 '자랑의 면류관'으로 표현된다. 면류관은 영광에 대한 상징적 표현으로 구약성서에 기원한 것으로(잠 16:31; 겔 16:12; 23:42) 경기에 승리한 자에게 상으로 주어지는 월계관(στέφανος, 스테파노스)을 가리킨다. 바울은 월계관이 상징하는 기쁨과 승리를 염두에 두고 있다. 바울은 "우리는 썩지 아니할 것(στέφανον, 월계관)을 얻고자 하노라"(고전 9:25)라고 말한다. 이는 그의 달려감이 헛되지 않음과 주가 강림하실 때 마지막 평가와 상급을 염두에 둔 말이다(참고, '생명의 면류관' 〈약 1:12〉; '의의 면류관' 〈딤후 4:8〉; '영광의 면류관' 〈벧전 5:4〉; '썩지 않는 면류관' 〈고전 9:25〉 등).

예수의 '강림'(παρουσία, 파루시아)이라는 표현은 바울서신 중 고린도전서 15장 23절과 데살로니가 서신에만 나온다(3:13; 4:15; 5:23; 살후 2:1, 8). 파루시아라는 말의 기본적 용례 중 하나는 도착을 뜻한다(고전 16:17; 고후 7:6; 10:10). 또 다른 용례는 임재로 "감추어진 신성이 신의 권능에 대한 어떤 증거나 종교 의식을 통해서 나타나는 것"을 의미한다(브루스, 136). 따라서 이 말은 일반적으로 왕이나 황제의 오심, 곧 방문을 일컫는다. 하지만 신약성서에서 파루시아는 거의 대부분 왕의 오심, 즉 예수의 강림을 가리키는 전문 용어로 사용된다. 강림을 가리키는 다른 용어와는 달리 파루시아는 그의 백성과 함께 계시는 주의 임재를 강조하는 것으로, 그가 다시 돌아오심으로 완전히 실현될 그의 영광스러운 임재를 강조한다. 바울은 여기서 그리스도교 문헌에서 처음으로 파루시아라는 용어를 사용하여 승리로 임할 주의 오심을 나타내고 있다. 데살로니가 교우들이 주의 강림을 기대했음은 분명하다(1:10). 그들은 또한 마지막 날에 주께서 그의 '모든 거룩한 자들'(all saints)과 함께 오시리라는 것을 알고 있었다(3:13). 하지만 주의 강림과 관련하여 그들이 아직도 배워야 할 것이 있음을 바울은 말한다(4:13-18).

[2:20] "너희는 우리의 영광이요 기쁨이니라". 바울은 앞의 진술을 다시금 언

급하면서 왜 데살로니가 교우들이야말로 그의 소망과 기쁨과 자랑의 면류관인지를 설명한다. 바울은 '너희'를 강조하여, "정말로, 바로 여러분이 우리의 영광이요, 기쁨입니다"라고 말한다. 여기서 바울은 앞의 19절과는 조금 다르게 영광이라는 용어를 사용한다. 왜냐하면 영광은 자랑스럽게 여기는 그 무엇으로 명예와 직결되기 때문이다. 영광은 다른 이로부터 존귀하게 여김을 받을 때 얻게 되는 명성 또는 영예를 가리킨다(Green, 156). 앞서 바울은 사람으로부터 영광 혹은 명예를 구하지 아니하였다고 말하였다(2:6). 그는 데살로니가 교우들이 그의 영광이라고 말한다. 다시 말하면, 데살로니가 교우들이 그의 영광과 기쁨의 근원이라는 것이다. 바울은 주 앞에 데살로니가 교우들을 제시할 때 기쁨과 영광의 면류관을 받게 되리라는 것을 기대한다. 이러한 일은 주가 오실 때, 곧 그의 강림 때에 일어날 것이다. 데살로니가 서신에서 주 예수의 강림(파루시아)은 거듭해서 언급되는 주제이다(3:13; 4:15; 5:23; 살후 2:1, 8).

앞서 언급했던 것처럼, 파루시아는 신(성)이 어떤 증거나 종교 의식을 통해서 사람에게 나타나는 것, 혹은 어떤 존엄한 자의 오심, 특별히 황제의 도시 방문을 가리킨다. 네로가 고린도를 방문한 것을 기념하여 고린도는 "Adventus Aug(usti) Cor(inthi)"(지극히 높은 자의 고린도 방문)이라고 새긴 새로운 화폐를 주조하였다. 황제가 어떤 도시를 방문할 때 황제는 왕관을 받곤 하였다. 하지만 그리스도는 그의 파루시아 때 주의 나타나심을 사모하는 모든 이들에게 면류관을 주시는 이시다(2:19; 딤후 4:8).

[3:1-2] "이러므로 우리가 참다 못하여". "이러므로 우리가 참다 못하여……보내노니"라는 구절은 다시금 3장 5절에서 "나도 참지 못하여……보내었노니"라고 반복된다. 다만 주어가 서간체의 형식상 주어 '우리'에서 '나'로 바뀐다. 따라서 1절과 5절은 수미상관구조(inclusio)를 이루어 바울이 데살로니가에 디모데를 보낸 목적을 밝힌다. 바울은 데살로니가 교우들을 다시 보

기를 열망했기에(2 : 17, 18) 참을 수가 없었다. '참다'(στέγω, 스테고)라는 동사는 본래 '덮다', '숨기다', 혹은 '참다'라는 의미를 가지는 것으로 "덮어 놓고 기다릴 수가 없었다"라는 점을 표현한다.

"우리만 홀로 아덴에 머물기를 좋게 생각하고". '머물다'라는 말은 누군가가 떠남으로 인해서 '남게 되었다'(καταλειφθῆναι, 카타레이프쎄나이)라는 의미이다. 따라서 이 동사는 종종 죽음과의 관련에서, 또는 전문적 용어로서 '유산으로 남기다'라는 뜻으로 사용되었다. '좋게 생각하다'(εὐδοκέω, 유도케오)는 어떤 쪽을 선택한다는 의미이다. 바울은 데살로니가 교우들과 연락이 닿기를 열망했기에 주어지는 상황에 자신을 맡길 수가 없었다. 아덴(아테네)은 데살로니가에서 고린도로 가는 여정에 잠시 머무는 장소였다.

여기서 '우리'는 아덴에서 실라(실루아노)가 바울과 함께 있었음을 의미하는 것일까?(Frame, 126 ; 브루스, 142). 사도행전 17장에 따르면 바울이 아테네에 갔을 때 디모데와 실라는 아직 베뢰아에 머물러 있었다(행 17 : 13-15). 바울은 베뢰아에서 실라와 디모데를 남겨둔 채 아테네로 떠났다. 실라와 디모데에 대한 그 다음이자 마지막 언급은 그들이 마케도니아로부터 고린도에 도착했다는 것이다(행 18 : 5). 그렇다면 사도행전과 데살로니가전서를 통해서 추론할 수 있는 가능성은 아테네에서는 바울만이 홀로 있었다는 것이다. '홀로'라는 표현과 두 번에 걸친 단수 표현 '나'(2 : 18 ; 3 : 8)는 디모데와 실라는 아직 아덴에 오지 않았다는 것이다. 사도행전은 디모데와 실라가 아테네까지 바울과 동행하지 않았음을 분명하게 보도한다(행 17 : 14-15). 실라와 디모데가 마케도니아로부터 고린도에 온 지 얼마 되지 않아 바울은 그들과 함께 이 편지를 기록하였다.

"디모데를 보내노니". 위의 사실을 전제할 때 디모데와 관련하여 '보내었다'라는 말을 어떻게 이해해야 할까? 여기서 "디모데가 보냄을 받을 때에 그가 반드시 바울과 함께 있어야만 하는가?"라는 질문을 제기해 볼 수 있다. 왜냐하면 고린도전서 4장 17절은 이러한 질문을 가능하게 하기 때문이다.

바울은 고린도 교회로 디모데를 보내었다. 하지만 바울이 고린도전서를 쓸 때 디모데가 바울과 함께 있었다고 보기는 어렵다. 고린도전서 1장 1절에서 디모데에 대한 언급이 없을 뿐만 아니라, 디모데는 이미 고린도를 떠난 상태였다(고전 16:10). 그럼에도 불구하고 고린도전서 4장 17절에서 "이로 말미암아 내가 주 안에서 내 사랑하고 신실한 아들 디모데를 너희에게 보내었으니……"라고 말한다. 이에 대해서 바렛(Barrett, 116)은 "내가 디모데에게 그곳에서 너희를 방문하라는 말을 전했다. 왜냐하면 그는 이미 다른 선교지(마케도니아)로 출발했기 때문이다"라고 주석한다. 따라서 본문과 사도행전의 보고를 추론해보면, 디모데와 실라가 아직도 베뢰아에 있을 때, 혹은 바울이 아덴에 도착했을 때, 디모데를 데살로니가로 다시 보냈다는 것이다. 아마도 디모데가 베뢰아에 있을 때, 바울은 그를 데살로니가로 되돌려 보냈을 것이다(Wanamaker, 127).

"우리 형제 곧 그리스도의 복음을 전하는 하나님의 일꾼". 바울은 자신을 대신하여 디모데를 데살로니가로 보냈다. 바울은 디모데에 대해서 "우리 형제 곧 그리스도의 복음을 전하는 하나님의 일꾼(동역자)"이라고 길게 설명한다. 이러한 긴 설명은 바울을 대신하는 디모데에 대한 신임장과도 같다. 먼저, 바울은 디모데를 일컬어 '우리 형제'라 부른다. '우리 형제'라는 표현은 단순히 동료 그리스도인이나 가까운 친구 이상의 의미를 함의한다. 때로는 '형제'라는 표현은 좁은 의미로 바울의 동역자를 가리킨다(고전 16:19-20; 빌 4:21-22).

놀랍게도 바울은 디모데를 '하나님의 동역자'(συνεργὸν τοῦ θεοῦ, 쉬네르곤 투 데우)라고 일컫는다. 이 점에 있어서 사본들은 두 가지 주요한 다른 읽기를 증거한다. '하나님의 일꾼'(διάκονον τοῦ θεοῦ, 디아코논 투 데우)과 '동역자'(συνεργόν, 쉬네르곤)라는 읽기이다. 이에 대해서 메츠거는 '하나님의 동역자'라는 표현이 좀 더 어려운 읽기로서 다른 읽기들의 변이를 쉽게 설명해 준다고 주장한다. 디모데를 일컬어 '하나님의 동역자'라고 하는 것은 너무 대담한 표현이기에 '동역자'가 '일꾼'으로 바뀌어 '하나님의 일꾼'이 되었거나, '하나님의'라는 말이 탈락되어 '동역자'가 되었다는 것이다(Metzger, 563). 바울은 고린도전서에서도 아볼로와 더불어 자신을 "우리는 하나님의 동역자들이다"(Θεοῦ γάρ ἐσμεν συνεργοί, 데우 가르 에스멘 쉬네르고이)라고 말한다(고전 3:9). 바울이 자신과 아볼로를 가리켜 '하나님의 동역자들'이라고 일컫는 이유는 "바울은 심었고 아볼로는 물을 주었으며 하나님은 자라나게 하셨다"(고전 3:6)라는 맥락에서이다.

그렇다면 본문에서는 어떠한 의미로 디모데를 하나님의 동역자라고 일컫는가? 본문은 고린도전서에서와 같은 공동의 사역을 묘사하고 있지는 않다. 디모데는 그리스도의 복음 안에 있는 자로 묘사된다. 바울은 데살로니가전서에서 지금까지 복음을 일컬어 '하나님의 복음'(2:2, 5, 9) 또는 '우리(의) 복음'(1:5)이라 칭하였다. 바울은 자신과 그의 동역자들이 전하는 복음이 하나님으로부터 기원했음을 말하고 있는 것이다. 이제 바울은 여기서 복음을 '그리스도의 복음'이라 일컫는다(롬 15:19; 고전 9:12; 고후 2:12; 9:13; 10:14; 갈 1:7; 빌 1:27; 또한 살후 1:8, '우리 주 예수의 복음'). 이는 그리스도가 복음의 주된 내용일 뿐만 아니라, 복음이 구체화된 실제임을 드러낸다. 바울이 디모데를 보냄은 하나님으로부터 기원하여 그리스도의 복음으로 구체적으로 드러난 실제 안에 데살로니가 교우들을 굳게 세우기 위함이다. 따라서 바울은 디모데를 일컬어 "그리스도의 복음 안에 있는 하나님의 동역자"로 표현하는 것이다. 그러므로 '하나님의 동역자'라는 표현은 복음의 기원이 하나님에게 있음을 드러내고자 함이다.

"이는 너희를 굳건하게 하고 너희 믿음에 대하여 위로함으로". 바울은 그의 방문(apostolic parousia)을 대신하여 디모데를 보낸 두 가지 목적을 구체적으로 밝힌다. 첫째는 데살로니가 교우들을 굳건하게 하기 위함이요, 둘째는 그들의 믿음을 위하여 위로/격려하고자 함이다. 두 동사는 종종 본문에서처럼 함께 사용되거나(행 14:22; 15:32; 살후 2:17), 인접하여 사용된다

(롬 1:11-12; 벧전 5:10-11). '위로하다'(παρακαλέω, 파라칼레오)라는 말은 일반적 표현으로서 같이 사용되는 말에 의해 그 뜻이 구체적으로 확정된다. 따라서 바울이 디모데를 데살로니가 교우들에게 보낸 주된 목표는 그들을 '굳건하게 하기' 위해서이다(Malherbe 2000: 192). '굳건하게 하다'(στηρίζω, 스테리조)라는 동사는 특별히 배교나 박해에 직면했을 때(눅 2:32; 행 18:23; 롬 16:25; 살전 3:13; 살후 3:3; 벧전 5:10; 벧후 1:12; 계 3:2), 믿음 안에 자리를 잡게 하는 것을 뜻한다.

'위로하다'라는 말 역시 '격려하다, 고무하다'라는 뜻을 갖기에 지도자들이 새로이 믿는 자들을 위기의 상황에서 견디게 하거나 "믿음에 머물러 있으라"(행 14:22; 11:23; 16:40; 20:1)라고 격려할 때에 사용된다. '위로하다'(파라칼레오)라는 말의 기본적 의미는 '바로 옆으로 부르다'(παρά+καλέω)라는 뜻으로, 도와줌을 함의한다. "굳건하게 하고 위로한다"라는 말은 예수를 믿음으로 인해 반대에 직면한 이들에 대한 바울의 목양을 요약하는 말로서 데살로니가 교우들의 믿음을 굳게 세우고자 함이 이 단락의 주요 주제가 된다는 점을 나타낸다.

[3:3] "아무도 이 여러 환난 중에 흔들리지 않게 하려 함이라". 디모데의 사역은 데살로니가 교우들을 믿음 가운데 굳게 세워서 "아무도 여러 환난 중에 흔들리지 않게 하려는" 것이다. '흔들리다'(σαίνω, 사이노)라는 동사는 본래 개가 꼬리치는 모습을 표현하지만, 비유적으로는 아양을 부리거나 아첨을 하는 모습을 표현한다(브루스, 144; Green, 161). 이러한 의미는 이후에 은유적으로 '속이다', '미혹되다'라는 의미로 사용된다. 미혹은 사탄의 역사이므로 현재 수동태 부정사 σαίνεσθαι(사이네스싸이)는 직접적으로 현재의 정황이 사탄의 역사임을 지적하는 바울의 언급과도 일치한다: "그러므로 나 바울은 한번 두번 너희에게 가고자 하였으나 사탄이 우리를 막았도다"(2:18). 3장 2절 이하의 '굳건하게 하다', '흔들리다', '환난'이라는 용어는 지극히 힘든 상황과

경험을 반영하는 유대 묵시문학 텍스트 가운데 사용되고 있다(Wanamaker, 129).

데살로니가 교회가 직면한 환난은 데살로니가 거민들에 의한 것이었다(2:14). 이는 다른 가치관이 편만한 이교도 사회에서 그리스도인으로 살아가면서 직면하게 되는 특별한 어려움으로 박해로 인한 배교의 위험성을 가리킨다. 고난과 환난은 "단순히 그리스도인들이 이전의 삶과 단절되어야 했던 심적 고통과 아픔을 가리키는 표현이 아니다. 오히려 이러한 고난과 환난은 폭력적 사태로 인한 간헐적인 죽음에까지 이르는 박해였다"(1:6; 2:17; 3:7; 살후 1:4, 6; 김형동 2010: 325). 그러므로 '흔들리다'라는 동사의 수동태 표현은 환난과 박해로 인한 배교의 위험성에 노출되어 신앙에 있어서 동요되는 모습을 나타낸다(Green, 161).

"우리가 이것을 위하여 세움 받은 줄을 너희가 친히 알리라". 바울은 그가 디모데를 데살로니가에 보낸 이유에 대한 마지막 언급에서 "너희가 안다"라는 말로써 시작하고(3절), 끝을 맺는다(4절). '세움 받았다'의 주어는 바울이다. 바울은 그가 받는 환난이 하나님에 의해 정해진 숙명이자 모든 그리스도인들이 겪는 동질성으로 이해하고 있다. 바울에게 있어서 "환난은 그들의 믿음의 실제에 대한 증거일 뿐만 아니라 다가올 영광의 증표이다"(브루스, 145): "우리가 그와 함께 영광을 받기 위하여 고난도 함께 받아야 될 것이니라"(롬 8:17).

[3:4] "우리가 너희와 함께 있을 때에 장차 받을 환난을 너희에게 미리 말하였는데". "너희와 함께 있다"(πρὸς ὑμᾶς ἦμεν, 프로스 휘마스 에멘)라는 표현에서 전치사 πρός(프로스)는 '무엇을 향하다'라는 뜻을 갖는다. 예를 들면, "태초에 말씀이 계시니라 이 말씀이 하나님과 함께(πρὸς τὸν θεόν) 계셨으니"(요 1:1)라는 말씀과 같이 마치 어머니가 아이를 품고 있는 것과 같이 서로를 향하여 하나됨을 나타내는 표현이다. 바울은 데살로니가 교우들에게

앞으로 환난을 겪게 될 것임을 '미리 말하곤 하였다'(προελέγομεν). προελέγομεν(프로엘레고멘)은 미완료 시제로서 데살로니가 교회가 겪게 될 환난에 대해 바울이 앞서 거듭 말해왔음을 가리킨다. '(우리가) 환난을 받게 될'(μέλλομεν θλίβεσθαι)이라는 표현에서 동사 μέλλω(멜로)는 신약성서에서 종종 하나님의 결정이나 판결의 결과로서 미래에 어떤 일(사건이나 행동)이 일어날 것을 가리킨다(참조, 롬 4:24; 8:13).

"과연 그렇게 된 것을 너희가 아느니라"(καθὼς καὶ ἐγένετο καὶ οἴδατε). καθὼς καὶ(카쏘스 카이)는 여기 외에도 데살로니가전서에서 5회나 더 사용된다. καί는 '역시' 혹은 '또한'이라는 뜻으로 데살로니가 교회와 바울의 경험과의 연속성을 나타내는 강조적 표현이다. 바울의 환난에 데살로니가 교회가 참여하였고 데살로니가 교회는 바울이 전하는 말씀을 받아들임으로써 바울을 본받는 자들이 되었다. 바울은 데살로니가 교우들과 함께 있었을 때 데살로니가 교우들이 겪게 될 고난을 종말론적 환난의 일부로 해석하였고, 그들이 고난을 그렇게 받아들이도록 가르치곤 하였다. "너희가 안다"라는 말은 사도행전에서 언급된 사도들의 경험(행 17:5-10)을 비롯하여, 데살로니가 거민들로부터 데살로니가 교회가 핍박을 당한 사건을 가리킨다(2:14; 3:3). 이를 데살로니가 교회가 몸소 경험하였고, 데살로니가 교회는 하나님의 종말론적 계획 안에서 그 의미를 안다는 것이다. 믹스(Meeks 1983: 692)는 박해에 대한 바울의 예언의 성취가 데살로니가 교우들이 속했던 사회로부터 분리된 그들의 새로운 정체성을 강화하는 것이라고 주장한다.

[3:5] "이러므로 나도 참다 못하여 너희 믿음을 알기 위하여 그를 보내었노니". 2장 13절과 3장 1절에서도 사용된 바와 같이 '이러므로'(διὰ τοῦτο, 디아 투토)는 바로 이어져 나오는 구절을 언급하는 이유를 설명한다. 바울 자신이 디모데를 보낸 이유는 데살로니가 교우들이 겪고 있는 환난 때문이었다. 다시 말해서, 환난 가운데 있는 성도들의 믿음을 알기 위하여 그가 디

모데를 보냈다는 것이다. 바울은 디모데를 파견한 이가 자신임을 강조적 어법(κἀγώ=καὶ ἐγώ, 카고=카이 에고)을 사용하여 분명하게 밝힌다. 본 절은 3장 1~2a절을 실제적으로 반복하고 있다. 앞서 언급했던 것처럼 편지글의 주어를 사용하는 "우리가 참다 못하여……우리가 보냈다"라는 표현이 여기서 실제적인 주어 "내가 참다 못하여……내가 보냈다"로 표현되고 있다.

[사역] "혹 시험하는 자가 너희를 시험하여 우리의 수고가 헛되게 될까 함이니". 이 구절에는 직설법과 가정법이 함께 사용되고 있다. 먼저 '시험하다'라는 동사는 직설법을 사용하여(ἐπείρασεν, 에페이라센) 시험이 사실인 점을 드러내고, '헛되게 되다'에서 '되다'라는 동사는 가정법을 사용하여(γένηται, 게네타이) 시험의 결과에 관한 불확실성을 함의한다(Malherbe 2000: 195). '혹'(μή πως, 메 포스)은 디모데를 보낼 수밖에 없었던 바울의 노심초사하는 마음을 보여준다. 그것은 사탄의 시험 앞에 놓인 데살로니가 교회에 대한 노심초사이다. 바울의 그러한 노심초사는 그의 수고가 헛되지 않기를 바라는 마음이다. 수고가 헛되지 않음은 경기에 이기어 월계관을 받기를 희망하는 이미지와 비슷하다(Malherbe 2000: 195):

……나의 달음질이 헛되지 아니하고 수고도 헛되지 아니함으로 그리스도의 날에 내가 자랑할 것이 있게 하려 함이라(빌 2:16).

내가……달음질한 것이 헛되지 않게 하려 함이라(갈 2:2).

바울은 수고와 달음질의 언어를 함께 사용하기도 하고(빌 2:16), 상호 교체적으로 사용하기도 한다(갈 2:2; 4:11). 이러한 이미지는 바울이 종말론적 상급을 위해 복음 안에서 수고하고 있음을 나타낸다(Malherbe 2000: 195).

'시험하는 자'는 앞서 언급된 사탄과 동일하다(2:18). 사탄은 시험하는 자로서(마 4:3; 고전 7:5) 바울과 동료들이 데살로니가로 되돌아가는 길을 막았고(2:18), 박해가 시험이 되게 하여 사도들의 수고를 헛되게 하려고 하였다(고전 15:58; 빌 2:16; 살전 2:18).

[3:6] "지금은 디모데가 너희에게로부터 와서". 앞선 1절~5절에서 바울은 수미상관구조(*inclusio*)를 통해 그가 디모데를 데살로니가 교회로 보내게 되었음을 말하였다. 이제 바울은 디모데가 데살로니가 교회로부터 그에게 돌아왔음을 언급한다. 바울은 아테네에서 고린도로 내려갔다. 고린도에서 바울은 마케도니아로부터 내려온 디모데와 실라를 만났고, 디모데로부터 데살로니가 교회의 소식을 직접적으로 듣게 되었다. 디모데가 돌아와 그로부터 데살로니가 교회의 소식을 접하고서 바울은 곧바로 데살로니가전서를 기록하게 되었다.

"너희 믿음과 사랑의 기쁜 소식을 우리에게 전하고". 데살로니가로부터 돌아온 디모데는 1장 3절에서 언급한 데살로니가 교우들의 믿음의 역사와 사랑의 수고에 대한 소식과 아울러, 그들이 바울에 대한 좋은 기억을 가지고 있을 뿐만 아니라, 바울이 돌아오기를 간절히 기다리고 있음을 보고한다. 이러한 소식이야말로 바울에게는 너무나 기쁜 소식이었다. 신약성서에서 '기쁜 소식을 전하다'(εὐαγγελίζομαι, 유앙겔리조마이)라는 동사는 '복음을 전파하다'라는 뜻을 가지는 전문 용어이다(롬 1:15; 10:15; 고전 1:17). 하지만 여기서 εὐαγγελίζομαι는 바울서신에서 유일하게 '기쁜 소식을 전하다'라는 일반적 용법으로 사용되고 있다. 이 점에 대해서 말허비는 디모데가 전한 좋은 소식은 데살로니가 교회의 믿음, 사랑, 바울에 대한 기억으로 데살로니가 교회가 바울로부터 전해 받은 복음에 관련된 것이라는 점에 주목한다(Malherbe 2000: 200). 데살로니가 교우들의 믿음과 사랑은 그들이 개종한 후에 직면한 극심한 환난에도 불구하고 증거된 복음 전파의 소식으로서 데살로니가 교회의 특징적인 면이었다(1:3; 5:8). 하나님에 대한 그들의 믿음(1:8)은 바울을 포함한 사도들뿐만 아니라 서로에 대한 사랑으로 표현되고 있다(3:12; 4:9; 5:13; 참조, '사랑으로써 역사하는 믿음'〈갈 5:6〉).

"또 너희가 항상 우리를 잘 생각하여". 바울은 여기서 자신의 속마음을 드러낸다. 그것은 그들이 그와의 관계를 어떻게 생각하느냐에 관한 그의 바람이다. "항상 우리를 잘 생각한다"라는 말은 "항상 우리에 관한 좋은 기억을 가지고 있다"라는 말로서 우정의 편지의 전형적인 특징을 보여준다. 이러한 말은 멀리 떨어져 있는 친구와 본받아야 할 모범이 되는 사람을 떠올릴 때 적용된다(Malherbe 2000: 201). 디모데의 소식에 따르면, 데살로니가 교회는 바울을 그렇게 기억하고 있다는 것이다.

"우리가 너희를 간절히 보고자 함과 같이 너희도 우리를 간절히 보고자 한다 하니". 고대의 편지에서는 간절함에 대한 표현은, 예를 들면, '파토스' 혹은 '에피튀미아'(2:17 주석 참고)와 같이 다양하게 나타난다. '간절히 보고자 한다'(ἐπιποθέω, 에피포쎄오)라는 동사는 편지에서의 상투적인 문구 (cliche)로서 바울 역시 이 단어를 즐겨 사용한다(신약성서에서 9회 등장하는데 바울서신에서 7회 사용된다). 하지만, 바울의 경우, "간절히 보고자 한다"라는 말에는 상투적인 표현을 넘어 깊은 애절함이 담겨 있다. 예를 들면, 바울은 자신이 전도한 교우들과 떨어져 있으면서 그들을 간절히 보고자 하는 경우에 이 단어를 주로 사용한다(롬 1:11; 고후 5:2; 7:7, 11; 9:14; 빌 2:26; 딤후 1:4; 참조, 롬 15:23). 데살로니가 교우들을 만나보길 바라고 있는 바울의 이러한 간절함은 만남을 위한 기도로도 표현되고 있다(3:10-11). 이러한 간절함은 하나님을 향한 믿음과 서로를 향한 사랑과 서로에게 위로가 되는 상호 관계에서 비롯된다. 이러한 상호 관계는 바울에게 큰 위로와 격려가 되었다(3:7).

[3:7] "이러므로 우리가 너희에게 위로를 받았노라". 여기서 '이러므로'는 이미 앞서 언급된 이유를 가리킨다. 즉, 디모데가 바울에게 전한 데살로니가 교우들에 관한 좋은 소식이 바울에게 위로가 되었다는 것이다. 고린도후서에서

도 바울은 오랜 기간의 갈등 후에 고린도 교우들의 영적 건강함에 관한 소식을 디도로부터 들은 후, 위로를 받아 기뻐하였다고 고백한다(고후 7:3-7). 바울이 디모데를 보낸 이유는 데살로니가 교회를 굳건하게 하고 위로하기 위함인데, 디모데의 좋은 소식으로 데살로니가 교우들로 인하여 이제 그가 위로를 받게 되었다. 여기서 "바울은 그들의 믿음이나 믿음에 대한 소식 때문이 아니라 바로 그들을 먼저 언급하고 그들에게 그의 위로의 근거를 둠으로써 그들과의 관계를 다시금 견고하게 세워나간다"(Malherbe 2000: 202). 데살로니가 교우들이 바울에게 어떠한 의미이며 어떠한 위로를 주었는지에 대해 감사하는 이 문맥에서 '형제들'이라는 표현은 바울의 따뜻하고 평온한 상태를 매우 적절하게 잘 드러낸다.

"모든 궁핍과 환난 가운데서 너희 믿음으로 말미암아". 일반적으로 '궁핍'(ἀνάγκη, 아낭케)은 물리적 결핍으로 생긴 고통이나 강요를, '환난'은 외부적 요인으로 인한 고통, 즉 핍박을 의미하지만, 여기서 궁핍과 환난은 명확하게 구분되지 않는다. 궁핍은 역경에 대한 감정적 반응이 아니라, 바울이 경험한 모든 고통과 어려움을 가리킨다(고후 6:4; 12:10). 환난 또한 그가 경험한 어려움을 가리키지만 특별히 그가 반대와 억압의 대상이 되었음을 의미한다(Green, 168). 따라서 궁핍과 환난은 때로는 마지막 때가 오기 이전의 하나님의 백성의 역경을 가리키는 표현으로도 사용된다(고후 6:4; 욥 15:24; 시 119:143; 참고, Wanamaker, 135).

바울은 데살로니가 교우들을 '그들의 믿음 안에'(3:2) 굳건하게 하고 위로할 뿐만 아니라, '그들의 믿음에 대해 알기 위하여'(3:5) 디모데를 보냈다. 디모데가 가져온 데살로니가 교회의 소식은 바울에게 큰 기쁨이 되었다(3:9). 데살로니가 교우들의 믿음을 통해서 바울은 다시금 용기를 내게 되었다.

[3:8] "그러므로 너희가 주 안에 굳게 선즉 우리가 이제는 살리라". 이제 바울은 '그들의 믿음으로 말미암아' 그들에게서 위로를 받았다. 그래서 바울

은 말한다. "우리는 비참하였고 짓뭉개져 있었지만 너희로 인해 우리가 살아간다". 앞선 7절에서 궁핍과 환난 가운데서 바울이 받은 위로가 본 절에서는 선언적 외침으로 표현되고 있다. 본문은 헬라어 접속사 ὅτι(왜냐하면)로 시작된다. 본문은 바울이 위로 받고 있는 이유를 좀 더 분명하게 밝힌다.

"너희가 주 안에 굳게 선즉"(ἐὰν ὑμεῖς στήκετε). 바울은 가정법을 이끄는 ἐάν(에안)을 사용하지만 '굳게 서다'(στήκετε, 스테케테)라는 동사를 직설법으로 표현한다. 직설법은 사실적 표현을 나타내므로 이것이 단순한 가정이 아니라 "사실적으로 굳게 서 있으면"이라는 '기대하던 상태'(hoped-for condition)를 나타내는 권면의 성격을 띠게 된다(Thieselton, 80; Green, 171). 바울서신에서 '굳게 서다'라는 동사는 대부분의 경우 "굳건하게 서라"(갈 5:1; 살후 2:15), "믿음에 굳게 서라"(고후 16:13), "주 안에 서라"(빌 4:1; 살전 3:8)와 같이 명령법 형태로 사용된다. 그러므로 바울의 애용구 가운데 하나인 '굳게 선즉'이라는 표현은 흔들리지 않는 믿음, 즉 자신들이 취한 입장에 대한 확고함과 강인함을 나타낸다(고전 16:13; 갈 5:1; 빌 1:27; 4:1). 스토아철학에 있어서 '굳게 서다'라는 표현은 로마의 군사적 이미지를 반영한다. 그러나 '굳게 서다'라는 표현은 주로 신약성서적 용어로서 '그리스도 안에서' 규정되고 있다(Malherbe 2000: 203).

[사역] "우리가 이제야 비로소 살리라"(νῦν ζῶμεν, 뉜 조멘). 그렇다면 여기서 νῦν(now)은 시간적 표현이 아닌 논리적 표현으로 '이제야 비로소'를 뜻하게 된다(Frame, 133). "우리가 이제야 비로소 살리라"라는 말은 영생을 가리키는 것이 아니라 너희가 주 안에 견고하게 서 있으면 그것으로 말미암아 우리도 살아가게 된다 또는 살아있게 된다라는 뜻이다. 브루스는 이 점을 데살로니가 교우들에 관한 소식이 바울에게 "생명의 호흡과 같다"라고 주석한다(152). 바울은 여기서 데살로니가 교우들과 그가 살고 죽는 문제에 이르기까지 하나라는 점을 표현한다. "친구는 함께 살고 함께 죽는다"라는 각오는 그레코-로만 사회에서는 매우 보편화된 표현이다(Mahlherbe 2000:

202). 바울은 그와 데살로니가 교회가 함께 죽고 사는 '운명공동체'라는 점을 나타내고자 한다.

'주 안에'(ἐν κυρίω, 엔 퀴리오). '주 안에'라는 표현은 그리스도와의 연합, 내주의 삶을 가리키는 바울신학의 열쇠가 되는 '그리스도 안에'(ἐν Χριστῷ, 엔 크리스토)라는 표현과 같다. 마울(Moule 1977: 58-60)은 이 둘을 구분하면서 '주 안에'라는 표현이 권면이나 명령의 문제와 관련하여 사용된다는 점을 지적한다. '주 안에'라는 표현은 바울과 데살로니가 교우들 간의 운명공동체라는 함의성을 더욱 분명하게 한다. 바울 자신이 그리스도 안에 살아가듯이 데살로니가 교회도 주 안에 굳게 서기를 권면한다. 왜냐하면 그리스도 안에서의 연합은 바울이 직면한 죽음의 위험도 그의 생명에 대한 은유가 되었기 때문이다:

> 우리가 항상 예수의 죽음을 몸에 짊어짐은 예수의 생명이 또한 우리 몸에 나타나게 하려 함이라 우리 살아 있는 자가 항상 예수를 위하여 죽음에 넘겨짐은 예수의 생명이 또한 우리 죽을 육체에 나타나게 하려 함이라……그러므로 우리가 낙심하지 아니하노니 우리의 겉사람은 낡아지나 우리의 속사람은 날로 새로워지도다"(고후 4 : 10-11, 16).

[3:9] "너희를 위하여 능히 어떠한 감사로 하나님께 보답할까". 바울은 1장 2절에서 시작되고, 2장 13절에서 다시 개진된 감사를 다시금 3장 9~10절에서 수사학적 질문의 형태로 표현한다. 이 감사는 뒤따라 오는 감사 기도와 더불어 편지의 전반부를 끝맺는다. 본문에서의 감사는 앞의 두 감사(1 : 2과 2 : 13)와는 형태와 내용에 있어서 다른 점을 보여준다. 형태에 있어서는 "누가 능히 어떠한 감사함으로 하나님께 보답할까?"라는 수사학적 질문을 취하고, 내용에 있어서는 "항상(1 : 2) 또는 끊임없이(2 : 13) 감사한다"라고 말하지 아니하고, "보답할 수 있을까"라는 표현에서 일회적 동작을 나타내는 단순과거

어법을 사용한다(δυνάμεθα……ἀνταποδοῦναι, 뒤나메싸……안타포두나이). 단순과거 어법은 디모데의 소식에 너무나도 감사하여 바울이 즉각적으로 반응하고 있음을 보여줄 수도 있지만(Malherbe 2000: 204), 오히려 "한 번에 갚을 수 있을까?"라는 점을 함축하므로 하나님의 은혜가 한 번에 갚을 수 없을 만큼 크다는 점을 나타낸다. 이러한 수사학적 표현은 "여호와께서 내게 주신 모든 은혜를 무엇으로 보답할꼬?"라는 시편 116편 12절을 연상케 한다.

'보답하다'(ἀνταποδίδωμι, 안타포디도미)라는 동사는 당시의 그레코-로마 사회의 사회적 책무로 작용한 상호보상의 원칙을 반영한다. 감사는 은혜를 베푼 자(베네펙토르)에게 갚아야 할 빚으로 이해되었기에 은혜를 받은 사람은 감사를 표현해야만 했다(Green, 172). 예를 들면, 세네카는 "나는 결코 당신에게 나의 감사를 보답할 수 없을 것입니다. 나는 그 은혜에 보답할 수 없음에 대하여 어느 곳에서나 말하기를 결코 쉬지 않을 것입니다"라고 표현한다(De Beneficiis 2.24.4; 재인용, Green, 172). 은혜를 감사하지 않는 것은 불명예스러운 것으로 생각되었다. 여기서 "어떠한 감사로……하나님께 보답할꼬?"라는 수사학적 질문은 은혜가 갚을 수 없을 만큼 크다는 것을 표현하는 전형적인 방법으로 생생한 감정을 드러내는 데 종종 사용되었다(참조, 롬 8:31).

"우리가 우리 하나님 앞에서 너희로 말미암아 모든 기쁨으로 기뻐하니". 여기서 바울은 자신의 기쁨의 감정을 표출하고 있다. 고대 사회에서 편지를 받았거나 연락이 닿았을 때, 신에게 감사하는 것은 지극히 일상적이었다. 바울은 데살로니가 교우들이 심한 핍박 가운데서도 영적으로 강건하다는 디모데의 소식에 기뻐서 하나님께 감사한다. 바울은 그의 기쁨의 강도를 두 가지 방법으로 드러낸다. 첫째는 '모든 기쁨'이라는 표현으로써, 둘째는 그의 기쁨의 충만함을 반복적으로 표현함으로써 기쁨을 드러낸다. 즉, "모든 기쁨으로 기뻐한다"(ἐπὶ πάσῃ τῇ χαρᾷ ᾗ χαίρομεν, 에피 파세 테 카라 헤 카이로멘)라는 것이다. 여기서 '모든 기쁨'은 '모든 궁핍과 환난'(7절)과 대조되는 표현으로서 그의 감사의 이유이자 출발점이다(참조, 고전 1:4; 빌 1:3, 5). 바울은 데살로니가 교우들로 말미암은 모든 기쁨 위에서(ἐπί, 에피), 즉 그 기쁨으로 인해서 하나님께 감사한다. 앞서 바울은 데살로니가 교우들을 가리켜 주께서 오실 때 주 예수 앞에서 "우리의 영광이요 기쁨이니라"(2:20)라고 하였다.

이러한 감사는 '너희로 말미암은' 기쁨에서 우러나온다. '너희'는 6~10절에서 10회나 언급된다. '우리 하나님 앞에서'라는 표현은 다른 어떤 바울의 편지에서보다 데살로니가전서에서 많이 사용되고 있다. '우리 하나님 앞에서'라는 표현은 2장 19절과 3장 13절에서는 종말론적 언급과 더불어 사용되며, 1장 3절과 본문에서는 현재적인 하나님의 임재를 강하게 드러낸다(브루스, 153). 하나님 앞에서 모든 기쁨으로 기뻐함은 기도의 정황을 함의한다(Wanamaker, 138).

[3:10] "주야로 심히 간구함은 너희 얼굴을 보고". 이제 바울의 극한 애정은 차고 넘치는 기도로 표현된다. 기도함('간구하다')은 분사 형태로 앞의 '기뻐하다'라는 동사에 연결된다. 즉, 기도할 때에 기쁨이 충만하였음을 나타낸다. '간구하다'(δέομαι, 데오마이)는 '기도하다'라는 일반적인 동사 προσεύχομαι(프로슈코마이)보다 강한 개인적 필요를 실현하고자 하는 표현으로(예, 롬 1:10) 왕에게 올리는 간청으로 자주 사용되었다(Milligan, 42). 기도 가운데 바울은 데살로니가 교우들을 다시 보고 싶은 마음을 세 가지 방법으로 드러낸다. 첫째, 그는 '주야로' 간구하였다. '주야로'라는 말은 1장 2절의 '항상'과 같은 말로서 오랜 기간 기도함을 가리킨다(1:2-3; 2:9). 둘째, 그는 '지극히'(ὑπερεκπερισσοῦ, 휘페르에크페리수) 간구하였다. ὑπερεκπερισσοῦ는 전치사 ὑπέρ(휘페르)가 덧붙은 복합어로 최상급을 표현한다. 그 뜻은 '측량할 수 없을 정도로' 또는 '지극히'라는 뜻을 갖는다. 바울은 무엇을 강조

할 때 'ὑπέρ 복합어'를 즐겨 사용하였다(롬 5:20; 8:26, 37; 고후 9:14; 11:23; 빌 2:9; 살후 1:3; Malherbe 2000: 204). 셋째, 그는 '간구하였다'. 그는 힘을 다하여 간청하였다. 왕에게 간청하는 것은 죽을 각오로 나아감을 뜻하는 것이다.

"너희 믿음이 부족한 것을 보충하게 하려 함이라". 기도의 내용은 두 가지에 집중된다. 첫째, 바울은 하나님께 데살로니가 교우들의 얼굴을 다시 보기를 간구하였다. 2장 17절에 언급한 것을 바울은 여기서 다시금 언급한다. 그들의 얼굴을 보기 원함은 바울이 하나님께 드리는 기도의 목적이자 내용이며, 우정의 편지에 있어서 기준이 되는 일반적인 주제였다(Stowers, 60, 65, 68-69, 75-76, 82, 159). 하지만 데살로니가 교회의 실제 정황은 편지를 쓰는 것 그 이상을 요구하였다. 바울의 판단에 다시 데살로니가 교회를 방문하는 것이 절대적으로 필요하였다.

둘째, 바울은 데살로니가 교우들의 믿음에 있어서 '부족한 점들'(ὑστερήματα, 휘스테레마타)을 채울 수 있는 기회를 갖고자 하였다. ὑστέρημα(휘스테레마)는 고대 문헌에 간혹 사용되었지만, 누가복음에서 1회(눅 21:4), 그리고 바울서신에서 8회 사용된다. 바울서신 중 5회는 '채우다'(πληρόω, 플레로오)라는 동사와 더불어 사용되지만(고전 16:17; 고후 9:12; 11:9; 빌 2:30; 골 1:24), 여기서는 καταρτίζω(카타리조) 동사와 더불어 복수 형태(휘스테레마타)가 사용된다. καταρτίζω는 '고치다, 수선하다'라는 뜻으로, 예를 들면, 그물을 수선하다의 의미로 사용되거나(막 1:19), 교육적 맥락에서, 훈련이나 교육을 받아 '완전하게 하다'라는 의미로 사용된다(Green, 174; Malherbe 2000: 205):

제자가 그 선생보다 높지 못하나 무릇 '온전하게 된 자'(κατηρτισμένος, 카테리스메노스)는 그 선생과 같으리라(눅 6:40).

어떤 사람은 사도로, 어떤 사람은 선지자로……삼으셨으니 이는 성도를 '온전하게 하여'(καταρτισμὸν, 카타리스몬)……(엡 4:11-12).

앞서 6~8절에서 언급된 데살로니가 교우들의 믿음과 사랑의 소식으로 미루어 볼 때 데살로니가 교우들의 믿음에 문제가 있다고 생각하지 않는다. 따라서 여기서 바울이 사용하는 동사 καταρτίζω는 교육내용을 훈련하고 온전히 이수해야 함을 언급하는 교육적 정황에서 일반적으로 사용된다. 따라서 '회복하다' 혹은 '바로잡다'라는 의미보다는 아직도 다듬고, 채워나가서 성숙한 신앙에 이르러야 한다는 교육적 정황을 함의한다(Malherbe 2000: 205). 이는 어떤 부분에 있어서 데살로니가 교우들이 아직도 신앙에 있어서는 초신자이기에, 좀 더 다듬고, 더 알아야 할 필요가 있음을 나타내는 말이다. 이와 관련하여 바울은 뒤에 나오는 4장 1절~5장 22절에서의 권면을 통해 이러한 문제들을 다루고 있다. 데살로니가 교회는 믿음과 사랑과 소망에 있어서 모범적인 교회였지만, 아직도 그리스도의 강림에 대한 소망과 그리스도인으로서의 새로운 삶에 대한 지식이 부족했다. 어떤 사람들은 아직도 도덕적 음행 속에 살아갔고(살전 4:2-8; 5:23), 어떤 이들은 일상 속에서 '규모 없는' 삶을 살고 있었다(4:11-12; 5:14).

해설(Comment)

편지, 사절, 직접적인 방문은 바울이 교회에게 그의 사도적 권위를 주장하기 위해 사용한 '사도적 임재'의 세 가지 유형에 속한다(Funk, 249). 데살로니가 교우들을 향한 바울의 편지는 그들을 다시 만나기를 간구하는 바울의 기도가 응답될 때까지 그들 사이의 (잠정적) 소통과 교제의 사도적 임재이다. 바울은 그의 편지에서 환난과 핍박 가운데서도 굳건히 믿음을 지켜나가게 하신 분이 하나님이시기에 하나님께 감사를 드린다.

묵시문학적 견해에서 볼 때 환난은 성도들에게 정해진 운명이다(마 5 : 10 ; 10 : 17 ; 막 13 : 19-20 ; 행 14 : 22 ; 벧전 2 : 21 등). 바울은 데살로니가를 떠나기 전에 자신과 데살로니가 교우들에게 환난이 닥칠 것을 미리 알려 주었다(3 : 4). 만일 하나님이 그의 백성에게 마지막 날에 구원을 얻게 됨을 정하셨다면(5 : 9), 마찬가지로 그의 백성들이 이 세상에서 환난을 견디어야 함도 정하셨다: "우리가 그와 함께 영광을 받기 위하여 고난도 함께 받아야 할 것이니라"(롬 8 : 17). 환난과 고난은 그들의 믿음에 대한 증거이면서 다가올 영광의 증표이다(살후 1 : 4-10).

바울은 데살로니가 교우들에게 그들이 아는 바를 다시금 기억하게 하면서 '고난의 신학'을 일깨운다. 고난의 신학은 초기 그리스도교 가르침의 주된 특징이었다. 이러한 맥락 아래 사도행전에서 바울과 바나바는 "우리가 하나님의 나라에 들어가려면 많은 환난을 겪어야 할 것이라"라고 말하면서 성도들이 믿음에 굳게 서서 환난을 이겨 낼 것을 격려하였다(행 14 : 22). 데살로니가 교회는 바울이 전하는 말씀을 받아들일 때에 바울의 환난에 참여하였고, 바울을 본받는 자들이 되었다. 궁핍과 환난은 디모데가 오기 전 바울이 어떠한 상태에 처하였는지를 잘 보여준다. 바울과 그의 동역자들은 마케도니아와 아가야에서 큰 어려움과 강한 반대에 직면했었다. 그들은 빌립보에서 매질을 당하였고, 감옥에 갇혔으며, 모욕을 당했다(행 16 : 22-24 ; 빌 1 : 30 ; 살전 2 : 2). 바울은 데살로니가와 베뢰아에서 박해를 당하였고 쫓겨났다(행 17 : 10, 13-14 ; 살전 1 : 6). 아덴에서는 거부를 당하고 조롱을 받았다(행 17 : 32). 바울은 처음 고린도에 머무를 때 "약하며 두려워하여 심히 떨었다"(고전 2 : 3 ; 행 18 : 9-10).

데살로니가 교회에 대한 바울의 근심은 바울이 직면한 궁핍과 환난 가운데 하나였다. 그 근심은 견딜 수 없을 만큼 컸었다. 하지만 환난과 박해에 직면한 데살로니가 교회에 대한 근심은 디모데의 소식으로 말미암아 기쁨으로 변했다. 데살로니가 교우들은 바울이 하나님 앞에서 감사하는 이유일 뿐만 아니라 바울의 큰 기쁨의 원인이 되었다. 거듭해서 바울과 교회의 지도자들은 하나님께 신실한 그리스도인들이야말로 자신들의 기쁨의 근원임을 언급한다(롬 16:19; 고후 7:4; 빌 1:4-5; 2:2; 4:1; 살전 2:20; 딤후 1:4; 몬 7; 히 13:17; 요일 1:4; 요이 4, 12; 요삼 3, 4).

바울의 이러한 기쁨은 말로 표현할 수 없는 기쁨이었기에(3:9) 이전의 모든 궁핍과 환난을 잊기에 충분했다. 데살로니가 교회로 말미암아 그가 기뻐하고 기뻐하는 '모든 기쁨'은 그가 이전에 겪은 '모든 궁핍과 환난'(3:7)과 대조를 이루면서 바울은 "너희가 주 안에서 굳게 선다면 비로소 우리도 살게 된다"(3:8)라고 그의 심정을 토로한다. 이러한 바울의 심정은 심지어 삶과 죽음에 있어서도 친구는 하나라는 우정의 관계를 표현한다(참고, Malherbe 2000: 202). 참된 우정의 특징은 상호관계성(교제)이다. 상호교제는 주고받음으로 표현된다. 바울과 데살로니가 교우들은 서로 간에 믿음과 환난을 함께 공유했을 뿐만 아니라, 이제는 위로를 함께 나눈다. 데살로니가 교우들의 계속적인 믿음은 사도들과 교회의 관계를 긴밀히 묶어 주고 있을 뿐만 아니라, 이러한 함께하는 믿음 위에 사도들과 교우들의 관계가 세워져 나간다. 참된 믿음과 참된 공동체는 나란히 함께하는 것이다.

그러므로 바울은 주께서 강림하실 때에 주 앞에서 기뻐하고 영광을 얻게 될 것임을 확신하고 있다. 그가 말하는 자랑의 면류관은 바로 데살로니가 교우들이다. 지금 바울은 '하나님 앞에' 기도를 드리고(1:3), 하나님을 '우리 하나님'이라고 표현함으로써 자신과 데살로니가 교우들 간의 관계를 규명한다. 바울은 '우리 하나님 앞에서' 데살로니가 교우들로 말미암아 기뻐한다(3:9). 그러나 바울은 마지막 심판 때에 그들과 데살로니가 교우들이 그들 자신을 '우리 하나님 아버지 앞에' 제시해야 함을 또한 알고 있었다(3:13; 고후 5:10; 참고, 눅 21:36).

E. 마침 기도(3:11-13)

¹¹하나님 우리 아버지와 우리 주 예수는 우리 길을 너희에게로 갈 수 있게 하시오며 ¹²또 주께서 우리가 너희를 사랑함과 같이 너희도 피차간과 모든 사람에 대한 사랑이 더욱 많아 넘치게 하사 ¹³너희 마음을 굳건하게 하시고 우리 주 예수께서 그의 모든 성도와 함께 강림하실 때에 하나님 우리 아버지 앞에서 거룩함에 흠이 없게 하시기를 원하노라

바울은 편지 본론의 첫 단락을 기도로 마무리한다. 바울은 이 기도 속에 앞 단락 전체(1:2-3:13)를 요약하면서 그가 이 편지를 쓰는 주된 목적을 명확하게 담아낸다. 이 기도(3:11-13)는 중보의 기도(intercessory wish-prayer)이다(Wiles, 52-63). 이러한 중보 기도의 '삶의 자리'(*Sitz im Leben*)는 예배에서의 설교이다(Jewett, 188-189). 설교자는 일반적으로 그의 설교를 기도로써 마친다. 이러한 관습이 편지에 적용되었다.

바울은 이 중보 기도에서 다음 세 가지를 청원한다: (1) 데살로니가 교우들에게 가고자 함과; (2) 데살로니가 교우들의 사랑이 풍성히 넘치게 됨과; (3) 주의 강림까지 데살로니가 교우들이 굳건히 견딜 수 있게 됨이다. 마지막 두 청원에 함의된 권면적 성격은 이 편지의 주된 권면의 주제인 거룩함 혹은 그리스도인의 윤리적 행동들(4:1-12; 5:13-22)과 파루시아에 관한 소망의 가르침을 이끌어낸다. 수사학적으로 이 기도는 나라치오에서 프로바치오로 넘어가는 가교 역할을 한다(Jewett, 77; Wanamaker, 140).

[3:11] "하나님 우리 아버지와 우리 주 예수". 원문의 표현, Αὐτὸς ὁ θεὸς(아우토스 호 데오스)는 하나님이 강조된 것으로 예전적 표현인 것 같다(Wiles, 30-31). 바울은 데살로니가 서신에서 하나님을 '우리 아버지'로 거듭 언급함으로써(살전 1:1, 3; 3:13; 살후 3:3, 16) 하나님과 그리스도인들의 관계

를 부모-자녀라는 친족 언어로 묘사한다. 바울의 간구는 하나님과 주 예수께로 향하지만 바울은 여기서 단수 동사를 사용한다. 단수 동사는 그 행동의 주체가 하나로 하나님과 예수가 같이 연결되어 있음을 나타낸다. 데살로니가후서 2장 16~17절과 마찬가지로 간구할 때에 하나님과 주 예수께 호소함은 하나님에게만 기도를 드린 전통적인 유대인들의 기도와 다르다. 이 기도는 유대교와 다른 초기 그리스도교 공동체의 기도에 있어서 커다란 변화를 나타내는 증거라 할 수 있다.

"우리 길을 너희에게로 갈 수 있게 하시오며". 바울이 간절히 기도하는 내용은 데살로니가 교우들에게로 갈 수 있게 인도해 달라는 것이다(살후 3:5; 눅 1:79 참조). '인도해 달라'(κατευθύναι, 카튜쒸나이)라는 간구는 희구법으로 표현된다(참조, 롬 15:5, 13; 살전 3:11-12; 5:23; 살후 3:5, 16; 딤후 1:16, 18; 4:16; 히 13:21). 바울 당시 희구법 동사는 주로 기도, 선언문, 맹세에 사용되었다(Wiles, 55; Holtz, 142). 이 기도는 아무런 방해 없이, 계획에 있어서 어떤 변화나 차질이 없이, 데살로니가 교회로 향하는 길을 원활하게 해 달라는 간구이다. 따라서 이 기도는 이전에 바울을 방해했던 사탄의 반대(2:18)에 대치되는 기도이다.

[3:12] "또 주께서……너희도 피차간과 모든 사람에 대한 사랑이 더욱 많아 넘치게 하사". 원문에서는 '너희'라는 말이 제일 앞에 옴으로써 강조 어법으로 표현된다. 이처럼 바울의 두 번째 간구는 데살로니가 교우들에게 초점을 맞춘 기도로 특별히 주께로 향하고 있다. 주는 바로 앞 절에서 언급된 주 예수를 가리킴이 분명하다(Frame, 137; Wanamaker, 142). 희구법을 사용하여 바울이 주께 간구하는 바는 데살로니가 교우들 서로 간에, 그리고 모든 사람을 향한 사랑의 풍성함이다. 바울은 '더 많아지다'라는 같은 뜻을 가진 두 동사 πλεονάζω(플레오나조)와 περισσεύω(페리슈오)를 나란히 사용하여 강조적으로 '차고 넘침'을 표현한다(참조, 고후 4:15; 롬 5:20).

이 기도는 서로 간과 모든 사람을 향한 넘치는 사랑에 대한 본보기를 제시하는 권면적 성격을 띤다. 바울은 2장 1절에서 3장 10절에 이르기까지 데살로니가 교우들을 향한 사랑을 표현하고 있으며("우리가 너희를 사랑함과 같이") 그 자신을 본보기로 제시하였다. 다른 서신에서도 바울은 각 개인(롬 16:8; 고전 4:17)과 각 교회(고전 4:21; 16:2; 고후 2:4; 6:6; 11:11; 12:15; 빌 4:1)를 향한 그의 사랑을 그들로 알게 한다. 바울은 데살로니가 교우들의 사랑이 공동체 너머로 확장되기를 간구한다. 예를 들면, 바울은 갈라디아서 6장 10절에서 "우리는 기회 있는 대로 모든 이에게 착한 일을 하되 더욱 믿음의 가정들에게 할지니라"라고 권면한다. 본문의 기도는 4장 1~12절과 5장 12~22절에서의 구체적 권면에 대한 전주곡이라 할 수 있다(참고, Wanamaker, 143).

[3:13] "너희 마음을 굳건하게 하시고". 앞서 바울은 데살로니가 교우들을 '굳건하게' 하기 위하여 디모데를 보내었음을 밝혔다(3:2). 이제 바울은 구체적으로 그들의 마음을 굳건하게 붙잡아 주기를 주께 간구한다. '굳건하게 하다'(στηρίζω, 스테리조)라는 동사는 특별히 배교나 박해에 직면했을 때 믿음 안에 자리를 잡게 하는 것을 의미한다(3:2 주석 참고). 마음은 이해와 의지의 자리일 뿐만 아니라(2:4), 우리의 삶과 행위의 숨은 동기가 형성되는 자리이다(브루스, 159). 마음은 인간의 내면의 삶을 가리키기도 하지만 사람의 삶과 도덕적 결정의 중심을 가리키므로 전인적인 인간(entrie person) 자체를 의미한다(Malherbe 2000: 213).

"우리 주 예수께서 그의 모든 성도와 함께 강림하실 때에". 본문에서 바울은 앞선 2장 19절을 요약하고, 4장 13절~5장 11절, 5장 23절에서 다시 언급할 주제인 강림을 미리 제시한다. 주의 강림(파루시아)은 믿는 자들이 거룩함을 입게 될 마지막 사건일 뿐만 아니라, 데살로니가 교우들로 하여금 거룩한 삶을 영위하고 신실하게 살아가게 권면하는 동기가 된다. 바울이 바라는 바는 그들이 하나님 앞에서 거룩함에 흠이 없는 것이다.

주 예수와 함께 하는 οἱ ἅγιοι(호이 하기오이)의 문자적 의미는 '거룩한 자들'로, '성도들' 또는 '천사들'을 가리킨다. '성도들'을 선호하는 입장은 이 용어가 바울서신을 위시한 신약성서에서 자주 '그리스도인들'을 가리키는 표현으로 사용된다는 점을 든다(예, 롬 8:27; 고전 1:2; 6:1-2; 빌 4:22; 행 9:13, 32; 히 6:10). 한편, '천사들'을 선호하는 입장은 하나님께서 자신을 계시하실 때 통상 천군천사가 그분을 수행한다는 점을 제시한다(Frame, 136, 139). 바울은 주 예수의 강림과 관련하여 데살로니가후서에서 "자기의 능력의 천사들과 함께" 오심을 말한다(살후 1:7). 마가복음에 있어서도 인자는 "아버지의 영광으로 거룩한 천사들과 함께 오신다"(막 8:38). 본문이 암시하는 스가랴서는 여호와의 날을 다음과 같이 묘사한다: "나의 하나님 여호와께서 임하실 것이요 모든 거룩한 자들(호이 하기오이)이 주와 함께 하리라(필자 첨가)"(슥 14:5). 스가랴서는 구약성서에서 초기의 신 현현을 묘사하는 것으로 하나님께서 자신을 계시하실 때 하나님은 천사들의 수종을 받으신다(브루스, 160). 따라서 본문에서 '거룩한 자들'은 천사들을 가리킨다고 할 수 있다. 하지만 οἱ ἅγιοι는 천사들을 가리키는 οἱ ἄγγελοι(호이 앙겔로이)와 구별되어 자주 그리스도인들을 가리키는 표현으로 사용된다는 점과, 요한계시록은 하늘의 시온산에 성도들을 의미하는 십사만사천이 어린 양과 함께 있음(계 14:1)과 새 예루살렘이 하늘에서 내려옴(계 21:2)을 묘사한다는 점은 οἱ ἅγιοι가 성도들을 가리킨다고 하겠다.

"하나님 우리 아버지 앞에서 거룩함에 흠이 없게 하시기를 원하노라". 바울은 자신이 데살로니가 교우들 앞에서 흠 없이 행하였음을 언급하였다(2:10). '흠이 없다'라는 것은 종종 사람의 도덕적 행위를 묘사한다. 특별히 '흠이 없다'라는 표현은 어떤 사람의 삶을 마지막으로 평가할 때에 사용되기에 이러한 표현은 묘비에서 종종 발견된다(TDNT 4.572). 하지만 이 말은, 또한 본문에서 예상할 수 있듯이, 피고인에 대한 선고가 내려지는 재판의 정황에서도 사용된다(Green, 180). 본문에서 '흠이 없다'는 종말론적인 것으로 바울은 최후의 심판 때에 하나님 앞에서 데살로니가 교우들이 하나님과의 관계에 있어서 흠이 없기를 소망한다(Malherbe 2000: 212). 하나님의 기준은 거룩함(하기오쉬네)이다. 거룩함은 바울 이전 전승으로부터 기인한 것으로(참조, 롬 1:4; 고후 7:1) 권면 부분에서 데살로니가 공동체를 향한 바울의 우선된 관심사로 나타난다(4:3).

다시 한번, '하나님 앞에서'라는 표현이 사용된다(참조, 1:3; 3:9). 여기서의 관심은 종말론적이다. '하나님 우리 아버지'라는 표현은 공식적인 것으로 하나님을 아버지로 부르는 것은 예전적 맥락에서 자주 언급된다(예, 롬 1:7; 6:4; 8:15; 15:16; 갈 1:1; 빌 2:11; Malherbe 2000: 213).

해설(Comment)

바울은 그의 편지의 본론의 첫째 단락을 중보의 기도로 마무리한다. 이 중보의 기도는 구약성서의 예전과 회당에서의 예전에 그 뿌리를 두고 있고(Wiles, 23-29), 직접적으로는 바울 이전 그리스도교 예배(pre-Pauline Christian worship)로부터 기원하였을 가능성이 높다(Malherbe 2000: 211). 바울의 이 중보의 기도(3:11-13)는 5장 23~24절의 기도와 마찬가지로 몇 가지 기능을 가진다. 첫째, 바울은 이러한 기도로써 편지의 중심 메시지를 요약한다. 즉, 주의 강림을 바라보는 관점에서 그는 데살로니가에 다시 가고자 함과 데살로니가 교우들의 믿음에 있어서의 온전함을 간구한다. 둘째, 이 기도는 권면적 성격을 갖는다. 셋째, 이 기도는 데살로니가 교회에게 기도의 본을 보여준다는 점에서 가르침의 성격을 갖는다.

바울은 중보 기도를 통해 데살로니가 교우들이 사랑에 있어서 차고 넘치기를 주께 간구한다. 사랑에 대한 내용은 4장 9~12절에서 다시금 언급된다. 바울이 이렇게 사랑을 강조하는 이유는 사회적, 인종적 계층 구분이 분명했던 문화에서 사회적, 인종적으로 다양한 사람들이 교회 공동체로 모여들었기 때문이다. 따라서 바울은 공동체 내에서 서로 함께하는 공동체 정체성을 창조해야만 했다. 타이쎈(Gert Theissen)은 소위 '사랑의 가부장주의'(love-patriarchalism)라는 것을 통해 교회의 공동체 정체성이 이루어졌음을 주장한다. 사회적으로 나은 자들은 '사랑과 존경'을 행사하였고, 사회적으로 열등한 자들은 '복종, 성실, 경의'를 실천하였다(Wanamaker, 142).

바울은 그러한 사랑이 공동체 바깥의 '모든 사람'에게 이르기까지 확대되기를 간구한다. 이러한 간구는 바울에게 있어서 일반적이지 않다. 바울은 사랑을 삶의 한 방식으로 제시한다. 그러므로 데살로니가 교우들은 외인에 대해서 '단정히' 행동해야 했다(4:12). '단정함'이란 다른 사람들로부터 인정을 받는 예의와 품격을 갖춘 고귀한 행동을 일컫는다. 사랑으로 사회적 의무를 요약하는 것은 당시의 에피큐로스 학파와 닮은 점이 있다(Malherbe 1987: 40-41). 하지만 바울이 제시하는 그리스도인들의 사랑은 어떤 목적을 이루기 위한, 에피큐로스 학파의 우정과 같이, 실용적 그 무엇이 아니라 외인들을 포함한 모든 사람에 대한 사랑이었다. 바울은 그러한 사랑이 더욱더 풍성해지길 간구하는 것이다(Malherbe 2000: 215).

바울은 데살로니가 교회가 주께서 강림하실 때에 하나님 앞에서 거룩함에 있어서 흠이 없기를 기도한다. 거룩함이란 죄에서 떠나 성별된 상태를 가리킨다. 이전에는 죄악된 행동이 삶의 특징이었다면 그것으로부터 분리된 거룩함은 그리스도인들의 현재의 삶의 특징이다. 성화의 과정은 개종에서 비롯된 구체적인 시점에 시작되었지만(고전 6:11), 성화의 과정은 그리스도인들의 삶에 지속적으로 실현되는 것으로 궁극적으로는 주 예수의 오심으로 하나님이 온전히 이루실 것이다. 그것은 곧 영원한 생명인 것이다(Malherbe 2000: 216). 그리스도인들의 삶에 있어서 성화의 과정은 하나님의 뜻이고 (4:3; 살후 2:13), 하나님의 능력을 힘입어 삶에 있어서 실재가 되는 것이다(5 : 23).

제 Ⅲ부

둘째 단락

데살로니가전서 4 : 1-5 : 24

A. 서론적 권면(4 : 1-2)
B. 첫 번째 권면(4 : 3-12)
C. 주 예수의 강림과 죽은 자들의 부활(4 : 13-18)
D. 두 번째 권면(5 : 1-11)
E. 세 번째 권면(5 : 12-22)
F. 마침 기도(5 : 23-24)

| 데살로니가전서 4 : 1-5 : 24 |

둘째 단락

4장 1절~5장 24절은 편지의 본론의 둘째 단락으로 데살로니가 교회를 향한 도덕적 권면을 주로 다루고 있다. 이 단락은 수사학적 측면에서는 프로바치오(probatio)로 바울이 이 편지를 쓰는 주된 목적을 기술한다. 앞서 언급된 단락(2 : 1-3 : 10)은 나라치오(narratio)로 새롭게 개종한 데살로니가 교우들과 바울과의 관계를 재확립하려는 의도로 기술되었다. 특별히 1~3장에서의 자서전적 이야기는 바울 자신을 데살로니가 교우들의 모범례로 제시하고, 수신자들과의 관계를 돈독히 하여 4~5장에서의 구체적인 권면과 훈계의 토대를 마련한다. 수신자들과의 이러한 그의 교분이 권면과 위로의 기초가 되기 때문이다.

프로바치오 부분은 4장 1절의 바울의 주장, 즉 데살로니가 교우들이 하나님을 기쁘시게 하는 생활에 대해 알듯이 바울에 의해 가르침을 받은 대로 그들이 계속해서 그렇게 힘쓰라는 것을 나타내 보이는 일련의 증명들과 교회의 구체적인 필요에 의해 생긴 사안들에 대한 새로운 가르침으로 이루어져 있다. 프로바치오는 크게 네 부분으로 나누어진다. 도입 부분(4:1-2)과 세 개의 증명 부분(4:3-5:3)으로 구성된다. 바울은 먼저 앞으로 제시할 구체적인 내용에 앞서 일반적 권면인 하나님을 기쁘시게 하는 삶에 대한 전체적인 주제를 언급한다. 증명 부분에서는 (1) 거룩함에 관한 것으로 데살로니가 교우들의 윤리적 행동에 관한 구체적인 가르침과 (2) 형제 사랑에 관한 가르침과 (3) 잠자는 자들에 관한 가르침을 다룬다:

A. 도입:하나님을 기쁘시게 하는 삶(4:1-2)
B. 첫째 증명:거룩함(4:3-8)
C. 둘째 증명:형제 사랑(4:9-12)
D. 셋째 증명:죽은 자들의 부활(4:13-5:3)

A. 서론적 권면(4:1-2)

¹그러므로 형제들아 우리가 끝으로 주 예수 안에서 너희에게 구하고 권면하노니 너희가 마땅히 어떻게 행하며 하나님을 기쁘시게 할 수 있는지를 우리에게 배웠으니 곧 너희가 행하는 바라 더욱 많이 힘쓰라 ²우리가 주 예수로 말미암아 너희에게 무슨 명령으로 준 것을 너희가 아느니라

4장 1~2절은 권면적 단락의 서론으로 일반적이고 표제적인 성격을 띤다. 이러한 표제적 성격은 권면적 단락에서 바울이 주고 있는 교훈에 대한 관점을 제공한다(Malherbe 2000: 217). 바울은 "너희가 행하는 바라"라는 말씀으로써 데살로니가 교우들을 칭찬하고, 그리고 이 칭찬을 통하여 그

들을 권면한다. 바울의 권면은 '하나님의 뜻'(4:3)으로, 주 예수 그리스도의 '명령'(4:2)으로 제시된다.

[4:1] "그러므로 형제들아 우리가 끝으로". 바울의 서신에서 권면적 단락은 통상적으로 앞의 교의적 논의를 뒤따르는 논리적 상관성을 갖는다. 따라서 권면적 단락은 '그러므로'라는 말로 시작한다(참조, 롬 12:1; 엡 4:1; 골 3:5). 하지만 데살로니가전서의 권면적 단락은 교의적 단락에 이은 논리적 상관성을 가지지 않는다. 따라서 '그러므로'는 새로운 단락을 시작하는 연결적 역할을 한다. '그러므로 끝으로'(Λοιπὸν οὖν, 로이폰 운)라는 말은 신약성서에서 오직 이곳에서만 언급된다. 이 표현은 종종 어떤 문서의 종결 부분으로 넘어가는 부분에서 사용되는 것으로 여기서부터 새로운 주제가 전개되고 있음을 알리는 것이다.

먼저, 바울은 다시금 수신자들인 데살로니가 교우들을 일컬어 '형제들'(형제자매들)이라고 부른다. '형제들'이라는 용어는 그리스도 안에서 서로가 새로운 가족의 일원임을 드러내는 은유적 표현으로서 신학적, 사회학적 관점에서 볼 때 매우 중요한 개념이다. 물론 형제(자매)라는 개념은 그레코-로마 사회의 클럽이나 이교도 종교 사이에서도 알려진 용어이다. 여기서 형제들이라는 표현은 그들 모두가 하나님을 아버지로 모시는 형제자매로서 하나의 가족임을 말해 주는 친족 언어이다. 이는 이전에는 서로 모르고 지냈던 이들을 묶어 주는 역할을 하면서 공동체의 결속을 다진다(Meeks 1983: 87-89).

"주 예수 안에서 너희에게 구하고 권면하노니". 바울은 그의 권면을 '구합니다'(ἐρωτῶμεν, 에로토멘)와 '권면합니다'(παρακαλοῦμεν, 파라칼루멘)라는 말로써 시작한다. 이 두 단어는 실제로 같은 것으로 간청하고, 권고하다라는 의미를 갖는다. 이는 수신자들이 그의 말을 받아서 그대로 행할 것을 강하게 요청하는 것이다. 바울의 권면은 '형제들아'라는 호격과 더불어 명령은 아니지만 '……하기를' 요청하는 아주 공식적인 표현을 갖추고 있다.

바울은 '주 예수 안에서' 요청한다(살후 3:12; 롬 14:14). 친족 언어를 사용하는 바울의 권면은 언뜻 보기에 사적이고 비공식적인 것 같다. 하지만 '주 예수 안에서'(ἐν κυρίῳ Ἰησοῦ, 엔 퀴리오 예수)라는 전치사구는 실제로는 통치자가 신하들에게 쓰는 공식적인 문장의 형태를 닮아있다(Green, 183). 바울은 그의 위치가 주 예수의 공식적인 대변자이며, 데살로니가 교우들에게 그들의 삶이 예수 그리스도 안에 있음을 상기시킨다. 거듭해서 바울은 이곳과 뒤이은 부분에서 주 예수의 권위에 호소한다. "우리가 주 예수로 말미암아 너희에게 무슨 명령으로 준 것을 너희가 아느니라"라는 말씀은 바울의 권면이 그의 개인적인 권면이 아니라 주 예수로부터 공동체에게 주어지는 권면이라는 것이다. 바울은 그리스도께서 문제의 상황이나 사건에 철저히 관련되어 있음을 그들로 기억하게 한다. 따라서 그의 권면은 선한 충고나 우정의 제안 그 이상임을 드러낸다(Green, 183).

"너희가 마땅히 어떻게 행하며 하나님을 기쁘시게 할 수 있는지를 우리에게 배웠느니". 데살로니가 교우들이 행해야 할 바는 하나님을 기쁘시게 하는 것이다. 이는 마땅히 할 바로서 바울로부터 전해 받은 것이다. 여기서 '배웠다'(παρελάβετε, 파레라베테)는 사도적 전승을 '전해 받았다'라는 뜻의 의역이다. '전해 받다'라는 동사는 사도적 가르침에 관한 것으로 어떤 권위 있고 거룩한 전승을 전수하는 전문 용어이다(롬 6:17; 고전 11:23; 15:1; 갈 1:9, 12; 빌 4:9; 골 2:6-7; 4:17; 살후 3:6; 2:15 주석 참고). '전해 받았다'라는 표현은 바울의 가르침이 인간적 기원을 갖는 것이 아니라 하나님으로부터 기원하였다는 점을 함의한다(Green, 185).

"너희가 마땅히 어떻게 행하며"라는 말씀은 앞서 2장 12절에서 언급한 하나님께 합당한 삶을 가리킨다. 이러한 삶은 하나님을 기쁘시게 하는 것으로 선택적 행위가 아니라 마땅히 행해야 할 윤리적 책무이다(Green, 185). 하나님을 기쁘시게 함은 인간 행위의 목표로서 하나님에 대한 관심을 자신의 최우선된 관심으로 삼는 것을 말한다. 예를 들면, 시의회에서 봉사하는 자들은

'사람들'을 기쁘게 하기 위해 일한다. 하지만 그리스도인들은 하나님을 섬기기 위해서 부름을 받은 자들이다. 이러한 생각은 구약성서로부터 기인한다(예, 창 5:22, 24; 6:9; 17:1; 레 10:20; 민 25:27; 시 55[56]:13; 68[69]:31; 114[116]:9). 바울에게 있어서, '기쁘게 하다'(ἀρέσκω, 아레스코)라는 동사와 그 파생어는 하나님을 섬기는 행위로서(롬 8:8; 12:1-2; 고전 7:32; 고후 5:9), 종교와 도덕 간의 연계성이 분명하게 드러난다.

"곧 너희가 행하는 바라 더욱 많이 힘쓰라". 권면 자체는 "데살로니가 교우들이 행하는 바, 곧 하나님을 기쁘시게 하는 삶에 있어서 큰 진보를 보이라"(περισσεύητε μᾶλλον, 페리슈에테 말론)라는 것이다. 바울은 4장 10절에서도 서로에 대한 사랑을 언급하면서, "형제들아 권하노니 더욱 그렇게 행하라"(περισσεύειν μᾶλλον, 페리슈에인 말론)라는 같은 권면을 한다. 바울은 앞서 3장 12절에서도 같은 동사를 사용한다(περισσεύητε, 페리슈에테). 동사 περισσεύω(페리슈오)는 '충만하다', '넘치다'라는 뜻으로 '더욱'이라는 부사와 함께 하나님을 기쁘시게 하기에 이르기까지 극적으로 충만한 상태를 나타낸다.

"곧 너희가 행하는 바라"라는 말로 미루어 볼 때 데살로니가 교우들이 이미 그가 준 가르침에 따라 살고 있으므로 다시 같은 권면을 하는 것은 군더더기일 수 있다. 이 말은 그들에 대한 칭찬으로 권면을 하는 자에게 필요한 것은 수신자들을 인정하고 칭찬하는 것이다. 그들의 선한 행위에 대한 칭찬은 데살로니가 서신의 여러 곳에서 찾아볼 수 있다(4:10; 5:11; 살후 3:4). 칭찬은 암묵적인 또 다른 형태의 권면이다. 이러한 인정과 더불어 더욱 그 일에 진보를 보이라는 말씀은 데살로니가 교우들이 이미 바울의 도덕적 가르침의 근본을 알고 있음을 함의한다. 그 점은 "너희가 아느니라"(4:2)라는 표현에서 분명하게 드러난다.

[4:2] "우리가 주 예수로 말미암아 너희에게 무슨 명령으로 준 것을 너희가

아느니라". 바울은 계속해서 권면의 관례와 언어를 사용한다. παραγγελία(파랑겔리아)와 동사 παραγγέλλω(파랑겔로)는 대부분의 경우 권위적인 요구에 사용된다. 예를 들면, '명령하다'(παραγγέλλω)라는 동사는 장군, 철학자, 혹은 신들의 것으로 반드시 따라야 할 어떤 권위 있는 말씀을 가리킬 때 사용되는 단어이다. 바울은 데살로니가 교우들이 그로부터 받은 가르침을 일종의 '명령'('무슨 명령으로 준 것')으로 기억하기를 원한다. 왜냐하면 그 명령은 그리스도인으로서의 삶을 구성하는 기본적 원칙이기 때문이다. 그러므로 데살로니가 교우들이 바울의 선포를 하나님의 말씀으로 받았을 때에(2:13), 그들은 또한 그 선포에 따르는 도덕적 계명들을 지켜야 할 의무를 가지게 되는 것이다. 비록 이 단어의 동사적 형태는 여러 곳에서 사용되지만(고전 7:10; 11:17; 살전 4:11; 살후 3:4, 6, 12), παραγγελία(명령)이라는 명사적 형태는 바울의 진정한 서신 가운데서 오직 이곳에만 나타난다. 한편, 디모데전서에서 παραγγελία(교훈)는 그리스도교의 모든 실천적 가르침을 가리킨다(딤전 1:5, 18). 사도행전에서 παραγγελία는 법원의 명령, 행정적 명령을 의미한다(행 5:28; 16:24).

바울은 본문에서 데살로니가 교우들에게 말하고자 하는 바가 이미 이전에 그들이 그리스도인으로서 어떻게 행해야 하는지를 가르친 것이었음을 다시 언급한다. 이 구절은 앞의 1절과 '왜냐하면'이라는 접속사로 연결되어 있다. 여기에서 바울은 이 편지에서의 여러 경우와 마찬가지로 '너희가 아느니라'라는 말로써 수신자들의 기억을 상기시킨다(1:5; 2:1, 2, 5, 11; 3:3, 4; 5:2).

이러한 도덕적 가르침 뒤에는 주 예수의 재가가 있다. "그러므로 저버리는 자는 사람을 저버림이 아니요 너희에게 그의 성령을 주신 하나님을 저버림이니라"(4:8)라는 말씀에서 분명히 보여주듯이 바울이 전한 것은 '주 예수로 말미암아' 주어진 명령인 것이다. '말미암아'에 해당되는 헬라어 전치사 διά(디아)는 '통하여'(through)라는 기본적 의미를 지닌 것으로 출처를 나타낸다. 그러므로 그 명령의 출처는 바울 자신이 아니라 주님이다. 여기서 바울은 자신의 사도적 권위를 강조하고 있는 것이 아니라 그가 그들에게 주는 말씀의 출처와 토대가 주 예수로부터 기인한다는 점을 강조한다(Frame, 114).

해설(Comment)

본 단락은 앞 단락과의 연속선 상에서 전개된다. 앞서 바울은 데살로니가 교회가 주 예수께서 강림하실 때에 하나님 앞에서 거룩함에 흠이 없기를 기도하였다. 이처럼 거룩함(3, 7절)은 본 단락을 감싸는(inclusio) 주제로서 바울은 그리스도인들을 주위의 이방인과 구별하기 위하여 전통적인 논쟁의 주제인 성적 부도덕을 언급한다. 바울은 그의 권면을 '예수 안에서', '예수로 말미암아' 주어진 '명령'(파랑겔리아)이요, '하나님의 뜻'(4:3)이라고 말함으로써 권면의 준엄함을 드러낸다. 이러한 준엄한 권면은 데살로니가 교우들이 하나님의 백성으로 살아가고 그들이 속한 세계와 구별되기를 바라는 그의 기도의 소원이다(3:13).

B. 첫 번째 권면(4:3-12)

본 단락(4:3-12)은 자주 언급되는 '행하라'(περιπατέω, 페리파테오)라는 동사와 "하나님을 기쁘시게 하라"라는 특별한 언급과 데살로니가전서에만 나타나는 '명령'과 윤리적 문맥에서 나타나는 '하나님의 뜻'(4:3)과 같은 '고밀도'의 권면의 언어로 가득 차 있다. 4장 3~12절은 바울을 통해 주 예수께서 주신 일련의 규칙들이다.

바울이 주 예수 그리스도의 명령으로 제시하는 하나님의 뜻은 데살로니가 교우들의 거룩함, 곧 성화(sanctification)이다. 본 단락은 거룩함(ἁγιασμός, 하기아스모스 〈4:3〉)으로 시작되어 성령(τὸ πνεῦμα τὸ ἅγιον, 토 프뉴마 토 하기온 〈4:8〉)으로 마무리된다. 따라서 본 단락은 거룩함이라는 말로 수미상관구조(inclusio)라는 틀을 형성하면서 거룩함에 대한 권면으로 구성되어 있다(3, 6, 7, 8절). 이어서 바울은 형제 사랑(4:9-12)에 관해 언급한다. 거룩함과 형제 사랑으로 요약되는 바울의 권면은 데살로니가 교회의 정황에서 구체적으로 표명된 예수께서 말씀하신 하나님 사랑과 이웃 사랑이라는 사랑의 이중 계명인 것이다(참고, 김세윤, 114-117).

1. 하나님의 뜻: 거룩함(4:3-8)

³하나님의 뜻은 이것이니 너희의 거룩함이라 곧 음란을 버리고 ⁴각각 거룩함과 존귀함으로 자기의 아내 대할 줄을 알고 ⁵하나님을 모르는 이방인과 같이 색욕을 따르지 말고 ⁶이 일에 분수를 넘어서 형제를 해하지 말라 이는 우리가 너희에게 미리 말하고 증언한 것과 같이 이 모든 일에 주께서 신원하여 주심이라 ⁷하나님이 우리를 부르심은 부정하게 하심이 아니요 거룩하게 하심이니 ⁸그러므로 저버리는 자는 사람을 저버림이 아니요 너희에게 그의 성령을 주신 하나님을 저버림이니라

[4:3] "하나님의 뜻은 이것이니". 바울은 '주 예수 안에서의' 권면과 '주 예수로 말미암은' 명령은 주의 뜻, 곧 하나님의 뜻이라고 강하게 말한다. 유대교와 그리스도교의 윤리는 헬라 세계의 윤리처럼 이상과 덕의 집합체를 중심

으로 구성된 것이 아니라 '하나님의 뜻'에 그 중심을 둔다(Green, 189). '하나님의 뜻'(θέλημα τοῦ θεοῦ, 쎌레마 투 데우)에서 θέλημα가 관사가 없이 사용된 점에 대해서 몇 가지 견해가 있다. 첫째, 일반적인 성격을 드러내기 위한 것으로 신약성서의 여러 곳에서와 같이 "사람들이 알아야 하고 실천해야 할 하나님의 전반적인 도덕적 계획"(마 7:21; 12:50; 21:31; 막 3:35; 눅 12:47; 요 7:17; 9:31; 행 13:22; 롬 12:1-2; 엡 6:6; 히 10:36; 13:21; 요일 2:17; Green, 189)이라는 점과, 둘째, 바울과 데살로니가 교우들에게 잘 알려진 양식이라는 점과(Wanamaker, 150), 셋째, 광범위한 하나님의 뜻 가운데 한 면을 제시하고자 한다는 점이다(예, Frame, 146; Green, 189). 관사의 유무는 의미에 있어서 큰 차이를 가져오지 않는다. 정관사로 한정되지 아니한 '하나님의 뜻'은 하나님의 구원 계획이나 의지라는 일반적인 성격이 아니라, 구체적으로 어떤 중요한 부분을 염두에 둔 열린 표현으로 간주된다(*TDNT* 3,58). 그것은 곧 거룩함이다.

"너희의 거룩함이라". 거룩함은 고대 헬라어에서 "어떤 종교적인 목적으로 바친다는 의미로 사용되었다"(브루스, 170). 바울이 이방인 데살로니가 교우들에게 제시하는 예수 그리스도의 명령은 거룩함(ἁγιασμός, 하기아스모스)이다. 거룩함은 "하나님이 거룩하니 너희도 거룩하라"(레 19:2)라는 명령에 따른 하나님의 형상을 본받고자 하는 유대교(구약성서시대와 신구약 중간시대와 랍비유대교)의 가르침의 결정체이다. 하나님의 뜻은 하나님 자신이 거룩하심과 같이 하나님의 택하신 백성이 거룩하게 되는 것이다(레 11:44, 45; 벧전 1:15, 16). 거룩함으로의 부름은 하나님이 그의 사람들을 부르신 목적의 핵심이다(벧전 1:15-16; 레 19:2).

여기서 거룩함은 구별됨의 과정과 구별된 상태를 함의한다(Frame, 147). 마치 로마서 10장 4절의 '텔로스'(마침/완성)처럼 거룩함은 결과(상태)이자 목표라는 의미로도 사용된다. 따라서 거룩함은 하나님의 명령일 뿐만 아니라 '가능하게 하신다'라는 의미를 포함한다. 다시 말하면, 거룩함을 가리키는 ἁγιασμός(하기아스모스)는 행위 명사로서 그 어떤 상태가 아니라 거룩함의 과정에 그 초점이 있다('성화' 〈4:4, 7; 롬 6:19, 22; 고전 1:30; 살후 2:13; 딤전 2:15; 히 12:14; 벧전 1:2〉). 한편, ἁγιωσύνη(하기오쉬네 〈3:3; 고후 7:1〉)는 보통 거룩한 상태를 묘사한다(브루스, 170; Malherbe 2000: 225). 거룩함은 성화의 과정이자 목표로서 세례를 통한 개종으로 의롭게 되고, 성령의 힘을 통해서 그리스도인의 삶에서 의로운 상태가 실제가 되며, 궁극적으로 하나님 앞에 서게 될 때 거룩함에 흠이 없음을 확인받게 된다는 것이다(김세윤, 118).

"곧 음란을 버리고". 바울은 거룩함을 부정(함)(immorality)과 반대되는 것으로 성적인 측면에 있어서의 깨끗함으로 정의한다. 우상숭배와 음란은 유대인들이 지적하는 이방인들의 가장 대표적인 죄이다. 데살로니가 교우들은 우상을 버리고 하나님에게로 돌아섰다(1:9). 이제 남은 것은 음란의 문제로 '이방인과 같이 색욕을 따르는' 삶을 버리는 것이다(4:5; 요일 2:17). 이것이야말로 '하나님의 뜻'으로 하나님을 기쁘시게 하는 것이다(4:1; 골 1:9-10). "음란을 버리라"는 "음란으로부터 너희 자신를 멀리하라"라는 뜻을 갖는다. '버리라'(ἀπέχεσθαι, 아페케스싸이)라는 부정사에는 전치사 ἀπό(아포)가 결합되어 분리의 의미가 강조되고 있다. 바울은 거룩함이라는 말에 어울리는 '멀리하다, 버리다'라는 말을 사용한다. 왜냐하면 '거룩하다'라는 동사는 '자르다', '구분하다'라는 뜻으로 일차적으로 분리를 함의하기 때문이다.

음란(πορνεία, 포르네이아)은 매춘에서 간음에 이르기까지 합법적이지 못한 모든 형태의 성적 활동을 가리킨다. 하지만 이방인들의 세계에서 음란은 멀리해야 할 그 무엇으로 거의 생각되지 않았다. 과도하게 음행을 탐닉하는 사람은 지나친 대식가나 술주정뱅이와 같은 수준으로 비난받기도 했지만 음란을 반대하는 그룹은 없었다. 그러나 유대인들은 음란을 혐오했다. 왜냐하면 그들은 음란을 우상숭배의 결과라고 생각했기 때문이다. 음란은 모든 형태의 성적 부정함과 더러움을 멀리하라고 말씀한 거룩하신 하나님을 저버리는 것에 해당된다.

김세윤은 거룩함과 음란을 멀리하는 것과 우상숭배의 상관성을 다음과 같이 간파하고 있다:

> 하나님을 사랑하는 것과 반대되는 것이 무엇입니까? 바로 우상숭배입니다. 그러므로 우상을 버리고 하나님께 돌아오는 것이야말로 혼신을 다하여 하나님을 사랑하라는 주 예수의 명령에 대한 가장 적절한 응답입니다. 그리고 이와 같은 하나님에 대한 사랑은 반드시 주 예수의 또 다른 명령인 이웃 사랑으로 표현되어야 합니다. 음란한 생활도 결국 이웃 사랑이라는 명령을 거스리는 것이며, 음란한 행위는 배우자의 권리를 빼앗는 것입니다 (김세윤, 116).

[4:4] [사역] "각각 거룩함과 존귀함으로 자기의 몸(σκεῦος)을 통제할 줄 알고". σκεῦος(스큐오스)의 이해에 따라 "자기 아내를 취하다" 혹은 "자기 몸을 통제하다"라는 두 가지 번역이 가능하다. 우리말 성서 역본들(개역개정, 개역한글, 현대인의 성서, 새번역, 공동번역)은 σκεῦος를 '아내(의 몸)'로 해석한다. 하지만 박창환 역, 「신약성경」은 '몸'으로 해석한다: "각각 자기 몸을 거룩하고 존귀하게 건사할 줄 알며". σκεῦος의 의미는 교부 시대 이래로 줄곧 문제가 되어 왔다. 몹수에스티아의 테오도르(Theodore of Mopsuestia)와 아우구스티누스는 이 말을 아내로 해석하지만 터툴리안, 크리소스톰, 칼빈은 몸을 가리키는 것으로 해석한다.

σκεῦος는 문자적으로는 '그릇'을 가리키고, 은유적 의미로는 사람의 '몸(혹은 사람)'을 가리키고, 드물게는 '남자의 성기'를 가리키기도 한다. 당시의 문학에서 그릇은 남자의 아내를 가리키는데 사용되었다. 베드로전서 3장 7절은 남편과 아내를 다같이 그릇으로 비유하면서 아내를 일컬어 연약한 그릇에

비유하였다. 랍비 문학에서도 여자는 일종의 그릇에 비유되는데 때때로 그 속에는 성적인 의미가 담겨 있다.

σκεῦος의 해석에 있어서, '아내'라는 해석을 선호하는 입장은 본문이 고린도전서 7장 2절, "음행을 피하기 위하여 남자마다 자기 아내를 두라"라는 바울의 가르침과 매우 유사하다는 것이다. 유대교의 문헌에서도 "나의 아들아 모든 종류의 음행을 조심하라 무엇보다도 너의 조상들의 후손들 가운데서의 여자와 결혼하라"(토빗 4:12)라고 명령한다. 마찬가지로 '레위의 유언'에서도 "음행의 정신으로부터 자신을 지켜라……그러므로 네가 아직 젊을 때에 너를 위해 아내를 취하라"(9:9-10)라고 가르친다. 위의 텍스트들은 성적인 부도덕성(음행)을 피하는 한 가지 방법으로 결혼이라는 것을 제시한다.

하지만 바울은 성적 범죄의 예방책으로 결혼을 권장하고 있지 않다. "아내를 두다"라는 표현은 "아내를 얻다"라는 의미를 결코 담고 있지 않다(고전 7:2). 바울이 고린도전서 7장에서 사용하는 성적 표현의 문맥은 결혼이 가지는 서약 혹은 구속력이지, 성적 부도덕성을 피하기 위해 결혼하라는 말이 아니다. 게다가, 바울은 σκεῦος를 항상 '몸'이란 의미로 사용한다(고후 4:7; 롬 9:22, 23). 성적 부도덕성의 문제에 관한 가르침은 오히려 금욕과 절제이다(행 15:20, 29; 21:25; 고전 6:12-20; 엡 5:3; 골 3:5). 데살로니가전서 4장 4~5절과 매우 유사한 구절에서 바울은 디모데에게 "누구든지 이런 것에서 자기를 깨끗하게 하면 귀히 쓰는 그릇(스큐오스)이 되어 거룩하고……"(딤후 2:21)라고 말한다. 뒤이은 "또한 너는 청년의 정욕(에티튀미아)을 피하라"(딤후 2:22)는 구절 역시 데살로니가전서 4장 5절과 같다. 그러므로 데살로니가전서 4장 4절은 데살로니가 교우들에게 자신의 몸을 절제하여 성적 부도덕성을 피하라는 점을 일깨운다. 또한 "음욕을 멀리하는 것"은 "자신의 몸을 다스릴 줄 아는 것"과 평행관계에 있다(최영숙, 139).

"자신의 몸을 다스리다"(τὸ ἑαυτοῦ σκεῦος κτᾶσθαι, 헤 헤아우투 스

큐오스 크타스싸이)라는 표현에서 동사 κτάομαι(크타오마이)는 '얻다, 획득하다'는 의미로 사용되기도 하지만, '통제하다'라는 의미로 폭넓게 사용된다. 그렇다면 바울이 "자신의 스큐오스를 통제하라"라고 했을 때, 이 말은 데살로니가 교우들에게 "성적 문제에 있어서 자신의 몸을 통제하라"라는 특별한 의미를 지녔을 것이다. 데살로니가의 디오니소스, 카비루스, 사모드라게 종교의 남근숭배라는 맥락에서 볼 때, σκεῦος가 남자의 성기를 가리키는 것임은 결코 놀라운 일이 아니다.

[4:5] "하나님을 모르는 이방인과 같이 색욕을 따르지 말고". "색욕을 따르다"(ἐν πάθει ἐπιθυμίας, 엔 파쎄이 에티튀미아스)라는 표현은 "정욕(ἐπιθυμία, 에피튀미아)의 열정(πάθος, 파토스)으로"라는 뜻으로 바로 앞 4절의 '거룩함과 존귀함으로'(ἐν ἁγιασμῷ καὶ τιμῇ, 엔 하기아스모 카이 티메)라는 표현과 대조를 이룬다. 갈라디아서 5장 24절의 "그리스도 예수의 사람들은 육체와 함께 그 정욕(파토스)과 탐심(에피튀미아)을 십자가에 못 박았느니라"라는 말씀과 같이 파토스와 에티튀미아는 부정적 의미를 가진다. 스토아학파는 파토스를 영혼의 비합리적이고 부자연스러운 운동으로, 충동 또는 이성에 순종치 않는 것으로, 곧 욕망 혹은 욕정으로 묘사한다. 에티튀미아 역시 파토스의 하나로 간주되었다(Malherbe 2000: 229-230). 욕망/탐심(에티튀미아)은 신약성서에서 거의 대부분의 경우 부정적 의미로 사용되고(막 4:19; 롬 7:7-8; 갈 5:16-17; 딤전 6:9; 빌 1:23; 살전 2:17), 때로는 성적 욕망과 동일시된다(마 5:28; 롬 1:24; 벧전 4:3; 플루타크, *Moralia* 525A-B; 요세푸스, *Antiquitates* 4. 130 ⟨4.6.6⟩).

바울은 데살로니가 교우들에게 이방인들처럼 그들의 행동이 성적 욕망으로부터 생겨나는 열정에 의해 지배되어서는 안 된다고 경고한다. 보통 이방인들은 유대인이 아닌 사람들을 가리키지만, 여기서는 하나님을 모르는 자들인 이방인들은 그리스도인이 아닌 사람들을 가리킨다. 이방인들의 성적 부

도덕성은 그들이 하나님을 모르기 때문에 생겨나는 것이다(참고, 롬 1:24-27).

[4:6] "이 일에 분수를 넘어서 형제를 해하지 말라". 본문에 대한 다양한 번역들은 이 말씀의 난해함을 잘 보여준다:

또 이런 일에 탈선을 하거나 자기 교우를 해하거나 하지 말아야 합니다(새번역).

남의 아내를 가로채지 마십시오(현대인의 성경).

형제의 권리를 침범하거나 그를 속이거나 해서는 안 됩니다(공동번역).

그 일에 있어서 자기의 형제자매에게 손해를 주거나 속여먹는 일이 없어야 합니다(박창환 역, 신약성경).

본문은 종종 상업적 정황을 나타내는 것으로 이해되어 바울이 여기서 새로운 주제를 다루고 있다고 생각되었다. '일'이 '분수를 넘다'와 '해하다'라는 동사와 관련되어 상업, 혹은 장사로 이해되었다. 먼저, '해하다'라는 πλεονεκτεῖν(플레오넥테인)이 '(남을) 이용하다', '기만하다'라는 뜻을 갖고, 파생 명사가 탐욕스러운 사람(πλεονέκτης, 플레오넥테스 〈예, 고전 5:11〉)과 탐심(πλεονεξία, 플레오넥시아 〈예, 엡 5:3〉)으로 일반적으로 사용되기 때문이다. 같은 맥락에서 '분수를 넘다'라는 ὑπερβαίνειν(휘페르바네인)도 재산에 대한 상업적 의미로 해석되었다.

하지만 이러한 해석에는 무리가 있다. 먼저, ὑπερβαίνειν은 '(선을) 넘어서다', '(도가) 지나치다'라는 뜻으로 비유적으로는 '법이나 명령을 어기다',

'무시하다'(disregard)라는 의미로 사용된다. 따라서 이 말은 특별한 상업적 의미를 담고 있지 않다. 오히려 이 말은 '죄를 범하다'라는 동사와 함께 사용되어 같은 의미를 갖는다. '이 일에'(ἐν τῷ πράγματι, 엔 토 프라그마티)라는 표현에 있어서도 '이 일'은 상업적 의미를 담지 않고 오히려 앞의 내용을 가리키는 것으로서 '(언급 중인) 문제(행위, 또는 일어난 일들)에 대하여'라는 의미를 갖는다(Wanamaker, 154). 문맥적으로도 여기서 바울은 새로운 주제를 다루고 있지 않다. 왜냐하면 계속해서 바로 다음 절, "하나님이 우리를 부르심은 부정하게 하심이 아니요 거룩하게 하심이니"(4 : 7)라는 말씀에서도 성적인 부정함에 대한 언급이 계속되기 때문이다(Malherbe 2000: 232).

본문에서 πλεονεκτεῖν(플레오넥테인)은 성적인 관계를 가리키는 완곡어법이다. πλεονεκτεῖν은 정치적, 경제적, 군사적 의미로 사용되지만 때로는 성적인 의미로도 사용된다(Malherbe 2000: 232-233 ; Wananmaker, 155). 경계를 넘어 다른 사람의 아내와 성적인 관계를 갖는 사람은 다른 사람을 무시하는 것이고, 다른 사람에게도 죄를 짓는 것이다. 성적인 죄는 단순히 두 사람만의 죄가 아니기 때문이다.

[사역] "왜냐하면(διότι) 이 모든 일에 있어서 주는 엄벌하시는 이시라". διότι(디오티)는 이유를 나타내는 접속사로서 "왜 성적인 문제로 형제에게 잘못을 범하지 말아야 하는가?"에 대한 이유를 나타낸다. '이 모든 일'은 앞서 언급한 3~5절의 내용을 가리킨다. "주께서 신원하여 주신다"라는 말은 "(이 모든 일에 관하여) 주는 엄벌하시는 이시다"라는 뜻을 갖는다. 여기서 '엄벌하시는 이'(ἔκδικος, 에크디코스)'는 법적 칭호로서 법을 어기는 자들을 벌하는 시의 행정관을 가리킨다(롬 13 : 4). 하나님 자신이 궁극적인 ἔκδικος(avenger)라는 생각은 구약성서에서 쉽게 찾아볼 수 있다(신 32 : 35 ; 시 94 : 1): "여호와여 복수하시는 하나님이여……"(시 94 : 1).

여기서 '주'가 하나님을 가리키는지 아니면 예수 그리스도(예, 브루스, 174 ; Wananmaker, 156)를 가리키는지는 분명치 않다(Malherbe 2000:

233). 바울은 로마서에서 "너희가 친히 원수를 갚지 말고 하나님의 진노하심에 맡기라 기록되었으되 원수 갚는 것이 내게 있으니 내가 갚으리라고 주께서 말씀하시니라"(롬 12:19)라고 말한다. 하지만 데살로니가 서신 자체에서는 강림하실 예수 그리스도가 하나님의 공의로운 심판주로서 복음에 복종하지 않는 자들에게 형벌을 내리신다(4:13-18; 살후 1:3-12; 2:8).

"우리가 너희에게 미리 말하고 증언한 것과 같이". 이러한 경고는 데살로니가 교우들에게 새로운 것이 아니었다. 바울은 이미 이전에 하나님의 진노에 대해 그들에게 엄중히 경고했었기 때문이다(1:10 주석 참고). '미리 말하다'라는 동사는 "어떤 일이 일어나기 전에 말하다"라는 뜻으로 예언하다라는 의미가 아니라 의심의 여지가 없이 확실히 일어날 미래의 사건을 미리 알리는 경고의 의미를 함축한다(Malherbe 2000: 233). 두 번째 동사 '엄히 증언하다' 또한 "경고의 의미로 단호하게 선언하다"(*TDNT* 4.512)라는 의미를 갖는다. 미완료적 형태(διεμαρτυράμεθα, 디에마르튀라메싸)는 지속적으로 엄중히 경고하였음을 나타낸다.

[4:7] "[왜냐하면] 하나님이 우리를 부르심은 부정하게 하심이 아니요 거룩하게 하심이니". 바울이 하나님의 엄벌에 대해 강하게 언급한 것은 그들을 부르신 부름의 성격에서 찾을 수 있다. 그것은 바로 "하나님이 우리를 부르심은 부정하게 하심이 아니요 거룩하게 하심이다". 본문은 이유를 나타내는 접속사 γάρ(왜냐하면)에 의해 시작되고, 다시금 οὐ……ἀλλά의 대구법으로써 후자인 거룩하게 하심을 강조한다.

하나님의 부르심은 먼저, 부정하게 하심(ἐπὶ ἀκαθαρσία, 에피 아카싸르시아)이 아니다. 전치사 ἐπί(에피)는 목적이나 결과를 나타내지만 여기서는 부름의 목적을 나타낸다. ἀκαθαρσία는 성적 부도덕을 가리킨다. ἀκαθαρσία는 자주 음란(포르네이아)과 함께 사용된다(고후 12:21; 갈 5:19; 엡 5:3; 골 3:5). 바울은 성도들이 부정한 혹은 비도덕적인 성적 행동에 빠지도록 부름을 받지 않았음을 강조한다(고후 12:21; 갈 5:19; 롬 1:24; 골 3:5). 하나님께서 그들을 부르심은 바로 이런 것들로부터 자신들을 멀리하고 오히려 거룩함의 자리로 부른 것이다.

'거룩하게 하심'(ἐν ἁγιασμῷ, 엔 하기아스모)을 직역하면 '거룩함 안으로'이다. 이 표현은 그 형식에 있어서 바울이 자주 사용하는 '그리스도 안에'(엔 크리스토)라는 표현과 같다. 따라서 이 의미는 데살로니가 교우들이 "하나님의 거룩하심의 영역 안으로" 부름을 받았다는 것이다. 다시금 4장 3절의 "하나님의 뜻은 이것이니 너희의 거룩함이라 곧 음란을 버리라"는 말씀이 반복되면서 바울은 이 단락을 거룩함이라는 주제로 묶고 있다(*inclusio*). 거룩함은 부정함의 상대적 표현인 도덕적 거룩함을 가리킨다(Malherbe 2000: 234). 바울은 거룩함을 위해 노력해야 할 그들의 필요성에 앞서, 그리스도인들의 존재가 하나님의 거룩함의 영역 안에 살도록 되어 있다는 실재를 강조한다(Wanamaker, 157).

[4:8] "그러므로 저버리는 자는 사람을 저버림이 아니요……하나님을 저버림이니라". 바울은 경고의 말씀으로 본 단락을 마무리한다. 이 경고의 말씀은 앞서 4장 3~6절에서 언급한 기준에 따라 살도록 권면하는 두 가지 이유(7-8절)를 강화하고자 함이다. 어쩌면 바울은 그가 할 수 있는 최대의 권위를 사용하여 엄중한 경고를 주고 있다. '그러므로'(τοιγαροῦν, 토이가룬)는 '바로 그러한 이유 때문에'라는 뜻의 연결사로서 앞에서 언급된 내용의 논리적 귀결을 가져온다. 하나님께서 그들을 거룩함의 자리로 부르셨음에도 불구하고 그들이 부정함 가운데 산다는 것은 하나님의 부름을 거부하는 것이다. 그러므로 "저버리는 자는 사람을 저버림이 아니요 너희에게 그의 성령을 주신 하나님을 저버림이니라". '저버리다'라는 동사는 바울서신에서 이곳 외에 4번이나 등장하는데, 이곳 외에는 항상 사람이 아니라 사물을 그 대상으로 한다. '저버리는 자'(ὁ ἀθετῶν, 호 아쎄톤)는 '거부하는 자'를 의미하고

목적어가 없이 사용되고 있다. 따라서 저버림의 목적어는 앞에서 언급된 성적인 행위에 대한 규정들이다(4:3-6).

'사람'이 관사 없이 사용된다. 전체 사람이나 특정한 개인을 가리키는 것이 아니라, 누구나 해당되는 개인(아무나)을 가리킨다. '사람'이 바울 자신을 완곡하게 가리킨다는 해석도 있다(참고, 브루스, 176). "저버리는 자는……하나님을 저버림이니라"라는 말씀은 유대인들의 대리인(샬리아)에 대한 생각을 반영한다. 즉, 어떤 사람의 대리인은 보낸 사람을 대신하는 온전한 법적 권리를 가진다. 대리인을 받아들임과 그렇지 않음은 곧 그 사람을 보낸 사람을 받아들임과 그렇지 않음이다. 이러한 생각은 '보냄을 받은 자'라는 의미를 가진 사도직의 문제에 특별하게 적용되고 있다. 사무엘상 8장 7절과 Q 10장 16도 이와 유사한 생각을 반영한다:

> 여호와께서 사무엘에게 이르시되……이는 그들이 너를 버림이 아니요 나를 버려 자기들의 왕이 되지 못하게 함이니라(삼상 8:7).

> 너희 말을 듣는 자는 곧 내 말을 듣는 것이요 너희를 저버리는 자는 곧 나를 저버리는 것이요 나를 저버리는 자는 나 보내신 이를 저버리는 것이라(눅 10:16; 마 10:40).

"너희에게 [그의] 성령을 주시는 하나님"(필자 첨가). 몇몇 사본은 "너희에게 성령을 주신 하나님"이라는 말에서 하나님께서 데살로니가 교우들에게 계속해서 성령을 주신다는 생각을 피하기 위해 '주시는'이라는 뜻의 현재분사 διδόντα(디돈타) 대신에 '주신'이라는 뜻의 과거분사 δόντα(돈타)라는 읽기를 택한다. 이러한 읽기는 개종 때에 주신 성령을 가리킨다는 이해에서 비롯된다(예, 롬 5:5; 고후 1:22; 5:5; 갈 4:6). 본문의 현재분사 διδόντα는 성령을 주시는 하나님에 대한 표현으로 불변적 진리와 일반적 사실을 표현한다. 본문에서 성령은 τὸ πνεῦμα αὐτοῦ τὸ ἅγιον(토 프뉴마 아우투 토 하기온)으로 표현되고 있다. 이러한 형태는 성령의 강조형으로 성령의 특성이 거룩함에 있다는 점을 잘 드러낸다. 이로써 바울은 성령이 하나님의 성령이라는 점과 거룩함의 모티브를 강조한다. 하나님은 그의 성령을 주시는 분으로서 단순히 동기만 유발하시는 분이 아니라 그는 성령을 주시는 근원으로서 그들의 거룩함을 가능하게 하시는 분이시다.

해설(Comment)

바울은 데살로니가 교우들에게 준 그의 권면을 '하나님의 뜻'이라고 밝히면서 주 예수 그리스도의 명령으로 규정한다. 바울은 "그러므로 저버리는 자는 사람을 저버림이 아니요 너희에게 그의 성령을 주신 하나님을 저버림이니라"(4:8)라고 엄히 경고한다. 바울에게 있어서, 하나님의 뜻과 주 예수 그리스도의 명령은 동일한 것이다. 바울은 예수께서 말씀하신 하나님 사랑과 이웃 사랑으로 요약되는 사랑의 이중 계명을 '거룩함'(4:3-8)과 '형제 사랑'(4:9-12)으로 표현한다(김세윤, 114-117). 거룩함과 형제 사랑으로 표현된 바울의 권면은 두 가지 측면의 사회적 기능을 함의한다. 하나는 지배적인 이교도 사회와 구별되는 거룩함이 함의하는 그리스도교 공동체의 경계를 설정하는 것이다. 거룩함은 세상과의 물리적 단절이 아니라 세상 안에서의 구별된 삶을 의미한다. 다른 하나는 형제 사랑이 함의하는 공동체의 '내부적 결속'을 공고히 하는 것이다(참고, Meeks 1983).

바울은 고린도 서신에서만 등장하는 '포르네이아'(색욕/음란)라는 어휘를 사용하여 의도적으로 심각한 부도덕성을 다룬다. 당시의 사회의 규준과 철학적 가르침은 그리스도교의 윤리가 금지하는 성적인 생활 방식에 대해서 나름의 이론적 틀을 제공하고 있었다. 하지만 당시에 종교와 도덕과의 관계는 명확하지도, 반드시 필요한 것도 아니었다(Malherbe 1989: 61). 때로는 혼외 성관계에 대한 반대의 목소리도 있었다. 하지만 그것은 그러한 관계를 통하여 합법적이지 못한 자녀들이 생겨나 수치의 원인이 될까 우려하는 목소리였을 뿐이다. 한편으로 사회가 철저하게 그리고 보편적으로 비난한 행동은 다른 남자의 아내와 성적 관계를 갖는 것이었다. 당시의 사회적 습속의 정황에서 새로이 개종한 이들에게 있어서 바울이 가르친 엄격한 성적 윤리는 높은 교육적 수준을 가진 자들에게는 낯설지 않았지만 대다수의 일반적 사람들에게는 이해하기도 실천하기도 힘든 것이었다.

바울의 가르침이 당시의 대중적인 철학자들과 다른 점이 있다면 도덕적 행위 자체보다 그런 행위에 대한 동기를 강조한다는 점이다. 그리스도인들(유대인을 포함)과 이방인들의 윤리 사이에 가장 큰 차이점은 그리스도인들의 윤리는 항상 하나님으로부터 출발한다는 것이다. 그것은 곧 그들의 도덕적 우월성을 드러내는 것이었다. 그리스도교의 가르침에 있어서 새로운 점은 그것의 동기(하나님에 대한 경외와 주 예수에 대한 헌신)와 그것을 이루기 위해 필요한 힘을 하나님께서 공급해 주신다는 확신이다(Malherbe 1989: 61). "성화(거룩함)는 달성된 특별한 도덕적 자질에 있는 것이 아니라 하나님으로부터 주어진 하나님과의 특별한 관계에 있는 것이다"(Furnish, 155). 그러므로 바울은 데살로니가 교우들이 음행을 멀리하지 않았기 때문에 거듭해서 거룩함이 하나님의 뜻임을 강조하며(4:3, 4, 7, 8), 다시금 그들을 거룩함으로 부른다. 하나님은 그들 자신을 색욕(4:5)에 넘긴 자들을 심판하실 것이다(4:6). 그러나 동시에 하나님은 데살로니가 교우들에게 성령을 주시어 그들이 하나님의 뜻을 행할 수 있게 하시는 분이다(4:8).

바울은 헬라의 철학적 가르침에 정통하였지만 구약적 배경에서 본 단락을 전개한다. 하나님은 거룩한 분으로 이스라엘을 그의 백성으로 삼아 거룩하게 되기를 명하신다: "하나님이 거룩하니 너희도 거룩하라"(레 19:2). 하나님이 데살로니가 교우들을 택하셨고(1:4), 그들이 개종할 때 그들은 예수 안에서(고전 1:2, 30) 성령으로 말미암아(살후 2:13) 거룩하게 되었다. 그러므로 거룩함(또는 성화)은 그리스도인의 출발이자 마침으로 그리스도인의 전체 삶의 과정이다. 하나님과 그리스도 예수와 성령은 우리 그리스도인들을 거룩하게 하는 힘이다.

바울은 그리스도인의 거룩함을 성적 부정함과 더러움에서 자신을 멀리하는 것과 자신의 몸을 통제하는 것이라고 말한다. 음란은 모든 형태의 성적 부정함과 더러움으로 곧 우상숭배이다. 따라서 음란은 모든 형태의 성적 부정함과 더러움을 멀리하라고 말씀한 거룩하신 하나님을 저버리는 것이다. 바울은 "하나님을 모르는 이방인과 같이 색욕을 따르지 말라"라고 구체적으로 권면한다. 그것은 '정욕(에티튀미아)의 열정(파토스)으로' 살아가는 것으로 그리스도인이 되기 이전의 이방인의 삶의 특징으로 바로 앞의 '거룩함과 존귀함으로' 자신을 지켜나가는 것과 대조된다. 바울에 의하면, "그리스도 예수의 사람들은 육체와 함께 그 정욕(파토스)과 탐심(에티튀미아)을 십자가에 못 박았느니라"(갈 5:24). 이러한 삶의 예로서 바울은 선을 넘어 다른 사람의 아내와 성적인 관계를 갖는 사람에 대해 엄히 경고한다. 그러한 행위는 다른 사람을 무시하는 것이고 해하는 일이다. 모든 형태의 더러움은 하나님에게뿐만 아니라 사람에게도 죄가 되는 것이다.

의심할 여지없이 바울의 관심은 개인의 도덕성의 문제 그 이상에 있다. 바울은 거룩함을 공동체적 개념으로 이해한다. 공동체 자체는 하나님의 성전으로 하나님의 성령이 그들 가운데 계신다. 바울이 여기서 금하는 행동은 적어도 두 가지 면에서 그리스도교 공동체의 존재 그 자체를 위협할 수 있다. 이러한 행동은 그리스도인들을 이교도로부터 분리하는 그룹 경계선의 한 부분으로 작용한 윤리적 기강을 허물 수 있다. 그리고 교회 공동체 내의 일원들 간에 조심스럽게 쌓아올린 가족 의식을 무너뜨릴 수 있다. 이렇게 이해할 때에 우리는 뒤이은 문장에 나타난 강한 어조의 표현을 비로소 파악하게 된다(Wanamaker, 155-156).

그러므로 바울은 하나님의 성전인 교회 공동체를 향해서 분명하게 말한다. "누구든지 하나님의 성전을 더럽히면 하나님이 그 사람을 멸하시리라 하나님의 성전은 거룩하니 너희도 그러하니라"(고전 3:16-17). 문제는 사회적 치욕이 아니라 주께서 신원하실 것이라는 점이다. 오늘날 많은 사람들은 성적인 문제를 철저히 '개인적인' 문제로 이해하고 있다. 하지만 바울에 의하면 성적인 문제는 공동체의 문제로서 영원한 결과를 수반한다.

2. 형제 사랑: 이웃 사랑(4:9-12)

⁹형제 사랑에 관하여는 너희에게 쓸 것이 없음은 너희들 자신이 하나님의 가르치심을 받아 서로 사랑함이라 ¹⁰너희가 온 마게도냐 모든 형제에 대하여 과연 이것을 행하도다 형제들아 권하노니 더욱 그렇게 행하고 ¹¹또 너희에게 명한 것 같이 조용히 자기 일을 하고 너희 손으로 일하기를 힘쓰라 ¹²이는 외인에 대하여 단정히 행하고 또한 아무 궁핍함이 없게 하려 함이라

[4:9] "형제 사랑에 관하여는". 바울은 4장 9절과 5장 1절에서 "……에 관하여는 우리가 너희에게 쓸 것이 없다"라고 말한다. 첫 번째 경우는 '형제 사랑'에 관한 것이고, 두 번째 경우는 '때와 시기'에 관한 것이다. 바울은 아마도 디모데를 통해서 알게 된 데살로니가 교우들의 물음에 응답하고 있다고 판단된다(Milligan, 126 ; Frame, 140).

먼저, 형제 사랑(φιλαδελφία, 필라델피아)은 그리스도교의 특징적인 면을 나타낸다. φιλαδελφία는 본래 친족 내의 혈통 간의 형제자매의 사랑을 일컫는 표현이었다. 헬라 유대교에 있어서도 필라델피아는 혈족 관계에서 사용되었다(예, 마카비4서 13:21, 23, 26 ; 14:1 ; 15:10). 하지만 바울은 필라델피아를 교회 공동체라는 유사 가족 관계에 적용하고 있다(Boring, 149 ;

Wanamaker, 160). 앞서 바울은 자신의 아이를 돌보는 유모처럼 데살로니가 교우들을 낳고 양육하였다는 친족 용어를 사용하여 자신과 데살로니가 교회의 관계를 표현하였다(참조, 2:5-8). 바울은 여기서 우정(필리아)이나 친구(필로스)에 대해서 말하지 아니하고, 그리스도 안에 있는 형제 사랑(필라델피아)과 형제자매(아델포이)에 대해 이야기한다(Malherbe 1989: 62).

형제 사랑을 피력함에 있어서 바울은 우정이라는 주제를 피한다. 비록 우정이라는 주제는 바울에게 있어서 매우 친숙한 표현이지만 바울이 우정이라는 표현을 피하는 이유는 "우정은 매우 인간 중심적인 의미를 담고 있으며, 하나님과 믿는 자들의 관계는 하나님의 부름에 의해 결정되는 것이지 인간의 덕성에 의해 결정되는 것이 아니기 때문이다"(Malherbe 1989: 63). 바울은 데살로니가 교우들의 형제 사랑에 관하여 "너희(데살로니가 교우들)에게 쓸 것이 없다"라고 말한다. "너희에게 쓸 것이 없다"(οὐ χρείαν ἔχετε γρ ἀφειν ὑμῖν, 우 크레이안 엑케테 그라페인 휘민)의 문자적 해석은 "(우리가) 너희에게 쓸 필요를 너희가 가지지 않는다"이다. "너희에게 쓸 것이 없다"라는 표현은 역언법(paralipsis)이다. 역언법은 어떠한 주제를 짧게 소개하되 대부분의 내용을 생략함으로써 오히려 주의를 끄는 고대 수사학에서 잘 알려진 하나의 수사학적 장치이다(R. F. Collins, 320). 다시 말하면, "너희에게 쓸 것이 없다"는 고대 사회의 도덕적 권면에서의 전형적인 표현으로서 상대방을 칭찬하고자 할 때 쓰는 표현이다.

"너희들 자신이 하나님의 가르치심을 받아 서로 사랑함이라". 바울은 형제 사랑에 대해서 왜 쓰지 않아도 되는지 그 이유를 밝힌다. 그것은 바로 데살로니가 교우들의 형제 사랑이 하나님의 가르치심을 받은(θεοδίδακτοί, 데오디닥토이) 것이기 때문이다. 여기서 θεοδίδακτος(데오디닥토스)는 '하나님의 가르침을 받은 (자)'라는 뜻으로 바울 이전에는 사용되지 않았기에 바울에 의해서 만들어진 것으로 판단된다. 하지만 θεοδίδακτος는 "네 모든 자녀는 여호와의 교훈(디닥투스 데우)을 받을 것이니"라는 70인역(LXX)의 이사야 54장 13절을 암시한다고 판단된다(참고, 웨이마, 386). '하나님의 가르치심을 받은'(θεοδίδακτος)이라는 표현은 당시의 철학자들, 특별히 에피쿠로스학파와는 대조적이다. 에피쿠로스는 자신을 가리켜 '스스로 깨친 자'(αὐτοδίδακτος, 아우토디닥토스)라고 하였고, 견유철학자들도 자신들을 '스스로 깨친 자들'(αὐτοδίδακτοί, 아우토디닥토이)로 묘사하였다. 심지어 에피쿠로스 학파를 포함하여 많은 철학자들은 자신들을 '가르침을 받지 않고 본성적으로 깨달은 자들'(ἀδίδακτοί, 아디닥토이)이라고 여겼다(참고, Malherbe 1989: 63).

[4:10] "너희가 온 마게도냐 모든 형제에 대하여 과연 이것을 행하도다". 바울은 여기서 왜 그가 형제 사랑(필라델피아)에 대해서 쓸 필요가 없는지에 대한 두 번째 이유를 밝힌다. 그것은 데살로니가 교우들이 마케도니아의 모든 형제자매들에 대하여 형제 사랑을 행하였기 때문이다. 이러한 형제 사랑은 낯선 그리스도인 형제자매들에 대한 환대(롬 16:1-2)와 선교에 있어서 경제적 지원을 아끼지 않음(빌 4:14-16)과, 궁핍에 처한 그리스도인들을 향한 경제적 도움(고후 8:1-5)을 가리킨다. 고린도후서에 의하면 마케도니아 교회는 '극심한 가난'에 처해 있었다. 그럼에도 불구하고 그들은 "풍성한 연보를 넘치도록 하였다"(고후 8:1-2).

"형제들아 권하노니 더욱 그렇게 행하고". 바울은 데살로니가 교회와 마케도니아의 다른 교회들과의 관계에 대해 당시의 정치, 경제, 사회의 체계의 근간을 이룬 '후견인과 피후견인'(patron-client)의 관계로 이해하지 않는다. 바울은 여기서 이러한 관계를 표현함에 있어서 친구들(φίλοι, 필로이 〈요 15:15〉)이라는 용어를 사용하지 아니하고, 형제들(형제자매)과 형제 사랑이라는 용어를 사용한다. 이러한 표현은 그리스도 안에서 하나님의 가족이라는 정체성을 반영한다.

형제 사랑에 있어서의 바울의 권면은 '권면하다'라는 동사에 연결된 4개의 부정사로 제시된다. 먼저, 그리스도교 공동체를 향한 형제 사랑에 있어서 '더욱 풍성해지기'를 권면하고, 다음으로, 구체적으로 '조용히 살고', '자기 일을 하고', '너희 손으로 일하기'를 힘쓰라고 권면한다. '힘쓰라'에 연결된 세 부정사는 형제 사랑이 확대된 외연으로 외부 사람들과 관련된 데살로니가 교우들의 믿음에 있어서 부족한 것을 보충하고자 하는 부분이다(3:10; 참고, 말크쎈, 살전 95). 바울은 4장 9~12절(형제 사랑)과 5장 1~11절(때와 시기)에서 각각 이 문제를 다룸으로써 그들의 믿음에 있어서 부족한 면을 채우고자 한다.

[4:11] "또 너희에게 명한 것 같이". 형제 사랑의 확대된 외연에 관한 권면은 명령의 성격을 띤다. 바울은 앞서 그가 주는 권면이 주 예수로 말미암은 명령이라는 점을 분명히 하였듯이, 다시금 그것의 엄중함을 확인한다. 흔히 이 구절은 데살로니가 교우들이 임박한 종말을 지나치게 기대했거나(브루스, 183; Frame, 159f.; Best, 175f.), 영지주의적 입장에서 그들 중 일부가 일상적인 업무에 소홀하게 되었음을 가리킨다(Schmithals, 158-160)라고 해석되어 왔다. 그래서 바울이 그들에게 조용히 일상적인 삶을 살아가도록 명했다는 것이다. 이런 종류의 소란이 여러 세기에 걸쳐서 자주 일어났기 때문에 주후 50년경 데살로니가에서도 이런 일이 일어났을 가능성이 매우 크다는 것이다(브루스, 183). 하지만 데살로니가전서에서는 영지주의나 임박한 종말에 관한 열광적 기대감과 관련된 언급이 나타나지 않는다(Wanamaker, 162; Malherbe 2000: 253).

한편, 그린(Green, 208ff.)은 본문을 당시에 뿌리 깊이 자리잡은 후견인 제도라는 사회구조적 관점에서 바라본다. 바울은 교회 내외적으로 유력한 후견인과 도움을 받는 피후견인으로 결속된 이들에게 권면을 주고 있다는 것이다(Green, 210). 교회 내의 어떤 이들은 바울의 뜻을 따르지 아니하고 피후견인으로서 계속해서 후견인의 도움을 받아 생활하였기에 바울은 데살로니가 교우들에게 후견인과 관련된 대중적인 정치적 일들로부터 물러나 있기를 명한다는 것이다. 하지만 후견인 제도라는 관점에서 본문을 해석하는 시도는 데살로니가 교회와 어울리지 않는다. '극심한 가난' 가운데 놓였던 데살로니가 교회의 정황(참조, 고후 8:2)과 바울이 자신을 일하는 자의 본으로 제시한 점과 "너희 손으로 일하기를 힘쓰라"(4:11)라는 권면은 데살로니가 교우들의 대다수가 노동자이었을 개연성이 높다는 점을 제시한다(박영호, 363).

'손으로 일하다'라는 표현은 육체노동을 의미한다. 필로에 의하면 자신의 손으로 일하는 것은 노예들과 수공업자들이 하는 일이었다. 육체노동자들은 수공업 계층의 사람들로서 정치적 권력도, 정치적 일들에 관여할 사회적 신분도 없는 이들이었다. "모든 증거가 제시하는 바는……로마 사회의 빈곤 계층은 후원제의 혜택을, 전무라고 말할 수 없을지 몰라도, 거의 누리지 못했다는 것이다. 왜냐하면 후원제의 기본은 상호호혜인데, 그들은 무엇을 받아도 돌려줄 만한 아무것도 갖고 있지 못했기 때문이다"(Verboven, 113). 데살로니가 교회는 재정 후원자가 없는 공동체 내에서 경제적으로 궁핍한 동료들을 돕는 육체노동자들의 '공유 경제의 공동체'로서(Borg and Crossan, 190) 소상공인인 자유민의 '에클레시아'였다고 할 수 있다(참고, 박영호, 362-369).

"조용한 삶을 살고"(ἡσυχάζειν, 헤쉬카제인). 형제 사랑에 관한 세 가지 구체적 권면은 '힘쓰라'는 동사에 연결되어 있다. 여기서 '힘쓰라'(φιλοτιμέομαι, 필로티메오마이)의 본래적 의미는 '열심히 본받아라', '그것을 명예스럽게 생각하라', 혹은 심지어 '공적인 정신으로 행동하라'라는 의미를 담고 있다. 하지만 본문에서는 '바라라' 또는 '삶의 방식을 간절히 바라라'라는 의미를 갖는다(Green, 209).

조용한 삶(헤시키아)은 바울의 시대에 잘 알려진 주제이다. 신약성서에서 이 말은 '조용하다'(눅 14:4; 행 11:18; 21:14) 혹은 '쉬다'(눅 23:56)

라는 의미로 사용되지만, 정치적이고 사회적인 문제에 적극적으로 관여하는 것으로부터 물러나는 것을 묘사하기도 한다(Malherbe 2000: 247). 조용함이라는 주제는 당시의 문학에서 공동체에 문제를 야기하지 않는 존경할 만한 사람들에 대한 묘사에 종종 나타난다. 예를 들면, 필로는 조용한 삶을 일반 대중의 삶과 구별하면서 조용함을 귀족의 표시로 이해했다(*De Vita Mosis* 1.49; Green, 210).

"자기 일을 하고"(πράσσειν τὰ ἴδια, 프라세인 타 이디아). 이 표현은 "자기 일을 하고, 남의 일에 참견하기를 좋아하지 않는 것이 정의이다"(*Republic* 4.441 DE)와 같이 이미 플라톤에 의해 사용되었고, 그 이후 자주 사용된 표현이었다. "조용한 삶을 살다"와 "자기 일에 관심하다"라는 표현이 함께 사용될 때 그것은 일반적인 활동에서 물러서다라는 의미를 갖는다(Green, 210). "사실, 자기 일에 관심을 가지는 것(πράσσειν τὰ ἴδια)은 공동의 일들에 참여하는 것(πράσσειν τὰ κοινά, 프라세인 타 코이나)과는 정반대의 의미를 갖는다"(참고, Green, 210). 그렇다면 형제 사랑과 관련되어 "자기 일을 하라"는 말은 남의 일에 참견하지 말라는 것이다. 이 권면은 데살로니가 교회 내에서 제멋대로 행하는 자들을 향한 실제적 권면으로 공동체 내의 문제에 개입하여 무질서하게 행하는 일에 대한 권계이다.

"너희 손으로 일하기를 힘쓰라". 바울은 자신을 자신들의 손을 통해 일하는 자들의 본보기로 제시했으며(2:9; 살후 3:7-9; 행 20:34; 고전 4:12), 데살로니가 교우들에게 노동의 필요성을 제시한다(4:11b; 살후 3:6, 10). 노동의 필요성은 공동체의 원칙을 세워가기 위한 바울의 선교 전략의 핵심적인 위치를 차지한다(박영호, 364). 신약성서에서 형제 사랑은 "삶의 자원을 공유하는 구체적인 나눔이라는 의미로 쓰이고 있다"(박영호, 364). "기독교 커뮨(경제적 공동체)의 시스템, 정기적인 공동식사가 구성원들의 나눔에 의해서 유지되고, 일하지 않는 구성원은 그 시스템에 심각한 위협이 되는 그런 시스템을 상정해야만 한다"라는 주윗(Jewett, 68)의 분석은 형제 사랑과 관련하여(4:9) "너희 손으로 일하라"라는 권면의 정황을 잘 드러낸다.
[4:12] "이는 외인에 대하여 단정히 행하고 또한 아무 궁핍함이 없게 하려 함이라". 본 절은 앞의 권면의 목적을 나타낸다. 형제 사랑의 단락에서 바울이 조용한 삶을 영위하고, 자기 일에 관심을 가지라고 권면하는 목적은 데살로니가 교우들로 하여금 외인들에게 '단정히'(εὐσχημόνως, 유스케모노스) 행하게 하기 위함이다. 외인들이라는 표현은 믿지 않는 이들을 가리킨다. 바울은 데살로니가 교우들이 이전에 속했던 이방 사회와 단절했다는 점으로부터 교회 공동체의 경계를 설정하고, 공동체의 정체성을 유지하기 원하였다고 할 수 있다(Wanamaker, 164).

'단정하다'라는 말은 행동이 고귀하여 그로 인해 다른 사람들로부터 인정받는 모습으로 예의와 품절을 갖춘 행동을 가리킨다. 고대 사회에서 단정한 행동은 높이 평가되었다. 예를 들면, 무소니우스(Gaius Musonius Rufus)는 "우리가 세상에 태어난 참된 목표는 규모 있고 단정한(품위 있는) 삶을 살기 위함이다"라고 말하였다(재인용, Green, 212). 여기서 πρὸς τοὺς ἔξω(프로스 투스 엑소)는 '외인을 향하여' 혹은 '외인을 대하여'라는 말로 골로새서 4장 5절에서, "외인에게 대해서는(πρὸς τοὺς ἔξω) 지혜로 행하여……"라는 표현과 같다. 외인들에게 비쳐진 그리스도인의 행동이 아니라 외인들을 대하는 그리스도인의 행동이 단정해야 한다고 이해할 수 있지만(예, Frame, 163), 이 둘 사이의 구분은 명확하지 않다. 바울은 종종 사회적 행동에 대한 비난과 관련된 전승을 사용하여 비난을 받지 않고자 한다(Malherbe 2000: 251).

외인들을 향하여 단정히 행함은 그들로부터 존경을 얻고, 비난을 받지 않기 위함이다. 바울은 예의, 품절, (질서)정연함이라는 사회적 덕을 묘사할 때 '합당하게 행하다'(πρέπω, 프레포 〈딤전 2:10; 딛 2:1〉), '단정하게 행하다'(κοσμέω, 코스메오 〈딤전 2:9〉)와 함께 사용되는 용어인 '단정히'(유스케모노스)라는 부사를 사용한다. 단정히 행함은 데살로니가 공동체 내에서 발생한 '제멋대로 행하는 자들'(아탁토이, 5:14; 살후 3:6)의 행동과 반대되는 것으로 분명히 유의미한 권면이라 할 수 있다. 이러한 이해는 '단정히'라는 용어와 그 파생어가 다양한 형태의 '질서'(τάξις, 탁시스)라는 용어와 같이 사용된다는 점에서 정당하다고 판단된다. 예를 들면, 바울은 "모든 것을 품위 있게 하고 질서 있게 하라"(고전 14:40)라고 권면한다.

바울은 데살로니가 교우들이 단정하게 품위 있게 행동함으로써 외인들에게 아무런 구실을 주지 않아 정치적 문제와 연관되어 환난과 박해가 일어나지 않기를 바랐다(Wanamaker, 164). 이러한 이해는 "또한 외인에게서도 선한 증거를 얻은 자라야 할지니 비방과 마귀의 올무에 빠질까 염려하라"(딤전 3:7)는 감독의 자격에 관한 권면에서도 잘 드러난다.

"아무 궁핍함이 없게 하려 함이라"(μηδενὸς χρείαν ἔχητε, 메데노스 크레이안 엑케테). 바울은 형제 사랑에 관한 권면의 단락을 "아무 궁핍함이 없게 하려 함이라"라는 말로 끝맺는다. χρείαν ἔχητε(크레이안 엑케테)는 "너희가 어떤 필요(궁핍)를 가지다"라는 표현이다. μηδενὸς(메데노스)는 문법적으로는 남성(no one)일 수도 중성(nothing)일 수도 있다. 실제로 둘 사이의 의미상의 차이점은 없다. 외인들을 향한 계속적 권면의 말이므로(καὶ ……) 남성으로 판단된다. 이 말은 경제적으로 남에게 의지하지 말라는 경제적 자립을 의미한다. 자족은 특별히 스토아학파에 의해 주장된 상식적 차원의 이상이었다(4:11 주석 참고).

해설(Comment)

많은 주석가들은 데살로니가 교우들이 종말론적 기대감으로 인해 그들의 일을 그만두고 일상에서 다른 이들에게 의존하고 있다는 견해를 펼친다. 그러나 비록 데살로니가 교회 내에서 주의 강림을 바라는 종말론적 기대감이 활발했지만, 바울은 이 구절과 데살로니가후서 3장 6~15절에서 주의 날에 관한 그의 생각을 노동의 문제와 연결시키지 않는다.

데살로니가전서 4장 9~12절은 형제 사랑과 노동에 관한 권면을 담고 있다. 바울은 형제 사랑을 피력함에 있어서 그레코-로마 사회의 이상을 담는 우정이라는 표현을 피한다. 에피쿠로스학파는 우정을 높이 평가하였다. 하지만 그들은 우정을 필요에 의해서 그리고 행복에 이르는 수단으로 바라보는 실리주의적 견해로 인해 비판을 받았다. 한편, 스토아 철학자들은 우정을 본성으로부터 나오는 신의 선물로 이해했다. 플라톤주의자인 플루타크는 에피쿠로스 철학자들을 인류애가 없고 신성의 영감이 없다고 비난하였다.

반면 형제 사랑(필라델피아)은 그리스도교의 특징적인 면을 나타내는 것으로 그리스도 안에서의 '하나님의 가족'이라는 정체성을 반영한다. 바울은 노동과 관련된 권면에서 이러한 형제 사랑을 피력한다. 예를 들면, "자기 손으로 일하라"라는 권면은 헬라 철학의 이상인 자족함을 넘어 형제 사랑의 차원을 함의한다. 왜냐하면 자기 손으로 일함은 삶의 자원을 공유하는 구체적인 나눔이라는 의미를 함축하는 공동체의 정체성을 담기 때문이다. 바울은 또한 당시의 친숙하고도 이상적 이미지를 담고 있는 '조용함'과 "자기 일을 하다"라는 말을 형제 사랑의 권면으로 활용한다(5:11). 조용함과 자기 일을 함은 제멋대로 행동하여 남의 일에 참견하는 행동에 대한 권면으로 작용하기 때문이다.

C. 주 예수의 강림과 죽은 자들의 부활(4:13-18)

[13]형제들아 자는 자들에 관하여는 너희가 알지 못함을 우리가 원하지 아

니하노니 이는 소망 없는 다른 이와 같이 슬퍼하지 않게 하려 함이라 [14]우리가 예수께서 죽으셨다가 다시 살아나심을 믿을진대 이와 같이 예수 안에서 자는 자들도 하나님이 그와 함께 데리고 오시리라 [15]우리가 주의 말씀으로 너희에게 이것을 말하노니 주께서 강림하실 때까지 우리 살아남아 있는 자도 자는 자보다 결코 앞서지 못하리라 [16]주께서 호령과 천사장의 소리와 하나님의 나팔 소리로 친히 하늘로부터 강림하시리니 그리스도 안에서 죽은 자들이 먼저 일어나고 [17]그 후에 우리 살아남은 자들도 그들과 함께 구름 속으로 끌어 올려 공중에서 주를 영접하게 하시리니 그리하여 우리가 항상 주와 함께 있으리라 [18]그러므로 이러한 말로 서로 위로하라

수사학적 관점에서 본다면 4장 13~18절은 프로바치오(*probatio*, 증명 부분)에 속한다. 이 단락은 데살로니가 교회에서 제기된 문제, 즉 죽은 자들의 문제와 그리스도의 강림에 있어서 죽은 자들의 참여 문제에 관한 바울의 답변으로 "바울은 데살로니가 교우들에게 종말론적 가르침을 펼치는 것이 아니라 죽은 자들의 문제로 슬퍼하는 자들을 위로한다"(Malherbe 1989: 64). 바울은 여기서 독립된 두 전승을 사용한다. 하나는 그리스도의 강림에 관한 표상이고, 다른 하나는 죽은 자의 부활에 관한 표상이다.

죽은 자들의 문제는 데살로니가 교회에게 커다란 슬픔을 가져다주었다. 이들의 죽음은 '예수로 말미암아'(διὰ τοῦ Ἰησοῦ, 디아 투 예수 〈4:14〉) 일어난 박해에 의한 순교인 것 같다. 바울은 주의 오심과 그리스도 안에서 죽은 자들의 부활에 관한 가르침으로 서로를 위로하라고 격려한다(4:18). 죽은 자들에 대한 바울의 가르침은 고대의 위로의 편지에 속한다.

4장 13~18절의 구조는 다음과 같다:

(a) 4:14a, 수신자들에게 이미 익숙한 복음의 차원이 표현됨

(b) 4:14b, 앞으로 선포될 예언적 말씀에 의해 확증되고 확대될 도입과 이해의 말씀

(c) 4:15b, 지금까지 알려지지 않은 종말론적 신비의 말씀

(d) 4:16-17, 예언적 말씀에 대한 자세한 해석

(e) 4:18, 예언적 말씀의 결론으로 위로의 말씀

[4:13] "형제들아 자는 자들에 관하여는"(ἀδελφοί, περὶ τῶν κοιμωμένων, 아델포이, 페리 톤 코이모네논). '형제들아'라는 호격과 '……에 관하여'(περί, 페리)라는 표현은 단락이 바뀌거나 새로운 주제가 소개될 때 사용된다(예, 2:1, 17; 4:1; 5:12, 14; 살후 3:1, 13). 따라서 "형제들아 자는 자들에 관하여는"라는 말은 데살로니가 교회가 (아마도 디모데를 통해) 바울에게 묻고 있는 질문에 대해 응답하고 있음을 나타낸다. '(잠)자는 자들'이라는 표현은 신약성서에서 항상 수동태로 사용되어 죽은 자들을 일컫는 완곡어법이다(4:14-15; 5:10).

사본상 두 가지 다른 읽기가 있다. κοιμωμένων(코이모메논, 현재분사)과 κεκοιμημένων(케코이메메논, 현재완료 분사)이라는 읽기이다. 오래된 좋은 사본들의 지지를 받는 현재분사 형태인 κοιμωμένων이 본래적 읽기로 판단된다. '잠자다'라는 표현은 주로 유대교와 그리스도교 문헌에 등장한다. 죽은 자들은 때로 그들의 육체의 부활에 대한 기대라는 견지에서 자는 자들이라고 묘사되었다(단 12:2; 제4에스드라 7:32; 마 27:52; 막 5:39-42; 고전 15:20). 여기서 자는 자들이라는 표현은 중간 상태에 관한 어떠한 의미도 함축하고 있지 않다. 헬라와 라틴 문학과 당시의 비문에서도 죽은 자들은 '자는 자들'이라 일컬어졌다. 중요한 점은 데살로니가전서에서 자는 자들 혹은 죽은 자들(4:16)은 '예수로 말미암아'(διὰ τοῦ Ἰησοῦ) 자는 자들이라는 점이다. 그렇다면 이 표현은 어떠한 의미를 담고 있으며, "예수로 말미암아 자는 자들"은 구체적으로 어떠한 사람을 가리키는가? 다시 말해서 그들

은 어떠한 죽음을 맞이했던 자들인가?

"너희가 알지 못함을 우리가 원하지 아니하노니". 바울은 데살로니가 교우들이 알고 있는 바를 상기시키면서(4:1-2, 6, 9; 5:1-2) 그의 편지를 전개한다. 여기서 "너희가 알지 못함을 우리가 원하지 아니하노니"라는 말씀은 편지에 있어서 그가 새로운 주제를 다루고 있음을 나타내는 표현이다. 이 말씀은 데살로니가 교우들이 지금 그가 다루게 될 문제에 대해서 전혀 모르고 있든지(롬 1:1; 11:25; 고전 10:1; 고후 1:8), 아니면 그들이 알고는 있지만 좀 더 새로운 오리엔테이션이 필요하다는 점을 말하고 있다(고전 12:1). 바울은 전혀 새로운 주제를 다루는 것이 아니라, 데살로니가 교우들이 종말에 관한 가르침을 알고는 있었지만, 좀 더 구체적으로, 주의 강림과 잠자는 자들에 관한 관계성에 대해서 다룬다(말크쎈, 살전 97).

"이는 소망 없는 다른 이와 같이 슬퍼하지 않게 하려 함이라". 이 구절은 가정법 목적절(ἵνα, 히나)로서 그가 죽은 자들에 대하여 언급하는 목적을 밝힌다. 그것은 데살로니가 교우들이 소망이 없는 자들과 같이 '슬퍼하지 않기'(ἵνα μὴ λυπῆσθε, 히나 메 뤼페스쎄)를 원했기 때문이다. '슬퍼하다'라는 동사 λυπέω(뤼페오)는 눈에 보이는 슬픔의 외적 표현을 나타내는 동사들(θρηνέω, 쓰레네오 〈눅 7:32〉; κλαίω, 클라이오 〈고전 7:30〉; ὀδυρμός, 오뒤르모스 〈고후 7:7〉, πενθέω, 펜쎄오 〈계 18:11〉)과는 달리 내적 슬픔을 묘사한다(Malherbe 2000: 264).

'μή+가정법 현재'는 진행되고 있는 무엇을 금하는 어법으로서 바울이 죽은 자들에 대해 슬퍼하고 있는 데살로니가 교우들을 위로하기 위해 이 편지를 쓰고 있음을 나타낸다. 소망이 없는 '다른 이들'(οἱ λοιποί, 호이 로이포이)은 이방인들을 가리킨다: "그 때에 너희는 그리스도 밖에 있었고 이스라엘 나라 밖의 사람이라 약속의 언약들에 대하여는 외인이요 세상에서 소망이 없고 하나님도 없는 자이더니"(엡 2:12). '다른 이들'은 '나머지 사람들'이라는 말로서 앞서 언급된 이방인을 가리키는 '하나님을 모르는 이들'(4:5), '외인들'(4:12)과는 달리 사회적 그룹의 경계를 나타내는 표현이 아니라 예수의 가르침에서 제외된 이들이라는 신학적 함의성을 가진다(Malherbe 2000, 264). 예를 들면, 누가복음은 비유를 알아듣지 못하는 이들을 마가복음의 '외인들'(막 4:11)과 다르게 '다른 이들'(οἱ λοιποί, 호이 로이포이)이라고 묘사한다(눅 8:10).

[4:14] "우리가 예수께서 죽으셨다가 다시 살아나심을 믿을진대". γάρ(왜냐하면……때문에)로 연결된 문장으로 바울은 데살로니가 교우들이 다른 이들과 같이 슬퍼하지 않아야 할 이유를 제시한다. 그 근거는 먼저 그리스도의 부활과 재림의 약속에 대한 믿음이며, 다음은 죽은 자들의 부활에 대한 믿음이다. 슬픔을 최소화하는 것은 위로의 편지뿐만 아니라 위로의 경구에 있어서 공통된 주제이다. 바울은 죽음과 직면하여 슬픔을 금하기보다는 오히려 슬픔이 사람을 압도할 수 없는 분명한 소망을 제시한다. 바울은 직설법 조건사 εἰ(에이, '……한다면')를 사용하여 이러한 미래에 대한 믿음이 사실이라는 점을 나타낸다('믿을진대').

이러한 믿음은 "우리는……믿습니다"(πιστεύομεν ὅτι……, 피스튜오멘 오티……)라는 신앙고백 양식으로 표현되고 있다. ὅτι절에 나오는 내용은 예수의 죽음과 부활을 담고 있는 초기의 신앙고백문이다. 여기서 주목할 것은 부활을 가리키는 '살아나셨다'(ἀνέστη, 아네스테)라는 동사이다. 바울은 예수의 부활을 언급할 때, 거의 대부분 그가 '일으킴을 받으셨다'(ἠγέρθη, 에게르쎄), 즉 하나님이 (예수를) '일으키셨다'라는 양식을 사용한다(37회; 예, 롬 6:4, 9; 8:11; 10:9; 고전 15:12, 20; 갈 1:1). 동사 ἐγείρω(에게이로)는 예수를 일으키셨고 또 그와 함께한 자들을 일으키실 분은 하나님이시라는 것을 가리킨다. 하지만 본문과 4장 17절에서는 '(예수께서) 살아나셨다/일어나셨다'(ἀνέστη, 아네스테)라는 동사가 사용되고 있다. 또한 기독론적 칭호(주, 그리스도)가 아닌 '예수'라는 표현이 나타난다. 바울은 그에게 전해진 원시교회의 전승인 신앙고백문을 사용한 것 같다(브루스, 191).

[사역] "이와 같이 예수 안에서 잠든 자들도 하나님이 그와 함께 데리고 오시리라". '이와 같이'라는 말로써 앞의 말씀으로부터 함축된 의미를 이끌어 낸다. 즉, 예수의 죽음과 부활에 대한 믿음은 하나님이 예수가 오실 때에 그와 함께한 자들도 데리고 오신다는 믿음을 가져온다: "우리가 예수께서 죽으셨다가 다시 살아나심을 믿을진대 이와 같이 예수 안에서 잠든 자들도 하나님이 그와 함께 데리고 오시리라". 이것은 예수의 부활에 대한 믿음이 주는 확신이다. 따라서 바울은 "우리는……믿습니다"라는 고백 속에 이 말을 담는다. 바울은 예수의 부활과 죽은 그리스도인들의 육체의 부활을 언급하고 있다. 예수의 부활은 죽은 자들의 부활의 근거가 되는 것이다(말크쎈, 살전 103). 바울은 여기서 죽은 자들의 부활을 언급할 때 '살아나다'라는 동사 대신에 하나님이 '데리고 오시리라', 곧 동사 ἄγω(아고)를 사용하여 '인도하시리라'(ἄξει, 악세이)라고 말한다. 4장 15~17절에서 보여주듯이, 바울은 하늘로부터 예수의 오심에 초점을 맞춘다. 바울이 말하고자 하는 바는 부활의 어떠함, 곧 부활의 성격에 관한 것이 아니라 죽은 그리스도인들과 그리스도의 강림의 관계에 관한 것이다.

바울은 죽은 그리스도인들이 '예수 안에서', 정확하게 말해서, '예수로 말미암아'(διὰ τοῦ Ἰησοῦ, 디아 투 예수) 죽은 자들이라는 점을 명시한다. 주목할 것은 '예수 안에서'라는 표현에서 사용된 전치사가 διά(디아)라는 점이다. διά는 어떤 행동의 작인을 가리키는 전치사로서 일반적으로 '통하여 혹은 말미암아'(through)라는 뜻을 갖는다. 따라서 더러는 전치사구 διὰ τοῦ Ἰησοῦ가 '데리고 오시리라'에 연결되어 예수가 '자는 자들'을 데리고 오시는 분으로서 하나님의 대리인을 의미하게 된다고 주장한다. 즉, "하나님이 예수를 통해서 그와 함께 자는 자들도 데리고 오시리라"라는 것이다(Green, 220). 개역개정 역시 전치사 διά에 주목하여 관주에서 이러한 해석의 여지를 두고 있다. 새한글성경의 "……그렇다면 이와 같이 하나님이 또한 잠든 사람들도 예수님을 통해서 예수님과 함께 데리고 오실 것입니다"(4 : 14)라는 번역은 '데리고 오시리라'라는 동사에 두 전치사구를 연결시킨다. 이러한 이해는 고린도후서 4장 14절, "주 예수를 다시 살리신 이가 예수와 함께(σὺν Ἰησοῦ, 쉰 예수) 우리도 다시 살리사 너희와 함께 그 앞에 서게 하실 줄을 아노라"라는 말씀에 의거한 해석이다. 하지만 이렇게 해석할 경우 '예수로 말미암아'와 '그와 함께'라는 두 전치사구는 앞과 뒤에서 '데리고 오시리라'라는 동사와 연결되기 때문에 문법적으로 어색하다(Wanamaker, 169). 따라서 문법적 측면에서 이러한 해석은 지지를 받을 수 없다.

그렇다면 '예수로 말미암아(혹은 통하여)' 잠든 자들은 누구이며, 그 의미는 무엇인가? 밀리간(Milligan, 57)은 전치사구, '예수로 말미암아'를 "그의 백성의 잠(죽음)과 하나님의 손에 의한 그들의 부활 사이를 연결하는 고리로서의 예수를 가리킨다"라고 이해한다. 마울(C. F. D. Moule, 57)은 전치사 διά를 부대 상황을 나타내는 것으로, 곧 그리스도와의 연합을 가리키는 바울의 신비주의를 묘사하는 것이라고 주장한다. 따라서 자는 자들은 예수와 연합된 가운데 죽었다는 것이다. 고린도전서 15장 18절에서도 바울은 죽은 자들을 "그리스도 안에서 잠자는 자"로 묘사한다. "예수 안에서 자는 자들"(개역개정)이라는 번역은 예수와의 연합이라는 이러한 신비주의를 반영하고 있다. 하지만 예수라는 구체적인 이름은 그리스도와의 연합과 관련된 바울의 신비주의에서 거의 사용되지 않는다(Pobee, 114). 본문에서의 죽음은 실제적인 육체적 죽음을 가리킨다.

전치사 διά와 관련하여 주목할 것은 여기서 '자는 자들'에 대한 표현은 13절의 현재분사 τῶν κοιμωμένων(톤 코이모메논)과는 달리 단순과거분사 τοὺς κοιμηθέντας(투스 코이메쎈타스)라는 점이다. 브루스는 현재분사는 그들의 잠자는 (지속적인) 상태(죽음)를 가리키고, 단순과거분사는 일회적 동작인 그들이 죽는 순간을 가리킨다는 점에 주목한다(브루스, 193). 사도행전에서도 '자다'는 스데반의 순교적 죽음을 묘사한다: "주 예수여 내 영혼을 받으옵소서 하고 무릎을 꿇고 크게 불러 이르되 주여 이 죄를 그들에게 돌리지 마옵소서 이 말을 하고 자니라(ἐκοιμήθη, 에코이메쎄)"(행 7:59-60). 그렇다면 '자다'라는 표현은 분명하게도 박해에 의한 죽음을 가리킨다. 그렇다면 본문에서도 '예수로 말미암아' '잠든 자들'은 자연적인 죽음이 아닌 순교를 당해 죽은 자들을 의미한다(Lake, 88).

바울은 '잠든 자들'의 죽음이 박해로 인한 순교임을 드러내기 위해서 전치사 διά를 사용한다. 또한 '잠든 자들'을 묘사하는 단순과거분사(κοιμηθέντας) 역시 예수로 말미암아 순교적 죽음을 당한 자들을 나타내고 있음이 분명하다(참고, 김형동 2010: 347-349). 이러한 죽음을 묘사하기 위해서는 지속적인 잠자는 상태를 묘사하는 '자는 자'라는 번역보다, 일회적 죽음의 순간을 나타내는 '잠든 자'로 번역하는 것이 적절하다.

[4:15] "우리가 주의 말씀으로 너희에게 이것을 말하노니". 구약성서에서 '주의 말씀'은 예언자들의 예언을 일컫는 전형적 표현이다. 하지만 바울서신에서 주의 말씀은 바울이 선포한 메시지 또는 주 예수로부터 전해 받은 가르침을 의미한다(Green, 221). 여기서 '이것'은 곧 바로 전개될 주의 강림과 죽은 자들의 부활에 관한 바울의 가르침을 가리킨다. 바울은 이 새로운 말씀으로써 슬픔 가운데 놓인 데살로니가 교우들을 위로하고자 한다. 그들 가운데 몇 사람은 이미 죽었다. 이로 인해 어떤 이들은 신앙의 중요한 차원, 즉 소망을 포기하려는 가운데 있었다. 이에 바울은 새로운 가르침으로 제시된 주의 말씀, 즉 그가 처음 방문했을 때는 나누지 않았던 박해로 죽음을 맞은 이들의 문제에 대한 가르침을 확신 있는 중재의 말씀으로 주고 있다.

석의적 문제점은 이 새로운 정보를 담은 주의 말씀이 "15절까지 국한되느냐, 아니면 15~16절까지인가, 아니면 15~17절까지인가?"라는 점이다. 그리고 두 번째는 이것의 기원에 관한 것이다. 기원에 대해서는 여러 가지 가능성이 제기되었다. 하나는 복음서에 보존되지 않은 잃어버린 주의 말씀

(agraphon)이라는 것이고, 다른 하나는 바울이 역사적 예수의 말씀을 자유롭게 채택하였다는 것이며, 또 다른 가능성은 부활한 주에 의해 선포된 말씀을 바울이 수정하였다는 것이고, 또는 바울을 통한 부활한 주의 예언적 선포라는 것이다.

바울이 영적 예언자라는 면을 고려한다면 ― 예를 들면, 부활한 주로부터 온 비전에 근거한 사도직에 대한 이해(갈 1:11-17)와 삼층천의 신비한 경험에 대한 자신의 진술(고후 12:1-10)과 부활한 몸을 일컫는 영의 몸에 대한 진술(고전 15장)과 그가 종종 사용하는 변모 혹은 변화(transformation)라는 용어 등 ― '주의 말씀'은 부활한 주로부터 바울에게 전달된 계시의 말씀으로 판단된다(참고, Malherbe 2000: 268). 또한 '주의 말씀으로'라는 표현은 70인역(LXX)에서 계시의 말씀을 가리키는 정황에서 사용되고 있다(왕상 13:9). 바울이 말하는 주의 말씀은 직접적 인용이라기보다는 전승을 통해 전해진 예언의 말씀으로, 바울이 고린도전서 15장 51절에서 '비밀/신비'(μυστήριον, 뮈스테리온)이라고 말하는 계시적 말씀에 비교된다(브루스, 194).

'이것'이 가리키는 주의 말씀은 두 개의 ὅτι(호티)절로 구성된다. 첫 번째는 15b절이고, 두 번째는 16~17절이다. 15b~17절 전체를 하나의 계시 말씀으로 간주할 수도 있다. 하지만 바울은 주의 말씀을 직접적으로 인용하지 않았다. '우리'(15, 17절)와 '그리스도를 통하여'(17절)라는 표현은 '주의 말씀'이 주님의 직접적인 계시의 말씀이 아니라는 점을 잘 보여준다. 또한 15b~17절 전체를 하나의 계시 말씀으로 간주할 수 없는 것은 15b절과 16~17절이 어휘나 주제에 있어서 서로 너무 유사하기 때문이다(Boring, 166):

15b절
οἱ ζῶντες οἱ περιλειπόμενοι
우리 살아 남아 (있는) 자들

16~17절
οἱ ζῶντες οἱ περιλειπόμενοι
우리 살아 남은 자들

εἰς τὴν παρουσίαν τοῦ κυρίου
주께서 강림하실 때

εἰς ἀπάντησιν τοῦ κυρίου
주를 영접하게

οὐ μὴ φθάσωμεν
결코 앞서지 못하리라

ἀναστήσονται πρῶτον
먼저 일어나고

τοὺς κοιμηθέντας
자는 자들

οἱ νεκροί
죽은 자들

15b절과 16~17절 둘 중 하나는 다른 하나의 요약이거나 해설일 것이다. 16~17절은 상당수 바울의 어휘가 아닌 것을 포함하고 있다. 따라서 16~17절이 주의 말씀에 대한 전승을 가리키고, 15b절은 이 전승을 요약하는 바울의 말로 판단된다(말크쎈, 살전 104 ; Boring, 166). 하지만 이러한 바울의 언급 역시 예언적 계시에 의한 것으로 '주의 말씀'의 구성하는 요소로 이해해야 할 것이다(Boring, 167).

"주께서 강림하실 때까지"(εἰς τὴν παρουσίαν τοῦ κυρίου, 에이스 텐 파루시안 투 퀴리우). 바울은 17절의 영접(아판테시스)이라는 용어를 자신의 핵심 용어인 파루시아로 대체한다. 헬라의 일상적 표현에서 파루시아는 오심, 방문, 임재를 의미한다. 한편, 파루시아는 신성(the divine)이나 주권자의 영광스러운 임재(presence)나 방문(arrival)을 나타내는 신성한 용어로도 사용되었다. 파루시아는 주로 종교적 제의(cult), 또는 황제나 로마 총독의 지방 방문을 가리키는데 사용되었다. 파루시아에는 축제와 경기, 희생 제사와 같은 환영 행사와 더불어 왕이 지방의 유지나 사람들에게 노고를 치하하여 상을 베푸는 의례가 있었다. 관리들과 수많은 무리가 특별한 옷을 차려 입고 도시로부터 나와서 '오시는 이'(the coming one)를 맞이하였다(Green, 223). 하지만 신약성서에서 파루시아는 거의 대부분 예수 그리스도께서 권세자로 임하는 그의 종말론적 다시 오심, 곧 강림(재림)을 의미하는 전문 용어로 사용된다.

"우리 살아 남아 있는 자도 자는 자보다". 현재분사 '살아 있는 자들'(οἱ ζῶντες, 호이 존테스)과 '남아 있는 자들'(οἱ περιλειπόμενο, 호이 페리레이포메노이)은 '자는 자들'(τοὺς κοιμηθέντας, 투스 코이메쎈타스)에 반대되는 표현이다. 당시의 문학에 있어서 '남아 있는 자'라는 표현은 죽음의 비극 가운데서 살아남은 자를 가리킨다(Green, 222). 또한 그들은 지금 '살아 있는 자들'로 그들 가운데 더러는 죽은 자들로 인해 슬퍼하고 있는 자들이다 (Malherbe 2000, 270). 그렇다면 본문은 박해의 정황 가운데서 데살로니가 교회에서 죽은 자들이 있었음을 함의한다.

"결코 앞서지 못하리라". '결코'(οὐ μή, 우 메)는 단순과거 가정법과 함께 미래의 어떤 가정에 대해 강하게 부정하는 표현이다(Frame, 173). "결코 앞서지 못하리라"라는 말은 데살로니가 교회의 어떤 이들이 주장하는 바, 곧 데살로니가 교우들을 슬픔에 잠기게 한 그 무엇을 강하게 부정하는 것이다. '앞서다'(φθάνω, 프싸노)라는 동사는 앞서 2장 16절에서 단순히 '도착하다' 또는 '오다'라는 의미로 사용되었지만(마 12:28; 눅 11:20; 롬 9:31; 고후 10:14; 빌 3:16; 살전 2:16), 본문에서는 본래적인 의미인 '앞서다' (예, Milligan, 59; Frame 173)로 사용되어 "다른 사람보다 먼저 어떤 일을 하거나 유리한 점을 차지하다"라는 뜻을 나타낸다(Marshall, 127). 바울은 예수로 말미암아 죽은 자들이 먼저 일으킴을 받을 것이고(16절), 그 후에 죽은 자들과 살아 있는 자들이 주를 영접하기 위해 함께 들림을 받게 될 것이라는 시간적 순서를 강조한다(17절). 아마도 데살로니가 교우들은 죽은 자들의 부활과 파루시아의 관계에 대해서는 알지 못하여 주의 강림 때에 살아 있는 사람만이 들림을 받고 죽은 자들은 들림을 받을 기회를 갖지 못할 것이라고 생각한 것 같다(브루스, 195).

와나메이커(Wanamaker, 172)에 따르면, 묵시문학적 전통은 때로 죽은 자들의 부활과 그리스도의 파루시아와 비교될 만한 사건들을 분리시켜 이해했다(제2에스드라 7:25-44; 제2바룩 29-30장; 계 20:4-6). 특별히 제2에스드라 13장 24절은 마지막까지 살아남은 자들이 죽은 자들보다 복되다고 선언한다(참조, 단 12:12; 시편 17:50). 이러한 묵시문학적 전통과는 달리 바울은 오히려 죽은 자들이 주의 파루시아 때에 배제되지 않고 부활하여 영광스러운 행렬에 참여하게 되리라는 점을 새롭게 제시한다.

[4:16] "(왜냐하면) 주께서 호령과 천사장의 소리와 하나님의 나팔 소리로 친히 하늘로부터 강림하시리니". 바울은 묵시문학적 표상을 사용하여 파루시아의 사건을 묘사한다. 앞서 그가 요약한 "우리 살아 남아 있는 자도 잠든 자보다 결코 앞서지 못하리라"라는 말을 이제 구체적으로 주님의 전승을 사용하여 그 이유를 제시한다. '주께서 친히'(αὐτὸς ὁ κύριος, 아우토스 호 퀴리오스)라는 강조적 표현은 강림의 사건이 주께서 친히 오시는 사건임을 나타낸다. 이러한 주의 강림(파루시아)은 비밀스러운 사건이 아니라 큰 소리 가운데 죽은 자들이 일어날 것이다. 호령(κέλευσμα, 켈류스마)은 전투에서 서로를 격려하는 환호라는 뜻으로 사용되었다. 예를 들면, 호령은 살라미스 전투에서 갑판장(κελευστής, 켈류스테스)이 노 젓는 사람들의 '흥을 돋운다'는 의미로 사용되었다(브루스, 195-196). 필로는 하나님을 "한마디 호령으로 땅 끝에서부터 사람들을 불러 모으시는 분"으로 묘사하고 있다.

하지만 본문에서 이 소리가 누구의 소리인지 분명하지 않다. 이 소리는 천사장으로부터 나오는 소리일 수 있다. 호령에 이어서 천사장의 소리와 하나님의 나팔 소리가 '그리고'에 의해 나란히 연결된다. '그리고'를 설명을 위한 병치 접속사로 보면 호령은 곧 천사장의 소리와 하나님의 나팔 소리를 가리킨다(Frame, 174; *TDNT* 3.658). 또 다른 해석의 가능성은 호령은 "죽은 자들을 향한 주님의 목소리"이다(웨이마, 437; Wanamaker, 173). 주님은 천사장의 음성과 하나님의 나팔로 죽은 자들을 부활로 이끄신다. 이러한 해석은 "죽은 자들이 하나님의 아들의 음성을 들을 때가 오나니 곧 이 때라 듣는 자는 살아나리라……무덤 속에 있는 자가 다 그의 음성을 들을 때가 오나니"라는 요한복음 5장 25~29절에 의해 지지를 받는다. 요한복음에 따르면 죽은 자들이 하나님의 아들의 음성을 듣고 살아나 부활과 심판을 받게 된다.

주의 강림은 또한 천사장의 소리를 대동할 것이다. 유다서 9절은 천사장 가운데 한 명인 미가엘을 언급한다. 하지만 유대 문학에서는 미가엘을 포함한 일곱 천사장의 이름(미가엘, 가브리엘, 라파엘, 우리엘, 라구엘, 사라카엘, 레미엘)이 언급된다. 천사장은 천사들의 지도자, 혹은 천사들의 무리 중에서도 주요 전달자이다.

'하나님의 나팔'은 하나님이 부시는 나팔이라는 뜻이 아니라, 하나님의 뜻을 전하는 나팔이라는 뜻이다. 하나님의 나팔은 구약성서에서 하나님의 현현과 종말론적 심판의 맥락에서 흔히 사용되는 이미지로서 '큰 나팔'은 유다의 포로들을 앗수르와 애굽으로부터 고향으로 불러 모으는 소리이다(출 19:16, 19; 사 27:13; 욜 2:1; 습 1:14-16; 슥 9:14). 이 구절은 당시에 회당의 18기도문 가운데 10번째 기도문으로 낭송되었다: "우리의 해방을 위한 큰 나팔을 부소서. 우리의 포로를 모으기 위해 기를 드소서……". 계시록에서는 하나님 앞에 선 일곱째 천사가 '마지막 나팔'을 불자 하늘에서부터 우리 주와 그리스도의 나라가 세상 권세를 물리쳤다는 큰 음성이 나온다(계 11:15). 마태복음 24장 31절에 의하면 '큰 나팔 소리'는 택한 자들을 불러 모은다. 고린도전서 15장 51절 이하에서 나팔 소리는 죽은 자들을 살린다.

"그리스도 안에서 죽은 자들이 먼저 일어나고". "그리스도 안에서 죽은 자들"(οἱ νεκροὶ ἐν Χριστῷ, 호이 네크로이 엔 크리스토)은 앞의 "예수를 통하여 잠든 자들"(4:14)과는 확연히 다르다. 여기서 '죽은 자들'은 '살아남은 자들'(4:17)에 대한 반대적 표현으로서 그리스도 안에(ἐν) 속한 자들로 그리스도와의 관계 속으로 들어가 있는 자를 의미한다. 그리스도 안에서 죽은 자들은 그리스도 안에서 잠자는 자들(고전 15:18)과 '주 안에서 죽는 자들'(계

14:13)과 같은 표현이다.

바울은 여기서 데살로니가 교우들에게 단순히 죽은 자들이 일어날 것을 말하고 있지 않다. 그는 죽은 자들이 '먼저' 일어날 것을 말한다. 그래서 그들이 그리스도의 파루시아에 온전히 참여하게 될 것이다. 죽은 자들의 일어남에 대한 가르침은 데살로니가 교우들도 알고 있었을 것이다. 바울은 죽은 자들이 '먼저' 일어날 것을 새로이 말하고 있다. 바울의 강조점은 시간적 순서이다. 바울은 '먼저'라는 표현을 색다르게도 문장 끝에 두고, 곧 바로 이어서 '그 후에'(ἔπειτα, 에페이타)라는 표현을 나란히 둠으로써 시간적 순서를 강조한다(Malherbe 2000: 275). 이러한 시간적 순서에 대한 언급은 부활의 차례에 있어서도 나타난다: "각각 자기 차례대로 되리니 먼저는 첫 열매인 그리스도요 다음에는(ἔπειτα, 에페이타) 그가 강림하실 때에 그리스도에게 속한 자요"(고전 15:23).

죽은 자들의 부활을 언급함에 있어서 바울은 이 때에 홀연히 일어나게 될 몸의 변화(고전 15:51-52; 빌 3:20-21)를 자세하게 논하지 아니한다. 그가 말하고자 하는 초점은 시간적 순서이다. 죽은 자들의 부활을 언급함에 있어서 '일으킴을 받을 것이다'(ἐγερθήσονται, 에게르쎄손타이 〈고전 15:52〉) 또는 '생명을 얻을 것이다'(ζωοποιηθήσονται, 조오포이에쎄손타이 〈고전 15:22〉)라는 동사가 아니라, '일어날 것이다'(ἀναστήσονται, 아나스테손타이)라는 동사가 사용되어 14절의 '예수의 살아나심'(ἀνέστη, 아네스테)과 평행을 이룬다(Malherbe 2000: 275).

[4:17] "그 후에 우리 살아남은 자들도 그들과 함께 구름 속으로 끌어 올려". 주께서 강림하실 때에 죽은 자들이 어떻게 될 것인가를 언급한 후에 바울은 이제 살아남은 자들에 대해 언급한다. '그 후에'(ἔπειτα)라는 표현은 이러한 시간적 순서를 분명하게 제시한다. 바울은 여기서 '함께'(ἅμα, 하마)라는 부사를 사용되어 그의 가르침의 초점이 되는 전치사 '더불어'(σύν, 쉰)를 강조

한다. 즉, 죽은 자들의 부활이 '먼저' 있고, '그 후에' 살아남은 자들이 그들과 '더불어 함께' 주를 영접하게 될 것이다.

구름이 등장한다. 하늘의 구름은 하나님의 현현과 관련된 것으로(출 16:10; 19:16) 하나님이 사용하는 천상의 교통수단이다(사 19:1; 겔 1:4-28). 그 예로 다니엘서에서 '인자 같은 이'는 구름을 타고서 하나님 앞으로 간다(단 7:13ff). 우리는 성도들이 구름 속으로 끌어 올려져 공중에서 주를 맞이하게 될 이 사건을 '휴거'(rapture)라 한다. 하지만 휴거는 유대 묵시문학에는 나타나지 않는다. '구름 속으로'(ἐν νεφέλαις, 엔 네펠라이스)라는 표현에서 사용된 전치사 ἐν(엔)은 수단/도구의 여격으로 구름이라는 수단에 의해서 올려지는 것을 형상화하는 것이다. 슬라브 에녹서(슬라브어: 9세기에 사용된 성서번역어)는 이러한 형상을 잘 보여준다:

> 이 사람들(즉, 천사들)이 나를 부르고서는 나를 그들의 날개 위에 태우고 구름 위에 두었다. 보라 구름이 움직였다. 구름이 더 높이 올라갔다. 나는 상층권(아이쎄르)을 보았고 그들이 나를 첫째 하늘에 두었다(3:1ff.).

'끌어올린다'(ἁρπάζω, 하르파조)는 갑작스럽고도 강한 낚아챔을 의미한다. 동사 ἁρπάζω는 죽음이 사랑하는 사람을 낚아채어 감과 슬픔에 빠진 상태를 묘사하는 데 사용되었다. 하지만 바울은 이러한 슬픔에 빠져 있는 표현을 목회적 위로의 표현으로 바꾸어 놓는다(Malherbe 2000: 276). '끌어올려질 것이다'(ἁρπαγησόμεθα, 하르파게소메싸)라는 미래수동태는 문맥상 이것이 하나님의 개입에 의한 것임을 나타낸다. 예를 들면, 동사 ἁρπάζω는 빌립이 에디오피아 내시와 대화를 나눈 후 주의 영이 빌립을 이끌어 감(행 8:39), 바울이 삼층천에 이끌려 감(고후 12:2, 4), 그리고 묵시적인 환상 속에서 하나님이 큰 붉은 용으로부터 남자 아이를 보호하기 위해 데리고 올라감(계 12:5)을 묘사한다. 갑작스러운 데려감은 "하나는 데려감을 얻고 (다른)

하나는 버려둠을 당할 것이요"(눅 17:34, 35)와 같이 인자가 나타나는 날을 묘사하는 특징적인 표현이다.

"공중에서 주를 영접하게 하시리니". 영접이 일어날 장소는 공중(ἀέρα [아에라]: ἀήρ[아에르]의 복수)이다. 공중은 땅과 하늘 사이의 공간을 의미한다. 그들이 공중으로 들려 올라가는 것은 주를 영접하기 위함이다. 영접(ἀπάντησις, 아판테시스)은 도시로 들어오는 존엄한 자(예, 황제)를 맞이하기 위해 도시 바깥으로 사절단이 나가서 맞이하는 합당한 존경과 영예를 돌리는 관례이다. 고대의 도시는 권세자의 방문을 노래와 큰 소리와 희생제사로 맞이하였다. 마태복음에서도 신부들이 나와서 등불을 밝혀 신랑을 맞아(εἰς ἀπάντησιν, 에이스 아판테신) 연회장까지 그를 모시고 가라는 명령을 받는다. 물론 이러한 환영의 특징들이 부활한 자들이 공중에 들려 올라가 주를 맞이할 때 주님이 받게 될 영접과 세세한 것 하나하나까지 일치하는 것이 아님은 분명하지만, 이러한 관습이 바울의 가르침의 배경임에는 의심할 여지가 없다. 마샬(Marshall, 131)은 이러한 관례를 따라서 주와 그를 영접하러 간 자들이 주와 더불어 다시금 땅으로 내려올 것이라고 주장한다. 하지만 나머지 다른 이미지(구름과 들려 올라감)는 그리스도인들이 주체가 되어 나가서 맞이하는 것이 아니라 들리워 올려지는 것을 묘사한다.

"그리하여 우리가 항상 주와 함께 있으리라". 주님을 맞이함의 전 과정의 결과는 "그리하여 우리가 항상 주와 함께 있으리라"라는 이 한 문장으로 표현된다. 항상 주와 함께 있음은 축복의 절정으로서 바울은 그것을 그의 더 좋은 소망으로 피력한다: "내가 그 둘 사이에 끼었으니 차라리 세상을 떠나서 그리스도와 함께 있는 것이 훨씬 더 좋은 일이라 그렇게 하고 싶으나"(빌 1:23). 바울은 몸을 떠나는 것이 "주와 함께 있는 그것이라"라고 말한다(고후 5:8). 이때 바울이 말하는 주와 함께 있음은 죽음 이후의 존재 양식을 가리키는 것이다. 그러므로 "우리가 항상 주와 함께 있으리라"라는 표현은 썩을 우리의 육신이 썩지 않을 몸으로 변화됨을 함축한다(빌 3:20-21; 고전

15:35-37). 여기서 바울은 그리스도교 종말론을 상세하고도 조직적으로 설명하려는 것이 아니라, 먼저 죽은 교우들도 살아남은 사람들과 더불어 주의 파루시아에 함께 참여하게 되리라는 말씀으로써 데살로니가 교우들을 위로하고자 함이다. 이것은 다시금 마지막 절에서 확인된다.

[4:18] "그러므로 이러한 말로 서로 위로하라". 바울은 시작에서와 같이 목회적 관심으로 이 단락을 끝맺는다. 파라칼레오는 데살로니가전서에서 여러 번 '권면하다'라는 의미로 사용되지만(2:12; 3:2, 7; 4:1, 10; 5:11, 14), '위로하다'라는 의미도 내포한다(3:7; 고후 1:4; 7:6-7). 고대에서는 위로 역시 권면의 한 양상이라는 측면에서 '권면하다'라는 번역이 좀 더 포괄적이다. 5장 11절에도 똑같은 표현이 사용되고, '권면하라'(개역개정)라고 번역되고 있다. 새한글성경은 "그러므로 여러분은 이런 말로 서로 용기를 북돋아 주십시오"라고 번역한다. 바울은 그의 권면으로 인해 데살로니가 교우들이 서로를 권면하기를 바라며, 그렇게 함으로써 그들이 죽은 자들에 대한 슬픔을 극복하기를 소망한다. 이러한 권면은 주께서 강림하실 때에 죽은 자들이 일으킴을 받아 살아 있는 자들과 함께 하늘로 들림을 받고 주를 영접하리라는 주의 말씀에 기초한 바울의 확신에서부터 생겨난 것이다.

해설(Comment)

장래의 이야기는 불확실성의 영역에 속한다. 비록 데살로니가 교우들이 주의 강림과 죽은 자들의 부활에 대해서 알고 있었지만, 그럼에도 불구하고 그들 가운데 종말에 관한 불확실함과 오해로 혼란과 무질서가 있었고 낙담과 슬픔 가운데 처한 이들이 있었다(4:13). 바울은 슬픔 가운데 있는 이들을 소망이 없는 '다른 이들'에 빗대어 이야기하는데 여기서 다른 이들은 그리스도인들이 아닌 나머지 인류 전체인 이방인을 가리킨다(4:13; 엡 2:12).

하지만 이방 세계에도 소망의 이야기들이 전적으로 부재한 것은 아니었다. 그리스 신화에 따르면 판도라가 상자를 열어 악한 것들을 세상에 내어놓았을 때 소망은 상자 속에 남아 있었다. 다양한 철학자들은 영혼의 불멸성을 이야기하였고, 어떤 종교들은 죽음 이후의 존재를 확언하였다. 매장을 했건 화장을 했건 간에, 죽은 자들의 무덤에는 구멍이 있어서 산 자들이 죽은 자들을 위해 음식을 넣을 수 있었다. 하지만 일반적인 차원에서는 사람들은 죽음에 대해서 대체로 절망적이었다. 세네카는 소망을 '불확실한 선'이라고 정의하였다. 이러한 소망 없음은 부분적으로 신들이 인간에게 악과 선을 행할 수 있지만, 별에 의해서 고정된 인간의 운명은 변개될 수 없다는 믿음과 연결되어 있었다. 바울이 나머지 인류 전체를 '소망이 없는 자'로 규정하는 것은 약속의 언약들에 대해 외인이라는 것이다(엡 2:12).

죽음 앞에서의 슬픔은 지극히 자연스러운 반응이다. 이때의 슬픔은 이별을 슬퍼한다는 의미가 아니라 그들을 잃어버린 것에 대한 절망적인 슬픔을 뜻한다. 슬픔에 대한 위로 역시 지극히 자연스러운 권면이다. 그것은 죽음에 대한 어떠한 인간의 행동과 노력도 운명의 지배를 바꿀 수 없다는 것이고, 비록 슬픔은 죽음에 대한 자연스러운 반응이고, 인간은 죽음과 직면하여 무관심할 수 없지만 슬픔에 의해 압도되어서는 안 된다는 것이다. 따라서 지나친 슬픔은 자연에 반하는 것이고 피해를 가져오고, 또한 그것은 부지런한 사람에게는 나쁘고 적절치 못한 것으로 이해되었다.

그런데 데살로니가 교우들 가운데 왜 어떤 이들은 이토록 슬퍼했을까? 바울이 데살로니가전서를 기록한 주된 목적 가운데 하나는 그들을 위로하여 '슬퍼하지 않도록' 하고자 함이다. 바울은 이를 위해 그들이 꼭 알아야 할 것이 있음을 "여러분이 알지 못하기를 원하지 않는다"(4:13)라는 이중 부정으로 강하게 표현한다. 데살로니가 교우들을 향한 바울의 위로는 슬픔을 최소화하고자 하는 부름(4:13)과, 서로 간의 위로의 필요성과(4:18)과, 죽은 자들의 행복한 상태에 대한 설명(4:14-17)과 같은 전통적인 위로의 특징적인 요소들을 포함하고 있다. 그러나 일반적인 위로의 편지와는 달리 바울의 위로는 예수의 부활과 강림에 그 뿌리를 둔다. 예수의 부활은 죽은 그리스도인들의 운명에 대한 본보기(4:14)로서 그가 다시 오실 때에 죽은 자들도 일어날 것이고, 살아 있는 신자들도 그를 만나러 올리어질 것이다(4:15-17). 바울은 여기서 그리스도의 강림에 관한 표상에 죽은 자의 부활에 관한 표상을 삽입한다. 실제로 '그리스도로 말미암아' 죽은 자들이 신원 받게 될 것을 명시하기 위해서다. 다른 곳에서 바울은 강림의 표상에 또 다른 모티프도 삽입한다. 예를 들면, 고린도전서 15장 51~52절에서는 죽은 자와 살아 있는 자의 몸의 변화를 이야기한다.

본문의 특징은 '예수로 말미암아'(διὰ τοῦ Ἰησοῦ) 잠자는 자들'(4:14)이라는 표현과 하나님이 그들을 주와 함께 데리고 오시리라는 점(4:14)과 죽은 자들이 먼저 일어남으로써 우리 살아 남아 있는 자도 그들보다 결코 앞서지 못하리라는 점(4:15)이다. 예수를 통하여 잠자는 자들은 단순한 죽음이라기보다는 박해로 인한 순교적 죽음을 함의한다. 임박한 재림에 대한 기대 가운데 박해를 경험하는 공동체에게 죽음 자체와 또한 순교적 죽음은 그들을 커다란 슬픔과 절망에 이르게 했을 것이다. "아! 다 살아서 주를 맞이해야 할텐데, 저 사람들이 죽었으니 어떡하나"라는 데살로니가 교우들에게 바울은 하나님이 주와 함께 그들을 데리고 오시리라고 말함으로써 그들이 지금 하나님과 함께 있음과 예수의 강림 때에 살아서 주를 맞이하는 자보다 먼저 일어나게 될 것과 그리하여 주를 맞이할 때 다시 만나게 되리라는 소망을 제시한다(김세윤, 173).

D. 두 번째 권면(5:1-11)

¹형제들아 때와 시기에 관하여는 너희에게 쓸 것이 없음은 ²주의 날이 밤에 도둑 같이 이를 줄을 너희 자신이 자세히 알기 때문이라 ³그들이 평안하다, 안전하다 할 그 때에 임신한 여자에게 해산의 고통이 이름과 같이 멸망이 갑자기 그들에게 이르리니 결코 피하지 못하리라 ⁴형제들아 너희는 어둠에 있지 아니하매 그 날이 도둑 같이 너희에게 임하지 못하리니 ⁵너희는 다 빛의 아들이요 낮의 아들이라 우리가 밤이나 어둠에 속하지 아니하나니 ⁶그러므로 우리는 다른 이들과 같이 자지 말고 오직 깨어 정신을 차릴지라 ⁷자는 자들은 밤에 자고 취하는 자들은 밤에 취하되 ⁸우리는 낮에 속하였으니 정신을 차리고 믿음과 사랑의 호심경을 붙이고 구원의 소망의 투구를 쓰자 ⁹하나님이 우리를 세우심은 노하심에 이르게 하심이 아니요 오직 우리 주 예수 그리스도로 말미암아 구원을 받게 하심이라 ¹⁰예수께서 우리를 위하여 죽으사 우리로 하여금 깨어 있든지 자든지 자기와 함께 살게 하려 하셨느니라 ¹¹그러므로 피차 권면하고 서로 덕을 세우기를 너희가 하는 것 같이 하라

파루시아에 대한 주제는 계속된다. 주의 강림 때의 죽은 자들에 관한 문제와 강림의 때와 시기의 문제는 서로 긴밀한 연관성을 갖는다(말크쎈, 살전 101). 4장 13~18절이 종말론과 잠든 자들의 문제를 다루었다면 5장 1~11절은 깨어 있는 사람들을 향한 종말론적 권면에 초점을 맞추고 있다. 이 담론의 초점은 "깨어 있으라"는 것이다.

후반부 권면의 단락에서 4장 13절~5장 11절은 주요한 종말론적 부분이다. 이 종말론적 부분의 시작(4:13-18)과 끝(5:9-11)은 내용과 어휘에 있어서 서로 닮아 있다:

5:9 하나님	4:14 하나님
주 예수 그리스도	4:14, 15, 16, 17 주 예수 그리스도
5:10 죽으사	4:14 죽으셨다가
깨어 있든지, 자든지	4:13, 15-17: 살아남아 있는 자, 자는 자
우리	4:17 우리
살게	4:17 살아
자기와 함께	4:17 주와 함께
5:11 그러므로 피차 권면하고	4:18 그러므로 서로 위로하라
(Διὸ παρακαλεῖτε)	(Ὥστε παρακαλεῖτε)

4장 13~18절에서처럼 바울은 5장 9~11절에서도 모든 그리스도인들 — 자는 자이든 살아남아 있는 자이든 — 의 최후의 운명을 다룬다. 그들은 하나님의 노하심이 아닌 구원에 이르는 자신들의 종말론적 미래에 대해 이미 알고 있으므로 서로를 향하여 위로/권면을 줄 수 있는 것이다.

[5:1] "형제들아 때와 시기에 관하여는". 이 편지의 권면 부분에서 바울은 다시금 περὶ δέ(4:9, 13)라는 양식을 사용하여 새로운 주제를 다룬다(예, 고전 7:1). 본 절에서도 περὶ δέ라는 표현은 바울이 데살로니가 교우들이 (아마도 디모데를 통해) 제기한 문제를 새롭게 다루고 있음을 나타낸다. 이 문제는 바로 앞의 주제와 긴밀한 연관성을 갖는 것으로 '때와 시기'에 관한 것 (Περὶ δὲ τῶν χρόνων καὶ τῶν καιρῶν, 페리 데 톤 크로논 카이 톤 카이론)이다. 아우구스티누스는 때(χρόνος, 크로노스)와 시기(καιρός, 카이로스)라는 두 명사 간의 의미상 차이를 구분하여 크로노스는 연속적인 일반적

시간을, 카이로스는 시기적절한 순간, 혹은 정해진 순간을 의미한다고 했다 (Augustine, *Epistles* 197.2). 하지만 헬라 시대에 이 둘 사이의 의미상 차이는 사라져 나란히 같이 사용되어-예를 들면, '나그네요 거류하는 자'(창 23:4), '다스리는 자와 재판관'(출 2:14)과 같이 동의어적 표현으로-미래의 불확정적인 시간이나 기간을 가리켰다. 때와 시기라는 표현은 일반 문학에서도 사용되어 막연한 시간을 가리켰다. 하지만 여기서 때와 시기는 종말론적으로 사용되어 파루시아를 가리키는 전통적인 용어이다(Frame, 189; Wanamaker, 178). 구약성서에서, 특별히 예레미야서와 다니엘서에서 또한 중간기의 유대 문학과 신약성서에서, '때'는 하나님의 개입과 심판이 일어날 기간에 대한 암호이다. 바울 자신도 고린도전서 4장 5절에서 카이로스를 심판의 때라는 의미로 사용한다. 게다가 때와 시기는 2절의 '주의 날'과 평행을 이룬다. 그러므로 때와 시기는 막연한 미래의 일반적 시간이 아니라 심판의 날을 가리킨다. 바울서신에서 때와 시기는 크로노스와 카이로스라는 단수 표현으로 사용되지만 단 한번 이곳에서만 복수 형태로 표현되고 있다.

"너희에게 쓸 것이 없음은". 이 말은 바울이 이미 데살로니가 교우들에게 파루시아의 시간적 문제에 대해서 가르쳐주었음을 말해 준다. 바울은 이 점을 "너희 자신이 자세히 알기 때문이라"(5:2)라는 말로 확인한다. 그럼에도 불구하고 바울이 다시금 파루시아의 갑작스러움과 예상치 못함을 언급하는 것은 그것에 관한 새로운 가르침을 주어야 하는 필요성이 생겼음을 의미한다. 바울은 데살로니가 교우들에게 주의 오심을 맞이할 준비를 항상 하고 있어야 함을 강조함으로써 있음직한 종말의 시나리오나 사안(agendas)으로부터 그들의 관심을 돌리고 있다.

[5:2] "(왜냐하면) 너희 자신이 자세히 알기 때문이라". 바울은 강조적 표현을 사용하여 데살로니가 교우들에게 쓸 것이 없는 이유를 밝힌다. 데살로니가 교우들 자신(강조 어법)이 때와 시기에 관해 이미 자세히 알고 있다는 것

이다. 이러한 표현은 그들의 관심을 불러일으키는 수사학적 기법이다(김세윤, 2000). '자세히'(ἀκριβῶς, 아크리보스)라는 표현은 커다란 관심을 가지고 무언가를 배우거나 조사하거나(눅 1:3) 또는 확실한 가르침(행 18:25, 26; 22:3; 24:22)에 대하여 사용되는 표현이다. 자세히라는 말의 파생어와 때와 시기라는 표현이 묵시(문학)적 맥락에서 사용되고 있다는 점에 주목하자! 꿈 속에서 다니엘이 본 환상 가운데 때와 시기(χρόνου καὶ καιροῦ, 크로누 카이 카이루)와 모든 일의 진상, 곧 자세함(ἀκρίβειαν, 아크로베이안)이라는 표현이 등장한다(단 7:12, 16). 바울은 때와 시기에 대해 자세히 알고 싶어하는 데살로니가 교우들의 말을 빌려서(Malherbe 2000: 289) "주의 날이 밤에 도둑 같이 임한다"라는 중심 명제를 묵시문학적 문맥 안에서 제시한다.

"주의 날이 밤에 도둑 같이 이를 줄을". 앞서 언급한 바, 때와 시기는 '주의 날'(욤 야훼)을 가리킨다. 여기서 주의 날은 구약성서적 개념으로 여호와께서 공정한 심판으로 자신의 의로운 뜻을 나타내시고 자신의 백성을 회복하시는 날이다(암 5:18; 욜 2:31; 말 4:5). 그 날은 하나님의 심판의 날이자(암 5:18-20; 옵 15; 욜 1:15; 2:1f; 습 1:14-16), 구원의 날이다(욜 2:31-32; 슥 14:1-21). 유대 묵시적 종말론에 의하면 창조주 하나님의 왕권을 찬탈하여 사탄이 죄와 죽음으로 통치하는 이 세상 끝에 주가 오시는데 그 날이 바로 주의 날이다. 바울에 따르면 "하나님을 대적하는 모든 세력을 다 멸망시키기 위해 하나님의 대권자인 예수가 주로 오시는 날이 주의 날이다"(김세윤, 201). 따라서 바울은 주의 날을 '그리스도의 날'(빌 1:10; 2:16), '주 예수의 날'(고후 1:14), '우리 주 예수 그리스도의 날'(고전 1:8) 등으로 표현한다. 하지만 번역상 '그 날'로 번역된 구절에서(살후 1:10; 롬 2:16; 13:12; 고전 3:13) '그 날'은 그 자체로는 '주의 날'을 가리키는 전문 용어가 아니라는 점에 주의를 요한다(5:4 주석 참고).

주의 날은 마치 밤에 도둑 같이 예상치 못한 시간에 갑자기 들이닥친다.

'이르다'라는 현재적 표현은 미래를 나타내는 현재나 예언적 현재가 아니라, 일반적이거나 금언적 표현을 나타내는 것으로 들이닥침의 확실성을 표현한다(Frame, 180). 구약성서나 유대 묵시문학에서 주의 날이라는 표현이 굉장히 많이 등장하지만 그 어디에도 도둑의 들이닥침에 비유되는 곳은 없다. 바울은 인자의 강림에 대한 예수 전승(마 24:43; 눅 12:39)에 근거하여 이 표현을 사용하였다(Frame, 181). 이후 이 표현은 마지막 때에 관한 교회에게 주는 가르침(벧후 3:10; 계 3:3; 16:15) 속에 자리잡게 되었다. 여기서 바울은 주의 날에 대한 어떠한 징조를 논의하지 않는다. 단지 그는 이 사건에 대하여서 그 시간을 알 수 없음을 말하고자 한다.

[5:3] "그들이 평안하다, 안전하다 할 그 때에". 바울은 여기서 묵시문학적 전승을 사용한다. 예를 들면, '안전', '갑자기', '이르다'라는 용어는 바울서신에서 단 한 번 여기에서만 사용되지만 환난과 재림에 관한 묵시문학적 문맥 안에서 나란히 함께 사용된다(눅 21:34-36). 또한 '그들이 말하기를'과 같은 표현(눅 17:26f 평행구; 마 24:37-39)은 전형적인 묵시문학적 문체의 특징을 반영한다(Wanamaker, 180).

평화와 안전(εἰρήνη καὶ ἀσφάλεια, 에이레네 카이 아스팔레이아)이 함께 사용되는 경우는 성서에서 이곳이 유일하다. 평화는 전쟁이 없고 기쁨과 번영을 가져온 사회적 화합을 가리키는 정치적 현실이다. 안전이라는 헬라어 '아스팔레이아'는 아스팔트의 어원으로 어떠한 형태의 피해로부터 구원받은 사람들의 상태를 나타내는 시민적이고 정치적인 용어이다(Green, 234). 평화와 안전은 고대 문학에서 흔히 병행되어 사용되었다. 예를 들면, "평화로운 시기의 안락과 전쟁의 시기에서의 안전"과 같이 사용되었다(참고, Green, 234). 아우구스투스의 치세로 로마의 평화(팍스 로마나)가 확립됨으로써 로마제국 내의 도시의 거민들은 로마의 모토였던 '팍스 에트 세쿠리타스'(평화와 안전)로 표현되는 로마의 정치가 베푸는 혜택을 누렸다. 특별히 데살로니가 도시는 악티움 해전에서 옥타비아누스와 안토니우스의 편을 들어 크게 도움을 주어서 로마로부터 자유 도시의 지위를 누릴 수 있었기에 새로운 번영의 시대를 맞이하였다. 데살로니가는 신성한 카이사르와 '신의 아들' 아우구스투스를 기념하여 신전을 세움으로써 이에 응답하였다(Green, 234). 따라서 평화와 안전은 데살로니가인들이 신으로 숭배했던 로마 황제를 향한 그들의 반응을 요약한 말이다. 바울은 팍스 로마나의 이데올로기에 젖어 "안전하다, 평안하다"라는 생각을 하는 데살로니가 사람들에게 주의 날이 도둑 같이 임한다고 경고하는 것이다.

"임신한 여자에게 해산의 고통이 이름과 같이". 바울은 임산부의 비유를 사용하여 주의 날을 피할 수 없음을 밝힌다. 도둑과 해산의 고통의 공통된 이미지는 그 날이 예기치 못한 때에 닥친다는 것이다. 임산부의 산고는 주의 날을 피할 수 없음과 예기치 못함을 드러내는 표현이다. 또한 이 이미지는 종종 구약성서의 예언서(사 13:6-8; 26:16-19; 렘 6:22-26; 22:20-23; 50:41-43; 미 4:9f)에서 사용되어 심판에 직면한 심한 고통과 낙담을 드러낸다. 임산부의 산고는 묵시문학(에녹1서 62:1-5)과 랍비문학에서도 '메시아의 화'를 묘사하는 표현으로 널리 사용되었다.

"멸망이 갑자기 그들에게 이르리니 결코 피하지 못하리라". "……할 그 때에"(ὅταν……τότε, 호탄……토테)라는 표현은 종말론적 계획에서 어떤 구체적인 점을 강조하는 양식으로 사용된다(살후 2:1-12 주석 참고; Malherbe 2000: 292). "심판은 미래의 확실함에 머무는 것이 아니라 거짓 안전을 외치는 자들에게 어떤 점에서는 현재적 실재로 다가온다"(Malherbe 2000: 292). '이르다'(ἐφίσταται, 에피스타타이)라는 동사는 현재 시제로 2절의 '이르다'(ἔρχεται, 에르케타이)와 유사하다. 바울은 '멸망'과 '갑자기'라는 표현으로 주의 날의 예기치 못함과 "결코 피하지 못하리라"라는 말로써 주의 날의 피할 수 없음을 강하게 드러낸다. 평화와 안전을 외치는 때에 바울은 역설적으로 멸망을 외친다. 바울이 사용하는 멸망(ὄλεθρος, 올레쓰로스)이라는 표현은 종말론적 맥락에서만 사용되는(고전 5:5; 살전 5:3; 살후 1:9), "완전하고도 희망이 없는 파멸로, 존재할 가치의 의미를 부여할 모든 것을 잃어버림을 함의한다"(Milligan, 65).

[5:4] "(그러나) 형제들아 너희는 어둠에 있지 아니하매". 바울은 앞의 묵시문학적 경고의 말씀을 토대로 공동체를 향한 실제적 권면을 시작한다(Meeks 1983: 175). '형제들아'와 '너희'라는 강조적 표현은 이제 주제가 바뀌어 공동체를 향한 권면이 시작됨을 나타낸다. 바울은 강조적 어법과 날카로운 대조적 표현으로써 데살로니가 교우들의 상태와 데살로니가의 믿지 않는 자들의 상태를 구분한다. '어둠/빛', '밤/낮'(4-5절), '자는 자/깨어 있는 자'(6-7a절), '술 취함/정신을 차림'(7b-8절)이라는 쌍을 이루는 이분법적 표현은 묵시문학의 이원론적 특징을 반영하며, 동시에 그룹의 정체성과 경계를 강화한다(Meeks 1983: 94-96).

바울은 "너희는 어둠에 있지 않다"라는 말로써 데살로니가 교우들의 특징을 나타낸다. 어둠은 회개하지 않는 자들의 삶을 특징적으로 나타내는 죄의 영역이다(요 3:19; 롬 13:12, 고후 6:14; 엡 5:11). 죄의 삶과 어둠의 연관성은 구약성서(욥 22:9-11; 시 27:1; 74:20; 82:5; 112:4; 사 2:5; 9:2; 60:19f; 잠 4:18f)와 유대 문헌, 특별히 쿰란문서(1QS 3:13-4:26; 1QM)에서 쉽게 찾아볼 수 있다. 어둠은 또한 무지에 대한 비유적 표현이다. 믿지 않는 자들의 이해(총명)가 '어두워져서'(롬 1:21; 고전 4:5; 엡 4:18) 그들은 어둠 가운데 산다(롬 2:19). 따라서 그리스도인의 구원은 어둠에서 빛으로 옮겨짐으로(행 26:18; 엡 5:8; 골 1:13; 벧전 2:9), 빛이 비추어짐(히 6:4; 10:32)으로 표현된다(Green, 235).

[사역] "낮이 도둑같이 너희를 덮치리라"(ἡ ἡμέρα ὑμᾶς ὡς κλέπτης καταλάβῃ). 바울은 앞의 2절의 은유를 반복한다. 본문 이해에 있어서 ἡ ἡμέρα(헤 헤메라)가 '그 날', 곧 '주의 날'로 이해됨으로써 해석상의 어려움

을 초래한다. 예를 들면, 알렉산드리아 세 사본(A B cop)은 단수, 주격인 '도둑'(κλέπτης, 클렙테스)이 아닌 복수, 대격인 κλέπτας(클렙타스)로 읽으면서, "……도둑을 덮친 것같이 너희를 덮치리라"를 뜻을 나타낸다(Frame, 184). 우리말의 모든 번역본은 "그 날이 도둑같이 너희에게 임하지 못하리라"라고 번역한다. 그러나 원문에는 부정어가 없다. 즉, 동사 καταλάβῃ(카타라베)만 있지 부정어(μή 또는 οὐ)가 없다. 동사 καταλάβῃ(카타라베)는 종종 적대적인 것이나 무서운 그 무엇과 연관되어 사용되면서 예기치 못함(surprise)을 그 특징으로 한다. 문제는 대부분의 번역본이 부정어가 없음에도 불구하고 데살로니가 교우들이 어둠에 있지 않으므로 "그 날(곧, 주의 날)이 도둑 같이 임하지 못하리라"라고 해석한다는 점이다.

이러한 해석은 다음과 같은 문제점을 가진다. 첫째, 원문에 없는 부정적 표현을 임의적으로 넣어서 해석하는 점이다. 둘째, 비록 데살로니가 교우들이 어둠에 있지 않지만, 그들 역시 주의 날이 언제 올지 알지 못한다. 따라서 주의 날은 그 '때와 시기'를 알 수 없는 것으로 어둠에 속하지 않은 그리스도인들에게도 도둑같이 예기치 못하게 임할 것이다.

본문의 관건은 ἡ ἡμέρα(헤 헤메라)의 바른 이해에 있다. 여기서 ἡ ἡμέρα는 '주의 날'을 가리키는 것이 아니라, '밤'의 반대적 의미인 '낮'(day)을 가리킨다. 왜냐하면 ἡ ἡμέρα 자체는 주의 날을 가리키는 표현이 아니기 때문이다. ἡμέρα가 '주의 날'을 가리키는 구절에 있어서 비록 '그 날'로 번역되고 있지만(살후 1:10; 롬 2:16), 원어적 표현은 ἡ ἡμέρα가 아니라 ἐν ἡμέρᾳ ὅτε……(엔 헤메라 호테…… 〈롬 2:16〉), 혹은 ἐν τῇ ἡμέρᾳ ἐκείνῃ(엔 테 헤메라 에케이네 〈살후 1:10〉)와 같이 전치사구로서 '……할 날에' 혹은 '(언급된) 그 날'을 가리킨다. 그러므로 ἡ ἡμέρα는 '주의 날'을 가리키는 전문 용어가 아니라 밤의 반대가 되는 '낮'을 가리키거나(롬 13:12), 혹은 수식어에 의해 한정되는 어떤 특정한 날('그 날')을 가리킨다(고전 3:13).

그러므로 본문에서 ἡ ἡμέρα는 밤에 반대되는 이미지로서의 낮을 가리킨다. 이러한 이해는 첫째, "주의 날이 밤에 도둑같이 임하리라"(2절)라는 이해와 일관되며, 둘째, 동사 καταλάβη(카타라베) 또한 종종 적대적인 것이나 무서운 그 무엇과 연관되어 사용되면서 예기치 못함(surprise)을 그 특징으로 하며(참고, Malherbe 2000: 294), 셋째, 그 이유를 설명하는 "너희는 다 빛의 아들이요 낮의 아들이라"라는 표현과도 일치한다. 다시 말하면, 주의 날이 도둑 같이 임할지라도 너희들(데살로니가 교우들)은 밤에 속하여 있지 아니하므로 어둠이 아니라 낮(빛 또는 밝음) 가운데 주의 날이 임할 것이라는 것이다. 이러한 해석은 곧바로 이어지는 절(5절)에서 데살로니가 교우들이 낮에 속하여 있음을 명시한다는 점에서 그 정당성을 갖는다.

[5:5] "(왜냐하면) 너희는 다 빛의 아들이요 낮의 아들이라". 본문은 이유를 나타내는 γάρ로 앞선 4절과 연결된다. 바울은 이제 앞선 4절에서 데살로니가 교우들 모두가 낮에 속하여 있다는 확신을 분명한 이유를 들어 그 증거를 제시한다(김세윤, 207). 바울은 앞서 데살로니가 교우들이 "어둠에 있지 아니하다"라고 부정 어법으로 표현한 것을 이제는 긍정 어법으로 다시 표현한다. 그들 모두는 "빛의 아들이요 낮의 아들이다"(υἱοὶ φωτός ἐστε καὶ υἱοὶ ἡμέρας, 휘오이 포토스 에스테 카이 휘오이 헤메라스). '아들'이라는 개념은 히브리어-셈어적 표현 양식으로 어떤 부류나 세력, 또는 영역에 소속되어 있다는 것을 의미한다. 쿰란문서에서 '빛의 아들'은 종말론적 구원을 맛본 선택된 공동체를 의미하며, '어둠의 아들'은 공동체 외부의 선택되지 않은 자와 불경건한 자를 의미한다(1QS 1:9-10; 3:13, 24-25; 1QM 1:1, 3). 신약성서에서도 믿음의 공동체를 가리키는 일반적 표현으로 사용된다(눅 16:8; 요 12:36; 엡 5:8): "너희에게 아직 빛이 있을 동안에 빛을 믿으라 그리하면 빛의 아들이 되리라"(요 12:36). 믿음의 공동체에 속한 빛의 아들과 주께서 오실 때에 심판과 정죄를 받을 어둠에 속한 자들이 구분되고 있다.

'낮의 아들'(υἱοὶ ἡμέρας, 휘오이 헤메라스)은 '빛의 아들'(υἱοὶ φωτός, 휘오이 포토스)의 병행구이다. 빛과 낮의 연관성은 자연스럽지만 '낮의 아들'이라는 표현은 다른 어디에서도 찾아볼 수 없다. 아마도 바울에 의해 만들어진 새로운 용어이다(Malherbe 2000: 294 ; Wanamaker, 182). 바울은 '빛의 아들'이라는 일반적 용어를 다시금 본문의 문맥에 어울리게 '낮의 아들'로 표현한다. 낮의 아들(sons of the day)이라는 은유적 표현은 이 단락의 주제인 주의 날(the day of the Lord)과의 연관성을 제시한다(김세윤, 208 ; Wanamaker, 182). 동시에 낮의 아들은 어둠/빛, 밤/낮(4-5절), 자는 자/깨어 있는 자(6-7a절), 술 취함/정신을 차림(7b-8절)이라는 이분법적 구분과 마찬가지로 밤이나 어둠에 속하지 아니하고 낮이나 빛에 속한 공동체의 정체성을 강조한다. 이러한 이해는 이어서 언급되는 교차대구적 형태에서 분명하게 제시된다.

"우리가 밤이나 어둠에 속하지 아니하나니". 바울은 그리스도인의 정체성을 강조하기 위하여 "너희는 다 빛의 아들이요 낮의 아들이라"라는 말에 접속사를 생략한 "우리가 밤이나 어둠에 속하지 아니하다"라는 대조적인 표현을 덧붙인다. 그럼으로써 본 절은 다음과 같은 교차대구적 형태를 이룬다:

  a 너희는 다 빛의 아들이요.
    b 낮의 아들이라.
    b' 우리가 밤에 속하지 아니하고(Οὐκ ἐσμὲν νυκτὸς).
  a' 어둠에 속하지 아니한다(οὐδὲ σκότους).

이러한 구조는 바울의 의도적 구성이다(비교, Wanamaker, 183). 먼저, 단순히 밤과 어둠의 소유격 형태(νυκτὸς, σκότους)만을 사용함으로써 6절의 하나님을 모르는 이방인인 '다른 이들'이 속한 밤과 어둠의 영역에 '우리'가 속하지 아니하였음을 드러낸다. 또한 주어도 '너희'에서 '우리'로 바뀐다.

'우리'라는 표현은 '다른 이들'과의 구분을 드러낼 뿐만 아니라, 자신을 데 살로니가 교회 공동체에 포함시킨다. 이러한 일체감은 그들의 구원의 확실성을 암시하며 그들을 향한 그의 도덕적 권면의 기초가 된다(김세윤, 208 ; Wanamaker, 183). 왜냐하면 '……합시다'라는 권유적 표현은 헬라어에서 가정법 일인칭 복수인 '우리'(we)라는 형태로 표현되기 때문이다. 즉, 바울은 데살로니가 교우들에게 자신과 함께 주의 오심을 위해 준비하자고 요청하고 있는 것이다.

[5:6] "그러므로(ἄρα οὖν) 우리는 다른 이들과 같이 자지 말고". ἄρα οὖν (아라 운)은 바울서신에서만 사용되는 표현으로 논리 전개에 있어서 새로운 전환을 나타내는 연결사이다(롬 5:18 ; 7:3, 25 ; 8:12 ; 9:16, 18 ; 14:12). 여기에서 직접적인 권고로 전환된다(브루스, 211). '다른 이들'은 나머지 사람들로서 '하나님을 모르는 이방인들'을 가리킨다(4:5). "(다른 이들과 같이) 자지 말라"(μὴ καθεύδωμεν, 메 카슈도멘)라는 권면에 있어서 바울은 앞의 4장 13, 14, 15절의 '잠든 자'를 표현하는 동사(κοιμαω, 코이마오)와는 다른 동사를 사용한다. 여기서 '자다'(καθευδω, 카슈도)라는 표현은 죽음에 대한 은유로도 사용되지만(4:13, 15 ; 5:10), 때로는 비유적으로 윤리적 의미의 도덕적, 영적 무관심 혹은 둔감성을 나타낸다(5:7 ; 엡 5:14). 믿지 않는 이들의 삶은 잠이라는 말이 나타내듯이 도덕적 둔감함이라는 특징을 갖는다. 따라서 본문에서 '잠자다'라는 표현은 "경각심 없이 주의 재림을 대비하지 않은 상태로……주의 날이 도둑 같이 임할 텐데 아직도 팍스 로마나의 환상에 젖어서 평안하다, 안전하다' 하는 자들"을 가리킨다(김세윤, 209).

"오직 깨어 정신을 차릴지라". 본문은 ἀλλά로 연결되어 대조가 되는 뒷부분을 강조하는 대구법 문장이다(1:5, 8 ; 2:2, 4, 13 ; 4:7, 8 ; 참조, 5:9, 15 ; M: 295). '깨어 있다'(γρηγορέω, 그레고레오)라는 동사는 문자적으로는 잠자는 상태와 대조를 이루지만, 은유적으로는 특별히 심각한 정황을 맞이하여 영적으로 정신적으로 경계하고 있는 상태를 가리킨다 (Frame, 186). 따라서 주님은 그의 사람들이 깨어 있기를 요청한다. 그 날이 언제 올지 모르기 때문이다(마 24:42-44; 25:13; 막 13:32-37; 눅 12:35-40; 계 3:2-3; 16:15). 이처럼 깨어 있음은 종말론적 의미를 갖는다. 깨어 있음은 굳게 섬(고전 16:13)과 기도함(골 4:2)과 연결되어 시험에 들지 않는(마 26:40-41; 막 14:37-38; 벧전 5:8) 그리스도인의 참된 정체성을 나타낸다.

이어서 바울은 "정신을 차립시다"(νήφωμεν, 네포멘)라고 권면한다. 바울에게서 처음으로 이 두 표현이 합쳐져서 "깨어 정신을 차립시다"로 사용된다. '정신을 차리다'(νήφω, 네포)라는 말은 문자적으로 술 취하지 않은 상태를 의미한다. 신약성서에서 이 말은 언제나 "은유적으로 자제력이나 자기 통제의 의미로, 그리고 역경이나 위험에 직면하여 분명한 생각을 갖는다"라는 의미로 사용된다(딤후 4:5;벧전 1:13; 4:7; 5:8; Green, 238). 베드로전서에서도 '깨어 정신을 차림'은 윤리적 권면 부분에서 사용된다(벧전 5:8). 주의 날을 위한 준비는 하나님의 심판을 위한 도덕적, 영적 준비로 자기 절제가 요구된다.

[5:7] "자는 자들은 밤에 자고 취하는 자들은 밤에 취하되". 밤은 사람이 자거나, 술에 취하는 일반적 시간이다. 따라서 본문은 자명한 이치를 나타내는 상투적인 표현이다. 바울은 이 자명한 표현으로 앞의 "우리는 다른 이들과 같이 자지 말고 오직 깨어 정신을 차릴지라"(6절)라는 말씀을 더 분명하게 한다. 어쩌면 이 표현은 데살로니가인들의 일상적 경험에 대한 사실적 언급일 수도 있다(브루스, 206 ; Milligan, 68). 하지만 본문은 밤에 행하는 가장 일반적인 두 가지 주요 활동, 즉 잠자는 행동과 술 마시는 행동을 묘사하는 자명한 진술이다. 바울은 이러한 자명한 진술로 그리스도인들의 행동을 술 취하지 않은 상태인 깨어있음이라고 묘사하는 은유적 표현과 대조를 이

루어 앞선 6절을 강조한다(Green, 239 ; Wanamaker, 185).

[5:8] "(그러나) 우리는 낮에 속하였으니 정신을 차리고". 접속사로 δέ(그러나)로 시작되는 본문은 앞 절의 '자고 취하는 자들'과 대조를 이룬다. 이러한 대조는 '그러나 우리는'(ἡμεῖς δὲ)이라는 강조적 표현과 더불어 강한 대조를 나타낸다. 본문은 앞의 "깨어 정신을 차립시다"(6절)라는 권면과 다를 바 없다. 그러나 바울은 여기서 낮에 속한 것과 정신을 차림과의 관련성을 분명히 한다. 그리스도인의 정체성이 낮에 속해 있으므로 맑은 정신을 가지자는 것이다. 그리스도인의 정체성 자체가 권면의 근거가 되는 것이다(Malherbe 2000: 296).

"믿음과 사랑의 호심경을 붙이고". 맑은 정신으로 깨어 있음은 또한 군사적 의미를 함축한다(예, 벧전 1:13; 5:8-9). 따라서 깨어 있음은 보초를 서는 초병의 이미지로 자연스럽게 옮겨간다. 이러한 초병의 이미지는 보초를 설 때에 갖추어야 할 의장으로 표현된다. 바울은 그의 편지에서 종종 일반적인 군사적 이미지를 활용한다(롬 13:12; 고후 6:7; 10:3-5; 엡 6:11-17; 빌 2:25; 딤후 2:3-4). 예를 들면, 로마서에서는 '빛의 갑옷'을, 고린도후서 6장에서는 '좌우에 의의 병기'를, 그리고 10장에서는 '싸우는 무기'를 언급한다. '호심경'과 '투구'는 이사야 59장 17절을 반영한다. 이사야서에서는 하나님 자신이 "공의를 [가슴] 갑옷(호심경)으로 삼으시며 구원을 자기의 머리에 써서 투구로 삼으시는……" 전사에 비유되고 있다. 하지만 바울은 이 이미지를 데살로니가 교우들에게 적용시키고 있다. 바울은 비록 믿음, 사랑, 소망이라는 삼중적 표현을 사용하지만 호심경과 투구만을 사용하는 이유는 이사야서에서 가슴 갑옷(호심경)과 투구만이 언급되고 있기 때문이다(비교, 엡 6:14-17). 여기서 가슴 갑옷은 의에 대한 상징이 아니라(비교, 엡 6:14) 믿음과 사랑을 나타낸다.

"구원의 소망의 투구를 쓰자". 데살로니가 교우들은 그들의 믿음의 소문

(1:8)과 사랑의 수고(4:9-10)에 있어서는 바울이 "쓸 말이 없다"라고 할 정도로 믿음과 사랑이 충만하였다. 하지만 그들에게 아직 부족한 점이 있다면 그것은 바로 소망에 관한 것이다. 따라서 바울은 이사야서의 '구원의 투구'라는 표현에 소망을 덧붙여 '구원의 소망의 투구'(περικεφαλαίαν ἐλπίδα σωτηρίας, 페리케팔라이안 엘피다 소테리아스)라고 표현한다. 소망이 강조되고 있다. 바울은 "믿음과 사랑은 한데 묶어 흉배와 연결시키고 소망은 따로 떼어 투구와 일대일로 연결시킨다"(김세윤, 211). 여기서 소망(ἐλπίδα, 엘피다)은 투구에 속격으로 연결된 것이 아니라 투구(περικεφαλαίαν, 페리케팔라이안)와 같은 대격으로 나란히 연결되고 있다. 따라서 원문의 해석은 '소망이라는 구원의 투구' 또는 '구원의 투구(인) 소망'에 가깝다. 이러한 소망에 대한 강조는 데살로니가전서를 쓰는 근본적인 이유이기 때문이다. 바울은 앞서 1장 3절에서도 소망을 마지막으로 언급함으로써 소망을 강조하고 있다. 물론 그리스도인들의 경험에 있어서도 논리적 순서로 미루어 볼 때 소망이 마지막에 언급되는 것이 적절하지만(1:3 주석 참고), 소망은 데살로니가전서의 절정이기에 그러하다. 특별히 그리스도의 강림을 다루는 본 단락에 있어서는 더욱 그러하다.

[5:9] [사역] "(왜냐하면) 하나님이 우리를 세우심은 노하심에 이르게 정하심이 아니요". 지금에 이르기까지 바울의 가르침은 주의 날이 이르기 전까지의 그리스도인들의 특징과 믿지 않는 자들의 특징에 초점을 맞추었다. 믿지 않는 자들은 밤에 속하여 자고 취한 상태로 묘사되지만, 믿는 자들은 낮에 속하여 깨어 경성한 상태로 묘사된다. 이제 바울은 초점을 바꾸어 두 그룹의 운명에 대하여 설명한다. 한 그룹은 하나님의 진노를 받게 되고, 다른 한 그룹은 구원을 받을 것이다. 진노와 구원을 대구법으로 사용함으로써 뒷부분인 구원을 강조한다. 바울은 데살로니가 교우들이 갑옷과 투구를 쓰고 깨어 있어야 하는 이유가 하나님이 그들을 진노가 아니라 구원으로 정하셨기 때

문이라는 점을 밝힌다. 하나님의 진노는 주의 날에 모든 불순종하는 자들에게 임할 것이다(습 1:15; 2:2; 욜 1:15; 옵 15절).

'세우다'(τίθημι, 티쎄미)라는 동사는 '두다', '정하다'라는 의미로 사용된다(행 13:47; 롬 4:17; 9:33; 고전 12:18, 28; 딤전 1:12; 벧전 2:6). 바울은 τίθημι 동사를 13번 가운데 8번 하나님의 행동을 묘사하기 위해 사용한다. 즉, 하나님이 그렇게 정하심으로 말미암아 하나님의 목적이 성취됨을 가리킨다. 바울은 데살로니가 교우들에게 하나님의 택하심을 상기시킨다(1:4; 4:7; 살후 1:11; 2:13-14).

[사역] "오직 우리 주 예수 그리스도로 말미암은 구원을 얻도록 정하심이라". 구원은 그리스도인들이 품고 있는 소망의 구체적인 내용이며, 하나님께서 정하신 그리스도인의 궁극적 운명으로서 소망의 근거가 된다. 하나님은 데살로니가 교우들을 진노 가운데에 두기로 정하신 것이 아니라 구원을 얻도록(εἰς περιποίησιν, 에이스 페리포이에신) 정하셨다. '얻음'이라는 περιποίησις(페리포이에시스)는 하나님의 부르심이나 선택과 함께 사용되는 전형적인 표현으로서 소유(권), 획득이라는 능동적 의미를 갖는다(말크쎈, 살전 108; Wanamaker, 188). 전치사 εἰς(에이스)는 방향성과 목표를 나타내는 것으로 구원과 영광이 그 목표임을 분명하게 드러낸다. "우리 주 예수 그리스도를 통한"(διὰ τοῦ κυρίου ἡμῶν Ἰησοῦ Χριστοῦ)이라는 전치사구는 '정하셨다'라는 동사를 수식하는 것이 아니라 바로 인접한 '구원 얻음'(περιποίησιν, 페리포에신)을 수식한다. 따라서 "우리 주 예수 그리스도로 말미암은 구원을 얻도록 정하심이라"라는 뜻을 가진다. 한편, "우리 주 예수 그리스도로 말미암아 구원을 받게 하심이라"(개역개정)라는 번역은 '구원을 받는다'는 동사를 수식하게 됨으로써 구원 얻음을 과정으로 이해하는 해석의 여지를 가져온다(말크쎈, 살전 108).

본문은 그리스도인들이 이러한 구원을 얻음이 그들 자신으로 말미암은 것이 아니라 예수 그리스도로 말미암아 얻게 된 것임을 분명하게 드러낸다.

"구원은 처음부터 끝까지 하나님의 일이다"(김세윤, 214). 구원은 하나님의 은혜로운 택함에 의해 그들의 것이 되었다. 이러한 은혜에 대한 메시지는 '정하다'라는 동사와 함께 "주 예수 그리스도로 말미암은"이라는 마지막 절에서 분명하게 강조되고 있다. 바울은 이와 같은 구원의 진리를 '정하다'라는 말, 곧 예정으로 표현한다. 바울은 그리스도가 하나님의 구원의 대리인으로 믿는 자들에게 구원을 가져온 분임을 강조한다(롬 5:1, 11; 고전 15:57).

바울은 여기서 전승을 사용하고 있음이 분명하다(살후 2:14; 엡 1:11-14; 벧전 2:9; 히 10:39). '페리포에시스'는 주의 날에 그리스도인들이 얻게 될 그 무엇으로 주 예수 그리스도의 구원(5:10), 혹은 '주 예수 그리스도의 영광'(살후 2:14)이다. 곧 구원을 얻음과 영광을 차지함이 그리스도인들의 궁극적 목표이다: "······하나님은 우리의 복음을 통해서 여러분을 또한 부르셔서 우리 주 예수 그리스도님의 영광을 차지하게 하셨습니다"(살후 2:14, 새한글성경). 영광이 주 예수 그리스도의 영광이듯이 구원 역시 주 예수 그리스도의 구원이다.

[5:10] "예수께서 우리를 위하여 죽으사". 예수 그리스도가 어떻게 구원을 가져왔는가? 9절 후반절과 10절에서 바울은 구원의 소망의 기초를 예수 그리스도의 죽음에 둔다. "우리를 위하여 죽으사"(τοῦ ἀποθανόντος ὑπὲρ ἡμῶν, 투 아포싸논토스 휘페르 헤몬)라는 표현은 그리스도론적 양식의 초기 전승에 해당된다. 전치사 ὑπέρ(휘페르)는 '······을 위하여' 뿐만 아니라 더 근본적으로는 '······을 대신하여/을 대표하여'라는 뜻을 함의한다. 이 표현은 왜 구원이 예수 그리스도로 말미암아 이루어진 것인지를 설명하기 위해 사용되었다. 우리를 위한 그리스도의 대리적 죽음과 우리를 생명인 구원에 참여할 수 있게 하는 속죄적 죽음의 목적을 표현하는 구절은 바울서신에서 반복적으로 나타나는 형태이다:

그리스도께서 하나님 곧 우리 아버지의 뜻을 따라 이 악한 세대에서 우리를 건지시려고 우리 죄를 대속하기 위하여 자기 몸을 주셨으니(갈 1:4).

이를 위하여 그리스도께서 죽었다가 다시 살아나셨으니 곧 죽은 자와 산 자의 주가 되려 하심이라(롬 14:9).

그가 모든 사람을 대신하여 죽으심은 살아 있는 자들로 하여금 다시는 그들 자신을 위하여 살지 않고 오직 그들을 대신하여 죽었다가 다시 살아나신 이를 위하여 살게 하려 함이라(고후 5:15).

하나님이 죄를 알지도 못하신 이를 우리를 대신하여 죄로 삼으신 것은 우리로 하여금 그 안에서 하나님의 의가 되게 하려 하심이라(고후 5:21).

"우리로 하여금 깨어 있든지 자든지 자기와 함께 살게 하려 하셨느니라". 바울은 이어서 그리스도의 죽음에 있어서의 궁극적인 목적을 강조한다. 구원의 궁극은 "그리스도와 함께 사는 것"이다. 따라서 구원이란 "인간 경험의 궁극적인 제한적 요소인 죽음이 단번에 그리고 영원히 극복될 것이다"라는 점을 함의한다(Wanamaker, 188). 바울은 그가 앞서 제시한 4장 13~17절에서의 가르침을 암시함으로써 이 마지막 구절인 4장 17절, "우리가 항상 주와 함께 있으리라"라는 말씀을 그대로 반영한다.

"(우리가) 깨어 있든지 자든지"라는 구절은 "우리가 살아 있든지 죽었든지"라는 뜻이다. 여기서 '자다'라는 표현은 '죽었다'라는 의미이다. 이 점은 본문이 4장 13~17절과 평행으로 "우리가 그와 함께 살리라"라는 표현이 "우리가 항상 주와 함께 있으리라"(4:17)라는 말씀의 반복이라는 점에서 분명해진다:

깨어 있든지	살아남은 자들(4:17)
자든지	자는 자들(4:13)
우리가 그와 함께 살리라	우리가 항상 주와 함께 있으리라(4:17)

본문은 '자는 자'(믿지 않는 자)와 '깨어 있는 자'(믿는 자)를 구분하는 것이 아니라, 우리 믿는 자들과 관련하여 4장 13~17절을 재차 언급함으로써 데살로니가전서의 종말론적인 권면을 이 서신의 가장 핵심인 '주의 강림과 죽은 자의 부활'이라는 소망을 담고 있는 본 단락과 연결시킨다.

[5:11] [사역] "그러므로 서로 권면하고"(Διὸ παρακαλεῖτε ἀλλήλους, 디오 파라칼레이테 알렐루스). "피차 권면하라"는 4장 18절의 "서로 위로하라"(개역개정)와 같은 헬라어 표현이다. 문맥상 일반적 의미인 "서로 권면하라"가 어울리는 것은 "서로를 든든히 세워 나가라"라는 권면과 상응하기 때문이다.

[사역] "피차 덕을 세우기를 너희가 하는 것 같이 하라". '덕을 세우다'로 번역된 헬라어 동사 οἰκοδομέω(오이코도메오)는 '집을 건축하다/세우다', '강하게 하다'라는 뜻으로 바울이 교회를 위한 사역을 표현하기 위해 그가 즐겨 사용하는 은유적 표현이다. 하나님은 예레미야 선지자에게 이스라엘을 다시 '세우실' 것을 약속하셨다(렘 24:6; 31:4; 33:7; 42:10). 예레미야 자신도 무너진 공동체를 다시 세우는 것이 자신의 역할임을 이해하였다(렘 1:10). 공동체 혹은 공동체를 형성하는 각 개인을 세움은 고린도 서신의 주요 모티프로서, 바울은 자신의 사도적 역할이 고린도 교회 공동체를 세워나가는 것이라고 역설한다(고후 10:8; 12:19; 13:10). 고린도전서 14장 3절, "예언하는 자는 사람에게 말하여 덕을 세우며 권면하며 위로하는 것이요"라는 말씀은 권면과 세워나감과의 밀접한 관계를 드러내며, 그 일이 공동체의 삶 안에서 예언하는 자가 할 일임을 주장한다.

교회 공동체의 온전함에 대한 바울의 관심은 공동체 내의 상호성 (reciprocity)에 있다(Malherbe 2000: 301). 이러한 공동체의 상호성에 대한 관심은 '서로'(εἷς τὸν ἕνα εἰς ἀλλήλους, 헤이스 톤 헤나 에이스 알렐루스 〈롬 14:19〉)에 대한 관심이다. "서로(ἀλλήλους, 알렐루스) 권면하고, 피차(εἷς τὸν ἕνα, 헤이스 톤 헤나) 덕을 세우라"는 권면에서 '서로'와 '피차'는 평행으로 동의어로 간주될 수도 있지만, εἷς τὸν ἕνα(one on one)는 ἀνὴρ ἀνδρί(아네르 안드리, man to man)와 같이 피차 간의 개인적 관심을 묘사한다(Malherbe 2000: 301). 바울은 자신이 개종한 데살로니가 교우들 '각 사람'(ἕνα ἕκαστον, 헤나 헤카스톤 〈2:11〉)에게 관심을 둔 것과 같이 그들도 서로와 피차에 대하여 관심을 갖기를 권면하는 것이다. 공동체를 세우는 것, 덕을 세우는 것은 교회 구성원 모두가 서로와 피차 간에 감당해야 할 몫이다. 이러한 이해를 토대로 그의 마지막 권면이 교회 공동체의 온전한 세움에 관한 것임을 우리는 이어지는 권면에서 구체적으로 보게 될 것이다.

해설(Comment)

이 단락에서 바울은 다시금 데살로니가 교우들이 제기한 질문에 답을 주고 있다. 그들의 질문은 "언제 주의 날이 오느냐?"에 관한 것이었다. 이 주제가 데살로니가 교우들의 생각을 지배하였음이 분명하다. 요한계시록에서도 환난과 박해에 처한 성도들은 "……대주재여 땅에 거하는 자들을 심판하여 우리 피를 갚아 주지 아니하시기를 어느 때까지 하시려 하나이까"(계 6:10)라는 질문을 필연적으로 던지고 있다. 성도들이 겪는 환난과 박해는 주의 날이 임하는 '때와 시기'에 관한 관심을 유발시켰다. 환난으로 인한 고통과 그로 인한 미혹됨으로 인하여 데살로니가 교우들 가운데 더러는 데살로니가후서 2장 1~12절에서 보여주는 바와 같이 때와 시기에 관한 잘못된 가르침을 쉽게 받아들였다.

데살로니가 교회 공동체가 '주의 날'에 관한 문제점을 드러내었고(살후 2:1-12), 이것이 교회의 당면 과제가 되었기 때문에 바울은 묵시문학적 전승을 사용하여 경계의 말씀을 주고 있다. 때와 시기와 관련하여 본 단락은 묵시문학적 특성을 가진 두 전승을 포함하고 있다. 하나는 주의 날이 도적과 같이 임하리라는 것이고, 다른 하나는 '빛의 자녀'에게 깨어 있으라고 권고하는 '이중적 경고'(dualistic admonition)이다(Meeks 1983: 175).

그리스도인들의 행동은 믿음이 없는 '다른 이들'(4:13)의 행동과는 구별되어야 한다. 그리스도인은 어둠과 같은 죄의 삶을 떠나 거룩함의 빛 안에서 살아가는 자들이다. 복음서에서 주님은 제자들이 시험에 빠지지 않게 '자지 말고' '깨어 있기'를 권면한다(마 26:40-41; 막 14:37-38; 눅 22:45-46).

E. 세 번째 권면(5:12-22)

데살로니가전서의 마지막 권면(5:12-22)은 로마서와 갈라디아서의 마지막 권면(롬 12:1-15:13; 갈 5:1-6:10)과 마찬가지로 교회 공동체 내의 관계성에 관한 규범적 가르침을 닮았다. 이것은 바울이 사용하는 유대-그리스인들의 규범적 가르침의 일부이거나(Best, 241f), 아니면 데살로니가 교회의 정황에서의 가르침이 거듭 다른 교회에서도 적용된 것이다(Marshall, 146). 이러한 본 단락의 내용은 로마서 12장에서도 그 유사성을 찾아볼 수 있다:

살전 5:13b	롬 12:18
5:15	12:17a
5:16-17	12:12
5:19-22	12:11b

바울은 본 단락에서 편지의 나머지 부분과는 달리 구문적 연결사 없이 삶에 관한 열일곱 개의 권면을 제시한다. 이 권면은 15개의 명령법과 명령조의 두 부정사로 구성된다(Malherbe 2000: 309). 본 단락은 두 부분으로 나눌 수 있다. 첫 부분(12-15절)은 11절의 상호성의 권면을 구체적으로 제시하는 관계에 대한 권면을 열거하고, 둘째 단락(16-22절)은 "기뻐하고, 기도하고, 감사하라"라는 예전적 권면과 교회 내의 특별한 기능인 예언에 대한 지침을 제시한다.

1. 교회 구성원들에 대한 목회적 지침(5:12-15)

[12]형제들아 우리가 너희에게 구하노니 너희 가운데서 수고하고 주 안에서 너희를 다스리며 권하는 자들을 너희가 알고 [13]그들의 역사로 말미암아 사랑 안에서 가장 귀히 여기며 너희끼리 화목하라 [14]또 형제들아 너희를 권면하노니 게으른 자들을 권계하며 마음이 약한 자들을 격려하고 힘이 없는 자들을 붙들어 주며 모든 사람에게 오래 참으라 [15]삼가 누가 누구에게든지 악으로 악을 갚지 말게 하고 서로 대하든지 모든 사람을 대하든지 항상 선을 따르라

바울의 권면은 두 가지 측면에서 이루어진다. 하나는 목양의 돌봄을 베푸는 자들을 대하는 권면(5:12-13)과 돌봄을 행하는 태도에 관한 권면(5:14-15)이다. 이 두 권면은 그 구조가 비슷하다. 각 권면은 '형제들아'라는 말과

더불어 바라는 바를 나타내는 동사, '구하다'(에로토멘, 5:12)와 '권면하다'(파라칼루멘, 5:14)로 시작한다. 바울은 여기서 데살로니가 교회 내의 특별한 직위를 언급하거나, 목회적 권면을 하는 자(예, 목회자)와 권면을 받는 자(예, 평신도)를 구분하는 것이 아니다.

[5:12] "형제들아 우리가 너희에게 구하노니". '형제들아'라는 말로써 바울은 그의 권면에 있어서 새로운 주제를 시작한다. 바울은 "서로 용기를 북돋아 주고, 한 분 한 분 서로를 세워 주십시오"라는 말로 서로를 세우는 공동체 내의 상호 양육을 언급한다(Malherbe 1987: 89). 동사 ἐρωτάω(에로타오)는 간청하다는 의미로 바울이 자주 사용하는 동사 '권면하다'(παρακαλέω, 파라칼레오)와 동의어이다.

[사역] "너희 가운데서 수고하고 주 안에서 너희를 돌보며 권하는 자들을 너희가 알고". 바울이 간청하는 바는 데살로니가 교우들이 그들 가운데서 수고하고, 그들을 돌보고, 훈계하는 자들을 알아주라는 것이다. 여기서 '알아주다'(εἰδέναι, 에이데나이)는 명령조의 부정사로 '알다', '이해하다', '알아보다' 이상의 의미를 담는 것으로 '존경하다' 혹은 '인정하다'라는 뜻을 갖는다(Malherbe 2000: 310).

동사 '수고하다'(κοπιάω, 코피아오)는 일반적으로 육체노동을 가리키지만(살후 3:8; 고전 4:12), 바울서신에서는 주로 복음을 전하는 바울 자신의 활동(고전 15:10; 갈 4:11; 빌 2:16; 골 1:29), 혹은 복음을 위한 다른 이들의 수고와 애씀을 가리킨다(고전 16:16; 롬 16:6, 12). 본서에서는 밤낮으로 힘들게 수고한 바울 자신의 사역을 가리킨다. 본문에서 '수고하다'라는 동사는 '너희 가운데서'라는 말과 함께 사용되어 "교회 공동체의 필요를 위해 애쓴다"라는 의미를 가진다.

공동체 내에서 어떤 이들은 교우들을 '돌보며'(προϊσταμένους, 프로이스타메누스), '권하는'(νουθετοῦντας, 누쎄툰타스) 일을 하였다. 먼저, '다스리다'(개역개정)로 번역된 προΐστημι(프로이스테미) 동사는 '인도하고, 보호하고, 돌보다'라는 의미를 가진다. 이는 교회 내에서의 책임적인 일을 의미하는 것으로, 믹스(Meeks 1983: 134)는 구체적으로 이 일이 후견인으로서의 일을 의미한다고 주장한다. 이는 이 단어가 물질적으로 다른 이들을 돌본다는 의미를 갖기 때문이다. 특별히 명사형 προστάτις(프로스타티스)는 교회의 여러 직책 가운데 하나로서 '돌보고, 보호하고, 후원하는 자'이다. 예를 들면, 뵈뵈는 여러 사람과 바울의 '후견인'(프로스타티스)이었다(롬 16 : 2).

하지만 데살로니가 교회는 경제적으로 궁핍한 육체노동자들의 '공유 경제의 공동체'로서 재정 후원자가 없이 그들의 공동식사를 자체적으로 꾸려갔던 자발적 협의체였다(참고, 박영호, 362-369). 이러한 이해는 데살로니가 교회가 개종한 지 얼마 되지 않은 겨우 20-30명 안팎의 구성원으로 이루어진 어린 공동체이기 때문에 아직 리더십 구조(leadership structure)가 제대로 형성되지 않았다는 이해와도 맞물린다(참고, Malherbe 2000: 312 ; 김세윤, 49). '프로이스테미' 동사는 선한 일에 '힘쓰다'와 같이 '관심하다', '도와주다'라는 뜻으로 사용된다(딛 3 : 8, 14). 본문에서도 바울은 교회 내의 지도자 그룹이라는 공식적인 지위에 대해 말하는 것이 아니라 활동과 기능에 대해 관심한다. 로마서 12장 8절에서도 ὁ προϊστάμενος(호 프로이스타메노스)라는 표현은 남을 도와주는 다양한 은사 가운데 하나로 묘사된다(Malherbe 2000: 313). 데살로니가 교회 내에서 비록 공식적인 리더십은 뚜렷하게 형성되지 않았지만, 형편이나 은사에 따라 "자발적이고 자연발생적인 리더십이 형성되고 있었다"라고 할 수 있다(김세윤, 50).

[5 : 13] "그들의 역사로 말미암아 사랑 안에서 가장 귀히 여기며". '여기다'(ἡγεῖσθαι, 헤게이스싸이)는 '알다', '깨닫다' 혹은 '인식하다' 이상의 의미로 '참된 인격을 알다' 혹은 '진가를 인정하다'라는 뜻을 갖는다. 바울은 데살로니가 교우들에게 그들 가운데 수고하고, 그들을 돌보고, 권하는 이들을 인정하

라고 권면한다. 이와 비슷한 예는 고린도 교회를 향한 권면에서도 찾아볼 수 있다. 바울은 고린도 교회의 형제들에게 스데바나와 스데바나의 집을 '알아 주라'(ἐπιγινώσκετε, 에피기노스케테)라고 명한다(고전 16:18). 고린도전서 16장에서 '알아주라'라는 말은 앞의 '순종하라'(고전 16:16)라는 말과 평행을 이룬다. 비록 여기서 바울은 고린도 교회에서처럼 순종하라고 명하지는 않지만 그러한 사람들을 인정하라고 당부한다. 사실상 그 말 속에는 순종이 함의되어 있다. 바울은 그러한 사람들을 인정하되 '가장 귀히' 여기라고 권면한다. 이러한 인정은 '사랑 안에서' 표현되어야 한다(참고, 엡 4:2, 15-16). 공동체 안에 있는 회원들 간의 관계는 사랑에 의해 묶어져야 한다. 그들에 대한 인정은 바로 교회 공동체의 혜택을 위한 그들의 수고에 그 뿌리를 두고 있다.

"너희끼리 화목하라". 교우들을 돌보고 타이르는 자들을 사랑 안에서 인정하라는 권면에 이어서 바울은 "너희끼리 화목하라"(εἰρηνεύετε ἐν ἑαυτοῖς)라고 권면한다. 아무런 연결사 없이 언급된다. 따라서 그 의미가 불분명하다. 어떤 사본들(시내산 사본, D, P30)은 '너희끼리'(ἐν ἑαυτοῖς, 엔 헤아우토이스)라는 표현 대신에 ἑ가 탈락된 '그들과'(ἐν αὐτοῖς, 엔 아우토이스)라는 읽기를 취한다. 이에 따라 이 말은 앞서 언급된 '돌보는 자들'을 가리키게 되어 "그들과 화목하라"라는 뜻을 가지게 된다. 하지만 만일 그러한 의미로 사용했다면 ἐν αὐτοῖς(엔 아우토이스)보다 로마서 12장 18절에서와 같이 μετὰ αὐτῶν(메타 아우톤)이 더 자연스러운 표현일 것이다(Malherbe 2000: 315). 바울은 데살로니가 교회 내에서 권면을 하는 그룹과 권면을 받는 그룹을 구분하는 것이 아니라, 공동체 내에서의 서로 간의 관계에 대해 권면하는 것이다. 따라서 어려운 읽기인 "너희끼리 화목하라"라는 표현이 원래적 표현이라고 판단된다.

그렇다면 본문에서 '화목하라'라는 권면은 사랑과 관련된 일반적 권면인가 아니면 공동체 내의 구체적인 문제를 두고 언급한 실제적 권면인가? '화목하라'(εἰρηνεύετε, 에이레뉴에테)라는 표현은 평화(에이레네)의 동사형이다. 새한글성경은 "여러분끼리 평화롭게 지내십시오"라고 번역한다. 그린(Green, 251)은 사랑에 대한 권면이 공동체의 조화/평화와 연관된다는 점에 주목한다. 예를 들면, 주후 1세기 루칸(Lucanus)은 사랑을 조화/평화(concordia)와 동일시한다: "세상과 조화된 우주의 유지자, 모든 것을 영원한 결속 가운데 껴안고 있는 조화/평화여! 지금 임하소서! 세상을 (하나로) 묶는 거룩한 사랑으로 말미암아 임하소서!"(*Bellum Civille* 4.189-191; 재인용, Green, 251).

공동체 내에서 "서로 화목하라"라는 권면은 "너희 속에(ἐν ἑαυτοῖς, 엔 헤아우토이스) 소금을 두고 서로 화목하라"(막 9:50)라는 예수의 가르침에 그 뿌리를 둔다. 교회 내외적으로 "서로 화목하라"라는 권면은 그리스도교 도덕적 가르침의 공통 요소가 되었다(롬 12:18; 고후 13:11; 히 12:14; 참조. 롬 14:17, 19; 고전 14:33; 약 3:18). 평화에 대한 주제는 고대에서 매우 중요하여 아리스토텔레스(Aristoteles)는 그것이 수사학의 다섯 주요 주제라고 말하기까지 하였다(Ars Rhetorica 1.4.7). '화목하다/화평하게 살다'라는 동사는 사람과 사람 사이의 관계에 있어서 불화가 없고 서로 간에 화합이 유지되는 것을 가리킨다(시락 28:9, 13).

그렇다면 "서로 화목하라"라는 권면이 데살로니가 교회의 정황에서 어떤 특별한 의미를 가지는가? 프레임(Frame, 195)은 교회 지도자들과 규모 없이 행하는 자들(4:11; 5:14; 살후 3:15) 사이에 갈등이 있었다는 점을 주장한다. 한편, "서로 화목하라"라는 명령이 일반적 가르침이라는 점은 이것이 초기 그리스도교의 보편적 권면이라는 것이다. 공동체 내적으로 서로 간에 누군가에 의해 인도되고 훈계를 받을 경우와 또는 훈계를 할 경우 오해와 갈등이 야기될 소지가 있다. 이러한 맥락에서 "서로 화목하라"라는 명령은 공동체를 세워나가기 위한 보편적이면서도 구체적인 권면인 것이다(참고, Malherbe 2000: 316).

[5:14] "또 형제들아 너희를 권면하노니". 12절에서와 같이 "또 형제들아"라는 표현은 바울이 다른 주제로 이양하고 있음을 보여준다. 또한 '형제들아'라는 표현은 바울이 특정한 그룹에게 권면을 주는 것이 아니라 공동체 전체에게 주는 권면이라는 점을 다시금 나타낸다. 바울은 여기서 구체적으로 네 가지 권면을 주고 있다. 이러한 권면은 교회 공동체 내의 다양한 사람들을 대하는 공동체를 향한 권면이다.

첫째, [사역] "제멋대로 행하는 자들을 권계하며"(νουθετεῖτε τοὺς ἀτάκτους, 누쎄테이테 투스 아탁투스). '규모 없는 자들'(개역)에서 '게으른 자들'(개역개정)로의 번역은 τοὺς ἀτάκτους(투스 아탁투스)의 의미를 임박한 재림 때문에 일상적인 일들을 중요하게 여기지 않는 열광주의자들이라는 해석을 반영한다(말크쎈, 살전 111; Bengel, 2:501). 하지만 형용사 ἄτακτος(아탁토스)는 "규칙을 따르지 않고, 서열과 질서를 따르지 않고, 정렬되지 않은"이라는 의미를 갖는다. 바울 당시 이 말은 의도적인 악한 소행보다는 비유적으로 일상에 있어서의 태만과 부주의한 생활 태도, 예를 들면, 무단결석을 하는 행동을 일컬었다(Milligan, 154). 현대인의 성경 및 새한글성경은 이들을 '제멋대로 사는 사람들'이라고 번역한다.

바울은 교회 내의 질서에 깊은 관심을 가진다. 특별히 고린도 교회에서 방언과 예언을 함에 있어서 예배에서의 질서를 강조하면서 "하나님은 무질서의 하나님이 아니시요 오직 화평의 하나님이시니라"(고전 14:33)라는 말씀과 더불어 "모든 것을 품위 있게 하고 '질서 있게'(κατὰ τάξιν, 카타 탁신) 하라"(고전 14:40)라고 권면한다. 또 다른 차원에서 이 말이 가지는 군사적 의미는 영적 전쟁에 대한 준비가 되어 있지 않은 자들을 일컫는다. 그러므로 바울은 "우리는 낮에 속하였으니 정신을 차리고 믿음과 사랑의 호심경을 붙이고 구원의 소망의 투구를 쓰자"(살전 5:8)라고 권면한다.

둘째, "마음이 약한 자들을 격려하고"(παραμυθεῖσθε τοὺς ὀλιγοψύχους, 파라뮈쎄이쎄 투스 올리고프쉬쿠스). '마음이 약한 자들'이라는 표현은 신약성서에서 단 한 번 이곳에서 사용된다. 헬라어 ὀλιγόψυχος(올리고프쉬코스)는 아리스토텔레스의 이상적인 인간인 μεγαλόψυχος(메갈로프쉬코스:고상한 영혼의 소유자)와 반대적 표현이다. '메갈로프쉬코스'는 자신감에 차 있어 자립할 수 있지만, '올리고프쉬코스'는 무력하고 자신이 없는 사람을 가리킨다. 동사 παραμυθέομαι(파라뮈쎄오마이)는 일반적인 의미의 '격려하다'라는 뜻이며, 또한 좀 더 구체적인 의미에 있어서 죽음과 비극을 맞이한 자들을 '위로하다'라는 뜻으로 사용된다. '위로하다'라는 의미가 데살로니가 교회의 정황과 더 잘 어울린다. 데살로니가 교회의 정황에 비추어 볼 때 '마음이 약한 자들'은 박해와 고난(1:6; 2:14; 3:3-4), 혹은 사랑하는 자들의 죽음(4:13-18)에 직면하여 마음이 약하여지거나 절망에 빠진 자들을 가리킨다. 따라서 "절망에 빠진 자들을 위로하라"라는 뜻을 갖는다.

셋째, "힘이 없는 자들을 붙들어 주며"(ἀντέχεσθε τῶν ἀσθενῶν, 안테케스테 톤 아스쎄논). "약한 자들을 붙들어 주고"(공동번역, 새번역), "힘이 없는 자들을 도와주고"(현대인의 성경). '약함' 또는 '힘이 없음'이라는 개념은 스토아철학에서는 사람의 정신이나 영혼에도 적용되어 도덕적 개념으로 사용되고 있다. 데살로니가전서에서는 로마서와 고린도전서에서처럼 '강한 자'와 '약한 자'의 문제가 대두되지는 않는다. 동사 ἀντέχω(안테코)는 '굳게 붙들다'라는 뜻으로 '관심을 가지다' 혹은 '도와주다'라는 의미로 사용된다. '약한 자'와 관련하여 사도행전의 바울의 밀레도에서 고별설교는 중요한 점을 시사한다. "모든 면에서 나는 여러분에게 본을 보였습니다. 우리는 이처럼 힘들여 일해서 '약한 사람들을 도와주어야만'(ἀντιλαμβάνεσθαι τῶν ἀσθενούντων) 합니다. 주 예수님의 말씀을 기억해야만 합니다. 주님이 말씀하시기를, '주는 것이 받는 것보다 더 복이 있다'라고 하셨습니다"(행 20:35). 이처럼 '도와주다'는 동사는 συλλαμβάνω(쉴남바노 〈예, 빌 4:3〉), προσλαμβάνω(프로스람바노 〈예, 몬 1:17〉), προσδέχομαι(프로스텍코마이, 〈예, 빌 2:29〉)와 같은 다양한 형태로 어떤 이들을 환영하고, 받아들이고,

따라서 도와준다는 목회적 관심을 드러내는 맥락에서 사용된다(Malherbe 2000: 319).

그러므로 '약한 자들'은 목회적 관심의 대상으로 도움이 필요한 자들을 일컫는다. 특별히 사도행전의 바울의 고별설교에서 '약한 자들'(των ασθενων)은 경제적으로 빈곤한 자들을 가리킨다. 앞선 12절의 προϊσταμένους(도와주고/돌보아 주고)를 고려해 볼 때(5:12 주석 참고), 경제적으로 빈곤한 자들을 도와주라는 의미로 이해된다. 또한 앞의 "절망한 자들을 위로하다"와 같은 맥락에서 박해로 말미암아 믿음이 불안정해졌거나, 혹은 잠자는 자들의 부활에 대한 확신이 부족하여 걱정으로 동요된 자들에게 관심을 가지고 그들에게 헌신하고, 굳게 붙잡아주라는 뜻을 함의하는 포괄적 개념이다.

마지막으로, "모든 사람에게 오래 참으라". "오래 참으라"라는 말은 오랜 고통을 견뎌내고 인내하라는 말이다. 오래 참음은 대부분의 인간관계의 특징을 나타내는 조급함의 반대적 개념이다(Green, 254). 오래 참음은 데살로니가 교회 내에서 '제멋대로 행하는 자들', 절망한 자들, '약한 자들'을 대할 때 요구되는 권면이다. 통상적으로 "오래 참으라"라는 말은 앞서 구체적인 경우에 대해 말한 것을 강조하는 표현이다(Morris, 169). 오래 참음은 성령의 아홉 가지 열매 가운데 하나이다(갈 5:22-23 참조). 오래 참음은 "훌륭한 약이며 인내(휘포모네)는 좋은 열매를 많이 맺는다"(브루스, 227). 사랑은 어떤 문제이든 어떤 상황이든 모두를 향해 오래 참는 것이다(고전 13:4).

[5:15] "삼가 누가 누구에게든지 악으로 악을 갚지 말게 하고". 구체적인 권면에 이어서 바울은 이제 일반적인 교훈을 준다. "악을 악으로 갚지 말라"라는 말씀은 예수의 말씀에서 비롯된 그리스도교의 기본적인 가르침 가운데 하나이다(마 5:44-48; 눅 6:27-36). 여기서 바울이 인용한 것과 거의 동일한 "아무에게도 악을 악으로 갚지 말고……"라는 권면이 로마서 12장 17절에서도 나타난다.

구약성서에서 "눈에는 눈, 이에는 이"라는 동해보복법(lex talionis)은 율법 아래에서 받아들일 수 있는 만큼만 복수의 정도를 제한한다(출 21:23-25; 레 24:19; 신 19:21). 그러나 잠언과 시락서와 같은 유대 지혜문서는 복수하는 것을 금한다(잠 20:22; 시락 28:1-7). 소크라테스와 같은 고대의 철학자들도 복수에 대해 경고하고 선으로 악을 이길 것을 지시한다. 하지만 복수는 당시에 악을 대하는 인간의 자연스러운 경향이자 문화적으로 인정된 방법이다. 이러한 배경 하에 바울은 복수에 관한 가르침에서 "악을 악으로 갚지 말라"라고 권면한다. 나아가 바울은 "서로 대하든지 모든 사람을 대하든지 항상 선을 따르라"라고 권면한다. 예수는 복수를 하지 않음으로써 제자들이 '지극히 높으신 이의 자녀'가 될 것이라 말씀하셨다(눅 6:35-36; 마 5:45, 48).

바울은 복수를 금함에 있어서 아무런 신학적 명분을 제시하지 않는다. 한편, 바울은 로마서에서 잠언을 인용하여 "하나님이 잘못하는 이들에 대해 갚아 주시리라"(롬 12:17-21)라는 점을 상기시킨다. 이와 같은 생각이 데살로니가후서에서도 발견된다: "너희로 환난을 받게 하는 자들에게는 환난으로 갚으시고"(살후 1:6). 하지만 철학자 세네카는 좀 더 인간적인 근거에서 복수를 금하고 있다: "단지 위대한 영혼만이 상처를 초월할 수 있다"(De Ira 2.32.3). 바울은 5장 23절에서 "하나님이 그들을 거룩하게 하신다"라는 말로써 앞선 모든 권면들을 요약한다. 데살로니가 교회는 하나의 원칙, 즉 거룩함으로 부르심을 받았다. 이것은 그리스도 안에(4:16) 있다는 것의 근본적인 의미이자 그 결과이다. 바울은 그들 가운데 역사하시는 하나님으로 말미암아 그들이 우리 주 예수 그리스도께서 강림하실 때에 흠 없이 보전되기를 원한다.

"모든 사람을 대하든지 항상 선을 따르라". 바울은 복수를 하는 대신에 항상 선을 적극적으로 좇아야 할 것을 데살로니가 교우들에게 권면한다. '따르라'로 번역된 헬라어 διώκω(디오코) 동사는 마치 사냥꾼이 사냥감을 좇듯이 목표에 이르고자 하는 노력을 함의하는 것으로 통상적으로는 '박해하다'라는 의미로도 사용된다. 따라서 수동적 의미의 '따르라'라는 표현보다 적극적 의미의 '좇으라' 또는 '추구하라'라는 의미를 갖는다. 새한글성경의 "도리어 언제나 서로한테든 모두한테든 선한 일을 하도록 힘쓰십시오"라는 번역은 이러한 적극적 의미를 반영하고 있지만 추구한다는 의미는 살리지 못한다. 데살로니가 교우들을 향한 "서로 대하든지 모든 사람을 대하든지", 심지어 그들에게 악을 행하는 자들에게도 선을 행하라는 바울의 권면은 가족, 친구, 혹은 도시(국가)에 국한된 헬라의 선(the good) 개념을 넘어선다(Green, 257).

해설(Comment)

교회 구성원들을 향한 목회적 관심을 보이는 본 단락(5:12-15)에서 교회의 터를 놓은 바울과 동역자들의 부재 가운데 지역 교회의 리더십이 어떻게 자리매김을 했는지가 우리의 관심을 끈다. "너희 가운데서 수고하고 주 안에서 너희를 돌보며 권하는 자들"이라는 표현은 데살로니가 교회 자체 내에서 리더십을 가진 자들로서 공동체의 온전함을 위해 일하는 자들을 가리킨다. 하지만 바울은 교회 내의 지도자 그룹이라는 공식적인 리더십 구조(leadership structure)나 지위에 대해 말하는 것이 아니다. 오히려 이러한 리더십은 활동과 기능에 대한 언급으로 형편이나 은사에 따른 자발적이고 자연발생적인 리더십으로 판단된다. 그들이 언제, 어떻게, 누구에 의해 세움을 받았는지는 분명하지 않고, 데살로니가 교회는 초기 걸음마 단계인 교회로서 아직 리더십 구조가 제대로 형성되지 않았다고 할 수 있다(참고, Malherbe 2000: 312; 김세윤, 49).

'프로이스테미' 동사는 선한 일에 '힘쓰다'와 같이 '관심하다', '도와주다'라는 뜻으로 사용되고(딛 3:8, 14), '권하다'(νουθετω, 누쎄토)라는 동사는 '경고하다, 꾸짖다, 질책하다'라는 의미를 담고 있다. 따라서 훈계 혹은 권면은 단순한 가르침 이상의 행위로서 변화를 위해 조언하고 교정한다는 의미를 가진다. 고대에는 다른 이로부터 교정을 받는 것이 그 사람의 복된 삶을 위해 득이 된다고 생각했다. 권면 또는 '훈계'는 자녀들을 향한 부모(엡 6:4; 지혜서 11:10), 회중을 향한 지도자들(행 20:31; 고전 4:14; 골 1:28), 믿음 안에서의 형제자매를 향한 다양한 구성원들(롬 15:14)의 우선된 책임이었다.

그렇다면 교회에 있어서 리더십은 관심과 수고와 도와줌과 도덕적 영향력으로 인해 인정되어야 한다. 리더십을 가진 자들이 받는 명예와 존경은 사회적 신분으로 말미암은 것이 아니요, 그들의 부나 출신이나 직함으로 주어진 것도 아니다. 그것은 그들이 담당하는 역할에 의해 주어지는 것이다. 그것은 공동체를 위한 '인도하고, 보호하고, 돌보는' 역할로서 복음을 위하여 수고와 애씀이다. 이는 교회 내에서의 책임적인 일을 의미하는 것으로, 구체적으로 이 일이 후견인으로서의 지위나 일을 의미하는 것은 아니지만 다른 이들을 경제적으로 돌본다는 의미를 갖는다.

2. 예전적 권면과 예언에 대한 지침(5:16-22)

[16]항상 기뻐하라 [17]쉬지 말고 기도하라 [18]범사에 감사하라 이것이 그리스도 예수 안에서 너희를 향하신 하나님의 뜻이니라 [19]성령을 소멸하지 말며 [20]예언을 멸시하지 말고 [21]범사에 헤아려 좋은 것을 취하고 [22]악은 어떤 모양이라도 버리라

지금까지 바울의 권면은 공동체 내외적으로 사람과 사람 사이의 관계에 관한 책임적인 행동에 대해서 언급하였다. 하지만 5장 16~22절에서 바울은

이제 데살로니가 교우들의 영적이고 종교적인 행위에 대해 언급한다. 이 단락은 8개의 명령법 문장으로 이루어져 있다. 문장 간에는 아무런 연결사가 없다. 8개의 명령은 두 개의 하부 단위로 나누어진다. 먼저, 16~18절의 세 명령법은 하나의 단위를 형성하여 기쁨과 기도와 감사의 삶을 언급하고, 19~22절의 다섯 명령 역시 하나의 단위를 형성하여 성령과 관련된 교회의 올바른 태도를 밝힌다. 바울은 이것이 데살로니가 교회를 향한 하나님의 뜻이라는 점을 분명히 한다.

[5:16] "항상 기뻐하라". 데살로니가전서에서 기쁨에 관한 주제는 앞서 몇 차례 언급되었다. 데살로니가 교우들은 "환난 가운데서 성령의 기쁨으로 말씀을 받았다"(1:6). 성령은 그들의 기쁨의 근원이다. 바울은 또한 "우리가 우리 하나님 앞에서 너희로 말미암아 모든 기쁨으로 기뻐하니 너희를 위하여 능히 어떠한 감사로 하나님께 보답할까?"(3:9)라는 수사학적 질문을 던지면서 그의 기쁨이 데살로니가 교회 가운데 역사하시는 하나님께 근거하고 있음을 밝힌다. 성령과 하나님께 그 근원을 두고 있는 기쁨의 삶은 그리스도인의 삶의 본질적 부분이다:

오직 성령의 열매는 사랑과 희락과 화평과……(갈 5:22).

주 안에서 항상 기뻐하라 내가 다시 말하노니 기뻐하라(빌 4:4).

하나님의 나라는 먹는 것과 마시는 것이 아니요 오직 성령 안에 있는 의와 평강과 희락이라(롬 14:17).

"항상 기뻐하라"라는 가르침은 앞선 구절(성령과 하나님)과 또한 "주 안에서 항상 기뻐하라"(빌 4:4)라는 말씀과 같이 주 안에서의 기쁨이다. 기쁨은 성령의 열매이며(갈 5:22), 하나님 나라의 특징이라고 할 수 있다: "하나님의 나라는 먹는 것과 마시는 것이 아니요 오직 성령 안에 있는 의와 평강과 희락이라"(롬 14:17).

[5:17] "쉬지 말고 기도하라". 기도는 당시의 모든 종교의 공통된 요소였다. 이방 종교의 제의 가운데에는 신들을 불러내는 기원과 예배와 간구가 있었다. 희생 제사와 더불어 기도는 이방 종교의 제의의 기본이었지만 종교적 제의에 국한된 것이 아니었다. 사람들의 의식 속에 신들이 중요하면서도 근본적인 자리를 차지하고 있는 세계에서 기도는 개인의 삶과 공적 행사에서 분리할 수 없는 일상의 것이었다.

바울은 데살로니가 교회의 모든 성도들이 기도에 힘쓸 것을 강조한다 (1:2-3; 2:13; 3:10; 5:17, 25). 바울 자신도 그의 전 삶을 통해 기도에 힘썼다(1:2f; 살후 1:11; 롬 1:10). 데살로니가전서에서 기도와 관련하여 바울은 다양한 부사어(항상, 쉬지 말고, 밤낮으로)와 동사(감사하다, 기억하다, 간구하다)를 사용한다. 바울은 그의 몇몇 편지에서 기도하라고 가르친다. 그는 규칙적으로 기도하는 것이 그리스도인의 의무라고 믿었다. "쉬지 말고 기도하라"라는 말씀에서 '쉬지 말고'는 과장된 표현으로 강조적 의미를 나타낸다. 이는 "항상 기도하라"(눅 18:1)라는 주님의 말씀과 바울 자신이 교회들을 위해 그랬던 것처럼 "기도에 항상 힘쓰라"(롬 12:12)라는 말씀과 동일한 의미로 이해해야 할 것이다. "쉬지 말고 기도하라"라는 바울의 가르침에는 자신을 위한 기도뿐만 아니라 "형제들아 우리를 위하여 기도하라"(5:25)라는 말씀에서와 같이 사역자들을 위한 중보의 기도가 포함되어 있다.

[5:18] "범사에 감사하라". '범사에'(ἐν παντί, 엔 판티)는 무엇을 의미하는가? 그것은 시간적 의미인가(항상, 언제든지), 아니면 상황적 의미인가? "항

상 기뻐하라 쉬지 말고 기도하라"라는 앞의 두 명령법은 시간적 부사(항상, 쉬지 말고)와 더불어 표현되고 있다. 본서에서 바울은 '항상', '끊임없이'라는 시간적 부사와 함께 '감사하라'는 표현을 사용한다(1:2; 2:13). 하지만 ἐν παντί(엔 판티)는 시간적 부사와 함께 사용되지 않는다(고후 4:8; 7:5; 9:8; 빌 4:12). 예를 들면, 고린도후서 9장 8절에서 '엔 판티'는 시간적 부사인 '항상'(판토테)과 구분되어 사용된다: "하나님이 능히 모든 은혜를 너희에게 넘치게 하시나니 이는 너희로 모든 일에(엔 판티) 항상(판토테) 모든 것이 넉넉하여 모든 착한 일을 넘치게 하게 하려 하심이라". 따라서 '범사에'(ἐν παντί)는 '어떤 상황에서도', '모든 일에'를 의미한다(고전 1:5; 고후 4:8; 6:4; 11:6, 9; 빌 4:12).

하나님께 감사하는 것은 그리스도인들의 예배에 있어서 핵심적 요소이다(마 26:27; 막 8:6; 눅 22:17, 19; 고전 11:24). 그레코-로마 사회에서 신들은 사람들의 최고의 후견인으로 간주되었기에 사람들은 신들에게 받은 은혜에 대하여 감사를 올렸다. 고대인들의 주요 관습 가운데 하나인 보상의 원칙에 따라 받은 선물에 대한 감사의 교환이 이루어졌다. 감사는 신들에 대한 의무였고, 사람들은 신들로부터 미래의 더 나은 보상을 기대하였다(Green, 259).

그러나 바울은 데살로니가 교우들에게 그 어떠한 상황에도 하나님께 감사하라고 권면한다. 이것은 스토아학파처럼 그들의 몫으로 결정된 운명에 대해서 감사하는 것과 다르다. 스토아철학에 따르면 우주는 합리적인 선한 목적으로 운행되므로 일어난 모든 일은 당연히 일어날 수밖에 없는 것이었다. 따라서 스토아학파는 그렇게 일어난 일들을 체념적으로 감수하였다(Green, 260).

"(왜냐하면) 이것이 그리스도 예수 안에서 너희를 향하신 하나님의 뜻이니라". '이것'(τοῦτο, 투토)이 가리키는 바가 앞의 권면(5:16-18a)인가 아니면 이어지는 뒷부분의 권면인가? 대부분의 학자들은 '이것'이 앞의 "항상 기뻐하라, 쉬지 말고 기도하라, 범사에 감사하라"라는 권면을 가리킨다고 이해한다. 그러나 말허비는 4장 3절에서 "이것은 하나님의 뜻이니라"라는 문구가 뒤따르는 권면(4:3-8)을 가리키고, 요한복음에서도 "이것은 하나님의 뜻이니라"라는 문구는 뒤따르는 부분(요 6:39-40)을 가리킨다는 점에 주목한다. 따라서 '이것'은 바로 이어지는 뒷부분의 권면(살전 5:19-22)을 가리키고, 이로써 본문이 4장 3절과 더불어 4~5장 전체의 권면을 묶어주는 수미상관구조(*inclusio*)를 이룬다고 주장한다(Malherbe 2000: 330).

또한 "(왜냐하면) 이것은 하나님의 뜻이니라"라는 말씀은 이유를 나타내는 γάρ절로 앞의 "범사에 감사하라"라는 권면의 이유를 설명한다. 그 이유는 '그리스도 예수 안에서'라는 말에 담겨있다. '그리스도 예수 안에서'라는 말은 "이것은 하나님의 뜻이니라"라는 말을 수식한다. 그렇다면 '그리스도 예수 안에서'의 하나님의 뜻은 무엇을 의미하는가? 이는 '그리스도를 통해서 가능한', '그리스도 예수를 통해서 나타난', '그를 통해서 계시된'이라는 뜻이다. 그렇다면 '이것'이 가리키는 바는 계시와 관련된 것으로 성령과 예언에 관련된 권면(5:19-22)을 가리킨다.

기쁨과 기도와 감사는 그리스도인들의 특징이다. 바울은 '하나님의 뜻'이라는 동기절을 부여함으로써 이 점을 설명한다. 하나님을 향한 기쁨과 기도와 감사라는 종교적 행위는 하나님에 의한 것이고, 하나님을 향한 것이기에 하나님과 직접적 관련을 맺는 성령과 연결된다(5:19-22). 이로써 본문이 4장 3절과 더불어 수미상관구조를 이룬다는 말허비의 주장은 정당하다. 하나님의 뜻은 데살로니가 교우들의 거룩함(너희의 거룩함, 4:3)으로, 이는 '너희를 향하신' 하나님의 뜻으로 거룩한 영, 곧 성령과 직결되기 때문이다.

[5:19] "성령을 소멸하지 말라"(τὸ πνεῦμα μὴ σβέννυτε, 토 프뉴마 메 스베뉘테). 헤네켄(Henneken, 103)은 바울에 대해서 다음과 같이 평가한다:

사도 바울은 예수 그리스도에 의해서 시작된 성령으로 충만한(살전 4:8), 구원과 종말론적 시기의 예언자이다. 이 시기는 또한 고통과 곤궁의 시기이다. 바울은 이 사실을 데살로니가 교회에 선포하였고 또한 예언하였다(살전 3:4). 이 모든 것들은 그의 모든 사도적 선포가 예언적 토대와 경향을 가지고 있음을 말해 준다. 동시에 바울은 데살로니가전서 4장 15~17절에 대한 분석에서 알 수 있듯이 보다 구체적인 의미에 있어서의 예언자이다.

5장 19~22절은 데살로니가 교회의 어떤 일반적이고 추상적인 정황 혹은 전통적인 윤리의 단면을 가리키는 것이 아니라, 주의 말씀으로부터 온 새로운 가르침을 제시한다. 이 새로운 가르침은 성령과 예언에 관한 것이다. 성령과 예언이 나란히 언급되고 있는 점으로 미루어 보아 성령과 예언은 구별되어야 한다. 여기서 성령은 교회에 의해 전승되고 살아 있는 하나님의 말씀으로서 선포된 복음을 가리키고, 예언은 우선적으로 하나님의 사람들을 격려하기 위하여 성령에 의해 계시된 숨겨진 비밀로서의 예언적 말씀을 가리킨다(Donfried, 193).

'소멸하다'(σβέννυμι, 스베뉘미)라는 동사는 '불을 끄다'라는 의미이다(지혜 16:17; 마 12:20; 25:8; 막 9:48; 히 11:34). '성령을 소멸하다'라는 표현을 정확하게 이해하기 위해서 그 대조적 표현을 살펴보아야 한다. 예수는 "내가 불을 땅에 던지러 왔노니 이 불이 이미 붙었으면 내가 무엇을 원하리요"(눅 12:49)라는 말씀을 하셨다. 히브리어적 표현으로 '불을 던진다'라는 말은 '불을 붙인다'라는 뜻이다(예레미아스, 163). 도마복음서 82, "예수께서 말씀하시기를 누구든지 나와 가까이 있는 자는 불에 가까이 있고 나로부터 멀리 있는 자는 (하나님의) 나라와 멀리 있다"라는 말씀은 불이 하나님의 나라를 가리키고 있음을 증거한다. 예수는 이 땅에 성령의 불이 붙기를, 즉 하나님 나라의 복음이 전파되는 것을 간절히 바랐다. "성령을 소멸하지 말라"라는 표현은 "성령의 불을 끄지 말라"라는 말로서 "하나님 나라의 복음 전파의 불길을 끄지 말라"라는 뜻을 가진다.

[5:20] "예언을 멸시하지 말라"(προφητείας μὴ ἐξουθενεῖτε, 프로페테이아스 메 엑수쎄네이테). 예언은 성령에 의해서 선포된 말씀을 가리킨다. '멸시하다'는 동사는 "경멸적으로 바라보고, 경멸하고, 거부하는" 행위를 가리킨다. "예언을 멸시하지 말라"는 말씀은 앞의 "성령을 소멸하지 말라"라는 말씀을 구체적으로 묘사한다. 성령의 음성은 예언을 통하여 전달되기 때문이다. 바울은 교회 공동체의 삶에 있어서 예언을 높이 평가하였다. 예언하는 자를 통해 주어진 계시는 일차적으로 교회 공동체의 '덕을 세우고, 권면하고, 위로하기' 위한 것이다(고전 14:3, 31). 이러한 말씀들을 멸시하는 것은 공동체를 향한 하나님의 말씀과 뜻을 공동체의 삶과는 상관이 없는 것으로 취급함으로써, 하나님께 순종하기를 거부하는 것이다(눅 18:9; 롬 14:3, 10; 고전 6:4; 16:11; 갈 4:14).

[5:21] "범사에 헤아리라"(πάντα δὲ δοκιμάζετε, 판타 데 도키마제테). 바울은 데살로니가 교회가 단지 예언을 거부하기보다는 "범사에 헤아려 선한 것을 취하라"라는 명령으로 보다 균형 잡힌 반응을 보이기를 권면한다. 성령의 이름으로 말한다고 해서 무조건 다 받아들이지 말라는 것이다. 따라서 바울은 예언을 받아들이되 "모든 것을 검증하여" 받아들이라고 권면하는 것이다. '범사'로 번역된 πάντα(판타)는 '모든 것'이라는 의미로 데살로니가 교회의 정황에서 공동체 구성원들의 말과 행위에 있어서의 성령의 현시를 가리킨다(Green, 203). '헤아리다'(δοκιμάζω, 도키마조)라는 동사는 2장 4절에서와 같이 어떤 것의 성격을 확증하기 위해 검증하는 행위를 가리키는 것으로 보통 도덕적 행동을 판단하는 데 사용된다(롬 12:2; 고전 11:28; 고후 13:5; 갈 6:4; Malherbe 2000: 333).

그러므로 "범사에 헤아리라"라는 말씀은 앞의 말씀과 관련된 예언을 검증하는 영분별의 은사로 이해된다. 요한도 같은 동사를 사용하여 영들을 분별하라고 요구한다: "영을 다 믿지 말고 오직 영들이 하나님께 속하였나 분별하라(δοκιμάζετε, 도키마제테)……"(요일 4 : 1). 바울 역시 "예언하는 자는 둘이나 셋이나 말하고 다른 이들은 분별할 것이요"(고전 14 : 29)라는 말로 과연 그것이 성령의 계시에 따른 예언인지 아닌지를 헤아려야 한다고 말한다. 거짓 선지자와 잘못된 가르침으로 인하여 예언이 참된 것인지 거짓된 것인지 분별할 책임이 교회에 있다(참조, 고전 12 : 10 ; 14 : 29). 성령은 소수의 영감을 받은 예언자들의 소유가 아니라 공동체 내에서 역사하는 공동체의 영으로 교회 공동체는 그러한 예언들을 검증할 책임이 있다(참고, Boring, 196).

비록 바울은 영을 분별하는 구체적인 준거들(criteria)을 명시하지 않지만, 그의 수신자들이 그로부터 전해 받은 신조와 윤리적 규준에 따라 말과 행위가 성령의 영감을 받은 것인지 헤아릴 것을 기대하고 있다. 그것이 성령 안에서 일어난 진정한 말과 행동인지를 결정할 수 있게 하는 이도 바로 성령이시다(고전 12 : 10). '디다케'로 알려진 '열두 사도의 가르침'은 교회로 하여금 스스로를 선지자로 자처하는 자들을 헤아릴 것을 가르친다: "그가 주의 행위를 가지지 않았다면 영으로 말한다 할지라도 그는 선지자가 아니다"(*Did*. 11.8, 9-10).

[사역] "선한 것을 굳게 붙잡아라"(τὸ καλὸν κατέχετε, 토 칼론 카테케테). 이 말은 모든 말과 행위를 검증하여 개인과 공동체가 받아들일 수 있고 덕이 되는 것을 취하라는 말이다. 여기서 동사 κατέχω(카테코)는 전승이나 교리와 관련하여 사용되는 전문 용어로서 권위 있는 것을 '굳게 붙잡다'라는 의미를 갖는다(눅 8 : 15 ; 고전 11 : 2 ; 15 : 2 ; 히 3 : 6, 14 ; 10 : 23). 예언이 참된 것이고 영감에 의한 것임을 헤아린 후에 그것을 굳게 붙잡는 것은 교회 공동체 구성원들의 의무이다. τὸ καλὸν(토 칼론)은 '좋은 것'보다 '선한

것'으로 번역하는 것이 좋겠다. 이는 첫째로 악(5:22)의 반의어로 '좋은 것'보다는 '선한 것'이 더 잘 어울리고, 둘째로 ἀγαθά(아가싸)와 구별하기 위함이다. 예를 들면, τὰ ἀγαθά는 하나님이 생명을 살리기 위해 주시는 '먹을 것'과 관련된 것으로 구약성서와 복음서에서 '좋은 것'으로 번역되기 때문이다(마 7:11; 참고, 눅 11:13).

[5:22] "악은 어떤 모양이라도 버리라". 참된 예언은 받아들이고 굳게 붙잡아야 하지만, 그렇지 않은 것은 마땅히 거부되어야 한다. 참되지 못한 예언을 거부하여야 하는 부름은 "악은 어떤 모양이라도 버리라"라는 권면으로 나타난다. 이 말은 모든 형태의 악을 멀리하라는 뜻이다. 왜냐하면 악은 다양한 형태로 나타나기 때문이다. 악은 예언이라는 가면을 쓰기도 한다. 성령의 영감에 따르지 않은 예언은 악으로부터 출발한다. '버리다'(ἀπέχω, 아페코)라는 동사는 '가지다'라는 동사 ἔχω(엑코)에 전치사 ἀπό(from, away from)가 결합되어 분리의 의미가 강조된다(4:3 주석 참고). 이 말은 구약의 욥에 적용된 표현과 닮았다. 욥은 모든 악(한 행위)에서 떠난 자였다(욥 1:1, 8).

해설(Comment)

바울은 그의 권면을 시작함에 있어서 거룩한 삶이 하나님의 뜻이요, 주 예수 그리스도의 명령으로 주어진 것임을 말하였다(4:2-3). 이제 그는 그의 권면을 마침에 있어서도 성령과 관련된 거룩한 태도가 데살로니가 교회를 향한 하나님의 뜻이라는 점을 분명히 한다. 그것은 "성령을 소멸하지 말며, 예언을 멸시하지 말고, 범사에 헤아려 선한 것을 취하고, 악은 어떠한 모양이라도 버리라"는 가르침이다.

성령은 종말의 때에 하나님이 주시는 선물이다. 그 선물은 공동체의 예전, 곧 예배와 관련된다. 종말론적 구원의 때가 이르렀다는 선포는 마치 성육신으로 임하여 고통받는 하나님의 체현과 같이 인간의 연약함과 미약함의 형태로 임한다. 예를 들면, 바울이 데살로니가로 들어갈 때 그는 고난과 능욕 가운데 들어갔다(2:2). 따라서 이 말씀은 이러한 정황 가운데서도 예배의 삶을 통하여 그들이 복음 전파의 불길을 끄지 말 것을 권면하는 것으로 이해된다. 하나님의 말씀으로서의 복음은 하나님의 말씀과 뜻에 순종하지 않을 때에 소멸될 수 있다. 사람의 영광을 구함으로써, 하나님을 기쁘시게 하지 않고 사람을 기쁘게 함으로써 복음 전파의 불길은 꺼지고 만다. 구체적으로 "예언을 멸시하지 말라"는 것이다.

성령의 음성은 예배 때에 현시되는 하나님의 영이 예언을 통하여 전달됨을 가리킨다(참고, 고먼, 379). 예언을 통한 계시는 일차적으로 교회 공동체의 '덕을 세우고, 권면하고, 위로하기' 위함이다(고전 14:3, 31). 그러므로 예언의 영은 분별되어야 한다: "영을 다 믿지 말고 오직 영들이 하나님께 속하였나 분별하라(δοκιμάζετε, 도키마제테)······"(요일 4:1). 모든 말과 행위를 검증하여 개인과 공동체가 받아들일 수 있고 덕이 되는 것을 취하여야 한다. 성령의 영감에 따르지 않은 예언은 악으로부터 출발하기 때문이다. "악은 어떠한 모양이라도 버리라"라는 마지막 권면은 거룩하라는 데살로니가전서의 전반적인 호소를 나타내면서 바울의 권면을 앞뒤로 감싼다.

이러한 삶은 "항상 기뻐하라, 쉬지 말고 기도하라, 범사에 감사하라"는 예전적 삶에 기초한다. 왜냐하면 기쁨과 기도와 감사는 그리스도인들의 특징으로서 예전적 삶, 곧 예배를 그 삶의 자리(Sitz im Leben)로 갖기 때문이다. 항상 기뻐한다는 것은 이전에 주 안에서 일어난 일과 지금 성령 안에서 일어나고 있는 일, 그리고 앞으로 하나님 안에서 일어날 일, 즉 미래의 구원 가운데서 하나님의 손길을 보고 느끼고 확신하는 것이다. 이러한 확신 없이 환난과 고통과 죽음 가운데서 기쁨을 맛본다는 것은 불가능하다. 이러한 확신과 기쁨은 "모든 일에 기도와 간구로, 너희 구할 것을 감사함으로 하나님께 아뢰는" 것이다(빌 4:6).

F. 마침 기도(5:23-24)

²³평강의 하나님이 친히 너희를 온전히 거룩하게 하시고 또 너희의 온 영과 혼과 몸이 우리 주 예수 그리스도께서 강림하실 때에 흠 없게 보전되기를 원하노라 ²⁴너희를 부르시는 이는 미쁘시니 그가 또한 이루시리라

보통 수신자의 건강을 기원하는 그레코-로마의 편지와는 달리 유대의 편지는 평강의 축복으로 편지를 마친다. 앞서 3장 11~13절의 기도가 2장 17절~3장 10절의 내용을 마무리하는 것처럼, 5장 23~24절의 기도는 앞의 4장 1절~5장 22절을 마무리한다. 바울은 두 단락 모두에서 강조 어법으로 하나님에게 초점을 맞추고, 파루시아에 데살로니가 교우들의 종말론적 거룩함을 위해 기도한다.

[5:23] "평강의 하나님이 친히 너희를 온전히 거룩하게 하시고". 새로운 단락이 시작된다. 앞서 바울은 데살로니가 교우들이 해야 할 일에 대해 권면하였고, 이제는 마지막으로 하나님에게 그들을 맡기는 기도를 드린다. 첫 번째 간구(3:11-13)와 같이 '하나님께서 친히'라는 말로써 하나님을 강조한다. 하나님은 '평강/평화'(에이레네)의 하나님으로 표현되고 있다. 바울은 그의 편지를 마무리하는 축복에서 '평강의 하나님'이라는 표현을 자주 사용한다(롬 15:33; 16:20; 고후 13:11; 빌 4:9). 평강은 구원과 거의 동일

한 의미이기 때문에(행 10:36; 롬 2:10; 5:1; 8:6; 14:17; 엡 6:15; Green, 267) 복음의 모든 축복은 평강으로 표현될 수 있다(1:1).

본 절의 초점은 주의 강림에 대한 기대 속에서 데살로니가 교우들의 온전한 거룩함에 있다. 이 간구는 앞의 3장 13절의 "거룩함에 흠이 없게 하시기를 원하노라"라는 말씀과 거의 동일하다. 공동체의 거룩함은 교회를 세운 바울의 주요 관심사였다(4:3, 4, 7, 8), 특별히 데살로니가 교우들이 주의 강림을 기대하고 있다는 점에서 그러하다(3:13). 하나님 자신이 데살로니가 교우들의 거룩함의 궁극적인 근원이시다. 다시 말해서, 평강의 하나님, 즉 구원의 하나님은 이 일을 온전히 이루시는 분으로서 이 모든 것의 근원이 되신다는 사실이다. 지금 바울이 간구하는 것은 그들이 거룩함에 '온전히' 이르는 것이다. 원래 이 '온전하다'(ὁλοτελής, 홀로텔레스)라는 형용사는 완전히 형성된 태아의 모습을 묘사하는 것으로(Malherbe 2000: 338) 종교적으로 윤리적으로 부족함이 없이 온전한 상태를 묘사한다(참고, Frame, 210).

[사역] "너희의 영과 혼과 몸이 우리 주 예수 그리스도께서 강림하실 때에 온전히 흠 없게 보전되기를 원하노라". 여기에는 해석상의 난점이 있다. 그것은 '온전한'이라는 형용사가 한정적 용법으로 영과 혼과 몸을 수식하느냐(온 영과 혼과 몸) 아니면 서술적 용법으로 보어로 사용되느냐(영과 혼과 몸이 온전히)라는 문제이다. 서술적 용법이 보다 일반적 용례이며, 앞 절이 확대된 자연스러움을 보여준다(Wanamaker, 206). 따라서 바울의 두 번째 간구 역시 '온전한 거룩함'에 관한 것으로, 영과 혼과 몸이 '온전히'(ὁλόκληρον, 홀로클레론), 흠 없이'(ἀμέμπτως, 아멤프토스) 보전되기를 바라는 것이다.

23절은 전반절과 후반절이 등위접속사 καί(그리고)에 의해 연결된 평행법 문장이다(Boring, 200). "하나님이 너희를 온전히 거룩하게 하기(를 원하다)"라는 능동태 문장이 후반절에서 "너희의 영과 혼과 몸이 온전히 흠 없게 보전되기(를 원하노라)"라는 수동태 문장으로 보다 자세하게 표현되고 있다. '흠 없게 보전되다'라는 표현은 '거룩함'을 의미한다. 이 수동적 표현의 논리적 의미상 주어는 하나님이다.

전반절과 후반절은 분명한 평행 관계를 보여준다(참고, Frame, 211). '거룩하게 하다'는 '흠 없게 보전되다'로, '너희'는 '너희의 영과 혼과 몸'으로, '온전히'(홀로텔로스)는 어원은 다르지만 동의어인 '온전히'(홀로클레론)로 다시금 묘사되면서 하나님이 데살로니가 교우들을 거룩하게 하실 뿐만 아니라 또한 그들을 주님의 강림 때까지 거룩하게 지켜줄 것이라는 점을 분명하게 한다. 바울은 이 문장을 교차대구법으로 표현함으로써(브루스, 235 ; Malherbe 2000: 338) 그가 '온전한 거룩함'에 대해 간구하고 있음을 분명하게 보여준다:

A ἁγιάσαι(하기아사이, 거룩하게 하다)
  B ὑμᾶς(휘마스, 너희를)
    C ὁλοτελεῖς(홀로텔레이스, 온전히)
    C' ὁλόκληρον(홀로클레론, 온전히)
  B' ὑμῶν τὸ πνεῦμα καὶ ἡ ψυχὴ καὶ τὸ σῶμα(휘몬 토 프뉴마 카이 헤 프쉬케 카이 토 소마, 너희 영과 혼과 몸을)
A' ἀμέμπτως……τηρηθείη(아멤프토스 테레쎄이에, 흠 없게 보전되다)

문법적으로 단수 ὁλόκληρον(홀로클레론)은 서술적 용법으로 직접 연결되는 영(τὸ πνεῦμα, 토 프뉴마)만을 수식한다. 하지만 영(프뉴마)은 바울의 마지막 축복문에서 전인을 상징하는 표현이기도 하다(갈 6:18; 빌 4:23; 몬 25). 따라서 ὁλόκληρον은 전인을 나타내는 '영과 혼과 몸' 모두를 수식한다. 그러므로 본문은 서술적 어법과 교차대구법이 제시하는 것과 같이 "너희의 영과 혼과 몸이……온전히 흠 없게 보전되기를 원하노라"로 번역되어야 한다.

신약성서 중 오직 이곳에서만 영(프뉴마), 혼(프쉬케), 몸(소마)이라는 세 가지 표현이 나란히 사용된다. 헬라 세계의 인간 이해에 있어서 영과 혼과 몸은 인간을 구성하는 세 요소이다. 하지만 여기서 바울은 영과 혼과 몸이 인간을 구성하는 세 요소임을 밝히고자 하는 것은 아니라, 영과 혼과 몸이 단지 헬라의 일반적인 인간 이해를 반영하는 한 인간의 전체성을 가리키는 표현이라는 점을 나타낸다. 본문에서 그것들은 '너희 마음'(3:13) 이외에 다른 어떤 의미를 갖지 않는다(브루스, 232).

'온전한'(ὁλόκληρος, 홀로클레로스)이라는 표현은 희생 제사에 사용되는 제물의 온전함, 또는 '온전한' 몸, 곧 '건강'과 관련된 맥락에서 사용된다. 사도행전에서 이 단어는 성전 미문에 앉아 구걸하던 자가 '완전히 낫게 되었다'(ὁλοκληρίαν, 홀로클레리안)는 맥락에서 사용되고 있다(행 3:16). 주후 3세기에는 본문의 말씀이 수신자들의 건강을 간구하는 편지의 끝맺는 말로 자주 사용되었다. 바울 당시 건강을 바라는 기원과 간구는 편지의 끝인사로서 보편적으로 사용되었다(Green, 268). 바울은 이러한 관행을 자신의 목적에 원용하여 데살로니가 교우들이 종교적으로 도덕적으로 건강하기를 바라는 것이다. 바울은 그들이 온전한 제물로서 영과 혼과 몸이 흠 없이 보전하여 주기를 하나님께 간구하는 것이다.

[5:24] "너희를 부르시는 이는 미쁘시니"(πιστὸς ὁ καλῶν ὑμᾶς, 피스토스 호 칼론 휘마스). 본 절은 바울의 간구를 인치는 것으로 '아멘'의 기능과 비슷하다(Malherbe 2000: 339). '미쁘다'(πιστός, 피스토스)라는 표현을 문장 처음에 둠으로써 바울이 데살로니가 교우들이 거룩하게 보전되는 것을 간구할 수 있는 이유를 나타낸다. 그것은 하나님의 미쁘심에 대한 확신이다. "하나님은 미쁘시다"(πιστὸς ὁ θεός, 피스토스 호 데오스)는 하나님의 신실하심을 표현하는 간략한 선언으로 바울의 다른 편지에 나타난다(고전 1:9;

10:13; 고후 1:18; 살후 3:3, 또한 히 10:23; 11:11).

하지만 바울은 여기서 "하나님은 미쁘시다"라는 표현을 사용하지 않는다. 하나님을 언급하고 있음은 의심의 여지가 없다. 바울은 "하나님은 미쁘시다"라는 일반적 선언 대신에 구체적으로 "너희를 부르시는 이는 미쁘시다"라고 표현한다. 성서에서 '부르시는 이'는 항상 하나님이시다. 그리고 그의 부르심은 거룩한 삶으로의 부르심이다. '부르다'라는 동사의 현재분사적 표현(καλῶν, 칼론)은 하나님은 계속하여 부르시는 분임을 나타낸다. 하나님이 그의 백성들에게 베푸신 약속을 이루신다는 확신으로 바울이 데살로니가 교우들이 거룩하게 보전되는 것을 간구할 수 있는 이유는 하나님께서 그들을 부르시고 택하심에 대한 증거뿐만 아니라 "하나님은 미쁘신 분"이라는 확신에 의해서다.

"그가 또한 이루시리라"(ὃς καὶ ποιήσει, 호스 카이 포이에세이). 이 구절의 의미는 주께서 그 일을 행하실(ποιήσει, 포이에세이[미래]) 것이라는 것이다. 이 구절은 관계절로서 그의 선언에 방점을 찍는다. 먼저는 '그가 또한'(ὃς καὶ)이라는 강조적 어법은 '그가 정말로'를 의미한다. 둘째는 목적어 없이 동사 ποιήσει만을 사용하여 그의 선언을 더욱 확실하게 한다(Malherbe 2000: 339). "이러한 확신의 원천은 데살로니가 교우들의 택함에서 증거된 하나님의 주도적 역할뿐만 아니라 미쁘신 하나님의 본성 그 자체이다"(Green, 269). "너희 안에서 착한 일을 시작하신 이가 그리스도 예수의 날까지 이루실 줄을 우리는 확신하노라"(빌 1:6)라는 말씀을 참고하라.

제 IV 부

끝인사

데살로니가전서 5 : 25-28

| 데살로니가전서 5 : 25-28 |

끝인사

²⁵형제들아 우리를 위하여 기도하라 ²⁶거룩하게 입맞춤으로 모든 형제에게 문안하라 ²⁷내가 주를 힘입어 너희를 명하노니 모든 형제에게 이 편지를 읽어 주라 ²⁸우리 주 예수 그리스도의 은혜가 너희에게 있을지어다

바울서신의 끝 부분은 각 서신마다 서로 조금씩 다르지만 대체로 축도, 인사, 영광송(혹은 송영)을 포함한다. 25절은 송영, 26절은 마지막 인사, 28절은 축도로 이해될 수 있다. 데살로니가전서의 맺는말에는 정식 송영이 나타나지 않는다. 그 대신 인사와 축도 사이에 "모든 형제(들)에게 이 편지를 읽어 주라"라고 요구하는 엄숙한 부탁이 자리잡고 있다(27절).

[5:25] "형제들아 (또한) 우리를 위하여 기도하라". 데살로니가 교우들을 위한 기도 후에 바울은 그들에게 자신을 포함한 사도들을 위하여 기도하라고 요청한다. 성도들을 향한 기도의 요청은 바울서신에 공통적으로 나타나는

요소이다(롬 15:30-32; 고후 1:11; 골 4:3-4; 살후 3:1-2). 본문비평에 있어서 καί(또한)가 있는 사본(p30, B, D)과 없는 사본(ℵ, A, D, F, G, Ψ)의 경중을 따지기가 어렵기 때문에(참고, Metzger, 565), 앞의 간구와의 연관성은 분명치 않다. 따라서 바울이 요청한 기도의 내용이 무엇인지는 알 수 없다. 만일 앞의 24절과의 연관성이 분명하다면 바울은 그 자신의 거룩함에 대한 기도를 요청했을 수도 있다. 하지만 그의 다른 기도 요청들로 미루어 볼 때, 데살로니가에 다시 돌아가는 것을 포함한 그의 목회 사역에 관한 것일 개연성이 높다(Malherbe 2000: 340). 목회자와 교회 간의 상호성(reciprocity)은 목회 사역의 근본적인 요소이다. 이러한 상호성은 기도에 국한된 것은 아니지만 주로 기도로 표현되고 있다(Green, 270). 기도는 서로 간의 관계를 맺어 주는 끈이다.

[5:26] [사역] "거룩한 입맞춤으로 모든 형제에게 문안하라". 편지에서 문안 인사는 크게 두 종류이다. 첫째는 수신자(들)에 대한 문안으로 거의 대부분 편지의 서두에 언급된다. 둘째는 다른 이들(제삼자)에 대한 언급이 포함된 문안으로 편지 마지막에 언급된다(Malherbe 2000: 340). '문안하다'라는 동사 ἀσπάζομαι(아스파조마이)는 가장 일반적으로 사용되는 문안 인사이다. 고대 사회에서 입맞춤은 가족 내외적으로 사랑, 존경, 화해의 표시와 같은 다양한 기능을 가지고 있었지만 주로 가족 구성원 간의 문안 인사였다(*TDNT* 9.119-120, 126; Malherbe 2000: 341). '거룩한 입맞춤으로'(ἐν φιλήματι ἁγίῳ, 엔 필레마티 하기오)라는 표현은 바울의 편지 가운데서 세 곳에서 나타나는데(롬 16:16; 고전 16:20; 고후 13:12), 바울은 '서로'라는 표현을 사용하여 거룩한 입맞춤으로 '서로'(ἀλλήλους, 알렐루스) 문안하라고 말한다. 하지만 본문에서는 이와는 다르게 친족 언어인 '형제'라는 표현을 사용하여 "거룩한 입맞춤으로 '모든 형제에게' 문안하라"라고 권유한다. 대다수의 견해는 여기서 '모든 형제'가 '서로'(알렐루스)와 같은 말로서 데살

로니가 교회 공동체 전체를 염두에 둔 표현이라고 생각한다(예, Milligan, 80; Best, 235; Wanamaker, 208).

하지만 이어지는 27절에서 "내가 힘주어 너희에게 명하노니 모든 형제에게 이 편지를 읽어주라"라고 말한다. 따라서 '모든 형제'는 예배에 참석하지 아니한 자들도 있음을 함의한다. 따라서 '모든 형제'는 '서로'를 의미한다고 볼 수 없다는 것이다(Malherbe 2000: 341). 이와 관련하여 세 가지 견해가 제기되고 있다. 첫째, 바울은 데살로니가 교회의 지도자들에게 이 편지를 쓴다는 것이다. 그러므로 그들에게 다른 형제들에게도 문안하라는 것이다(Masson, 79). 둘째, 공동체 내에서 긴장과 갈등이 있었기에(5:13-15, 19-20), 제멋대로 행하는 자, 마음이 약한 자, 힘이 없는 자들 모두에게 거룩한 입맞춤으로 문안하라는 것이다(Frame, 216; Green, 271). 분명한 점은 친족 언어인 '형제'라는 표현이 밝히듯이 하나님의 가족으로서의 교회 공동체가 지니고 있는 화목과 일치를 함의하고 있다는 것이다(참고, Frame, 216; Wanamaker, 208). 셋째, 골로새서에서의 경우와 유사하게(골 1:7-8; 2:1, 5; 4:13, 15-16), 이 편지의 수신자들인 데살로니가 교회 공동체 너머의 바울에 의해 개종한 주위 인근 그리스도인들을 염두에 둔 권면이라는 것이다(Malherbe 2000: 341-342, 345). 예를 들면, 로마서의 경우에도 16장은 로마 인근의 교회들(예, 행 18:1-3, 7, 8; 롬 16:23) 외에도 로마에서의 적어도 세 가정(롬 16:5, 14, 15), 많게는 다섯 가정(롬 16:10, 11)의 교회를 언급한다는 것이다.

[5:27] "내가 주를 힘입어 너희를 명하노니 모든 형제에게 이 편지를 읽어 주라". 바울은 이 편지가 공동체의 예배 때에 읽혀지기를 의도한 것 같다. 바울은 여기서 갑자기 "내가 명한다"라는 일인칭을 사용한다. 편지를 마무리하면서 이 편지가 자기의 친서임을 표시하기 위해 자기의 손으로 직접 마지막 인사를 쓰는 것이 바울의 관례인 것 같다. '명한다'(ἐνορκίζω, 에노르키조)라

는 말은 "화자 혹은 저자가 수신인과 서약을 맺겠다"라는 의미이다. 주(主)가 대격(τὸν κύριον, 톤 퀴리온)으로 사용된 점은 "주의 이름을 걸고서 맹세하라"는 것이다(Wanamaker, 209). 즉, 주의 이름을 걸고 모든 형제들에게 이 편지를 읽어 주라는 것이다.

"읽어 주라"(ἀναγνωσθῆναι, 아나그노스쎄나이)는 말은 편지가 회중 앞에서 큰 소리로 낭독되는 것을 의미한다. 수신자들에게 편지가 회중 앞에서 읽혀지기를 엄히 요구하는 경우는 바울의 편지 가운데서 데살로니가전서가 유일하다. 이러한 요구와 엄정함에 대한 정확한 정황을 파악하기는 어렵다. 다만 이 편지가 공동체에 갖는 중요성 때문에 모두에게 읽혀지기를 바랐던 점은 분명하다. 데살로니가전서는 바울의 첫 번째 편지이다. 회중 앞에서 편지를 읽는 것이 관행으로 자리잡혀 있지 않은 상황에서 편지를 받은 일부 형제들이 모두 앞에서 전달하지 않을 수도 있다는 점을 염려하여 편지가 회중 앞에서 읽혀짐으로써 이 편지가 소수에 의해서 통제되고 선택적으로 사용되는 것을 막기 위함이었다라는 가능성이 제기되었다(Wananmaker, 209). 또 다른 가능성은 공동체 내에서 '제멋대로 행하는 자들'(아탁토이, 4:3-8; 5:14)에게 이 편지를 들려주기 원했던 것 같다. 또는 글을 읽을 수 있는 사람은 소수였고, 서신은 그 자체로 중요하기에 단 한 번 낭독되는 것이 아니라 여러 번 낭독하는 수고를 요청한다는 것이다(말크쎈, 살전 114).

[5:28] "우리 주 예수 그리스도의 은혜가 너희에게 있을지어다". 바울서신의 특징이 되는 은혜의 축도로 편지를 맺는다(롬 16:20; 고전 16:23; 고후 13:13; 갈 6:18; 엡 6:24; 빌 4:23; 살후 3:18; 딤전 6:21; 딤후 4:22; 딛 3:15; 몬 25절). 편지의 시작에서와 같이(1:1) 바울은 평강으로 그의 마지막 인사말을 시작하고(5:23) 은혜로써 그의 인사말을 맺는다(5:28). 마지막 축도는 헬라의 편지의 전형적인 끝맺음의 인사인 Ἔρρωσθε(에

로스쎄: Farewell 〈행 3 : 29〉)에서 변형된 것이다. 헬라의 편지는 때로 '너희 모두에게', 혹은 '너희 모든 가정에게'라는 말을 포함하여 마지막에 수신자의 강건함과 번영을 기원한다. 바울은 강건함과 번영을 기원하는 대신에 주 예수 그리스도로부터 오는 은혜를 기원한다. 주 예수 그리스도는 하나님의 은혜, 즉 '구원의 충만함'(Conzelmann, *TDNT* IX, 394)의 근원이라는 신학적 함의성을 담고 있다(Wanamaker, 209).

해설(Comment)

목회자와 교회 성도들 간의 상호성(reciprocity)은 목회 사역의 근본적인 요소이다. 무엇보다도 기도는 서로 간의 관계를 맺어 주는 끈이다. 바울은 그의 사역에 있어서 데살로니가 교우들을 위한 기도 후에 그들에게 자신을 포함한 사역자들을 위하여 기도하라고 요청한다. 성도들을 향한 이러한 기도의 요청은 바울서신에 공통적으로 나타나는 요소이다(롬 15 : 30-32 ; 고후 1 : 11 ; 골 4 : 3-4 ; 살후 3 : 1-2).

데살로니가전서는 바울과 데살로니가 교우들 간의 소통의 지속적인 과정의 일부분으로 목회자와 성도들 간의 상호성을 대변한다. 바울은 데살로니가 교우들을 굳게 세우기 위해 디모데를 아마도 그의 편지와 더불어 다시금 보내게 되었고, 디모데는 데살로니가 교우들의 편지를 가지고 돌아왔을 것이다. 바울이 디모데로부터 들은 소식으로 말미암아 바울은 곧장 이 편지, 곧 데살로니가전서를 쓰게 되었다. 바울의 편지는 이후 수신인 교회뿐만 아니라 다른 교회들 사이에서도 회람이 되었고, 이러한 관행으로 말미암아 바울의 편지가 필사되었고 바울서신이라는 이름으로 수집되었다.

성도들 간의 거룩한 입맞춤의 인사는 이러한 상호성을 대변한다. 입맞춤은 가족 내외적으로 사랑, 존경, 화해의 표시와 같은 다양한 기능을 가지고 있었지만 주로 가족 구성원 간의 문안 인사였다. 거룩한 입맞춤은 '성도'의 교제에 대한 상징으로 '거룩한'이라는 형용사가 나타내듯이 세상과 구분되고, '형제자매'(5:25, 26, 27)라는 하나님의 가족으로서의 연대성을 함의하는 교회 공동체의 정체성을 나타낸다. 이후 그리스도교 역사에서 '거룩한 입맞춤'에 대한 지시는 성찬을 그 배경으로 하고 있다. 기도 후 떡과 포도주를 가져오기 전에 입맞춤을 한 것으로 기록되어 있다(I Apel 65.2). 화목한 교제를 나누는 사람들이 서로 간에 화목의 표현으로 입맞춤을 하였다. 베드로전서는 이러한 입맞춤을 '사랑의 입맞춤'(벧전 5:14)이라 부른다. 사랑에 대한 권면은 공동체의 조화/평화와 연관되었기에 사랑은 조화(concordia)와 동일시되었다(5:13 주석 참고). 하지만 이러한 입맞춤은 일반적으로는 '화목(평화)의 입맞춤'으로 불렸다(Hippolytus, Ap. Trad. 4.1; 18.3; 22.6). 거룩한 입맞춤은 하나님의 가족으로서 공동체의 하나됨에 대한 상징이다.

데살로니가후서

데살로니가후서

서론

A. 진정성 문제
B. 데살로니가후서의 종말론
C. 데살로니가 서신의 순서
D. 기록 목적
E. 저작 시기
F. 구 조

| 데살로니가후서 |

서 론

　데살로니가후서는 데살로니가전서와 마찬가지로 바울과 실루아노와 디모데의 이름으로 데살로니가 교회에게 보내진 편지이다(1:1). 바울은 또한 '친필로'라는 후기를 덧붙임으로써 데살로니가후서의 진정성을 확증한다(3:17). 데살로니가후서는 초기 교회로부터 아무런 이의 없이 사도 바울의 진정한 편지로 받아들여졌다. 그린(Green, 59)은 데살로니가후서가 사실 진정성에 대한 외적 증거라는 측면에서 데살로니가전서보다 더 강한 지지를 받았다는 점을 적시한다. 예를 들면, 이그나티우스(Ignatius), 폴리캅(Polycap), 저스틴(Justin Martyr)과 같은 다양한 초기 그리스도교의 저자들은 데살로니가후서의 진정성을 암시하였고, 알렉산드리아의 클레멘트와 터툴리안은 그들이 인용한 데살로니가후서 몇몇 구절들의 출처가 '사도'(바울)의 것임을 밝힌다(참고, Green, 59). 또한 데살로니가후서는 마르시온(Marcion)에 의해서도 그의 신약성서 목록 속에 받아들여졌고, 무라토리 정경에 있어서도 "모두에 의해서 받아들여진 책" 안에 포함되었다. 그린

(Green, 60)은 "초기 교회에 있어서 데살로니가후서의 진정성을 의심하는 그 어떤 목소리도 없었다"라고 말한다.

데살로니가후서의 진정성에 관한 교부들의 일치된 의견에도 불구하고 19세기 초(1801년) 쉬미트(J. E. C. Schmidt) 이후로 몇몇 학자들에 의해서 데살로니가후서의 진정성 문제가 제기되었다. 19세기에는 심지어 데살로니가전서의 진정성 문제도 간혹 제기되곤 하였다. 데살로니가전서가 바울의 저작임을 의심하는 학자는 거의 없지만 1904년 브레데(W. Wrede)에서 1972년 트릴링(Wolfgang Trilling)에 이르기까지 데살로니가후서의 진정성을 의심하는 소수의 견해가 점차로 받아들여지게 되었다. 트릴링 이후 데살로니가후서가 바울의 진정한 편지가 아닌 후기바울서신이라는 견해는 오늘날까지 특별히 독일어권의 '학문적' 신학자들 사이에 거의 일반화되었다(말크쎈, 살후 170). 하지만 최근에 이르러 다시금 데살로니가후서의 진정성을 대변하는 목소리가 영미권의 주요 신학자들에 의해 제기되고 있다(예, Malherbe 2000: 375 ; 고먼, 388). 고먼은 "아마도 데살로니가후서에 대한 가장 일관되면서 설득력 있는 설명은 저작 순서가 다르다거나 바울이 아닌 다른 인물이 저작했다는 것이 아닐 것이다"라고 그의 입장을 밝힌다(고먼, 388). 하지만 이러한 데살로니가후서의 진정성에 대한 주장 역시 결정적이지 못하다는 점은 데살로니가후서의 진성성에 대한 과제를 남긴다.

A. 진정성 문제

20세기에 이르러 독일학계에서 진정성을 의심을 받게 된 데살로니가후서에 대한 견해 중에는 심지어 데살로니가후서가 주후 1세기 말에 데살로니가전서와는 완전히 다른 정황에서 기록된 위서라고 생각되어 데살로니가가 아닌 다른 지역의 교회(예, 베뢰아, 빌립보)에 전해진 편지라는 주장도 있었다. 데살로니가후서의 진정성을 의심하는 목소리는 대체로 다음과 같은 주장을 펼친다: (1) 데살로니가후서는 문학적으로 명백히 데살로니가전서에 의존해 있다; (2) 비록 모순은 아니더라도 종말론에 있어서 데살로니가후서 2장 3~12절과 데살로니가전서 4장 13절~5장 11절 사이에는 양립할 수 없는 긴장이 있다; (3) 데살로니가후서는 개인적 언급이 거의 없고, 데살로니가전서와는 달리 공식적이고도 엄중한 어조를 띤다.

데살로니가후서의 진정성을 의심하는 주장의 주요 논거는 데살로니가후서의 종말론(살후 2:3-13)이 데살로니가전서의 종말론(살전 4:13-5:11)과는 다른 강조점과 논의점을 보여준다는 점이다. 예를 들면, 데살로니가후서 2장 1~12절에서의 종말론적 주장이 데살로니가전서 4장 13절~5장 11절에서의 종말론적 주장과 양립될 수 없다는 점이다(Schubert). 데살로니가후서의 종말론은 요한계시록의 묵시문학적 사상에 의존하고 있어 데살로니가전서의 종말론보다 더욱더 철저히 묵시(문학)적이라는 것이다. 이러한 이해는 데살로니가후서가 데살로니가전서에 의존해 있고, 문체와 어휘에 이르기까지 데살로니가전서를 모방하고 있다는 주장을 도출한다. 예를 들면, 브레데(W. Wrede)는 데살로니가전서와 데살로니가후서의 많은 평행이 같은 순서로 일어난다는 점과 이 두 서신 사이의 유사성이 바울의 그 어떤 두 서신보다 크다는 점을 지적하면서 이것은 의식적인 모방으로만 설명될 수 있다고 결론짓는다(zweiten Thessalonicherbrief).

데살로니가후서가 위서라는 견해는 1972년 트릴링(Trilling) 이후 급진적으로 확산되었다. 트릴링 역시 브레데와 같은 결론을 내리고 있다. 그는 데살로니가후서의 스타일과 양식, 신학적 분석을 통해 비록 어휘는 전반적으로 바울의 것이지만, 그 외의 다른 요소들, 특별히 편지의 스타일과 수사학적 방법은 바울의 것이 아니라고 주장하면서 데살로니가후서가 기록될 당시에 직면한 종말론적 질문에 대해 바울의 이름으로 답하는 재해석된 위서라고 결론을 내린다.

하지만 데살로니가후서가 주후 1세기 후반이나 2세기 초반에 데살로니가 공동체가 아닌 다른 교회 공동체를 향해 기록되었다는 주장은 설득력을 가지지 못한다. 데살로니가후서는 시기적으로나 정황적으로 데살로니가전서에서 언급된 데살로니가 교회를 향한 편지임은 분명하기 때문이다. 데살로니가전서를 기록하게 한 상황이 데살로니가후서에서도 계속되었고, 더욱 악화되었다. 데살로니가후서에 나타나는 '박해'라는 표현과 이와 관련된 "주의 날이 이르렀다"라는 잘못된 주장은 박해와 환난의 상황이 더욱 악화되었음을 드러낸다(참고, Donfried, 53).

데살로니가후서의 종말론이 바울의 종말론적 견해와 다르다는 점과 그러나 정황적으로 얼마 지나지 않아 동일한 데살로니가 교회 공동체를 향해 기록되었다는 점은 데살로니가후서의 저자로 바울과 데살로니가 교회와 관련이 있는 실라나 디모데를 상정하게 한다(Donfried, 53-54). 디모데를 저자로 간주하는 주장은 다음의 요소들을 제시한다. 첫째, 디모데는 바울이 데살로니가 교회에 파송한 바울의 대리인이었다(살전 2:1-10). 둘째, 그는 이외에도 두 번에 걸쳐 마케도니아로 여행하였다(고전 4:17; 비교, 고전 16:10-11; 행 19:22; 20:4). 셋째, 그는 고린도후서, 빌립보서, 데살로니가전서, 빌레몬서에서 바울과 함께 언급된 공동의 저자이다(Donfried, 54).

하지만 데살로니가후서 3장 17절은 "나 바울은 친필로 문안하노니 이는 편지마다 표시로서 이렇게 쓰노라"라고 명시한다. 그렇다면 실라나 디모데를 저자로 보는 입장과 표면적으로는 모순을 일으킨다. 데살로니가후서를 위서로 이해하는 사람들은 마치 바울이 이 글의 진짜 저자인 것과 같은 오해를 불러일으키기 위해 저자가 이 글을 삽입하였다고 가정한다. 저자 문제와 관련하여 데살로니가후서 2장 2절("영으로나 또는 말로나 또는 우리에게서 받았다 하는 편지로나……")과 2장 15절("그러므로 형제들아 굳건하게 서서 말로나 우리의 편지로 가르침을 받은 전통을 지키라")은 분명하고도 명확하게 바울의 데살로니가후서와의 직접적인 연관성을 명시한다. 데살로니가 교회와 관련된 실라나 디모데가 바울의 이름으로 데살로니가후서를 기록했다고 하여도 고대의 편지 쓰기의 특징상 모순된 점이 아니었다(참고, 고면 214-217). 그러나 바울이 아닌 실라나 디모데가 데살로니가 교회 앞으로 데살로니가후서를 기록했을 구체적인 정황이나 이유를 상정할 수가 없다는 점에서 이 견해는 지지를 받을 수 없다. 그러나 만일 데살로니가후서 2장의 종말론이 바울의 진정한 종말론적 가르침이라면, 데살로니가후서가 데살로니가전서의 모방이라는 점은 오히려 데살로니가후서가 바울의 저작이라는 점에 대한 방증인 것이다.

B. 데살로니가후서의 종말론

일반적으로 데살로니가후서 2장은 데살로니가후서의 가장 중요한 부분으로 이해되고 있다. 문제는 데살로니가후서 2장의 종말론에 대한 견해가 데살로니가후서의 진정성 문제에 있어서, 더 나아가 신약성서의 종말론 이해에 있어서 '걸려 넘어지게 하는 돌'(σκάνδαλον, 스칸달론)이 되고 있다는 점이다(참고, 김형동 2021: 467-500). 데살로니가후서 2장 3~12절은 파악하기 힘든 '카테콘'(κατέχον/-ων)과 같은 독특한 요소를 담고 있다. 데살로니가후서 2장 3~12절은 소위 '묵시(문학)적 시나리오'(apocalyptic scenario)라 불리는 부분을 포함하는 것으로 이해되어 데살로니가전서 4장

13절~5장 11절에서 언급된 바울의 종말론과 양립할 수 없는 것으로 이해되고 있다. 이러한 이해로 말미암아 데살로니가후서는 바울의 진정한 편지가 아니라 후대에 데살로니가전서를 모방한 바울의 이름으로 기록된 위서로, 또는 데살로니가 교회와는 아무런 상관이 없는 다른 공동체 혹은 모든 교회 공동체를 향한 일반적 편지라는 주장을 낳게 하였다.

학자들은 데살로니가후서 2장 3~12절과 데살로니가전서 4장 13절~5장 11절 사이에는 모순은 아니더라도 서로 간에 양립할 수 없는 긴장이 있음을 주장한다. 홀랜드는 데살로니가후서 2장의 종말론적 가르침을 데살로니가전서의 종말론적 내용(살전 4:13-5:11)을 보충하는 '주석'으로 이해한다. 이러한 견해는 데살로니가후서 2장 자체에 대한 정확한 이해에서 온 것이 아니라, 요한계시록의 '묵시문학적 시나리오'에 의거한 이해에서 비롯되었다. 그렇다면 데살로니가후서 2장 3~12절의 종말론적 가르침에 대한 정확한 본문 분석과 그것의 삶의 자리, 즉 사회적 정황이 새롭게 조명되어야 할 것이다.

데살로니가후서 2장은 묵시문학적 시나리오를 담고 있지 않다. 오히려 데살로니가후서 2장은 '종말론적 도식'(eschatological schema)을 제시하는 예수의 강림을 강조하는 바울의 종말론적 가르침이다. 바울이 데살로니가전서에서 '예수로 말미암아 잠든 자들'(살전 4:14 주석 참고)이 주 예수 그리스도의 강림 때에 먼저 일어나 주를 맞이하게 될 운명을 다루었다면, 데살로니가후서는 주 예수의 강림 때에 반드시 멸망하게 될 '불법한 자'와 "믿지 않고 불의를 좋아하는 모든 자들"의 심판(2:12)을 확증한다. 이러한 바울의 종말론적 가르침은 공동체 내의 "주의 날이 이르렀다"(2:2)라는 잘못된 견해를 바로잡고, 데살로니가 교우들이 "마음이 흔들리거나 두려워하지 말 것"을 권면하고자 함이다.

수사학적 분석이 보여주듯이 종말론적 가르침은 주의 날이 아직 이르지 아니하였음에 대한 '증거'로 제시되고 있다. 따라서 그 목적은 박해로 인하여 사회적으로 곤경에 빠져 있고, 내적으로는 두려움과 슬픔에 압도당하고, 공동체 내적으로는 미혹으로 인한 혼란과 갈등에 처한 교회에게 "주의 날이 이르렀다"(2:2)라는 거짓된 선포를 부정하고, 현재 활동하고 있는 '불법의 비밀'의 실체를 드러내고, 주 예수의 강림으로 말미암아 멸망 받게 될 '불법한 자'의 궁극적인 운명을 밝히 드러냄에 있다. 따라서 데살로니가후서 2장의 종말론적 가르침은 박해에 직면한 데살로니가 교회를 향한 권면의 핵심이자, 앞선 데살로니가전서에 언급된 종말론의 확대된 가르침으로 바울이 데살로니가후서를 쓰는 주된 목적이라 할 수 있다.

먼저, 데살로니가후서 1장 5~10절 하나님의 공의로운 심판의 '표'(ἔνδειγμα, 엔데이그마)는 특별한 문학적 장르로 '최후의 심판 (때의) 이야기'이다. 이 이야기는 심판에 관한 전승과 지식으로 구성되어 있다. 최후의 심판의 요점은 운명의 역전에 있다. 좀 더 구체적으로, 이 이야기는 환난을 받는 자들의 안식(1:7)과 악한 자들의 형벌(1:8-9), 그리고 믿는 자들에 의한 주의 영광 받으심(1:10)을 묘사한다. 악한 자들의 형벌에 대한 생각이 새롭게 강조되고 있다. 최후의 심판 때의 장면을 이끌어 가는 메타포는 심판, 형벌, 의로움, 보상을 다루는 법정 메타포이다. 데살로니가후서 1장 5~10절에 묘사된 최후의 심판은 신약성서의 다른 곳에서 묘사된 내용과 별반 다를 바가 없다. 다만 주목할 점은 예수 그리스도가 심판주로 묘사된다는 점이다. 따라서 데살로니가후서 1장 5~10절은 데살로니가후서 2장 3~12절에서 좀 더 구체적으로 상술될 주의 강림과 불법한 자의 멸망에 대한 배경을 제공한다.

둘째, 데살로니가후서 2장 3~12절에서 다루는 내용은 교리적 이해와 관련된 권면이다. 이 특별한 교리는 주의 강림과 그 앞의 성도의 모임에 관한 것으로 보인다(2:1). 하지만 성도의 '모임'은 편지 내에서 다루어지지 않고, 그 다음 절에서 언급하는 "주의 날이 이르렀다"라는 거짓된 선포를 부정하는 것이 프로바치오(증명 부분)의 주제이다(Holland, 95). 즉, 프로바치오는 파루시아와 그와 관련된 사건들로 끝이 날 '종말론적 도식'을 다루고 있다. 이러한 맥락에서 성도들의 모임과 주의 강림은 마지막 날의 사건들을 언급하는 전통적인 방법으로서, 교회의 가르침 내에서 교리적인 자리를 차지하고 있음을 시사한다. 바울은 데살로니가 교우들이 이러한 교리에 대한 어떤 태도, 즉 확고부동한 태도를 갖기를 바란다. 이러한 태도는 "주의 날이 이르렀다"라는 잘못된 주장에 대해 "쉽게 마음이 흔들리거나 두려워하지 말아야 한다"(2:2)라는 말씀으로 표현된다.

예언서에서 '주의 날'이라는 용어는 일반적인 것으로 미래적 사건을 가리킨다(사 2:12-17; 13:1-22; 34:1-17, 61:1-3; 겔 30:1-9; 욥 1:15-21). '주의 날'은 주께서 진노를 나타내 보이시고 악한 자들을 향하여 형벌을 내리시는 '날'을 구체적으로 가리키는 전문 용어이다(Holland, 97). 홀랜드는 유대 문헌에서 '주의 날'과 '심판의 날'이 분명하게 구분되어 사용되는 점을 지적한다. 따라서 그는 데살로니가후서에서 "주의 날이 이르렀다"라는 견해가 "주 예수의 강림이 임하였다"라는 말을 의미하는 것이 아니라고 주장한다(Holland, 97). 다시 말해서, 데살로니가후서에서 주의 날은 미래의 사건을 선포한 것이 아니라, 그들이 살고 있는 지금 이 시간을 묵시문학적 주의 날, 곧 진노의 날로 선포한 것이다. 그렇다면 이러한 역사 이해는 묵시문학적 드라마 내에서 특정한 단계가 임하였다는 '구원-심판 신탁'(salvation-judgment oracle)의 한 예이다(Aune, 93, 118-121, 322-323). 예를 들면, 바벨론에 의한 예루살렘의 멸망은 '주의 날'로 묘사되고 있다(애 1:12; 2:1, 21-22). 예루살렘 멸망은 하나님의 백성들에게 있어서 그러한 신학적 의미를 담고 있는 것으로 이해되었기 때문이다. 데살로니가 교회가 겪고 있는 박해와 환난에 대한 해석도 그러한 의미를 담고 있으리라 판단된다.

그러나 바울은 주의 날을 다음과 같이 분명하게 묘사한다. 첫째, 그 날은 믿는 이들이 종말론적 심판주이신 그리스도 앞에 제시되고 받아들여지는 날이다(2:13-14; 고후 11:2). 둘째, 그 날은 악한 자들에 대한 진노의 날로서 도둑 같이 임할 것이다(살전 5:2). 셋째, 그 날은 하나님의 의로운 심판이 나타날 '진노의 날'이다(2:8, 12; 롬 2:5-16). 이와 같이 주의 날은 예수 그리스도의 파루시아로서 현재에 대한 그러한 은유적 해석에 적용될 수 없는 명백하고도 틀림없는 역사의 마지막 절정이다. 따라서 바울이 데살로니가 교우들에게 전하고 가르쳐 준 파루시아의 개념은 데살로니가 교회 내의 "주의 날이 이르렀다"라는 거짓된 선포와는 양립될 수 없는 것이다.

C. 데살로니가 서신의 순서

맨슨(T. W. Manson)을 포함한 몇몇 학자들은 데살로니가 서신의 순서에 대해 흥미로운 새로운 의견을 제시하였다. 데살로니가후서가 먼저 기록된 편지이고, 데살로니가전서가 나중에 기록되었다는 것이다. 물론 정경적 순서가 반드시 역사적 기록의 순서일 필요는 없다. 전반적으로 바울서신의 배열은 역사적 기록의 순서가 아니라 편지의 길이에 의해 정해졌기 때문이다. 그들은 데살로니가후서가 데살로니가 교회에 보내진 첫 번째 편지라는 점을 인정한다면 데살로니가 서신 간의 관계가 더 잘 설명된다고 주장한다.

맨슨과 와나메이커(Charles A. Wanamaker)는 데살로니가후서의 우선성을 주장한 대표적 학자이다. 맨슨(438-446)은 바울이 아덴에 머물 때에 데살로니가후서를 기록하여 디모데가 데살로니가를 방문할 때(살전 3:1-6) 그 편지를 디모데 편으로 보냈다고 주장한다. 그 후 디모데가 돌아와서 그로부터 데살로니가 교회의 소식을 듣고서 바울이 고린도에서 데살로니가전서를 기록했다는 것이다. 맨슨은 다음과 같은 이유를 들어 데살로니가후서가 데살로니가전서보다 먼저 기록되었음을 주장한다: (1) 데살로니가후서 1장

4~7절에서 언급된 현재 진행 중인 박해가 데살로니가전서에서는 이미 지나간 일로 보인다(살전 2:14); (2) 교회에서 발생한 무질서의 문제가 데살로니가후서에서는 새로이 발생한 문제이지만(살후 3:11-15), 데살로니가전서에서는 이미 알고 있었던 문제로 다루어진다(살전 4:10-12); (3) 만일 데살로니가후서가 먼저 기록되지 않았다면 데살로니가후서 3장 17절에서 바울이 친히 기록하였음을 언급하는 후기는 무의미해진다; (4) 데살로니가전서 5장 1절의 "때와 시기에 대해서 너희에게 쓸 것이 없다"라는 언급은 데살로니가 교우들이 데살로니가후서 2장 1~12절을 이미 읽었음을 전제할 때 매우 적절한 것이다; (5) 데살로니가전서에서 언급되는 '이제……에 관하여'라는 표현(살전 4:9, 13; 5:1)은 편지를 받은 데살로니가 교우들에 의해서 앞서 제기된 문제의 답을 주는 공통적인 형식인 것처럼 보인다.

각각의 경우에 있어서 데살로니가전서에서 다루어지고 있는 주제는 데살로니가후서에서 다루어진 주제에 관하여 데살로니가 교우들이 제기한 질문에 대한 답이라는 것이다. 예를 들면, 데살로니가전서 4장 9~13절은 무질서한 행동을 다루는 부분으로 이 문제는 데살로니가후서 3장 6~15절의 토론에서부터 발생한 주제이고, 데살로니가전서 4장 13절 이하에서 언급된 주의 강림 이전에 죽은 자들의 운명에 관한 질문도 데살로니가후서 2장 1~12절에서 발생한 근심과 불안에 대한 답이라는 것이다. 재림의 때에 관한 문제를 다루는 데살로니가전서 5장 1절도 데살로니가후서 2장 1~12절에서부터 출발한 것 같다는 것이다.

하지만 이러한 맨슨의 주장은 두 가지 근거에서 받아들여지지 않고 있다. 첫째, 그의 주장들이 결정적이지 못하다는 점이다. 오히려 데살로니가후서에서의 박해, 무질서한 행동, 강림에 관한 문제들은 데살로니가전서가 기록된 이후에 악화되었거나 아니면 불안정하게 된 정황을 더 잘 반영한다. 둘째, 데살로니가후서는 분명하게 이전의 편지를 언급하고 있다는 점이다(2:2, 15; 3:17). 그 가운데 데살로니가후서 2장 15절, "그러므로 형제들아……우리의 편지로 가르침을 받은 전통을 지키라"라는 말씀은 확실히 데살로니가후서보다 먼저 기록된 편지를 가리키는 것으로 보인다. 여기서 '가르침을 받았다'라는 동사 형태는 단순과거 수동태이다. 따라서 여기서 그들이 가르침을 받은 사도들의 '편지'는 데살로니가후서가 기록될 때 이미 있었던 편지를 의미한다. 그렇다면 그 편지는 데살로니가에 보낸 편지 중 하나인 데살로니가전서일 것이다. 이것은 데살로니가전서가 데살로니가후서보다 앞서 기록되었음을 밝히는 가장 강력한 증거이다.

와나메이커(41)는 데살로니가후서 2장 15절 본문의 해석에 있어서 애매한 점이 있음을 주장한다. 첫째, 그 '가르침을 받은' 편지가 반드시 데살로니가전서를 가리키는 것은 아니라는 것이다. 둘째, '가르침을 받은'이라는 동사는 두 가지 다른 해석의 여지가 있다는 것이다: (a) '가르침을 받은'이라는 동사는 '우리의 편지로'라는 표현과 관련된 서간체의 단순과거(epistolary aorist)로서 이 편지 안에 들어 있는 앞선 가르침을 가리키고, (b) 완료수동태의 의미로 사용되어 바울의 본래의 구전 전승의 가르침과 이 편지 내의 선행된 가르침을 나타낸다. 셋째, 단수 형태의 '편지'(letter)는 또 다른 편지의 가능성을 배제한다는 것이다. 바울은 데살로니가 교우들이 그가 지금 이 편지에서 바로 앞서 언급한 재림에 관한 그의 가르침을 굳게 붙잡으라고 권면한다. 만일 데살로니가 교우들이 바울이 보낸 이전의 편지를 가지고 있었다면 두 편지 안에 있는 가르침 모두를 포함하기 위해 '편지들'(letters)이라는 복수 형태를 사용했으리라고 주장한다. 넷째, 바울은 다른 경우에 있어서 그가 보낸 앞선 편지를 언급할 때, 그는 그 편지의 내용이나 결과로서 앞선 편지임을 확인한다는 것이다(고전 5:9; 고후 2:3f; 7:8).

한 걸음 더 나아가, 와나메이커는 데살로니가후서의 정황은 바울과 동료들이 할 수 없이 데살로니가를 떠난 후에 바울이 다시금 디모데를 그들에게로 보냈던 정황과 일치한다는 점을 지적한다. 그 결과 디모데의 임무와 데살로니가후서의 기록 목적이 하나이면서 같다는 것이다. 바울은 "너희를 굳건하게 하고 너희 믿음에 대하여 위로하기" 위하여 디모데를 보냈다(살전 3:2). 데살로니가후서도 똑같은 바람을 표현한다: "하나님 우리 아버지께서 너희 마음을 위로하시고 모든 선한 일과 말에 굳건하게 하시기를 원하노라"(2:17). 디모데는 "아무도 이 여러 환난 중에 흔들리지 않게 하려고" 그들에게 들어갔다(살전 3:3). 이것은 데살로니가후서 2장 2절에서 표현된 똑같은 관심이다. 바울은 데살로니가 교회가 쉽게 흔들리거나 두려워하지 말아야 함을 촉구한다. 와나메이커는 데살로니가후서가 먼저 기록된 편지라는 점과 디모데가 데살로니가로 다시 돌아갈 때 그가 가지고 간 편지가 바로 데살로니가후서라고 주장한다. 하지만 이러한 그의 주장은 데살로니가후서가 그 이후에 기록된 경우에도 성립된다.

데살로니가후서가 먼저 기록되었다는 맨슨과 와나메이커의 주장은 나름대로 장점을 가질 수도 있다. 하지만 실제로 그러한 주장을 뒷받침할 만한 결정적인 증거가 부족하다. 오히려 데살로니가후서는 많은 점에 있어서 데살로니가전서를 전제로 하고 있을 뿐만 아니라, 결정적으로 데살로니가전서를 언급하고 있다(살후 2:15). 데살로니가후서가 없어도 데살로니가전서는 이해될 수 있다. 하지만 그 역은 성립하기 어렵다. 또한 데살로니가전서가 기록될 때 데살로니가 교우들이 받는 환난은, 맨슨이나 와나메이커의 주장처럼, 단순히 지나간 과거의 사건이 아니다. 오히려 환난은 여전히 진행 중이고, 더 악화된 상태이고, 상황은 더욱 더 심각하였다. '박해'(1:4)라는 용어와 '굳게 서라'(2:15)라는 권면은 환난이 더욱 악화되었음을 나타낸다. '굳게 서라'라는 동사는 박해의 정황 속에서의 공고함을 표현하기 위해 사용되고 있다(빌 1:27-28; 살전 3:13; 살후 2:15). 또한 일부 교우들은 "사도적 또는 성령의 영감을 받았다는 권위를 주장했고, 주의 날이 이미 도래했다고 선언했다(2:2). 이것은 데살로니가 [교회]에 혼란과 근심을 초래했다[필자 첨가]"(고먼, 391).

D. 기록 목적

데살로니가후서는 수사학적 장르로서 명예와 이점(honor and advantage)을 기본적 주제로 삼아 데살로니가 교회 공동체에 속한 성도들로 하여금 현재 그들이 어떻게 행동해야 할 것인지, 그리고 앞으로 그 결과가 어떠한지를 훈계함을 그 목적으로 한다. 데살로니가후서가 정치적/심의적(deliberative) 수사학의 본보기에 해당한다는 점은 이러한 논증적 성격을 잘 드러낸다.

데살로니가 교회는 하나님의 나라를 전파함으로써 이방인들 가운데서 적대감을 자아내었다(1:8; 2:12). 데살로니가후서 1장 4절은 '환난'(θλῖψις, 쓸립시스)뿐만 아니라 '박해'(διωγμός, 디오그모스)를 명시한다. θλῖψις의 정확한 의미는 그것이 나타나는 정황에 의해서 규정되어야 하지만, διωγμός는 항상 박해를 가리킨다. 또한 '굳건하게 하다'(στηρίζω, 스테리조 〈3:3〉)라는 동사는 박해의 상황 속에서의 가르침을 가리키는 동사이다(Selwyn, 454-458).

박해가 장기간 지속되었을 뿐만 아니라 악화된 정황에서 "주의 날이 이미 임하였다"라고 선포하는 자들이 데살로니가 교회 공동체에 나타났다. 비록 이 말이 구체적으로 무엇을 의미하는지는 확실하지 않지만, '주의 날'이 사이비적 영적(pseudo-spiritual) 방법으로 이해되었을 개연성이 높다. 그 이유는 다음과 같다. 첫째, 데살로니가후서 2장 2절과 14절은 영의 문제를 언급하고 있다. 둘째, 데살로니가후서 2장 6절과 7절에서 헬라어 '카테콘'은 현재 활동 중인 악한 힘과 악한 힘의 인격화된 실체를 함의하는 것으로 불법과 미혹의 억압적 정치적, 종교적 권력을 가리킨다(참고, 김형동 2021: 467-500). 카테콘은 신앙에 위협이 되는 힘과 그 힘의 인격화(악의 화신)로 환난과 박해를 가져왔고, 이로 인한 미혹과 데살로니가 교회의 무질서와 깊은 관련을 갖는다.

분명한 점은 데살로니가전서에서 언급한 소위 바울의 '종말론적 가르침'에 대한 오해가 발생했다는 것이다. 바울은 이러한 오해와 그로 인한 결과에 관심을 기울인다. 왜냐하면 만일 주의 날이 미래에 완성될 사건이 아니라 이미 임한 것이라면 데살로니가 교우들의 믿음의 근간이 뿌리째 흔들리게 되기 때문이다. 바울은 주의 날에 대한 잘못된 이해를 바로 잡아야 할 뿐만 아니라 데살로니가 교우들이 환난 가운데서도 굳게 서서 주의 날이 이미 이르렀다는 말에도 흔들리거나 힘들어하지 않게끔 그들을 권면해야만 했다. 이러한 목적을 이루기 위해 데살로니가후서 1장 5~13절은 데살로니가전서를 보충, 확대하여 데살로니가 성도들을 박해하는 자들에게 장차 주의 심판이 임할 것임과 주께서 나타나실 때 박해하는 자들이 '영원한 멸망의 형벌'(1:9)을 받게 될 것임을 밝힌다.

바울은 데살로니가후서 2장 3~12절에서 "주의 날이 (이미) 임하였다"라는 잘못된 주장을 논박하고, 다시금 주께서 나타나실 때 박해하는 자들이 '영원한 멸망의 형벌'(1:9)의 운명에 처하게 될 것임을 분명하게 밝힌다(2:8). 데살로니가후서 2장 3~12절은 주 예수 그리스도의 묵시문학적 승리를 노래하는 바울의 종말론적 비전을 제시한다. 바울은 '종말론적 도식'(eschatological schema)을 사용하여 '그 때에' 주께서 강림하심으로 '불법한 자'를 가차 없이 죽이시고(비교, 마 2:16; 눅 22:2; 행 2:23), 폐하실($\kappa\alpha\tau\alpha\rho\gamma\acute{\eta}\sigma\epsilon\iota$, 카타르게세이) 것이라는 종말론적 승리를 진술하는 것이다.

수사학적 비평은 데살로니가전서와 데살로니가후서의 의도가 상당히 다름을 분명하게 밝혀주었다. 격려하고 위로하는 데살로니가전서의 수사학적 장르와는 달리, 데살로니가후서의 장르는 정치적/심의적인 것으로 그것의 목적은 권고이다. 즉, 데살로니가후서는 우선적으로 권면의 편지이다. 다음의 세 동사는 이 두 편지의 차이점을 분명하게 드러낸다.

먼저, 동사 $\pi\alpha\rho\alpha\kappa\alpha\lambda\acute{\epsilon}\omega$(파라칼레오)는 광범위한 의미를 지니고 있지만 두 편지에서 '위로하다, 격려하다, 권하다'라는 의미로 사용된다. 데살로니가전서에서 동사 '파라칼레오'는 8회 사용된다(살전 2:12; 3:2, 7; 4:1, 10, 18; 5:11, 14). 하지만 데살로니가후서에서는 단지 2회만 사용된다(2:17;

3:12). 둘째, 일반적으로 '명령하다, 혹은 지시하다'라는 의미를 갖는 παρα γγέλλω(파랑겔로)는 정반대의 패턴을 보여준다. 이 동사는 데살로니가후서에서 4회 사용된다(3:4, 6, 10, 12). 하지만 데살로니가전서에서는 단지 1회만 사용된다(살전 4:11). 데살로니가전서에서 이 동사가 사용되는 정황은 데살로니가후서의 그것과는 사뭇 다르다. 데살로니가전서에서는 '파랑겔로' 동사에 이어 두 번의 '파라칼레오'(살전 4:1, 10) 동사가 사용된다. 이는 다른 행동의 형태로 지시하는 것이 아니라 현재의 행동을 강화하고자 하는 의도가 역력하다. 한편, 데살로니가후서에서의 윤리적 권고를 담은 주된 부분에서는 '파랑겔로'만이 사용된다. 이는 데살로니가후서가 데살로니가 교우들의 미래의 행동을 바꾸고자 시도하고 있다는 견해를 뒷받침한다. 셋째, 동사 παραμυθέομαι(파라뮈쎄오마이)는 '격려하다, 위로하다, 기분을 북돋우다'라는 뜻으로 데살로니가전서에서만 두 번 사용되고(살전 2:12; 5:14), 데살로니가후서에서는 사용되지 않는다.

결론적으로 바울은 데살로니가 교우들이 믿음을 가지기 이전과는 다른 삶의 방식으로 살아가기를 촉구한다. 믿음에 관한 부분은 프로바치오의 첫 번째 단락(2:3-12)에 주로 속해 있고, 삶에 관한 부분은 "일하라!"라고 명령하는 단락(3:6-13)에 속한다. 데살로니가후서의 수사학적 구조는 본문에 포함된 종말론적 전승들의 역할을 잘 규명해 준다. 종말론적 전승의 기초 위에서 바울은 교리, 사도적 권위 그리고 그의 논쟁을 전개하고 있다. 바울에게 있어서 그가 전해 준 전승과 다른 이해는 미혹의 역사(役事)이다. 이로써 악한 자들에 대한 하나님의 진노가 드러나는 것이다. 바울은 데살로니가 교우들에게 이러한 교리와 전통을 거부하는 자들과는 사귐을 갖지 말라고 권면하고(3:14), 미혹된 자들이 전승을 받아들이고 바울의 권위에 순종할 때, 그들을 받아들일 수 있음을 밝힌다. 신실한 자들의 몫은 "굳건하게 서서 말로나 우리(사도들)의 편지로 가르침을 받은 전통(전승)을 지키는"(2:15) 것이다.

E. 저작 시기

신약성서의 상당수의 저작들은 2세대 그리스도인들의 시기인 주후 1세기의 마지막 1/3 즈음에 기록되었다. 이 시기에 많은 그리스도교 문학 작품들이 기록된 것은 어느 정도는 역사적 정황 때문이었다. 그리스도교 공동체들은 주후 70년 이후 일련의 역사적이고 신학적인 위기들을 맞이하였다. 예를 들면, 유대 전쟁이 있었다. 유대 전쟁은 예루살렘의 멸망과 성전의 파괴로 끝이 났다. 신약성서에는 예루살렘의 멸망에 대한 직접적인 언급은 거의 없지만, 이는 초기 그리스도교 교회 공동체에게 있어서 중대한 사건이었음에는 틀림이 없었다. 결국 그것은 전통적인 유대 제의가 무너진 것이고, 유대교와 그리스도교의 중심이 상실된 것이다. 그것은 예수와 예수를 따르는 무리를 거부했던 선택된 백성인 유대인에 대한 하나님의 심판으로, 또한 새로운 이교 제국의 손에 맡겨진 유배의 새로운 시작으로 해석될 수 있었다.

전통적으로 데살로니가후서는 재림의 지연이라는 문제에 대한 후대 교회의 해석으로 종말론적 (진행) 과정(eschatological process)을 보여 주는 것으로 이해되었다. 다시 말하면, 주의 날이 이를 것을 알리는 어떤 징조들이 나타날 것이라는 것이다. 재림의 문제에 대한 이러한 해석은 재림의 임박함을 재확정하고, 현재의 시간을 종말론적 과정의 한 부분으로 이해하여 수신자들로 하여금, 바울이 언급하는 영적 무장(살전 5:8)을 통해 자신을 지켜나가야 할 시간으로 바라보게 한다는 것이다. 수신자들의 교리적이고 윤리적인 입장이야말로 (묵시문학적인) 악한 자의 미혹에 대한 그들의 가능성을 결정할 것이고, 그 결과 최후의 심판에서의 그들의 운명을 결정한다는 것이다.

이러한 관점에서 홀랜드는 데살로니가후서가 실은 모든 교회를 향한 바울의 이름으로 쓰여진 편지라고 주장한다. 데살로니가후서는 데살로니가전서를 보충하고자 하는 의도로, 다시 말해서 데살로니가전서의 해석을 바로잡고자, 혹은 잘못된 해석의 가능성에 대한 노파심에서 보충되었다는 것이다(Holland, 152). 하지만 분명한 것은 데살로니가후서는 데살로니가전서에 언급한 데살로니가 교회의 정황과 깊은 관련을 보여준다는 점이다. 따라서 데살로니가후서를 바울이 죽은 지 30년 혹은 그 이상이 지난 주후 1세기 후반이나 2세기 초반에 데살로니가 교회 공동체가 아닌 다른 교회 공동체와 관련된 편지로 보기는 어렵다(Still, 58 ; Malherbe 2000: 373).

데살로니가후서는 데살로니가전서가 기록된 지 오래지 않아 데살로니가 교회 공동체를 향해 기록된 바울의 진정한 편지이다. 데살로니가전서를 기록하게 한 환난이 계속되었을 뿐만 아니라 악화되었다. 예루살렘의 멸망 이전에도 그리스도인들은 로마제국의 핍박에 처해 있었다. 그들은 이미 일반 시민들에게 경멸의 대상이 되어 주후 64년 로마 대화재에 의한 네로의 희생양이 되었다. 그것은 그리스도인들에 대한 로마의 지역적 박해였지만 동정을 불러일으킬 만큼 살벌하고 잔인하였다. 이 사건은 그 이후 로마 관리들의 간헐적인 박해와 그에 대한 계속적인 두려움의 시작이었다. 박해적 정황 가운데 교회 내에 성령과 연관된 "주의 날이 이르렀다"라는 거짓 가르침이 유포되었다. 데살로니가후서의 논증적 성격은 바울과 수신자들 간의 대화가 매우 민감한 문제를 다루고 있음을 드러낸다. 논지를 드러내는 부분(partitio, 2 : 1-2)은 즉각적으로 바울의 주된 논점이 "주의 날이 벌써 이르렀다"(2 : 2)라는 주장과 관련되어 있음을 드러내고, 또한 증명 부분(probatio, 2 : 3-15)은 이러한 잘못된 가르침이 성령과 관련이 있음을 분명하게 보여준다(2 : 15).

그렇다면 데살로니가후서의 특별한 중요성은 어디에 있는가? 데살로니가후서는 믿음에 있어서 아직 초보 단계인 데살로니가 교우들에게 예수 그리스도의 파루시아로 악한 자들이 처하게 될 운명인 멸망을 분명하게 제시한다. 무엇보다도 데살로니가후서는 박해적 정황 속에 놓인 그리스도인들에게 현재의 상황을 재해석하면서 그리스도의 강림으로써 심판에 이르게 될 불의한 자들의 운명을 제시한다. 바울은 유대 묵시문학의 전통적인 요소들을 사용하여 공관복음(막 13장; 마 24장)과 디다케의 마지막 장에 나타나는 묵시(문학)적 그림과 같은 종말론적 도식을 제시한다.

바울은 부분적으로 박해로 말미암아 생겨난 종말론에 대한 잘못된 해석을 반박한다. 바울은 그러한 잘못된 선포를 미혹하는 행동이라 규정한다. 이러한 바울의 주장은 로마서 1장 18~32절의 교리적 잘못과 윤리적 면에서의 '미혹'이 서로 긴밀하게 연관되어 있음을 보여주는 바울의 일관된 논리적 사고를 반영한다. 교리와 윤리의 상관관계는 바울신학의 '전통'(2:15; 3:6)에 속한다. 이러한 전통을 무시하는 것은 미혹에 빠지는 것이다(2:10-12). 바울은 '제멋대로 행하는 자들'의 잘못된 선포와 그들의 '무질서한' 행동을 공격한다(3:6-12; 참고, 요한일서). 좀 더 구체적으로, 데살로니가 교회 공동체 내에서 이러한 자들의 존재는 종말론적 악의 존재에 대한 표시인 '미혹의 역사'로 간주되었다. 그들은 주의 날에 종말론적 악한 자로 드러날 현재의 악한 힘의 현현인 배도의 행위를 대표한다.

이러한 미혹의 역사에 반대함으로써 데살로니가후서는 데살로니가 교우들로 하여금 바른 길을 선택하도록 종용한다. 이 길은 바울에 의해서 제공된 종말론적 가르침과 바울의 가르침과 행위에 순종하는 것이다. 그렇게 함으로써 그들은 주 예수의 날에 구원을 얻을 수 있다(1:7-10). 바울은 자신의 말과 편지, 본보기에 기초한 전통에 순종하는 것 외에 어떠한 요구도 하지 않는다. 그 본보기 중의 하나는 손수 일하는 것인데, 이는 명백히 '아탁토이'에 대한 공격이다.

F. 구조

적지 않은 학자들은 데살로니가후서가 수사학적 구조를 갖고 있음을 제시한다(Jewett, 81-87; Holland, 6-58; Hughes, 51-74; Wanamaker, 46-52). 수사학적 장르에 대한 아리스토텔레스의 구분에 근거하여 왓슨(Watson, 133)은 바울서신의 수사학적 장르를 다음과 같이 구분한다:

법정적 수사학의 경우, 바울은 대적자들의 공격에 대항하여 스스로를 변호하거나 그들을 향하여 자신의 공격을 퍼붓는다. 심의적 수사학의 경우, 바울은 청중으로 하여금 어떤 행동 방향에 대하여 행하도록 권고하거나 설득하여 단념시킬 수 있다. 제의적 수사학의 경우, 그는 칭송을 통하여 그들이 이미 지니고 있는 가치를 더욱 견지하도록 하거나 비난을 통하여 그가 무가치한 것으로 여기는 가치에 대하여 집착하지 않도록 설득할 수 있다.

데살로니가후서의 수사학적 구조에 대한 분석은 조금씩 차이가 있지만, 그들 모두 데살로니가후서의 수사학적 담론의 형태가 심의적/정치적(deliberative)임을 주장한다. 심의적 수사학의 특징은, 앞서 언급한 바, 특별한 행동 방침을 선택하거나 단념하게끔 독자들을 설득하고자 하는 데 있다. 심의적 수사학의 요소는 권유와 간함(마음을 돌리게 함)이다. 심의적 수사학은 안전과 명예라는 두 가지 유익을 고려한다. 특별히 안전은 "현존하는 혹은 임박한 위험을 피하게 해주는 어떤 계획을 제공하는 것"을 의미한다(Cicero, 3.2.3). 데살로니가후서의 경우 "굳건하게 서서 말로나 우리(바울)의 편지로 가르침을 받은 전통을 지키라"(2:15)는 것이다. 바울은 수신자들로 하여금 사도적 전통을 따라서 평강이 있기를 권유하고, 그들이 "주의 날이 (이미) 이르렀다"(2:1-2)라는 그릇된 선포에 귀를 기울이는 것을 간하여 말리고자 한다(Holland, 6).

수사학적 분석은 데살로니가후서의 논증의 흐름을 보여준다. 무엇보다도 수사학적 분석은 이 편지를 기록한 바울의 의도와 그가 전개하는 교리의 성격과 데살로니가전서의 기능에 대한 바울 자신의 이해를 잘 드러낼 것이다. 먼저 주잇의 분석은 아래와 같다:

1:1-12   엑소르디움(exordium)
2:1-2   파르티치오(partitio)
2:3-3:5   프로바치오(probatio)
3:6-15   엑소르타치오(exhortatio)
3:16-18   페로라치오(peroratio)

사실 프로바치오는 파루시아가 아직 오지 않았음을 드러내는 단락(2:3-12)과 파루시아 때까지 데살로니가 교우들이 굳게 서리라는 확신을 드러내는 단락(2:13-3:5)으로 구성된다. 엑소르타치오는 바울서신과 후기바울서신이 공통적으로 포함하는 권면에 해당되는 부분이다.

휴즈(Hughes)의 분석은 약간의 차이를 보인다:

1:1-12   엑소르디움(exordium)
2:1-2   파르티치오(partitio)
2:3-15   프로바치오(probatio)
2:16-17   페로라치오(peroratio)
3:1-15   엑소르타치오(exhortatio)
3:16-18   종결(epistolary postscript)

휴즈 역시 프로바치오를 두 단락으로 구분한다: 2장 3~12절과 2장 13~15절. 그는 권면 앞에 페로라치오를 둔다(2:16-17). 와나메이커의 분석은 휴즈와 동일하다. 단지 와나메이커는 1장 1~2절을 편지의 서두로 따로 구분한다. 휴즈는 일반적인 편지 형식의 요소인 결말을 데살로니가후서의 끝에 둔다. 하지만 그는 편지의 결말과 짝을 이루는 서두의 요소를 지적하지 않는다. 이러한 측면에서 편지의 서두를 지적하는 와나메이커의 분석은 휴즈의 분석에 대한 정당한 수정이라 판단된다.

홀랜드의 분석은 아래와 같다:

1:1-2   서두(epistolary prescript)
1:3-4   엑소르디움(exordium)
1:5-12   나라치오(narratio)
2:1-17   프로바치오(probatio)
3:1-13   엑소르타치오(exhortatio)
3:14-16   페로라치오(peroratio)
3:17-18   종결(epistolary postscript)

홀랜드의 분석에서도 역시 프로바치오는 일련의 증명들을 포함한다(2:3-5, 6-8, 9-12). 하지만 페로라치오는 3장 14~16절에 자리잡고 있다. 홀랜드는 1장 5~12절을 나라치오로 구분한다.

데살로니가후서의 수사학적 구조에 대한 다양한 견해 가운데서도 대체로 2장은 프로바치오(증명 부분)로, 3장은 권면의 단락으로 이해되고 있다. 2장 1~2절 또한 증명하고자 하는 주제를 담고 있다는 점이 인정되고 있다. 위의 네 사람 가운데 세 사람은 2장 1~2절을 파르티치오라 부르지만, 홀랜드는 이 단락을 '프로바치오의 주제'라고 이름 붙인다. 1장 역시 대체로 엑소르디움으로 분류된다. 단지 홀랜드만이 그 중의 일부분(1:5-12)을 나라치오로 분류한다. 하지만 1장 5~12절을 나라치오로 보기는 어렵다. 왜냐하면 나라치오는 사실을 언급(statement of facts)하는 부분이기 때문이다. 아리스토텔레스는 정치적/심의적 양식에 있어서 서두에 이어 나라치오가 따라 나올 필요가 없음을 지적한다. 실제로 정치적/심의적 양식에서 나라치오는 매우 드물게 나타난다. 왜냐하면 어느 누구도 다가올 일을 서술할 수가 없기 때문이다. 게다가 1장 5~12절은 주로 미래에 관한 이야기를 담고 있다는 점에서 나라치오로 보기는 어렵다.

데살로니가후서의 권면적인 부분(권면은 연설의 일반적 요소에 속하지 않는다)과 페로라치오의 위치에 대한 불확실함은 데살로니가후서에 수사학적 분석을 엄격하게 적용시키는 것에 대한 주의를 요구한다. 비록 편지와 연설 간에는 유사성이 있지만, 이 둘은 같은 것이 아니다. 편지는 그 자체의 특성을 가진다. 편지의 형태와 연설의 형태 사이의 유사성은 모두 다 같이 '설득의 논리'에 의해 지배를 받는다는 것이다. 고대 사람들이 이러한 논리를 매우 쉽게 사용했다는 것은 교육에 있어서 수사학이 그만큼 중요했음을 보여준다.

데살로니가후서는 연설(speech)의 형식에 따라 정확하게 작성되었다고 보기는 어렵다. 하지만 데살로니가후서에 대한 수사학적 접근은 그 자체만으로 매우 정당한 것으로서 데살로니가후서가 가지는 논증의 흐름을 보여줄 것이다. 무엇보다도 수사학적 분석은 이 편지를 기록한 바울의 의도와 그가 전개하는 교리의 성격과 데살로니가전서의 기능에 대한 바울 자신의 이해를 아래와 같이 잘 드러낼 것이다:

Ⅰ. 서 두(1:1-2)

Ⅱ. 엑소르디움(1:3-12)
   A. 감 사(1:3-4)
   B. 최후의 심판 때의 이야기(1:5-10)
   C. 기도 보고(1:11-12)

Ⅲ. 파르티치오(2:1-2)

Ⅳ. 프로바치오(2:3-17)

    A. 거짓에 관한 증거들(2:3-12)

    B. 감 사(2:13-14)

    C. 결 론(2:15)

    D. 중보의 기도(2:16-17)

Ⅴ. 엑소르타치오(3:1-13)

    A. 전체적 권면: 중보 기도의 요청(3:1-5)

    B. '아탁토이'에 대한 권면(3:6-13)

Ⅵ. 페로라치오(3:14-15)

Ⅶ. 종 결(3:16-18)

제 I 부

서 두

데살로니가후서 1 : 1-2

| 데살로니가후서 1 : 1-2 |

서 두

¹바울과 실루아노와 디모데는 하나님 우리 아버지와 주 예수 그리스도 안에 있는 데살로니가인의 교회에 편지하노니 ²하나님 아버지와 주 예수 그리스도로부터 은혜와 평강이 너희에게 있을지어다

[1:1] "바울과 실루아노와 디모데는……데살로니가인의 교회에". 데살로니가 후서의 서두에서 가장 큰 특징은 데살로니가전서와 매우 유사한 평행을 보여준다는 점에 있다(비교, 살전 1:1). 데살로니가후서는 데살로니가전서와 같이 바울과 실루아노와 디모데라는 세 사람의 이름으로 보내진 편지이고, 수신자들도 '데살로니가인들의 교회'이다(살전 1:1 주석 참고). '사도'라는 직함이 없이 바울이라는 이름만 사용된다. 편지를 보내는 자의 이름 속에 공동의 발신인(저자)을 포함시키는 것은 일반적이었고 '친절한 경의의 표시'였다(Betz, 40). 하지만 데살로니가 교회와 바울, 실라, 디모데의 직접적인 연관성을 간과해서는 안 된다. 바울과 더불어 실라와 디모데의 이름으로 편지를

보내는 것은 실라와 디모데가 바울과 함께 고린도에 있을 때에 데살로니가전서를 쓴 지 얼마 지나지 않아 바울이 데살로니가후서를 쓰게 되었다는 점을 시사한다(Malherbe 2000: 379). 베츠(Betz, 44-56)에 따르면, 여전히 이들의 이름이 나란히 등장하는 것은 사도들의 가르침을 무시하고 "주의 날이 이르렀다"(2:1-2)라고 선포한 '제멋대로 행하는 자들'(아탁토이)이 데살로니가 교우들의 신앙에 그다지 영향을 미치지 않았음을 시사한다(비교, 갈 1:6-9).

[1:2] "하나님 (우리) 아버지와 주 예수 그리스도로부터 은혜와 평강이 너희에게 있을지어다". '은혜(카리스)와 평강(에이레네)'이라는 인사는 당시의 편지에 있어서 일반적인 인사인 '카이레인'의 그리스도교적 변형이다(살전 1:1 주석 참고). 데살로니가전서의 '은혜와 평강'이라는 표현과 달리 "하나님 (우리) 아버지와 주 예수 그리스도로부터"라는 표현이 은혜와 평강에 덧붙여져 그것의 기원과 출처를 밝힌다. '하나님 아버지'를 지지하는 입장은 짧은 읽기의 우선성과 1절에서의 '하나님 우리 아버지'를 따라 '우리'가 첨가되었다는 것이다. 한편, '하나님 우리 아버지'라는 읽기를 지지하는 입장은 오히려 '우리'라는 표현이 1절에 이미 언급되었기에 스타일의 이유로 생략되었다는 것이다. 사본 상의 증거로는 '하나님 아버지'와 '하나님 우리 아버지'라는 표현 중 어느 것이 원문인지 판단하기가 어렵다(Metzger, 567).

한편, 데살로니가후서에서 '우리'라는 표현이 하나님께 사용되는 점 (1:11; 2:16)은 '하나님 우리 아버지'라는 읽기를 지지할 수도 있지만, 다른 한편으로는 '하나님 아버지'라는 짧은 읽기에 '우리'라는 표현이 첨가되었다는 주장을 지지하기도 한다. 하지만 데살로니가후서에서 바울이 그 자신과 데살로니가 교우들 간의 관계를 운명공동체로 표현한다(3:1-2)는 점은 '우리'라는 읽기가 원래의 읽기라는 개연성을 높인다.

해설(Comment)

　바울은 데살로니가전서의 인사말에서 하나님을 '하나님 아버지'라 일컫는다. '하나님 아버지'는 하나님의 창조주 되심을 함축하는 표현으로 유대인들이 이방인들에게 전도할 때 사용하는 표현이었다. 따라서 하나님 아버지라는 표현은 바로 '살아 계시고 참되신' 하나님을 가리킨다(살전 1:9). 하지만 데살로니가후서 인사말에서 하나님을 '하나님 (우리) 아버지'라 일컫는 것은 그리스도인들이 하나님의 자녀로 하나님의 가족이라는 이해를 반영한다(롬 8:14-23; 갈 3:26; 4:4-7). 데살로니가후서는 박해와 환난에 처한 데살로니가 교우들을 위로하고 권면하기 위해 은혜와 평강의 출처가 우리 아버지 하나님과 주 예수라는 점을 드러낸다.

　하나님을 '우리 아버지'로 부르는 것은 바울서신의 공통적 요소이다(롬 1:7; 고전 1:3; 고후 1:2; 갈 1:3; 빌 1:2; 골 1:2; 몬 3). '하나님 우리 아버지'에서 바울이 데살로니가 교회를 향하여 사용하는 친족 언어의 일부분으로서 하나님과의 관계뿐만 아니라 바울과의 관계를 나타낸다. 바울은 데살로니가 교우들을 권면함에 있어서 그들을 '형제'라고 일컫는다(3:6, 13, 15). 하나님 우리 아버지는 그리스도인들의 하나됨과 그리스도교 일치의 시발점이다.

제 II 부

엑소르디움

데살로니가후서 1 : 3-12

A. 감 사(1 : 3-4)
B. 최후의 심판 때의 이야기(1 : 5-10)
C. 기도 보고(1 : 11-12)

| 데살로니가후서 1 : 3-12 |

엑소르디움

데살로니가전서 1장 2~10절과 관련하여 논의한 바, 엑소르디움은 두 가지 주요한 기능을 갖는다. 첫째는 수신자, 청중, 혹은 독자로 하여금 저자 혹은 말하는 자에게 '호의를 가지고, 주목하게' 한다. 둘째는 서로 간에 의사소통할 주요 주제(들)를 밝힘에 있다. 1장 3~4절은 양식비평적 측면에서 편지 서두의 전형적인 감사이다. 바울의 감사 기도는 하나님을 향하여 감사를 올리는 문학적 기회(literary opportunity)를 마련하고, 감사를 드리는 구체적인 이유를 언급함으로써 편지의 주된 관심사를 드러낸다. 고대의 수사학에 있어서 감사 부분은 편지의 '목차'(table of contents)에 해당한다. 감사는 종종 수신자들을 칭찬함으로써 수신자들에게 영예를 돌린다(Hughes, 52). 1장 3~4절의 내용은 이러한 기능을 잘 충족시킨다. 바울은 박해에도 불구하고 이룩한 그들의 믿음의 진보를 칭찬함으로써 그들의 호의를 얻고자 한다.

이어서 바울은 그들에게 주어질 보상과 그들을 박해하는 자들에게 임할 형벌을 밝힌다(1 : 5-10). 이러한 내용은 편지에서 계속될 내용을 주목하게

끔 하는 분위기를 마련한다. 동시에 1장 5~10절은 아직 주의 날은 미래의 일이라는 사실을 지적하면서 2장 1~12절을 준비한다. 바울은 이 문제를 2장 1~12절에서 자세하게 다룬다. 1장 11절에서 언급된 데살로니가 교우들을 부르신 '하나님의 택하심'이라는 주제는 2장 13~17절의 주제가 되고, 다시금 3장 1~13절의 권면의 주제가 된다. 엑소르디움은 앞으로 전개될 프로바치오와 엑소르타치오의 권면을 위한 종말론적 전제를 제공한다. 이처럼 바울은 하나의 주제에 그의 관심을 집중시킨다.

A. 감사(1:3-4)

³형제들아 우리가 너희를 위하여 항상 하나님께 감사할지니 이것이 당연함은 너희의 믿음이 더욱 자라고 너희가 다 각기 서로 사랑함이 풍성함이니 ⁴그러므로 너희가 견디고 있는 모든 박해와 환난 중에서 너희 인내와 믿음으로 말미암아 하나님의 여러 교회에서 우리가 친히 자랑하노라

엑소르디움은 감사로 시작된다. 인사에 이어서 감사로 편지를 시작함은 갈라디아서를 제외한 바울의 모든 편지에서 발견된다. 데살로니가후서의 감사는 데살로니가전서의 감사(1:2-3)와 전반적으로 비슷하지만 "하나님께 감사할지니 이것이 당연하다"라는 감사의 필요성과 당위성을 언급한다. 이러한 감사의 필요성과 당위성은 예배라는 삶의 자리(*Sitz im Leben*)를 반영한다. 바울은 믿음에 있어서의 데살로니가 교우들의 진보를 칭송함으로써 감사를 표현한다. 이것은 그들로부터 긍정적인 반응을 이끌어내고자 함

이다.

[1 : 3] "형제들아 우리가 너희를 위하여 항상 하나님께 감사할지니 이것이 당연함은". 바울의 다른 편지에서는 나타나지 않는 감사 표현이 사용된다. 그것은 바로 "(우리가) 감사하지 않을 수 없다"(Εὐχαριστεῖν ὀφείλομεν, 유카리스테인 오페일로멘)라는 표현이다. '감사하다'(εὐχαριστέω, 유카리스테오)라는 동사에 '……하지 않을 수 없다'(ὀφείλω, 오페일로)라는 동사가 덧붙여졌다. 이 표현은 데살로니가후서의 두 번째 감사에서도 다시 나타난다: "우리가……마땅히 하나님께 감사할 것은"(2 : 13). 이러한 감사 표현은 바울의 다른 서신들의 일반적 감사보다 개인적인 친근감이 덜한 거리감과 냉정함을 보이고, 교회의 의무를 규정한다고 생각하여 데살로니가후서가 바울의 편지가 아님에 대한 증거로 제시되기도 하였다(Trilling, 43-44). 또한 데살로니가 교우들이 자신들의 신앙생활에 비해 지나친 바울의 칭찬(데살로니가전서)에 항의하자, 바울이 이러한 표현을 여기서 사용했다는 가정을 낳기도 했다(Frame, 221 ; 브루스, 250).

그러나 "(우리가) 감사하지 않을 수 없다"라는 표현은 사무적이고 거리감을 드러내는 감사의 표현이 아니다. 만일 바울이 의무를 규정하고자 했다면 '……것이 마땅하다'라는 표현인 δεῖ(데이)를 사용했을 것이다(Malherbe 2000: 398). 오히려 동사 ὀφείλω는 감사하는 것이 의무가 아니라는 점을 나타내는 매우 개인적인 표현이자(Aus, 436, 438), 문맥에서 '당연하다'(ἄξιόν ἐστιν, 악시온 에스틴)와 4절의 '우리가 친히'(αὐτοὺς ἡμᾶς, 아우투스 헤마스)라는 표현이 나타내는 바와 같이 강조적 표현이다. 하나님을 향한 감사의 필요와 마땅함은 유대교와 초기 그리스도교(예, 1 Clem 38 : 4 ; Barn 5 : 3 ; 7 : 1)의 예배를 그 배경으로 하는 예전적 표현이다(Aus, 432-438).

"너희의 믿음이 더욱 자라고 너희가 다 각기 서로 사랑함이 풍성함이니". 이러한 감사는 본문이 증거하는 바와 같이 데살로니가 교우들이 보여준 믿음의 진보와 사랑의 풍성함 때문이다. 이 점을 두고서 바울은 실제로 데살로니가 교우들이 아니라 그들 가운데 역사하시는 하나님을 향하여 감사하고 있다. 따라서 하나님을 향한 감사의 표현이 개인적인 친근감이 덜한 거리감과 냉정하게 느껴지는 침착함을 나타낸다는 이해는 정당성을 갖지 못한다.

바울은 하반절에서 데살로니가 교우들로 인하여 하나님에게 감사하지 않을 수 없는 이유를 구체적으로 설명한다. 그 첫째 이유는 데살로니가 교우들의 믿음이 더욱 자라고 있음이다. '더욱 자라다'(ὑπεραυξάνω, 휘페르아욱사노)라는 표현은 신약성서에서 단 한 번 여기에서 사용되고 있다. 전치사 ὑπέρ(휘페르)를 사용하는 복합동사는 '자라다'(αὐξάνω, 아욱사노)라는 동사의 뜻을 강조한다. 데살로니가 교우들의 믿음은 주목할 만한 것이었다(살전 1:3; 3:2, 5-7; 5:8; 살후 1:11; 3:2). 이러한 그들의 믿음은 그들에게 닥친 모든 역경에 직면해서 증명된 하나님(살전 1:8)과 그의 진리(2:13)에 대한 확신이다.

둘째 이유는 데살로니가 교우들 각자의 서로 간에 사랑의 풍성함 때문이다. 데살로니가전서에서도 "……사랑이 더욱 많아 넘치게 하사"(살전 3:12)라는 표현에서 같은 동사가 사용된다. '다 각기'라는 표현은 데살로니가 교우 하나하나를 개인적으로 염두에 둔 표현이다. 그들의 믿음이 더욱 자라듯이 서로 간의 사랑도 더욱 풍성해져 갔다. 서로 간에 사랑이 풍성하다는 표현은 그들의 공동체 의식이 발전되고 사랑의 수고로 인해 사랑이 드러나고 있음을 표현하는 또 다른 방식이다.

[1:4] "그러므로 너희가 견디고 있는 모든 박해와 환난 중에서". 데살로니가후서가 기록될 당시에 데살로니가 교회는 박해와 환난을 경험하고 있었다. 환난은 외적 공격이든 내적인 고통이든 간에 인간이 겪는 모든 고통을 가리킨다. 여기서 환난은 그리스도인으로서 겪고 있는 적대감을 가리키므로 실제로는 박해와 동의어이다(1:6-7; 살전 1:6; 3:3, 6; 참고. 롬

8:35). 데살로니가 교우들은 단순히 이방인의 삶에서 그리스도인의 삶으로 옮김으로 인한 정서적, 정신적 어려움을 겪고 있는 것이 아니었다(비교, Malherbe). '견디고 있다'(ἀνέχεσθε, 아넥케스데)라는 동사 자체와 현재시제 형태는 데살로니가 교우들이 여전히 박해라는 상황 속에 처해 있음을 드러낸다(Frame, 225). 고린도전서 4장 12절에서도 "……박해를 받은즉 견디고"(διωκόμενοι ἀνεχόμεθα, 디오코메노이 아넥코메싸)에서 '견디다'라는 동사는 박해의 정황에 사용되고 있다.

'모든'이라는 말과 더불어 복수 형태로 묘사된 "박해(들)와 환난(들) 중에서"(ἐν πᾶσιν τοῖς διωγμοῖς ὑμῶνκαὶ ταῖς θλίψεσιν)라는 표현은 적대감을 드러내는 행동들이 다양한 사건과 방법으로 반복되었음을 나타낸다(Frame, 225; Green, 283). 데살로니가 교회는 외부로부터의 견디기 어렵고 힘든 다양한 적대적 행동에 직면한 가운데 고통을 당하고 있었다.

"너희 인내와 믿음으로 말미암아". 바울은 데살로니가전서의 첫 번째 감사에서 믿음과 소망과 사랑이라는 삼자 조합(triad)를 언급하면서(살전 1:3) 데살로니가 교우들의 넘치는 믿음과 사랑을 자랑하였다(살전 3:6). 하지만 데살로니가후서에서 바울의 감사는 믿음과 사랑과 인내를 언급한다. 인내가 소망의 자리를 대신하고 있다. 인내는 실제로 소망과 (경험상의) 동의어이다(Trilling, 47). 인내와 믿음은 데살로니가 교우들의 '내적인' 면이 아니라 '외적인' 면에 초점을 맞춘 것으로 외부인들, 즉 구체적으로 공동체를 박해하는 믿지 않는 자들과의 접촉에서 일어나는 신앙의 덕목이다.

바울은 인내와 믿음을 함께 언급하지만 강조점은 인내에 있다. 왜냐하면 "너희 인내와 믿음으로 말미암아"(ὑπὲρ τῆς ὑπομονῆς ὑμῶν καὶ πίστεως, 휘페르 테스 휘포메네스 휘몬 카이 피스테오스)라는 표현에서 먼저 인내(τῆς ὑπομονῆς, 테스 휘포메네스)가 정관사(τῆς)에 바로 연결되고, '너희의'(ὑμῶν, 휘몬)라는 소유대명사에 직접적으로 수식되기 때문이다(Malherbe 2000: 387). 인내에 대한 칭찬은 데살로니가전서와의 차별성을 보여주는 데살로니가후서의 특징적인 점으로 박해라는 실제적 정황을 제시하며(웨이마, 600), 데살로니가후서의 주된 단락인 2장 1~17절이 파루시아에 대한 소망을 다루고 있음을 미리 보여준다.

"하나님의 여러 교회에서 우리가 친히 자랑하노라". 결과를 나타내는 접속사 ὥστε(호스테)와 부정사 '자랑하다'(ἐγκαυχᾶσθαι, 엥카우카스싸이)로 이루어진 문장이다. 데살로니가 교회의 믿음과 사랑은 바울이 하나님께 감사하는 이유가 되었지만, 데살로니가 교우들의 인내와 믿음(신실함)은 결과적으로 그가 친히 다른 교회들에게 데살로니가 교회를 자랑하는 이유가 되었다. ἐγκαυχᾶσθαι는 신약성서에서 이곳에서 유일하게 사용되는 용례로 바울이 자주 사용하는 동사 καυχάομαι(카우카오마이)의 강조형으로 '우리가 친히'라는 강조적 어법과 더불어 데살로니가 교우들의 인내와 믿음을 매우 자랑하고 있음을 나타낸다.

대부분의 주석가들은 '우리가 친히'(αὐτοὺς ἡμᾶς)라는 강조 어법에서 바울이 무엇을 대조, 비교하고 있는지에 대해 의문을 가지며 '불확실하다'라고 평가한다(예, 브루스, 252). 따라서 다양한 견해들이 제시되고 있다: (1) 다른 이들이 데살로니가 교우들을 자랑하듯이(예, 살전 1:9) 바울 자신도 데살로니가 교우들과의 관계를 강조하면서 (믿음의 부모된 자로서) 자랑한다; (2) 바울은 그의 사도적 권위(브레데, 85) 혹은 교회 설립자로의 역할을 강조한다(Lightfoot, 98); (3) 데살로니가 교우들은 스스로 자신에 대해 자랑하는 것을 꺼려하였으나(크리소스톰, *Homilies on 2 Thessalonians 2*[PG 62:474]), 대조적으로 바울은 그들을 자랑한다(Frame, 223-224; Malherbe 2000: 386); (4) 대조, 비교가 아니라 단순히 바울의 감정을 강하게 드러낸다(Green, 281).

'우리가 친히'라는 강조적 어법은 3절과 4절을 대조, 비교하여 데살로니가 교우들의 인내와 믿음을 여러 교회에서 '바울 자신이 친히' 자랑하고 있는 감정을 표현한다. 바울은 데살로니가 교우들의 믿음과 사랑에 대해 당연히 하나님께 감사하지만(3절), 그들의 인내와 믿음(신실함)에 대해서는 그가 친히 '여러 교회에서' 자랑한다는 것이다(4절). 바울은 앞선 데살로니가전서 1장 7, 9절에서 데살로니가 교회의 믿음의 소문이 각처에 퍼져 그가 더 말할 것이 없다고 하였다. 하지만 데살로니가전서와 데살로니가후서의 자랑은 다른 정황을 반영한다. 본문에서 바울이 자랑하는 바는 데살로니가 교회의 복음 전도가 아니라 박해와 환난에 직면한 정황에서 드러난 그들의 외적인 인내와 믿음(신실함)에 관한 것이다(Holland, 36).

데살로니가 교회에 대한 바울의 자랑은 환난 가운데 있는 다른 여러 교회들에게 격려가 되었고, 본이 되었다. 본문에서도 '하나님의 교회들'이라는 복수 형태가 사용되고 있다. 바울은 흔히 '교회들'이라는 복수 형태의 표현을 지역적인 경계가 주어지는 경우에 사용하고, 광범위한 교회 공동체를 가리킬 때는 '교회'라는 대표 단수 형태를 사용한다. 따라서 '교회들'은 아가야 지역의 교회들을 가리킨다(브루스, 252; Malherbe 2000: 386).

해설(Comment)

바울은 데살로니가 교회를 향한 그의 두 번째 편지를 시작함에 있어서 데살로니가 교우들이 보여준 믿음의 진보와 사랑의 풍성함에 대하여 하나님께 감사한다. 3~12절 전체는 하나의 문장으로 '감사하지 않을 수 없다'라는 첫마디에 연결되어 있다. 바울은 친히 모든 박해와 환난 가운데서도 믿음의 진보와 사랑의 풍성함이라는 결과를 빚어낸 데살로니가 교우들의 인내와 믿음을 하나님의 여러 교회에서 자랑하였다. 칭찬과 자랑은 단순히 기분 좋은 것 이상으로 결심하게 만들고, 소망을 일깨워 준다. 자랑은 "듣는 이를 고무시키고, 격려하여 그/그녀의 열심을 일깨워 목적을 든든히 세울 뿐만 아니라, 목표가 이룰 수 있는 것으로 불가능한 것이 아니라는 희망을 준다"(플루타크르, Moralia 544E; 재인용, Green, 282). 바울의 이러한 자랑은 종말의 기대와 관련된 것으로 그리스도의 강림의 때에 하나님 앞에서 자랑하게 될 것의 전조가 된다(1 : 10 주석 참고). 이미 바울은 데살로니가 교우들을 일컬어 주 예수의 파루시아 때 주 예수 앞에서의 '자랑의 면류관'이라고 하였다(살전 2 : 19).

인내는 박해에 직면한 정황에서 가장 어울리는 덕목이다. 믿음, 즉 신실함 역시 박해를 견디게 하는 힘이다. 여기서 믿음은 하나님과 그리스도를 신앙하는 새로운 믿음인 동시에 이 새로운 신앙과 가르침을 굳게 붙잡는 그들의 신실함을 의미한다. 그들의 믿음으로 말미암아 박해와 환난이 초래되었지만, 그들의 믿음은 인내의 토대가 되었다. 믿음과 인내는 주 예수 그리스도의 강림 때에 있을 미래의 구원에 닻을 내리고 있다(살전 1 : 3 주석 참고). 비록 데살로니가후서의 주된 단락인 2장 1~17절이 파루시아에 대한 '소망'을 다루고 있지만, 바울의 관심은 소망이라는 신학적 덕목이 아니라 실질적인 결과인 인내에 있다.

B. 최후의 심판 때의 이야기(1 : 5-10)

⁵이는 하나님의 공의로운 심판의 표요 너희로 하여금 하나님의 나라에 합당한 자로 여김을 받게 하려 함이니 그 나라를 위하여 너희가 또한 고난을 받느니라 ⁶너희로 환난을 받게 하는 자들에게는 환난으로 갚으시고 ⁷환난을 받는 너희에게는 우리와 함께 안식으로 갚으시는 것이 하나님의 공의시니 주 예수께서 자기의 능력의 천사들과 함께 하늘로부터

불꽃 가운데서 나타나실 때에 ⁸하나님을 모르는 자들과 우리 주 예수의 복음에 복종하지 않는 자들에게 형벌을 내리시리니 ⁹이런 자들은 주의 얼굴과 그의 힘의 영광을 떠나 영원한 멸망의 형벌을 받으리로다 ¹⁰그 날에 그가 강림하사 그의 성도들에게서 영광을 받으시고 모든 믿는 자들에게서 놀랍게 여김을 얻으시리니 이는 (우리의 증거가 너희에게 믿어졌음이라)

1장 5~10절은 '최후의 심판 때의 이야기'(episode in the Last Judgement)를 묘사한다. 이 최후의 심판 때의 이야기는 "우리가 감사하지 않을 수 없다"'라는 말에 연결되어 감사하는 이유로 제시된다. 이 최후의 심판 때의 이야기를 바울은 한 단어로 '표'(ἔνδειγμα, 엔데이그마), 곧 '확실한 표시, 증거'라고 한다. 이 확실한 증거를 설명하는 내용(1:5-10)은 심판에 관한 전승으로 특별한 문학적 장르를 형성한다. 확실한 증거로 제시된 '표'(엔데이그마)의 주제는 '하나님의 공의로운 심판'이다. 이 확실한 증거는 마지막 날에 주 예수께서 나타나실 때에 일어날 최후의 심판을 미리 보여준다(1:7). 이 이야기의 강조점은 최후의 심판 때에 있을 선한 자들과 악한 자들의 운명의 역전에 있다. 최후의 심판 때의 장면을 이끌어 가는 메타포는 심판, 형벌, 의로움, 보상을 다루는 법정의 메타포이다. 예수께서 종말론적 심판자의 역할을 담당하신다.

[1:5] "이는 하나님의 공의로운 심판의 표요". 본 절에 대한 이해는 데살로니가후서 전체를 올바로 이해하는 중심축이 된다. 고난을 받고 있는 데살로니가 교우들의 상황과 하나님의 나라에 합당한 자로 여김을 받게 될 미래의 신학적, 논리적 연관성을 언급하고 있기 때문이다. 이것이 곧 바울이 데살로니가후서를 기록하는 목적이다. 그것은 한마디로 하나님의 공의로운 심판의 '표'(ἔνδειγμα, 엔데이그마)이다. ἔνδειγμα는 '확실한 표시, 증거'를 의미

한다.

　대부분의 해석은 "이는 하나님의 공의로운 심판의 표요"(ἔνδειγμα τῆς δικαίας κρίσεως τοῦ θεοῦ, 엔데이그마 테스 디카이아스 크리세오스 투 쎄우)라는 이 문장을 옳게 파악하지 못하여 '엔데이그마'의 지시사 '이(것)'(this)가 무엇을 가리키는가에 관심한다. 이에 관해 대체로 (1) 데살로니가 교우들이 겪는 박해와 환난(Bassler, 501-506 ; Wanamaker, 221)과 (2) 박해와 환난 가운데서의 그들의 믿음과 인내라는 해석이 제시되었다. 대부분의 영미권 학자들은 '이(것)'를 빌립보서 1장 28절에 근거하여 박해와 환난 가운데서의 데살로니가 교우들의 믿음과 인내로 이해한다(Frame, 226 ; Morris, 198 ; Bruce, 149, Best, 254f; Maherbe 2000 : 394). 왜냐하면 빌립보서 1장 28절에는 '엔데이그마'와 비슷한 용어뿐만 아니라 본 절과 비슷한 생각이 표현되고 있기 때문이다: "무슨 일에든지 대적하는 자들 때문에 두려워하지 아니하는 이 일을 듣고자 함이라 이것이 그들에게는 멸망의 증거(ἔνδειξις, 엔데익시스)요 너희에게는 구원의 증거(ἔνδειξις)니 이는 하나님께로부터 난 것이라".

　한편, 바슬러(Bassler, 501-506)는 박해와 환난 가운데서의 그들의 믿음과 인내와 하나님의 공의로운 심판 사이의 연결성이 명확하지 않은 점을 지적하면서, 오히려 박해와 환난 그 자체가 하나님의 공의로운 심판의 '증거'임을 당시의 '고통의 신학'이라는 입장에서 주장한다. 데살로니가후서 1장 5절과 그 문맥이 갖는 고통의 신학과의 유사성은 주목할 만하다:

　　첫째, 6절과 8절 이하는 악을 갚으시는 하나님의 인과응보의 공의를 강조한다. 둘째, 5절은 데살로니가 교우들의 고통이 그들을 하나님의 나라로 표현된 장래의 축복에 합당한 자로 여김을 받게 한다는 점을 강조한다. 셋째, 6절 이하에서 너희로 환난을 받게 하는 자들에게는 환난으로 갚으시고 환난을 받는 데살로니가 교우들은 안식으로 갚으신다는 운명의 반전을 제시한다. 넷째, 5절에서 실제로 그들이 받는 고통이 하나님의 공의로운 심판의 증거임을 밝힌다(Wanamaker, 222).

하지만 '이(것)'(this)라는 지시사가 가리키는 바를 찾으려는 시도는 정당성을 갖지 못한다. 원문에는 이(것)에 해당되는 지시대명사가 없다. 또한 "하나님의 공의로운 심판의 표"는 문장이 아닌 구(phrase)로 바로 1장 5~10절에서 전개될 '최후의 심판 때의 이야기' 자체를 가리킨다. 따라서 "(이는) 하나님의 공의로운 심판의 표"는 전개될 1장 5~10절의 내용의 제목인 것이다. '이것'이 무엇을 지시하는가를 찾으려는 시도는 마치 클린트 이스트우드가 출연한 "더티 해리 2-이것이 법이다(Magnum Force)"라는 영화 제목에서 '이것'이 무엇을 지시하는가를 논하는 것과 같다. "이것이 법이다"는 그 영화의 제목이고 '이것'은 곧 그 영화의 내용 전체를 가리킨다.

신약성서 다른 곳에서 공의로운 심판은 예수의 심판을 가리키고(요 5:30; 참조, 7:24), 공의로 심판할 날은 종말론적 심판을 의미한다(행 17:31). 그러므로 "하나님의 공의로운 심판"은 그리스도의 강림과 연관된 종말론적 심판을 가리킨다. 가장 유사한 평행을 보여주는 로마서 2장 5절의 하나님의 '의로우신 심판'(δικαιοκρισία, 디카이오크리시아) 역시 종말론적 심판을 가리킨다(Malherbe 2000: 394). 악을 갚으시는 미래에 있을 하나님의 공의로운 심판(1:6)과 운명의 역전(1:7)에 대한 언급은 종말론적 심판이라는 해석을 확증한다. 공의로운 심판의 개념은 이곳에서와 같이 박해와의 연관성을 나타낸다(벧전 2:23; 계 16:5, 77; 19:2, 11). 따라서 잠정적인 고난은 더 이상 하나님에 의한 거부당함이 아니라, 다가올 시간에 그들이 보상받게 될 것이라는 온전한 의미를 지니게 된다(참고, Green, 283).

"하나님의 나라에 합당한 자로 여김을 받게 하려 함이니". 'εἰς+관사+부정사' 형태는 목적이나 결과를 묘사하는 관용구이다. 동사 καταξιόω(카탁시오오)는 '합당하게 하다'(ἀξιόω, 악시오오)의 강조형으로 박해와 환난(1:4)

과 관련되어 사용된다. 여기서 '합당히 여김을 받다'(εἰς τὸ καταξιωθῆναι, 에이스 토 카탁시오쎄나이)라는 부정사의 수동태 꼴은 하나님이 그들을 하나님 나라에 '합당하게 만들다'(to make worthy)라는 뜻보다 '합당하게 여기신다'(to deem worthy)라는 뜻을 나타낸다(Malherbe 2000: 396).

'하나님의 나라'는 바울서신의 대부분의 경우와 마찬가지로 미래에 하나님의 구원을 경험하게 될 영역을 가리키고, 하나님의 나라는 그리스도인들의 신앙의 행동적 혹은 경험적 측면에 관련하여 사용된다(살전 2:12; 고전 6:9f; 갈 5:21). 하나님의 나라는 하나님의 자녀가 영광을 누리게 될 '자기 나라'와 동의어이다(살전 2:12). 누가복음 20장 35절, "저 세상과 및 죽은 자 가운데서 부활함을 얻기에 합당히 여김을 받은 자들"을 참조하라.

"그 나라를 위하여 너희가 또한 고난을 받느니라". 고난이 하나님의 나라와의 연관성에서 이해된다. 이 말은 하나님의 나라를 기업으로 받기 위하여 고난을 받는다는 의미가 아니라, 오히려 그들이 받는 고난으로 인하여 결과적으로 그들이 하나님의 나라에 합당한 자로 여김을 받게 된다는 뜻이다. 그리스도인들에게 고난은 하나님의 나라와 밀접한 상관관계를 가진다:

> 그리스도를 위하여 너희에게 은혜를 주신 것은 다만 그를 믿을 뿐 아니라 또한 그를 위하여 고난도 받게 하려 하심이라(빌 1:29).

> 하나님의 나라에 들어가려면 많은 환난을 겪어야 할 것이라(행 14:22).

하나님의 나라에 합당한 자로 여김을 받기 위하여 반드시 고난을 받아야 할 필요는 없다. 그러나 바울은 데살로니가 교우들이 받는 고난 때문에 그들이 하나님에 의해서 합당한 자로 여김을 받게 될 것이라는 사실로 그들을 위로하고 있다.

[1:6-7] "······것이 하나님의 공의시니". 본문은 "정말로 (사실이)······하다면" 이라는 뜻을 갖는 εἴπερ(에이페르)라는 조건사로 시작된다. 이 조건사는 의심할 수 없는 사실에 대한 조건을 표현한다(롬 3:30; 8:9, 17). 이에 대하여 크리소스톰은 바울이 자명한 진리를 나타내는 진술을 사용하였다고 한다 (Homilies on 2 Thessalonians 2; 재인용, Malherbe 2000: 396). 하나님의 공의로운 심판은 부정적인 면과 긍정적인 면을 동시에 가진다. 여기서 '하나님의 공의'라는 표현은 '하나님 앞에서'(παρὰ θεῷ, 파라 데오), 혹은 '하나님 보시기에' 공의롭다는 뜻으로 그 자체로 하나님의 법정에 대한 이미지를 나타낸다(Malherbe 2000: 397).

"너희로 환난을 받게 하는 자들에게는 환난으로 갚으시고". 이사야 66장 6절에 따르면 여호와는 그 원수에게 보응하시는 분이다: "······이는 여호와께서 그의 원수에게 보응하시는 목소리로다". '갚다'(ἀνταποδοῦναι, 안타포두나이)는 '되갚다'(repay)라는 뜻으로 동해보상의 원칙(lex talionis)인 응보를 의미한다. 응보와 관련된 주의 날은 심판의 날로서 심판은 유대 묵시사상의 핵심이다. 이 심판의 날에 모든 잘못된 것을 바로 잡으시는 하나님의 공의가 실현된다. 그러므로 하나님의 공의는 환난을 당하는 자들에게 위로의 토대가 된다. 여기서 환난은 종말론적인 것으로(Malherbe 2000: 397) 영원한 멸망(1:9), 죽음 혹은 사라짐, 영적 죽음 또는 하나님으로부터 떨어짐 (마카비4서 10:15; 에녹 90:7; 솔로몬의 시편 2:35)으로 정의된다. 박해하는 자들의 운명에 대한 이러한 언어는 하나님의 목적에 반대하는 모든 악한 세력들을 하나님이 궁극적으로 확실히 멸하실 것임을 강조한다. 하나님의 심판에 대한 자세한 묘사는 1장 8~9절에서 언급된다.

"환난을 받는 너희에게는 우리와 함께 안식으로 갚으시는 것이". 바울은 자신의 소명으로 인해 불가피하게 다양한 환난과 고난을 겪게 될 것으로 이해하고 있다(고전 4:8-13; 고후 6:4-10; 11:21-29 참조). '우리와 함께'라는 말로써 그는 데살로니가 교우들도 하나님 나라의 복음을 위하여 고난을 받는 사도들과 같은 보상을 받게 될 것이라는 점을 지적한다. '우리와 함께'라는 말은 사도들과 데살로니가 교우들 간의 연대성 및 일치감을 드러내는 것으로 이러한 일치감은 1장 10절의 "이는 우리의 증거가 너희에게 믿어졌음이라"라는 말로 다시금 확인되고 있다.

바울은 데살로니가 교우들이 겪는 환난에 대해 하나님이 보상하신다는 말로써 그들에게 확신을 준다. 하나님이 갚아 줄 보상은 안식($ἄνεσις$, 아네시스)이다. 안식은 단순한 휴식이나 쉼이 아니라 박해와 환난으로부터 놓임을 받은 상태인 자유와 해방을 의미한다(Green, 288). 안식은 '자기 나라와 영광'(살전 2:12)에 이르게 하시는 하나님의 적극적인 보상을 함의한다(브루스, 259). 바울은 데살로니가전서에서 이것을 좀 더 구체적으로 부활과 휴거로 상술하였다(살전 4:13-18).

"주 예수께서 자기의 능력의 천사들과 함께 하늘로부터 불꽃 가운데에 나타나실 때에". 주 예수의 나타나심에 대한 묘사는 구약성서의 하나님의 현현 기사와 대체로 동일하다. 구약성서에서 주(야훼)께 적용된 것이 주 예수께 적용되었다. 바울은 여기서 데살로니가전서(2:19; 3:13; 4:15; 5:23)와 다시금 데살로니가후서(2:1, 8, 9)에서 언급하는 그리스도의 강림(파루시아)이라는 표현 대신에 '나타나심'($ἀποκάλυψις$, 아포칼립시스)이라는 표현을 사용한다(고전 1:7 참조). 바울은 이로써 '야훼의 영광이 나타날 것'이라는 이사야 선지자의 약속(사 40:5)이 주 예수의 파루시아로 온전한 의미를 갖게 된다는 것을 나타낸다(브루스, 259). '나타나심'이라는 표현이 줄곧 영광과 더불어 사용된다는 점에서 이러한 이해는 정당하다. 주 예수께서 나타나실 때, 그리스도와 더불어 현재 고난을 받는 이들에게 영광이 나타날 것이다($ἀποκαλυφθῆναι$, 아포칼립쎄나이). 현재의 고난은 장차 성도들에게 나타날 영광과 비교할 수 없다(롬 8:18). 이러한 이미지는 데살로니가후서 2장 8절에서 '현현'($ἐπιφάνεια$, 에피파네이아)으로도 표현된다.

주 예수의 영광은 "능력의 천사들과 함께" 나타난다. '능력의 천사들'은 강한 능력을 지닌 주의 천사들을 가리킨다(시 103:20). 주의 나타나심을 마태복음은 "인자가 자기 영광으로 모든 천사와 함께 올 때에"(마 25:31)라고 묘사한다. 주 예수는 또한 '불꽃 가운데' 나타나신다. '불꽃 가운데'라는 표현은 구약성서에서 하나님의 나타나심을 묘사하는 일반적 이미지이다(출 19:18; 신 5:4; 단 7:9-10). 특별히 묵시(문학)적 전통에서 주의 날과 관련하여 불은 종말론적 심판을 함의한다(말 3:2; 4:1-2; 마 25:42; 막 9:43). "여호와께서 불에 둘러싸여 강림하시리니……맹렬한 화염으로 책망하실 것이라"(사 66:15)라는 말씀과 같이 천사와 불꽃은 종말에 있을 심판주의 강림이나 하나님의 현현을 상징한다.

[1:8] "하나님을 모르는 자들과 우리 주 예수의 복음에 복종하지 않는 자들에게 형벌을 내리시리니". 하나님을 모르는 자들은 구약성서의 어법상 이방인들을 가리킨다(렘 10:15; 시 79:6; 사 55:5). 하나님은 그를 모르는 자들에게 심판을 선언하신다(렘 10:25; 시 79:6). 하나님을 알지 못함은 하나님의 존재를 인정하지 않는 것뿐만 아니라 계시된 하나님 자체를 거부하는 것이기 때문이다(살전 4:5 주석 참고; 롬 1:18-32). 하나님을 아는 것이 그의 율법에 순종하는 것과 연결되어 있듯이(시 36:10), 하나님을 알지 못함은 그의 부름에 불순종하는 것을 의미한다.

"복음에 복종하지 않는 자들"은 이방인들과 유대인들에게 똑같이 적용되는 말씀이다(롬 11:30-32). 유대인들 또한 구약성서에서 종종 하나님을 모르는 자들로 묘사되고 있기 때문이다(렘 4:22; 9:3, 6; 호 5:4; 요 8:55; Malherbe 2000: 401). 신약성서는 종종 개종의 행위를 복음에 복종(순종)하는 것으로 묘사한다(행 6:7; 롬 1:5; 6:17; 10:16; 15:18; 16:26; 히 5:9; 벧전 1:2, 14, 22). 여기서 바울은 실제로는 같은 표현을 연이어서 다르게 표현함으로써 그 내용을 강조하고 있다. 이것은 일종의 동의적 병행법(synonymous parallelism)으로 하나님을 모르는 자들은, 좀 더 구체적으로,

우리 주 예수의 복음에 복종하지 않는 자들이다.

이러한 표현들은 택함을 받은 자와 그렇지 못한 자들, 특별히 택함을 받은 자들과 박해하는 자들 사이를 구분하는 사회적 함의를 담고 있다. 또한 이러한 표현들은 공동체 내부적으로 '제멋대로 행하는 자들'(아탁토이)을 향한 경고의 메시지이다. 3장 6절과 12절은 데살로니가 교회 공동체 일원들을 향한 순종의 문제를 분명하게 다루고 있기 때문이다. 종말론적 믿음은 데살로니가후서에서 공동체 내의 사회적 통제의 목적으로 사용되고 있음이 분명하다(Meeks 1983: 689). '우리 주 예수의 복음'이라는 표현은 신약성서에서 오직 여기서만 사용된다.

본문에서 '형벌'(ἐκδίκησις, 에크디케시스)은 그저 단순히 벌로 이해될 수도 있지만, 본문의 정황은 데살로니가 교우들을 괴롭힌 자들에 대한 보복을 함의하며(Wanamaker, 227), 사법적 처벌을 의미한다(cf. 롬 12:19). 데살로니가전서 4장 6절에서는 주 예수를 가리켜 '복수하시는 이'(ἔκδικος, 에크디코스)라고 부른다. ἔκδικος는 사법적 칭호이다. '처벌하다'라는 말은 궁극적 심판이 주님 예수의 손에 있음을 의미한다. 이러한 이해는 옛적부터 항상 계신 이가 '인자 같은 이'에게 권세와 나라와 영광을 주는 것으로 묘사하는 다니엘 7장 13, 14절로부터 유래한다. 요한복음에 의하면, 아버지가 아들에게 '인자됨을 인하여' 심판하는 권세를 주셨다(요 5:2).

[1:9] "이런 자들은 주의 얼굴과 그의 힘의 영광을 떠나 영원한 멸망의 형벌을 받으리로다". 주님의 처벌의 구체적인 성격이 자세하게 묘사되고 있다. '이런 자들'(οἵτινες, 호이티네스)은 부정대명사(indefinite pronoun)로 "어떤 부류(계급)에 속하는……사람들"을 가리키는 질적인 의미를 갖는다(Milligan, 90-91; 참고, 롬 1:25; 갈 4:24, 26; 빌 4:3). 이러한 자들은 형벌을 받을 것이다. '형벌을 받으리라'(δίκην τίσουσιν, 디켄 티수신)라는 표현은 고전 헬라어에서는 일반적 표현이지만 성서에서는, 비록 비슷한

표현이 사용되지만(예, ἐκδικοῦσαν δίκην, 에크디쿠신 디켄 〈레 26 : 25〉; ἐξεδίκησανδίκην, 엑세디케산 디켄 〈겔 25 : 12〉), 여기서만 사용된다 (Malherbe 2000 : 402). 바울의 관심은 하나님의 심판의 공의로움에 있다. 왜냐하면 디케(δίκη)는 정의의 여신으로 "법적 절차에서 결정된 형벌에 있어서의 공의"를 함의하기 때문이다(Findlay, 149).

구체적으로 묘사된 형벌의 본질은 주의 존전으로부터 그리고 그의 영광의 능력으로부터 떨어져 나가는 것이다. 즉, 생명의 원천이신 분으로부터 쫓겨나는 것을 말한다. 이것은 곧 영원한 멸망이다. "이런 자들은……영원한 멸망의 형벌을 받으리로다"라는 표현에서 '영원한 멸망'은 '형벌'과 동격 목적어이다. 그들의 형벌은 영원한 멸망이라는 것이다.

멸망은 종말론적 파멸을 의미한다(딤전 6 : 9 ; 렘 25 : 31 ; 48 : 3 ; 학 2 : 22 ; 지혜서 1 : 14-15 ; 마카비4서 10 : 15). 주로부터 떨어져 나감은 "주를 영접하여 항상 주와 함께 있음"(살전 4 : 17 ; 5 : 10)과 대조를 이룬다. '영원한 멸망'은 하나님이 믿는 자들에게 선물로 주시는 '영생'과 대조를 이룬다(롬 2 : 7 ; 5 : 21 ; 6 : 22, 23 ; 갈 6 : 8). 멸망을 수식하는 '영원한'은 끝이 없는 혹은 마지막(궁극적)이라는 의미를 갖는다. 신약성서에서 영원한 멸망은 '꺼지지 않는 불'(마 3 : 12), '풀무 불'(마 13 : 42, 50), '영원한 불의 형벌'(유 7절), '영원히 예비된 캄캄한 흑암'(유 13절), '불과 유황으로 타는 못'(계 20 : 14), '둘째 사망'(계 20 : 14) 등으로 표현된다. 이러한 시각, 예술적 언어는 멸망의 특징을 표현하지만 그 궁극적 특징을 온전히 드러낼 수는 없을 것이다.

"주의 얼굴과 그의 힘의 영광"이라는 표현은 이사야 2장 10절, "여호와의 위엄(두려움의 얼굴)과 그 힘의 영광"이라는 표현으로부터 왔다. 바울은 이사야서의 '두려움의 얼굴'이라는 표현에서 두려움을 생략하고 '주의 얼굴'로 표현함으로써 '주의 얼굴'과 '그 힘의 영광'은 같은 의미를 가지는 동의적 병행법을 이룬다. 이러한 동의적 병행법은 주의 오심의 강력한 힘과 영광을 강조한다. 전통적으로 주의 임재는 광채로 드러나는 영광과 연관되었다(겔 1 : 26-28 참조). 따라서 '그 힘의 영광'은 영광스럽고 장엄한 주의 임재를 묘사하는 방법이다. 여기서 바울의 초점은 첫째, 하나님을 모르는 자들에게 임할 형벌을 시각, 예술적으로 묘사하는 것에 있는 것이 아니라, 그들이 주의 영광스럽고 장엄한 임재에서 배제된다는 점을 묘사한다, 둘째, 바울은 여호와 하나님에게 적용된 것들을 예수 그리스도에게 적용한다(Marshall, 179f.).

[1 : 10] "그 날에 그가 강림하사 그의 성도들에게서 영광을 받으시고". 하나님에게 복종하기를 거절하고, 주 예수의 복음에 복종하지 않는 자들이 받을 형벌을 다루고 나서, 바울은 1장 7절에서 언급한 '주의 강림'이라는 주제로 다시 돌아간다. "그 날에 그가 강림하사"라는 원어적 표현은 "그가 올 때에……그 날에"로 나누어져 있다. '그 날'은 바로 '주의 날'(살전 5 : 2, 4 ; 살후 2 : 2)로 심판의 때를 가리킨다. 또한 '그 날'은 주께서 영광을 받으시는 때이다. '온다'라는 단어는 '나타나다'(1 : 7)라는 말의 또 다른 표현이다. 이 두 구절 사이에 그가 오시는 목적이 두 개의 구로 연결되어 중심 내용을 이룬다. 하나는 그의 성도들에게 영광을 받으심과 다른 하나는 모든 믿는 자들에게서 기이히 여김을 얻으심이다.

이 구절은 거룩한 자의 모임 가운데서 영광을 받으시는 하나님을 묘사하는 시편 89편 7절(LXX 88 : 8)을 반영한다. 왜냐하면 "성도들에게 영광을 받으신다"라는 표현은 시편 89편과 오직 이곳에서만 나타나기 때문이다. 원래 시편에서 '거룩한 자들의 모임'은 천사들의 모임을 가리킨다. 쿰란 공동체는 그들 스스로를 천사와 함께 '거룩한 자들'로 일컬었다. 바울에게 있어서 ἅγιοι(하기오이)라는 표현은 '거룩한 자들'로 곧 성도들과 천사들 모두를 가리킨다(살전 3 : 13 ; 고전 1 : 2). 하지만 여기에서는 다음 구절인 '모든 믿는 자들'과 상응되는 점으로 미루어 '성도들'을 가리킨다(Frame, 237 ; Wanamaker, 230 ; Malherbe 2000 : 404). 바울에게 있어서 그리스도를 믿는 이들은 '성도들'로 일컬음을 받는다(롬 1:7; 고전 1:2). 바울은 예루살렘 교회의 믿는 이들뿐만 아니라(고전 16:1; 9:1; 참조. 롬 15:25, 31; 행 9:13 등) 이방 교회의 믿는 이들을 가리켜 아무런 수식어 없이 '성도들'(호이 하기오이)로 일컫는다(고후 1:1; 빌 1:1; 골 1:2, 4; 몬 5, 7절).

주께서 강림하실 때, 주는 자신의 성도들 가운데서 영광을 받으신다. 주의 영광 받으심과 성도들의 관계가 헬라어 전치사 ἐν(엔)에 의해 연결되어 있다. 여기서 전치사 ἐν은 다양한 의미를 가진다. 첫째는 도구적 의미인 '성도들에 의해서', 둘째는 이유를 나타내는 '성도들 때문에', 셋째는 장소적 의미로 '성도들 가운데서'를 의미한다. 한편, 성도들도 그리스도와 함께 영광을 받는다(롬 8:17). 시편도 "하나님이 거룩한 자의 모임 가운데서 영광을 받으신다"(시 89:5, 7)라고 말한다. 그렇다면 '성도들 가운데서'라는 해석이 그리스도의 영광 받으심과 성도 간의 관계를 가장 잘 반영한다. 이러한 해석은 순종치 않는 자들이 주의 존전으로부터 그리고 그의 영광의 능력으로부터 떨어져 나가는 형벌과 대조를 이룬다(Wanamaker. 231).

"모든 믿는 자들에게서 놀랍게(기이히) 여김을 얻으시리니". 두 번째의 말씀도 첫째 말씀과 거의 의미가 같다. '기이히 여김을 얻다'(θαυμασθῆναι, 싸우마스쎄나이)라는 표현은 경탄과 경이를 불러일으키는 신성한 계시나 기적에 대한 인간의 반응을 가리킨다(눅 8:35; 11:14; 요 7:21; 행 3:12; 계 13:3). 이는 시편 68편 35절(LXX 67:36), 혹은 89편 5절(LXX 88:6)의 말씀을 반영한다: "여호와여 주의 기이한 일을 하늘이 찬양할 것이요 주의 성실도 거룩한 자들의 모임 가운데서 찬양하리이다"(시 89:5). 단순과 거분사 '모든 믿는 자들'(πᾶσιν τοῖς πιστεύσασιν, 파신 토이스 피스튜사신)은 그리스도의 강림의 시점에서 실제로 이미 믿고 있는 자들을 가리킨다 (Malherbe 2000: 405).

"(왜냐하면) 이는 우리의 증거가 너희에게 믿어졌음이라"(ὅτι ἐπιστεύθη τὸ μαρτύριον ἡμῶν ἐφ᾽ ὑμᾶς, 오티 에피스튜쎄 토 마르튀리온 헤몬 에피 휘마스). 여기서 증거(μαρτύριον, 마르튀리온)는 다름 아닌 바울이 데살로니가 교우들에게 전파한 복음(8절)을 가리킨다(Malherbe 2000: 405 ; Wanamaker, 232). ἐφ' ὑμᾶς(에프 휘마스)는 '우리의 증거'와 직접적으로 연결된다. 따라서 "너희를 향한 우리의 증거"라는 의미를 갖는다. 새한글성경은 이 점을 살려 "우리가 여러분한테 증언한 것"이라고 번역한다. 앞에서 언급한 바, 원문에서 "이는 우리의 증거가 너희에게 믿어졌음이라"라는 구절은 "그가 올 (때에)……그날에"라는 문구 사이에 위치한다. 바울이 이 구절을 삽입한 것은 앞의 그 증거를 믿은 데살로니가 교우들을 보충 설명하면서 바울과 그들과의 관계를 환기시키고자 함이다. 그들이 '믿는 자들'(πιστεύσασιν, 피스튜사신), 즉 성도로 불릴 수 있는 것은 그들이 바울의 증거를 믿었기(ἐπιστεύθη, 에피스튜쎄) 때문이다. 이 삽입절은 데살로니가전서 2장 13~14절을 반영할 뿐만 아니라 앞서 언급한 그들과의 특별한 관계(4-5, 7절)에 초점을 맞춘다:

> ……너희가 우리에게 들은 바 하나님의 말씀을 받을 때에 사람의 말로 받지 아니하고 하나님의 말씀으로 받음이니 진실로 그러하도다 이 말씀이 또한 너희 믿는 자 가운데에서 역사하느니라 형제들아 너희가 그리스도 예수 안에서 유대에 있는 하나님의 교회들을 본받은 자 되었으니 그들이 유대인들에게 고난을 받음과 같이 너희도 너희 동족에게서 동일한 고난을 받았느니라(살전 2 : 13-14).

그 결과 성도들(모든 믿은 이들)이 얻게 될 몫은 주의 영광 가운데 참여함이다.

이러한 이해는 '마르튀리온'이 가지는 의미에서 분명해진다. 마르튀리온은 어원적으로 고난, 환난을 함의하는 증거/순교 또는 증거자/순교자를 가리킨다. 본 절은 계속되는 환난으로부터의 안식을 언급하는(1 : 7) 문맥 안에서 고난과 영광의 관련성을 나타낸다. 바울은 로마서에서 "그와 함께 영광을 받기 위하여 고난도 함께 받아야 할 것이니라"(롬 8:17)라고 분명하게 말하고 있다. 이 구절을 삽입한 또 다른 이유는 데살로니가 교우들이 복음을 받아들였던 이 일에 바울 자신이 증인이라는 점을 밝히기 위해서이다. 그러므로 바울은 데살로니가 교우들에게 그리스도의 강림의 영광에 참여하게 될 것이라는 확신을 주고 있다.

해설(Comment)

바울은 이제 데살로니가 교우들이 겪고 있는 환난과 박해의 궁극적 의미를 밝힌다. 이와 관련하여 바슬러는 고통의 신학적이라는 관점에서 본문을 바라본다. 고통의 신학에는 다음과 같은 4가지 요소가 중요한 역할을 한다. 첫째, 악을 갚으시는 하나님의 공의로운 심판이 있다. 둘째, 경건한 자들이 겪고 있는 현재의 고통은 장차 그들을 하나님 앞에 합당한 사람으로 여김을 받게 만드는 질책이다. 셋째, 경건치 않은 자들과 경건한 자들의 운명이 장래에 역전될 것이다. 넷째, 택한 자들이 겪고 있는 현재의 고통은 하나님의 택하심과 공의의 증거이다(Bassler, 501-506 ; Wanamaker, 222).

바울은 고난을 하나님의 나라와의 연관성에서 이해한다(5절). 그들이 받는 고난으로 인하여 결과적으로 그들이 하나님의 나라에 합당한 자로 여김을 받게 된다는 것이다. 바울은 빌립보 교회를 향하여서도 그리스도를 믿는 것뿐만 아니라 그리스도를 위하여 고난을 당하는 것도 특별한 영예라고 언급한다. 또한 바울은 그리스도를 위한 고난이 대적하는 자들에게는 멸망의 증거요, 고난을 당하는 그리스도인들에게는 구원의 증거라는 점을 제시한다(빌 1:28-29).

바울은 그 확실한 증거로 특별한 문학적 장르를 형성한 심판에 관한 전승을 활용한다. 바울은 심판에 관한 전승으로 확실한 증거(엔데이그마)를 제시하는데 그것은 바로 하나님의 공의로운 심판이다. 이 확실한 증거는 최후의 심판을 미리 보여준다. 최후의 심판은 마지막 날에 주 예수께서 나타나실 때에 일어난다(1 : 7). 비록 이러한 심판의 행위는 미래에 놓여 있지만 그 결과는 이미 알려져 있다. 왜냐하면 신실한 자들의 구원은 유대-그리스도교의 묵시문학적 전승에서 불변적인 부분이기 때문이다. 바울은 이러한 묵시문학적 전승에 호소한다. 묵시문학적 전승은 '하나님의 공의로운 심판'의 증거를 제공한다. 동해보상법(lex talionis)의 전형적인 주제인 운명의 역전에 호소하는 것은 하나의 수사학적 장치이다. 왜냐하면 응보의 법칙이 하나님의 행동의 근거이고, 이것의 올바름에 대해서는 그 어느 누구도 이의를 제기할 수 없기 때문이다(1 : 6). 고대 사회에서 보상의 원칙은 사회 전반에 깊이 뿌리내린 근본 원칙으로서 처벌과 보상의 개념은 공의라는 이해 속에 자리하고 있었다.

최후의 심판 때의 이야기는 심판자로서의 하나님에 관한 예언에 근거하고 있다. 본문의 경우는 하나님의 심판의 보좌를 언급하는 구약성서의 본문, 무엇보다도 이사야 66장에 크게 영향을 받고 있다(시 79 : 5-7 ; 사 2 : 10, 19, 21 ; 66 : 1-15 ; 렘 10 : 25 ; 슥 14 : 5). 물론 다른 묵시문학적 자료들에서도 그 평행을 찾을 수 있다. 그러한 평행은 직접적인 문학적 의존성을 나타내는 것이 아니라, 데살로니가후서가 주후 1세기 유대교와 그리스도교의 묵시문학적 전통 안에 놓여 있음을 의미한다. 신약성서 내에 이러한 자료들의 사용에서 흔히 나타나듯이 예수 그리스도가 본래의 하나님의 자리를 대신한다. 마지막 때의 하나님 중심에 대한 묘사가 그리스도 중심적 묘사로 바뀐다(Trilling, 53). 하늘에서 나타나시어 형벌을 내리시는 분은 주 예수이다. 예수께서 종말론적 심판자의 역할을 담당하신다.

이 이야기의 강조점은 최후의 심판 때에 있을 선한 자들과 악한 자들의 운명의 역전에 있다. 먼저 공동체에 속한 구성원들이 하나님 나라에 합당한 자로 인정받게 될 하나님의 공의로운 심판에 있어서 동해보상법 조항에 의한 보상이 강조되고 있다(1:6-7). 그러나 8절에서 주 예수는 특별히 악한 자들, 곧 하나님을 모르는 자들과 우리 주 예수의 복음에 복종하지 않는 자들에게 형벌을 내리시는 분으로 나타난다. 복종하지 않음은 하나님을 모르는 것과 동일한 것으로 복종하지 않는 자들은 보응으로 "주의 얼굴과 그의 힘의 영광을 떠나 영원한 멸망의 형벌을 받게"(1:9) 될 것이다. 이어서 그 관심이 믿는 자들에게로 향한다. 주의 강림 때에 오직 믿는 자들만이 주와 함께 있고, 그들은 주의 동아리를 형성한다. 그들의 경배와 찬양은 주님의 관점에서, 즉 주께서 그들로부터 영광을 받는 형태로 제시되고 있다: "그 날에 그가 강림하사 그의 성도들에게서 영광을 받으시고 모든 믿는 자들에게서 놀랍게 여김을 얻으시리니……".

    요약하면 바울은 데살로니가 교우들이 "미래의 관점에서 현재의 고난을 보도록, 다시 말해 주의 십자가와 그 후 이어졌던 부활의 경우처럼 운명이 역전되는 것을 보도록" 권면하는 것이다(고먼, 396). 이 이야기의 관심은 첫째는 악한 자들의 운명에 관한 것이고, 둘째로 주께서 나타나실 때에 그의 능력과 영광을 묘사하는 것이며, 마지막으로 오직 믿는 자들만이 주의 영광에 참여하게 됨(1:6-10a)을 묘사하는 것이다. 최후의 심판 때의 장면을 이끌어 가는 메타포는 심판, 형벌, 의로움, 보상을 다루는 법정의 메타포이다. 주 예수 그리스도의 강림에 초점을 둔 이러한 묵시문학적 표상과 종말론적 견해는 바울의 확신에 근거한 서술이자(빌 2:9-11) "초기 그리스도인 일반의 특징이다"(고먼, 397).

C. 기도 보고(1:11-12)

¹¹이러므로 우리도 항상 너희를 위하여 기도함은 우리 하나님이 너희를 그 부르심에 합당한 자로 여기시고 모든 선을 기뻐함과 믿음의 역사를 능력으로 이루게 하시고 ¹²우리 하나님과 주 예수 그리스도의 은혜대로 우리 주 예수의 이름이 너희 가운데서 영광을 받으시고 너희도 그 안에서 영광을 받게 하려 함이라

1장 11~12절은 엄밀한 의미에서 '엔데이그마'(5절, '심판의 표')가 제시하는 묵시문학적 그림에 속하지 않는다. 앞서 설명한 데살로니가 교우들을 위한 바울의 변론과 중재(1:10)는 바로 뒤이은 1장 11~12절의 중보의 기도에 대한 보고와 직접적인 연관성을 갖는다. 1장 11~12절은 데살로니가후서의 첫 단락인 감사 단락을 끝맺고 있다는 점에서 데살로니가전서에서 속한 단락을 마무리하는 기도(살전 3:11-13과 5:23-24)와 같은 기능을 한다.

데살로니가후서 1장 11~12절은 명령문 형태의 직접적인 기원문 형태의 기도가 아니라 특정한 목적을 가지고 드리는 기도에 관한 설명이다. 이러한 점에서 이 부분은 '기도 보고'(prayer report)라고 일컬어진다(브루스, 267). 이 기도 보고에는 '합당하게 여기다'와 '이루게 하다'라는 두 가지 청원이 가정법 형태로 나타난다. 이 청원의 목적 역시 가정법 형태로 우리 주 예수의 이름과 그들이 함께 '영광을 받음'(ἐνδοξασθῇ, 엔독사스쎄)으로 표현된다. 이로 보건대, 주의 날은 영광스러운 성취의 날이요, 성도들이 주와 연합되는 날이다.

[1:11] "이러므로(εἰς ὅ) 우리도 항상 너희를 위하여 기도함은". 바울은 특정한 목적을 가지고(εἰς ὅ, 에이스 호) 기도한다. 목적을 나타내는 전치사 εἰς 와 목적절을 인도하는 ἵνα는 바울의 기도의 내용을 구체적으로 밝힌다. 바울

은 이 기도 보고를 통해 그가 항상 드리는 전형적인 기도의 내용이 무엇인지를 데살로니가 교우들에게 밝히 드러낸다. 바울이 드리는 기도는 두 개의 진술로 이루어진다. 이 둘은 동의적 병행법으로 상호보완적인 것이다(말크쎈, 살후 115).

"우리 하나님이 너희를 그 부르심에 합당한 자로 여기시고". 앞선 10절의 삽입절에서 표현된 친밀한 관계는 '우리 하나님'이라는 표현에서도 다시금 표현된다(Malherbe 2000: 410). '우리 하나님'은 데살로니가 서신의 특징적 표현이다(살전 2:2). 바울과 데살로니가 교우들 관계가 하나님과의 관계에 있어서 '우리'라는 공통성을 가진 관계라는 것이다. 바울과 데살로니가 교우들은 함께 고난을 받았고(5절, "너희가 또한 고난을 받느니라"), 함께 안식을 얻게 될 것이다(7절, "우리와 함께 안식으로 갚으시는").

'우리 하나님'은 "너희(데살로니가 교우들)를 부르사 자기 나라와 영광에 이르게 하시는" 이시다. 따라서 그 부르심(κλῆσις, 클레시스)은 성도들이 도달해야 할 목표가 되는 종말론적 부르심을 함의한다(Malherbe 2000: 410; Wanamaker, 233). 이 기도가 앞서 다룬 주의 강림과 심판을 마무리하고 있고, 또한 파루시아 때 받게 될 보상을 간구한다는 점에서 그 부르심은 종말론적 부르심이다. 그러므로 그 부르심은 하나님의 나라와 같은 의미를 가진다(1:5 참조; 말크쎈, 살후 116).

바울은 하나님께 데살로니가 교우들을 부르심에 '합당하게 여겨 달라'(ἀξιώσῃ, 악시오세)라고 간구한다. 동사 ἀξιόω(악시오오)는 5절의 '합당히 여김을 받다'(εἰς τὸ καταξιωθῆναι, 에이스 토 카탁시오쎄나이)와 같이 '합당하게 여기다'(to deem worthy)라는 뜻을 갖는다(Frame, 239; Wanamaker 233; contra Malherbee 2000: 410). 심판의 날에 받게 될 그들의 구원을 위한 '합당하게 여겨 달라'(ἀξιώσῃ)라는 간구는 일회적 동작을 나타내는 단순 과거 가정법 형태로 표현되고 있다. 바울은 앞선 1장 5절에서 그들이 "하나님의 나라에 합당한 자로 여김을 받게 하려 함이니(εἰς τὸ καταξιωθῆναι)"

라고 수동태로 넌지시 언급한 부분을 이제는 능동태로 분명하게 하나님에게 그들을 합당하게 여겨 달라고 간구하는 것이다.

"모든 선을 기뻐함과 믿음의 역사를 능력으로 이루게 하시고". 바울의 두 번째 간구는 첫 번째 간구를 보충 설명한다. 바울은 데살로니가 교우들의 선한 의도와 믿음의 역사가 하나님의 능력 안에서 이루어지기를 간구한다. '모든 선을 기뻐함'(πᾶσαν εὐδοκίαν ἀγαθωσύνης, 파산 유도키안 아가쏘쉬네스)에서 '기뻐함'으로 번역된 εὐδοκία(유도키아)는 의지(will), 결단(resolve)을 의미한다. 구약성서에서 이 말은 주로 하나님의 선한 의지를 가리키고 있지만, 바울의 편지에서는 인간의 선한 의지에도 사용된다(롬 10:1; 빌 1:15; 2:13). 바울은 εὐδοκέω(유도케오) 동사를 사용하여 그의 사역에 있어서의 자신의 뜻과 의지를 표현하고 있다(살전 2:8; 3:1). '모든 선을 기뻐함'과 문법적으로 평행을 이루는 '믿음의 역사'의 주체는 데살로니가 교우들이다(살전 1:3 참조). 또한 선(함)은 성령의 열매 가운데 하나이다(갈 5:22). 따라서 '모든 선을 기뻐함'의 주체는 데살로니가 교우들이다.

바울은 또한 믿음의 역사(ἔργον πίστεως, 에르곤 피스테오스)가 이루어지기를 기도한다. 본문에서 '믿음의 역사'는 데살로니가전서 1장 3절의 '믿음의 역사'(τοῦ ἔργου τῆς πίστεως, 투 에르구 테스 피스테오스)와 거의 같지만 정관사 없이 사용된다. 데살로니가전서에서 믿음은 구체적인 복음전도적 활동을 가리킨다. 하지만 여기서 정관사 없이 표현된 '믿음의 역사'(ἔργον πίστεως)는 앞의 '선을 기뻐함'(εὐδοκίαν ἀγαθωσύνης)과 짝을 이룬다. 두 가지 해석이 제기되고 있다. 첫째는 믿음으로부터 나오는 일반적인 도덕적 행위를 의미한다는 해석과(Frame, 240; Malherbe 2000: 410), 둘째는 박해 가운데서도 참고 견디는 신실함이라는 해석이다(크리스소스톰, 고먼, 397). 데살로니가후서가 "본질적으로 한 가지 주제, 즉 박해 하에서의 신실한 인내라는 주제만을 다루고 있다"(Krentz, 61; 고먼, 408)라는 측면에서 볼 때 일반적인 도덕적 행위보다 박해 가운데서 참고 견디는 신실함, 곧 믿음의 인내에 무게가 실린다. 분명한 점은 내적인 의지/결단(선한 의지)에서 외적인 행동(믿음의 역사)으로 나아감을 표현한다는 것이다(O'Brien, 181).

바울은 이러한 선한 의지와 믿음의 역사가 하나님의 '능력으로' 이루어지기를 기도한다. 바울은 '이루게 하시고'를 수식하는 '능력으로'라는 표현을 강조하기 위해 문장 끝에 둔다. '이루게 하시고'(πληρώση, 플레로세)는 이미 시작된 그 어떤 것을 '완성하다' 혹은 '마무리하다'라는 의미를 나타낸다(Green, 297). '능력으로'(ἐν δυνάμει, 엔 뒤나메이)는 하나님의 능력이 역사함을 나타낸다. 하나님의 능력은 성령의 활동을 가리키는 것으로, 고린도에서도 바울의 말과 복음 전파(케리그마)는 '성령의 나타나심과 능력으로' 임하였고(고전 2:4), '성령의 능력으로' 이루어졌다(롬 15:9). 성령의 도움이 없이는 선한 의지와 믿음의 역사는 불가능하다.

[1:12] "우리 주 예수의 이름이 너희 가운데서 영광을 받으시고 너희도 그 안에서 영광을 받게 하려 함이라". 바울은 이제 그의 기도의 목적을 밝힌다. 바울이 이렇게 데살로니가 교우들의 선한 의지와 믿음의 수고가 이루어지기를 바라는 목적은 그리스도가 그들 가운데서, 그들이 그리스도 안에서 영광을 받기 위함이다. 우리 주 예수의 이름이 영광을 받기를(ἐνδοξασθῇ τὸ ὄνομα τοῦ κυρίου ἡμῶν Ἰησοῦ, 엔독사스데 토 오노마 투 퀴리우 헤몬 예수) 간구하는 바울의 기도는 "주의 이름이 영광을 받으사"(τὸ ὄνομα κυρίου δοξασθῇ, 토 오노마 퀴리우 독사스쎄)라는 이사야 66장 5절(LXX)을 반영한다. 그리스도가 강림하실 때에 자기 백성 가운데서 영광을 받게 될 것은 앞선 10절, "그 날에 그가 강림하사 그의 성도들에게서 영광을 받으시고(ἐνδοξασθῆναι, 엔독사스쎄나이)"라는 말씀에서 이미 언급된 것으로 바울은 주 예수 그리스도의 이름의 종말론적 영광을 강조하고(Frame, 241), 더 나아가 성도들이 주 안에서 영광 받게 됨을 언급함으로써 데살로니가 교우들에게 이 '기

도 보고'가 함축하는 위로를 전한다(Malherbe 2000: 411).

'이름'은 그것을 소유한 사람 자체에 대한 상징이다. 따라서 이름은 그 사람의 특성, 권능과 관련된 근본적인 인격을 드러낸다. 이러한 이유로 이름은 그 사람의 평판, 명예와 밀접하게 관련을 맺고 있다. 이러한 표현은 구약성서에 배경을 둔 것으로 '여호와의 이름'은 그의 계시된 인격의 체현을 의미한다. 그러므로 "주 예수의 이름이 너희 가운데서 영광을 받으시고"라는 말은 주 예수의 전 인격, 즉 그의 존재와 속성의 충만함이 나타남을 의미한다.

'너희도 그 안에서'는 주와 그 백성 사이의 본질적인 하나됨에 근거한 상호성 혹은 연대성을 나타낸다. 이러한 영광의 상호성과 관련하여 요한복음은 하나님과 그의 아들의 영광의 상호성을 나타낸다: "지금 인자가 영광을 받았고 하나님도 인자로 말미암아 영광을 받으셨도다"(요 13 : 31). 이처럼 하나님과 인자 간의 영광의 상호성은 그리스도와 성도들 간의 영광의 상호성으로 나타난다.

"우리 하나님과 주 예수 그리스도의 은혜대로"(κατὰ τὴν χάριν τοῦ θεοῦ ἡμῶν καὶ κυρίου Ἰησοῦ Χριστοῦ). 이러한 영광의 상호성은 우리 하나님과 주 예수 그리스도의 은혜에 의한 것이다. 그러므로 "우리 하나님과 주 예수 그리스도의 은혜를 따라서" 혹은 "……은혜로 인하여"(κατὰ τὴν χάριν, 카타 텐 카린)라는 번역이 좋겠다. 바울은 다시금 영광의 신적 근원을 구체적으로 밝힌다. 그것은 은혜의 결과 혹은 은혜로 인한 것이다. 정관사가 '우리 하나님'(τοῦ θεοῦ ἡμῶν, 투 쎄우 헤몬)에게만 붙여져 있고, '주 예수 그리스도'(κυρίου Ἰησοῦ Χριστοῦ, 퀴리우 예수 크리스투) 앞에는 없다. 앞서 1장 5~10절에서도 하나님에게 속한 속성들이 예수께로 돌려지고 있다는 점으로 미루어 볼 때, "신약성서의 후대의 문서에서와 같이(딛 2 : 13; 벧후 1 : 1, 11) 하나님과 주 예수 그리스도가 같은 분으로 간주되었음을 의미한다……그러므로 본문에서 바울이 하나님과 그리스도를 동일시했을 것이다"(Malherbe 2000: 412).

해설(Comment)

하나님은 현재의 거룩한 삶과 장래의 영광을 위해 데살로니가 교우들을 부르셨다(살전 2:12; 4:7; 5:24). 바울은 먼저 장래의 영광으로 그들을 부르셨음을 그들로 기억하게 한다. 이 장래의 영광은 "항상 주와 함께 있다"(살전 4:17)라는 표상으로 표현되고 있다. 바울은 이것을 그의 기도 가운데서 "주 예수의 이름이 너희 가운데서 영광을 받으시고 너희도 그 안에서 영광을 받는" 것으로 진술한다. 이러한 진술은 하나님 나라로의 부르심이 그리스도인들의 현재의 거룩한 삶, 곧 성화와 직접적으로 연관되어 있음을 드러낸다.

바울이 데살로니가 교우들을 위하여 항상 드리는 기도는 하나님이 그들을 그 부르심에 합당한 자로 여기심과 그들의 선한 의지와 믿음의 역사가 능력으로 이루어짐이다. 바울은 앞서 데살로니가전서에서 주 예수 그리스도의 명령으로 주어진 하나님의 뜻이 온전히 이루어지기 바라는 기도로 그의 편지를 마무리한다. 데살로니가전서에서도 바울은 그의 마지막 기도에서 두 가지를 간구한다. 첫째는 데살로니가 교우들의 온전한 거룩함과 둘째는 그들이 흠 없게 보전됨이다. 데살로니가후서의 이곳에서의 기도와 "평강의 하나님이 친히 너희를 온전히 거룩하게 하시고 또 너희의 온 영과 혼과 몸이 우리 주 예수 그리스도께서 강림하실 때에 흠 없게 보전되기를 원하노라"(살전 5:23)라는 데살로니가전서의 마지막 기도는 실제로 같은 간구이다.

바울이 데살로니가 교우들을 위하여 항상 간구하는 기도의 두 진술은 동의적 병행법으로(말크쎈, 살후 115), 실은 하나님의 계명을 사랑의 이중 계명으로 요약하는 주 예수 그리스도의 명령인 하나님 사랑과 이웃 사랑의 가르침과 같은 것이다(김세윤, 116). 부르심에 합당함에 대한 기도는 하나님 사랑에 해당하고, 선한 의지와 믿음의 역사에 대한 기도는 이웃 사랑에 해당하는 것이다. 바울은 이것을 하나님의 뜻, 곧 하나님의 부르심으로 그리스도인의 거룩함으로 요약한다(살전 4:3, 7): "하나님이 우리를 부르심은 부정하게 하심이 아니요 거룩하게 하심이니"(살전 4:7).

그리스도인들의 거룩함, 곧 성화는 '능력 안에서' 이루어지는 것으로 성령을 힘입어 살아가는 삶이다. 바울은 여기서 성령 대 육신이라는 반명제를 사용하지 않지만 성화를 '은혜로 말미암은' 것으로 율법이 아니라 그리스도의 명령으로 정의한다(김세윤, 124). 그리스도로 말미암아, 성령의 힘으로 거룩하게 되고, 성화된다는 것이다. 성화는 성령의 힘으로 이루어지는 것이다. 그리스도인들은 하나님의 거룩함의 영역 안에 살도록 부름 받았다. 바울의 이 기도는 동시에 현재 그들의 영적 전진을 바라는 기도이기도 하다: "푯대를 향하여 그리스도 예수 안에서 하나님이 위에서 부르신 부름의 상을 위하여 달려가노라"(빌 3:14).

제Ⅲ부

파르티치오

데살로니가후서 2 : 1-2

| 데살로니가후서 2 : 1-2 |

파르티치오

¹형제들아 우리가 너희에게 구하는 것은 우리 주 예수 그리스도의 강림하심과 우리가 그 앞에 모임에 관하여 ²영으로나 또는 말로나 또는 우리에게서 받았다 하는 편지로나 주의 날이 이르렀다고 해서 쉽게 마음이 흔들리거나 두려워하거나 하지 말아야 한다는 것이라

파르티치오는 프로바치오에서 다루게 될 내용에 관한 논지나 제목을 나열하거나, 혹은 논쟁 상대자의 의견에 찬동하거나 찬동하지 않는 점을 열거한다. 2장 1절은 논증에 있어서 증명 부분에 속하는 프로바치오(2 : 3-12)의 주제인 것 같다. 하지만 앞서 지적했듯이, '주의 강림'과 '그 앞의 성도들의 모임'은 종말과 관련된 일반적인 주제로서 일련의 전통적인 교리이다. 오히려 2절이 실제로 프로바치오에서 다루게 될 논지이다. 바울은 "주의 날이 이르렀다"라고 선포하는 자들의 주장을 강하게 반대하고 있다.

[2:1] "형제들아 우리가 너희에게 구하는 것은". 바울은 데살로니가전서와 마찬가지로 '형제들'이라는 용어를 자주 사용한다(3:6; 살전 2:17; 4:13; 5:1, 2). 접속사 δέ와 더불어 '형제들아'라는 부름은 그가 앞서 다루었던 주제를 벗어나 이제 새로운 주제를 다루고 있음을 제시한다.

바울은 일반적인 표현인 '권고하다'(파라칼레오)라는 용어 대신에 데살로니가전서 4장 1절과 5장 12절에서처럼 '간청하다'라는 동사를 사용한다. '간청하다'(ἐρωτῶμεν, 에로토멘')라는 표현 속에는 긴급함과 가르침에 주의할 것을 요청하는 마음이 들어 있다.

"우리 주 예수 그리스도의 강림하심과 우리가 그 앞에 모임에 관하여". 주의 강림은 두 가지 사건과 연결되어 있다. 하나는 '주의 날의 도래'이며, 다른 하나는 '성도들을 불러 모음'이다. 주의 강림이 주의 날의 심판과 연결되어 있음은 "주 예수께서 자기의 능력의 천사들과 함께 하늘로부터 불꽃 가운데에 나타나실 때에"(1:7)라는 구절에 암시되어 있다. 바울은 이곳과 2장 7~8절에서 장차 주의 오심을 가리키는 통례적인 용어인 파루시아를 사용한다. 헬라 종교에서 파루시아는 능력의 계시로써 "신의 임재를 느끼게 만드는 숨겨진 신성의 오심"이라는 생각을 포함한다. 여기에 '우리 주 예수 그리스도'라는 온전한 칭호가 덧붙여짐으로써 파루시아의 엄중함을 더한다.

'우리가 그 앞에 모임'에서 '모임'을 가리키는 ἐπισυναγωγή(에피쉬나고게)는 바벨론 포로 후 이스라엘을 불러 모음과 같이(마카비하 2:7) 주의 백성의 종말론적 불러 모음을 의미한다. 약속의 땅에 흩어졌던 백성들(디아스포라)의 모임은 유대인들의 마지막 때의 희망을 가리킨다. 신약성서는 이러한 전통적인 유대인의 희망을 예수의 강림 때에 일어나는 사건으로 묘사한다(마 24:31; 막 13:27). 예배 때의 그리스도인들의 모임은 이러한 종말론적 모임의 사건을 예시하고 미리 맛보는 것이다: "모이기를 폐하는 어떤 사람들의 습관과 같이 하지 말고 오직 권하여 그 날이 가까움을 볼수록 더욱 그리하자"(히 10:25). 본문에서의 '모임'(에피쉬나고게)은 데살로니가전서

4장 17절에 묘사된 사건을 가리키는 것으로서 주의 강림 때에 주의 백성이 그리스도께로 올리어지는 사건, 소위 '휴거'를 가리킨다.

[2:2] [사역] "소위 우리에게서 받았다 하는 영으로나 또는 말로나 또는 편지로나". 바울은 데살로니가 교우들의 오해를 불러일으킨 요인을 '영과 말과 편지'라는 세 가지로 언급한다. 바울과 요한은 영감으로 전해진 예언을 간단히 '영'이라고 표현한다(고전 12:10; 요일 4:1-3; 웨이마, 660). 따라서 '영'은 영감을 받아 전해진 말씀을 가리킨다(살전 5:19). 이 말씀은 거짓 예언일 수도 있고, 그들이 오해한 참 예언일 수도 있다. 바울은 데살로니가 교회에게 예언을 멸시하지 말 것을 가르쳤다(살전 5:20). 아마 장래의 일들은 대개 이러한 예언을 통해 전해졌을 것이다. 이는 말이나 편지로써 전해질 수 있는 예언과는 구분된다.

'말'(로고스)은 다양한 문맥에서 선포된 말씀, 가르침, 강화를 가리킨다. 본문에서 말은 글로 쓰여진 '편지'와 구분되는 구두로 전해진 말씀을 의미한다. "소위 우리에게서 받은"(ὡς δι' ἡμῶν, 호스 디 헤몬) 것이 무엇을 가리키는지에 대한 논란이 있다. 전치사 ὡς는 어떤 사람에게 잘못 돌려진 속성을 나타내는 것으로 그 자체가 잘못된 것을 가리키는 것인지 아니면 그것으로 말미암은 오해를 지시하는지는 분명하지 않다. "(소위) 우리에게서 받았다 하는"이라는 구절이 직접적으로 바로 앞의 편지만을 수식하는지 아니면 영과 말과 편지 모두를 가리키는지에 대해 다양한 견해가 제시되고 있다. 참고로 바울은 2장 15절에서 그들이 지켜야 할 바른 전통과 관련하여서는 '말로나 우리의 편지'만을 언급한다. 따라서 데살로니가후서에서 '영으로'라는 표현은 오직 잘못된 신앙과 관련하여 사용된 표현으로 '영감을 받았다는 말'을 가리킨다(Wananmaker, 39). 이러한 잘못된 성격을 드러내기 위해서는 '소위 우리에게서 받았다 하는'이라는 수식어가 '영으로'라는 표현과 직접적으로 연결되어야 한다. 그러나 본문에서 '소위 우리에게서 받았다 하는' 구절은 직접적으로는 편지와 연결된다. 또한 '영과 말과 편지'라는 긴밀한 평행법은 이 세 가지 모두가 "(소위) 우리에게서 받았다 하는"이라는 말과 직접적으로 연결되어 있음을 나타낸다(Milligan, 96-97; Frame, 246). 따라서 '소위 우리에게서 받았다'라는 구절은 "영으로나 또는 말로나 또는 편지로나"라는 표현 모두를 수식한다. 잘못된 가르침이 소위 바울로부터 받았다는 예언과 말과 편지로부터 기인했기에 데살로니가 교우들이 쉽게 흔들렸다고 판단된다.

[사역] "마치 주의 날이 이르렀다고 해서 마음이 쉽게 흔들리거나 두려워하거나 하지 말아야 한다는 것이니라". 여기에서 프로바치오의 구체적인 논지와 바울이 이 편지를 기록한 목적이 분명하게 언급되고 있다. 바울은 '주의 날'에 관한 거짓된 선포를 부정하고, "쉽게 마음이 흔들리거나 두려워하거나 하지 말아야 할" 것을 데살로니가 교우들에게 간청하고 있다. '마음'(νοῦς, 누스)은 생각과 이해의 자리로서 정신적 평정심을 함의한다. 바울은 주의 강림에 관한 그들의 신앙이 흔들리지 않게끔 끊임없이 경계할 필요가 있음을 강조한다. "혼란스러워하거나 불안해하지 말라"라는 뜻으로 현재 동사적 표현은 계속해서 불안해하지 말라는 것이다.

"마치 주의 날이 이르렀다"(ὡς ὅτι ἐνέστηκεν ἡ ἡμέρα τοῦ κυρίου)라는 문장에서 앞에서와 마찬가지로 ὡς는 어떤 주장의 주관적 성격과 더 나아가 그것의 잘못된 속성을 표현한다(브루스, 278). 원문은 '이르렀다'(ἐνέστηκεν)라는 동사를 앞에 둠으로써 이르렀음을 강조하고 있다. 이는 '이르렀다'라는 선포가 실제적 선포임을 강조한다. 왜 데살로니가 교우들이 "주의 날이 이르렀다"라고 생각하게 되었는지, 그 말이 의미하는 바가 무엇인지에 대해 본문은 자세히 말하고 있지 않다. 이와 관련하여 주의 날이 아직 이르지 않았고, 또한 데살로니가 교우들이 주의 날이 이르렀음을 믿었다고 보기 어렵기에, '이르렀다'를 '가까이 왔다', '곧 일어날 것이다'라고 해석하는 견해도 제기되었다(Lightfoot, 110; Koester, 455). 하지만 ἐνέστηκεν은 현재완료 시제로 당시의 여러 문헌에서 현재적 실재를 묘사한다(웨이마, 657). 따라서 '가까이 왔다', '오고 있다'라는 뜻이 아니라 '왔다', '여기에 있다'라는 뜻을 갖는다.

'주의 날'은 하나님이 이스라엘의 적들을 쳐부수고 그의 백성을 신원하는 미래의 때를 가리키는 예언자들이 즐겨 사용한 전형적인 표현이었다. "혼란스러워하거나 불안해하지 말라"라는 권면은 그들이 생각하는 주의 날이 지금 그들이 겪고 있는 환난과 박해와 연관된다는 것이다. 하나님의 진노와 형벌을 함의하는 주의 날은 가까이는 임박한 역사 내의 사건을 가리킬 뿐만 아니라 또한 멀리는 종말론적 심판을 의미하였고, 때로는 역사 내의 다양한 중대한 사건들을 해석하는 개념으로도 사용되었다(Eversion, 335). 어쩌면 이와 같이 데살로니가 교회 내에서도 주의 날은 주 예수의 강림을 가리키는 표현이 아니라, 어떤 이들에게 있어서는 데살로니가 교우들이 지금 겪고 있는 환난과 박해의 어려움을 하나님이 이방의 손을 빌려서 그들을 벌주시는 하나님의 심판의 날로 이해되었을 것이다.

해설(Comment)

'주의 날'(욤 야훼)이라는 용어는 구약성서의 예언서에서는 매우 일반적 개념이다. 아모스가 이 용어를 사용할 즈음에 이것은 이스라엘의 적들을 쳐부수고 그의 백성을 신원하는 때라는 잘 알려진 개념이었다. 하지만 아모스가 "그 날은 어둠이요 빛이 아니라"(암 5:18; 참조, 5:20)라고 선포함으로써 주의 날이 이스라엘을 위한 구원의 날이라는 일반적 개념을 넘어서 주께서 악을 행하는 대적들과 그의 백성들 가운데서 진노를 나타내 보이시는 날로 확대된다(겔 7:1-27; 습 1:7-18). 주의 날이 포로 후기 예언서의 종말론에 있어서 주요 부분을 형성하였음은 결코 놀라운 일이 아니다.

주의 날은 믿지 않는 이방과 신실하지 않은 그의 백성들에게 하나님이 진노를 드러내는 날을 구체적으로 가리킨다. 강조점은 주께서 형벌을 통한 심판을 행사하심에 있다. 따라서 때로는 이 용어는 과거의 구체적인 역사적 사건에 적용되기도 하여(참조, 애 1:12; 2:1, 21-22), 여호와의 어떤 한 날이 아니라 날들(Days)을 가리키는 표현이기도 하다(참고, ABD II, 83). 하지만 거의 대부분의 경우 주의 날은 미래적 사건을 가리킨다(사 2:12-17; 13:1-22; 34:1-17, 61:1-3; 겔 30:1-9; 욥 15-21절). 그러므로 하나님의 진노와 형벌을 함의하는 주의 날은 가까이는 임박한 역사 내의 사건과 멀리는 종말론적 심판을 함의할 뿐만 아니라 또한 역사 내의 다양한 중대한 사건들을 해석하는 개념으로도 사용되었다(Everson, 335).

한편, 위경에서는 주의 날이라는 용어가 거의 사용되지 않는다. 오히려 '심판의 날'이라는 용어가 주로 사용된다. 심판의 날은 거의 전적으로 심판과 형벌의 법적인 면만을 강조한다. 1장 5~10절에서의 마지막 때의 장면은 주의 강림이 심판의 날임을 의미한다. 유대 문헌에서 주의 날과 심판의 날이 분명하게 구분되어 사용되는 점으로 미루어 볼 때, 우리는 본문에서 "주의 날이 이르렀다"라는 (잘못된) 선포가 "주 예수의 강림이 임하였다"라는 말을 의미하는 것이 아님을 알 수 있다. 예를 들면, 바벨론에 의한 예루살렘의 멸망은 주의 날로 묘사될 수 있었다(애 1:12; 2:1, 22-22). 예루살렘 멸망은 하나님의 백성들에게 있어서 신학적 의미를 담고 있는 것으로 이해되었기 때문이다. 그렇다면 데살로니가 교회가 처한 당시의 그 시간 역시 묵시문학적 심판의 날로 해석되어 "주의 날이 이르렀다"는 주장이 나왔을 것이다. 그러한 선포의 행위는 주의 날의 임재가 사람의 반응을 요구하는 위기 상황임을 전제하기 때문이다(Trilling, 98-99). 본문은 그러한 메시지를 들은 자들 가운데 더러는 마음이 흔들리고 혼란 가운데 있었음을 지적한다. 그와 같은 메시지는 데살로니가 교우들에게 평강과 위로를 가져오지 못하였다. 하지만 바울은 주 예수의 파루시아는 현재에 대한 은유적 해석이 적용될 수 없는 명백하고도 틀림없는 역사의 마지막 절정이라는 점을 분명하게 한다.

제 IV 부

프로바치오

데살로니가후서 2 : 3-17

A. 거짓에 관한 증거들(2 : 3-12)
B. 감 사(2 : 13-14)
C. 결 론(2 : 15)
D. 중보의 기도(2 : 16-17)

| 데살로니가후서 2 : 3-17 |

프로바치오

데살로니가전서와는 달리 데살로니가후서에는 이야기를 서술하는 해설(narration)이 없다. 이것은 전형적인 심의적 수사학, 즉 법정 수사학의 단순화된 형태이다(Wanamaker, 237). 데살로니가후서 2장 3~12절은 수사학적 관점에서 프로바치오(증명 부분)에 속한다. 이 단락은 데살로니가후서의 가장 특징적인 부분일 뿐만 아니라 데살로니가후서가 기록된 목적이라고 할 수 있다(브루스, 275). 처음에 '간청하다'(에로토멘)라는 표현이 보여주듯이 이 단락은 권면적 진술이다. 하지만 이 권면의 성격은 '윤리적'이라기보다는 '교리적'이다(Trilling, 95 ; Holland, 43). 즉, 바울은 어떤 도덕적 행동(예, 롬 12장)이나 혹은 특별한 마음가짐(예, 고전 10 : 31-11 : 1)에 대한 가르침을 주고 있는 것이 아니라, 교회 공동체가 특별한 전승에 대해서 올바로 이해하기를 원한다. 이 특별한 전승은 주의 강림과 그 앞에 성도들의 모임에 관한 것이다(2 : 1). 하지만 성도들의 '모임'은 편지 내에서 다루어지지 않는다. 오히려 그 다음 절에서 언급되고 있는 "주의 날이 이르렀다"(2 : 2)라는 거짓된 선포를 부정하는 것이 본 단락인 프로바치오의 주제이다(Holland, 95).

프로바치오에 해당하는 본 단락은 파루시아와 그와 관련된 사건들로 끝이 날 종말론(eschatology)의 일부분을 다루고 있다. 파루시아와 성도들의 모임이라는 두 가지 생각은 실제로 종말론과 동의어이다. 이는 주의 강림과 그 앞에서의 모임이 마지막 날의 사건들을 언급하는 전통적인 방법으로서 전승의 자리를 차지하고 있음을 시사한다. 바울은 수신자들이 이러한 전승에 대해 확고부동한 태도를 갖기를 바란다. 이러한 태도는 "쉽게 마음이 흔들리거나 두려워하지 말아야 한다"라고 표현된다(2:2).

A. 거짓에 관한 증거들(2:3-12)

³누가 어떻게 하여도 너희가 미혹되지 말라 먼저 배교하는 일이 있고 저 불법의 사람 곧 멸망의 아들이 나타나기 전에는 그 날이 이르지 아니하리니 ⁴그는 대적하는 자라 신이라고 불리는 모든 것과 숭배함을 받는 것에 대항하여 그 위에 자기를 높이고 하나님의 성전에 앉아 자기를 하나님이라고 내세우느니라 ⁵내가 너희와 함께 있을 때에 이 일을 너희에게 말한 것을 기억하지 못하느냐 ⁶너희는 지금 그로 하여금 그의 때에 나타나게 하려 하여 막는 것이 있는 것을 아나니 ⁷불법의 비밀이 이미 활동하였으나 지금은 그것을 막는 자가 있어 그 중에서 옮겨질 때까지 하리라 ⁸그 때에 불법한 자가 나타나리니 주 예수께서 그 입의 기운으로 그를 죽이시고 강림하여 나타나심으로 폐하시리라 ⁹악한 자의 나타남은 사탄의 활동을 따라 모든 능력과 표적과 거짓 기적과 ¹⁰불의의 모든 속

임으로 멸망하는 자들에게 있으리니 이는 그들이 진리의 사랑을 받지 아니하여 구원함을 받지 못함이라 ¹¹이러므로 하나님이 미혹의 역사를 그들에게 보내사 거짓 것을 믿게 하심은 ¹²진리를 믿지 않고 불의를 좋아하는 모든 자들로 하여금 심판을 받게 하려 하심이라

바울은 데살로니가 교우들이 왜 쉽게 마음이 흔들리지(2:2) 말아야 하는지를 논증하기 위해 묵시문학적 언어와 '종말론적 도식'(eschatological schema)을 사용하여 "주의 날이 이르렀다"(2:2)라는 주장을 논박한다. 주의 날은 모두에게 '명백하게' 드러나는 날이지 영적인 자들만이 자각하는 '숨겨진' 방법으로 드러날 것이 아니기 때문이다.

데살로니가후서 2장 1~12절은 주께서 강림하실 때에 불법한 자를 멸하시는 예수의 강림에 초점을 맞춘 바울의 종말론적 가르침이다(참고, 김형동 2021: 467-500, 480; 포드, 30). 묵시(문학)적 전승은 데살로니가 교우들이 경험하고 있는 박해의 정황(예, 배교, 불법한 자)을 묘사하고, 주의 날이 아직 이르지 아니하였음을 논증하는 배경을 제공한다. 이러한 묵시(문학)적 분위기는 바울이 그리스도의 복음을 받아들이는 것을 거부하고 그리스도인들을 박해하는 자들의 멸망을 선언함으로써 데살로니가 교우들에게 위로와 격려를 준다.

[2:3] "누가 어떻게 하여도 너희가 미혹되지 말라". 바울은 주의 날과 관련된 그릇된 오해를 바로잡고자 한다. 그는 누가 어떤 방법을 쓰든지 간에, 즉 앞의 세 가지(영, 말, 편지) 외에도 어떤 방법을 쓰든지 간에 아무도 너희를 속이지 못하게 하라고 권면한다. "미혹되지 말라"(Μή τις ὑμᾶς ἐξαπατήσῃ, 메 티스 휘마스 엑사파테세)라는 권고는 "아무도 너희를 속이지 못하게 하라"라는 말로 고대 문헌에서 매우 일반적인 표현이다. 이러한 경고는 거짓 선지자들의 가르침(요세푸스, *Antiquitates 10*, p. 111), 혹은 철학자들의 잘못

된 견해(Epictetus 2.20.7)에 대해 주어졌다. '자기기만'(self-deception)에 대해서도 이러한 경고가 주어졌다(Lucian, *De Mercede Conductis* 5). 데살로니가 교우들이 잘못된 가르침에 미혹되지 않기 위하여 바울은 그들에게 이미 가르쳐 준 전승(혹은 교리)을 굳게 붙잡아야 한다고 호소한다.

"먼저 배교(배도)하는 일이 있고". 이 말 자체는 조건절만 있지 귀결절이 없다. 하지만 무엇이 생략되었는지는 자명하다. "먼저 배도하는 일이 오지 않는다면 (그날도 오지 않을 것이다)". 따라서 바울은 주의 날이 오기 전에 일어날 현상들을 제시한다. 먼저 배도하는 일이 있은 후에야 '불법의 사람'이 나타날 것이다. 배도(ἡ ἀποστασία, 헤 아포스타시아)가 무엇을 가리키는지는 분명하지 않다. 일반적으로 배도는 정치적 반란을 의미하지만 칠십인역(LXX)과 신약성서에서는 여호와를 거역함(수 22:22)과 종교적 변절(행 21:21, '모세를 배반', 즉 모세의 율법을 거역함)로 믿음을 버림(딤전 4:1)이나, 하나님을 저버림(히 3:12)을 의미한다. 그렇다면 데살로니가후서에서 배도는 데살로니가 교회 공동체에 박해와 환난을 가져왔고 그로 인해 거짓된 가르침과 미혹이 일어난 지금도 활동 중인 '불법의 비밀' 곧 사탄의 활동을 가리킨다고 판단된다(비교, von Dobschutz, 281).

바울은 공동체 내에서의 배도의 행위를 종말론적 미혹의 일부분으로 해석하고, 현재가 종말론적 도식에 놓여 있음을 제시한다. 현재의 정황에서 배도가 무엇을 의미하든지 간에 분명한 것은 적어도 그것은 배교 행위이고, 정관사(ἡ)를 사용하는 점으로 미루어 볼 때 데살로니가 교우들이 잘 알고 있었던 것임을 알 수 있다. 그들은 바울과 함께 있을 때에 이미 이에 관하여 들었다(2:5).

[사역] "저 불법의 사람 곧 멸망의 아들이 드러나지 않는다면 (그 날이 이르지 아니하리니)". 앞서 언급한 바, 본문에는 귀결절이 없다. 귀결절이 없음으로 말미암아 본문 해석의 어려움을 가져왔다. 우리말 번역본은 하나같이 그 날이 오기 전에 멸망의 자식이 나타날 것이라고 해석한다:

저 불법의 사람 곧 멸망의 아들이 나타나기 전에는 그 날이 이르지 아니하리니(개역개정).

그 날이 오기 전에, 먼저 배교하는 일이 생기고, 불법을 행하는 사람 곧 멸망의 자식이 나타날 것입니다(표준새번역).

그날이 오기 전에 먼저 사람들이 하느님을 배반하게 될 것이며, 또 멸망할 운명을 지닌 악한 자가 나타날 것입니다(공동번역개정).

하지만 이러한 해석은 묵시문학적 시나리오에 의거한 이해이다. 원문은 그 날과 관련된 불법의 사람과 관련하여 시간적 선후를 말하지 않는다. 본문은, 예상되는 귀결절을 포함한다면, "저 불법의 사람 곧 멸망의 아들이 드러나지 (ἀποκαλυφθῇ, 아포칼립쎄) 않는다면 (그 날이 이르지 아니하리니)"라고 말한다. 즉, 그 날이 이를 때에 멸망의 자식이 드러날 것이라는 것이다. 이러한 이해는 2장 8절에서 분명하게 언급되고 있다: "그 때에 불법한 자가 드러나리니(ἀποκαλυφθήσεται, 아포칼립쎄세타이) 주 예수께서 그 입의 기운으로 그를 죽이시고 강림하여 나타나심으로 폐하시리라". 바울은 현실화된 위기(현재)와 그것의 궁극적 실체(미래)를 드러내기 위해 데살로니가 2장 3~12절에서 삼중적 반복의 '종말론적 도식'(eschatological schema)을 활용한다(2:6 주석 참고). 종말론적 도식은 현재 활동 중인 악한 힘이 미래에 인격화된 실체로서 드러날 것이고, '그 날'에 주께서 그들을 멸하실 것이라는 점을 드러낸다.

'불법의 사람'(ὁ ἄνθρωπος τῆς ἀνομίας, 호 안쓰로포스 테스 아노미아스)은 '멸망의 아들'(3절), '불법한 자'(8절)라는 또 다른 이름을 갖는다. 불법의 사람은 율법 없이 살아가는 사람이 아니라 율법을 거역하는 자로서 좀 더 구체적으로는 죄를 짓는 자를 가리킨다: "죄를 짓는 자마다 불법을 행하나니 죄는 불법이라"(요일 3:4). 실제로 요한서신에서 불법의 사람은 적그리스도를 가리킨다(요일 2:18). 불법의 사람은 히브리어 '벨리알(블리알)의 사람'을 번역한 것으로 칠십인역(LXX)에서는 불법(아노미아, 신 15:9; 삼하 22:5)과 배도(아포스타시아, 왕상 20[21]:13)가 모두 히브리어 벨리알(블리알)의 번역어로 나타난다(브루스, 282; Nestle, 472-473). 주목할 것은 벨리알(블리알)은 히브리어 '없다'라는 뜻의 '블리'와 '(율법의) 멍에'라는 뜻의 '욜'에서 나왔다는 랍비적 해석이다. 즉, 벨리알(블리알)은 "율법의 멍에를 받아들이지 않는 자"를 뜻한다.

멸망의 아들(ὁ υἱὸς τῆς ἀπωλείας, 호 히오스 테스 아폴레이아스)은 실제로 불법의 사람과 같은 유대적 표현이다. 따라서 멸망의 아들은 구원의 자녀와 대조되는 멸망으로 운명 지어진 자이다. 요한복음에서 가룟 유다는 멸망의 아들(ὁ υἱὸς τῆς ἀπωλείας)로 불린다(요 17:12). 신약성서에서 멸망은 대체로 하나님과 그 뜻에 반대하는 자의 파멸과 관련된다(마 7:13; 롬 9:22; 빌 1:28; 3:19; 히 10:39; 벧후 3:7; 계 17:8, 11). 데살로니가후서에서도 멸망의 아들은 불법한 자의 멸망을 강조하는 표현이지 그가 일으키는 파멸이 아니다(Milligan, 99). 불법의 사람과 멸망의 아들은 불법의 사람의 운명이 곧 멸망의 자식의 운명이라는 점에서 서로 연관된다. 마찬가지로 또 다른 이름인 '불법한 자'도 바로 그의 궁극적인 운명, "주 예수께서 ……그를 죽이시고……폐하시리라"라는 말씀으로 확증된다(2:8).

[2:4] "그는 대적하는 자라". 불법의 사람에 대한 설명이 계속된다. 그는 '대적하는 자'(ὁ ἀντικείμενος, 호 안티케이메노스)로 칠십인역(LXX)에서는 히브리어 '사탄'의 번역어로 사용된다(예, 왕상 11:25a). 동사 '대적하다'도 히브리어 동사 '사탄'(대적하다, 고소하다)의 번역어로 사용된다(슥 3:1). 최고의 대적자는 사탄이다(딤전 5:14-15). 불법의 사람에 대한 표현은 하나의 관사에 두 개의 분사가 연결되어 설명된다(ὁ ἀντικείμενος καὶ ὑπεραιρό μενος, 호 안티케이메노스 카이 휘페라이로메로스). 그는 "대적하는 자이자 (자기를) 높이는 자"이다. 그러므로 여기서 불법의 사람은 자신을 신적 신분으로까지 사칭하는 신성모독하는 자이다.

[사역] "(그는) 신이라 혹은 숭배함을 받는 것이라 불리는 그 모든 것 위에 자기를 높이는 자라". 본문은 이교도 통치자들의 신성모독적인 주장을 염두에 두고 있다. 그는 '자기를 높이는 자'(ὑπεραιρόμενος, 휘페라이로메노스)이다. 복합동사 ὑπεραίρω(휘페라이로)는 신약성서에서 중간태(ὑπεραίρομαι, 휘페라이로마이)로 사용되어 "지나친 자만심을 가지다, 일어나다, 스스로를 높이다, 의기양양하다"라는 뜻을 나타낸다(BDAG 1031). 신약성서에서 이곳 외에 한 번 더 사용된다. 바울은 너무 자만하지 않도록 '육체의 가시'를 주셨다고 말한다: "너무 자만하지 않게 하시려고(μὴ ὑπεραίρωμαι, 메 휘페라이로마이)……이는 나를 쳐서 너무 자만하지 않게 하려 하심이라 (μὴ ὑπεραίρωμαι)"(고후 12:7). '숭배함을 받는 것'(σέβασμα, 세바스마)은 신전, 우상, 혹은 사람을 포함한 모든 예배의 대상을 가리킨다(행 17:23 참조). 기원전 27년 로마의 황제 옥타비아누스는 라틴어로 '아우구스투스'라 칭함을 받았다. 이 말은 헬라어 '세바스토스'에 해당되는 말로서 '숭배함을 받을 자'라는 종교적이고 신적인 의미를 가진다.

"하나님의 성전에 앉아 자기를 하나님이라고 내세우느니라". 성전으로 번역된 ναός(나오스)는 '히에론'과 같이 성전 전체를 가리킨다. 하지만 여기서 ναός는 성전 가운데 가장 중심인 하나님의 성소 자체, 곧 지성소를 가리킨다. 예루살렘 성전의 가장 내부에 있는 지성소에는 하나님의 보이지 않는 보좌가 있다. 하나님은 이 보이지 않는 보좌에 앉아 계시는 분이며, "그룹들 사이에 좌정하신 만군의 야훼"(시 80:1; 99:1)로 예배를 받으셨다. 포로기 이후의 지성소에서는 법궤라든지 그 위에 놓인 그룹들을 볼 수는 없지만, 이스라엘의 하나님이 그곳에 앉아 계시는 것으로 믿었다. 성전은 하나님이 거하시는 곳이다. 따라서 본문은 불법의 사람이 하나님의 자리를 차지하였음을 말하는 것이다.

불법의 사람은 하나님을 대신하여 앉아서 자신이 하나님이라고 선포한다. '내세우다'라는 동사 ἀποδείκνυμι(아포데이크뉘미)는 여기서 '선포하다, 선언하다'라는 뜻을 갖는다. 자신을 하나님으로 선포하는 행위는 불법한 자의 정치적 목표로서 자신이 하나님 자리를 대신하려고 한다. 스스로를 신으로 선포하는 것은 그 자신이 신이라기보다는 일종의 신의 현현이라고 생각하기 때문이다. 이러한 생각은 주전 2세기(167년) 안티오쿠스 에피파네스가 예루살렘 성전을 더럽힌 사건의 결과로 기록되어 묵시문학적 전통이 된 다니엘서(단 9:27; 11:31; 12:11)를 그 배경으로 한다. 안티오쿠스 에피파네스는 지성소를 침범했으며, 번제단 위에 이방신에게 바치는 제단을 세우고 돼지의 피로 성전을 더럽혔다. 이러한 행위는 마카비 혁명의 계기가 되었다. 마침내 성전이 회복되었고 유대인들은 이를 기념하여 수전절(하누카)을 지키게 되었다. 로마의 폼페이 장군 역시 주전 63년에 예루살렘을 점령하고서 지성소에 들어갔다. 이 사건 직후에 기록된 것으로 보이는 솔로몬의 시편은 폼페이를 '죄인', '불법한 자'로 언급한다.

데살로니가후서가 기록된 시기와 가장 가까운 주후 40년 로마의 황제 가이우스(칼리굴라) 역시 예루살렘 성전에 자신의 동상을 세우고 스스로를 신으로 높이려고 시도했었다. 그의 계획은 예루살렘 성전을 자신을 섬기는 제의의 신전으로 바꾸는 것이었다. 그는 자신을 '새로운 신의 현현'(데오스 에피파누스 네우)인 제우스의 화신으로 내세웠다. 황제의 동상을 세우라는 명령이 떨어지고 나서 시리아의 총독이 시간을 벌고 있을 때 주후 41년 황제가 암살됨으로써 이 사건은 막을 내렸다. 이 사건은 마가복음 13장 14~19절에서 언급하고 있는 "멸망의 가증한 것이 서지 못할 곳에 선 것"이라는 전승의 배경이 된다. 이처럼 성전의 더럽힘이 종말론적 기대의 한 부분으로 자리잡은 유대의 묵시문학적 전승은 충분히 바울의 생각 속에 있었을 것이다.

[2:5] "내가 너희와 함께 있을 때에 이 일을 너희에게 말한 것을 기억하지 못하느냐". 본문에서는 데살로니가전서(2:18; 3:5; 5:27)에서와 같이 일인칭 복수 '우리' 대신에 일인칭 단수 '나'가 사용되고 있다. 데살로니가전서에서 바울은 어떤 일에 대하여 자신이 한 것임을 분명히 밝히고자 할 때 일인칭 단수 주어 '나'를 사용한다. 여기서도 바울은 데살로니가전서에서와 마찬가지로 그가 데살로니가 교우들과 함께 있을 때 종말의 날에 일어날 일들에 대해 가르쳤음을 그들로 기억하게 한다. '말한'(ἔλεγον, 엘레곤)이라는 미완료 시제(시상)는 그 가르침이 단 한 번의 가르침이 아니라 반복적인 가르침으로 '말하곤 했다'라는 점을 나타낸다.

데살로니가후서가 위서라는 주장은 적그리스도 전승이 바울의 구두적 가르침으로부터 나왔음을 만들어 내기 위해 본 절이 작성되었다고 한다. 더 나아가 독자들의 기억에 호소하는 것 또한 "위서를 작성하는 문체적 기술"이라고 주장한다(Trilling, 88). 하지만 이러한 주장은 전혀 설득력을 가지지 못한다. 왜냐하면 바울이 아닌 다른 어떤 저자가 이 가르침이 바울의 것임을 주장하기 위해, 바울의 이름으로 함께 보내었던 시간들과 가르침을 회상시켜 공동체의 기억에 호소한다는 것 자체는 이치에 맞지 않는다. 오히려 바울은 자신이 충분히 발전시키지 못하였거나 혹은 새로운 사안에 대한 종말론적 가르침을 새롭게 제시하고자 한다. '이 일'(ταῦτα, 타우타)은 데살로니가 교우들이 이전에 충분히 알지 못했던 종말론적 가르침을 가리키는 전문적인 용어이기 때문이다(참고, 막 13:4, 29, 30; 눅 21:36; 계 22:8, 16, 20).

바울의 원래적 가르침의 핵심은 예수 그리스도가 종말론적 심판주로 곧 오시리라는 것이다. 하지만 이러한 가르침은 파루시아가 이르기 전에 공동체 내에서 죽은 자들이 생김으로써 좀 더 구체적인 가르침이 요구되었다(참고, 고전 15:12-58; 살전 4:13-18). 따라서 바울은 부활할 몸(고전 15:35-50)의 성격에 관한 문제와 파루시아 때에 신실한 자들이 그리스도와 연합하는 방법(고전 15:35-50; 살전 4:15-17)에 대한 새로운 가르침을 주었다.

"형제들아……에 관하여는 너희가 알지 못함을 우리가 원하지 아니하노니" (살전 4:13)라는 표현은 이러한 가르침이 새로운 것임을 말하고 있다. 고린도전서 15장 51절에서는 이러한 가르침을 '비밀'(μυστήριον, 뮈스테리온)이라고 일컫는다: "보라 내가 너희에게 비밀을 말하노니……". 그러므로 바울은 이전의 '비밀스러운 가르침'으로 현재 상황을 제시하는 종말론적 가르침이라는 공통적 장치를 활용한다. 이러한 특징은 다음 절을 시작하는 '지금'이라는 부사에서 드러난다. 왜냐하면 '그리고 지금'은 미래와의 논리적 연속성을 표시하는 것으로 이전에 제시한 종말론적 가르침 속에서 지금 일어나고 있는 상황(7절)을 이미 설명하였음을 말한다.

[2:6] [사역] "너희는 지금 그의 때에 드러나게 될 압제하는 힘을 알고 있다" (καὶ νῦν τὸ κατέχον οἴδατε εἰς τὸ ἀποκαλυφθῆναι αὐτὸν ἐν τῷ ἑαυτοῦ καιρῷ). "지금 너희는 카테콘(τὸ κατέχον, 중성)을 안다"라는 현재적 표현과 "그의 때에 그(αὐτὸν, 남성)가 드러나게 될 것이다"라는 미래적 표현을 가리키는 두 문장이 미래적 결과 내지 목적을 나타내는 'εἰς+부정사'에 의해 연결되어 있다. 본문은 현재와 미래 두 부분으로 나누어지는 교차대구를 보여준다(Giblin, 205):

A   καὶ νῦν(지금)
B   τὸ κατέχον(토 카테콘: 중성)
C   οἴδατε εἰς τὸ ἀποκαλυφθῆναι
                 (너희는 안다……드러나게 될 것을)
B'   αὐτὸν(아우톤: 남성)
C'   ἐν τῷ ἑαυτοῦ καιρῷ(그의 때에)

본문은 현재 불법한 사람이 활동하고 있지만(3절), 미래에 주의 강림(파루시

아) 때에 그가 멸망하리라(8절)는 맥락에서 진술된다.

아마도 6~7절은 바울서신 전체에서 가장 난해한 본문 가운데 하나이다. 알 수 없는 것들이 전제되어 있고, 비교할 만한 평행 본문도 찾기가 어렵다. 본 절에 있어서 가장 큰 문제는 동사 κατέχω(카테코)의 중성 분사(τὸ κατέχον, 토 카테콘 〈6절〉)와 남성 분사(ὁ κατέχων, 호 카테콘 〈7절〉)의 해석에 관한 것이다. 대부분의 학자들은 카테콘(κατέχον/-ων)을 '막는 것'과 '막는 자'로 번역한다.

하지만 카테콘이 가지는 부정적 이미지는 바울이 제시하는 종말론적 도식에서 분명하게 드러난다. 종말론적 도식은 카테콘의 정체와 악한 힘이 인격적 실체로 드러나게 될 상관관계를 잘 보여준다. 홀랜드는 현재에 일어나고 계속될 일들이 미래에는 선과 악의 전쟁의 부분인 인격적 힘으로 드러날 것이라는 '묵시문학적 도식'(apocalyptic schema)을 제시한다(비교. 단 10:18-11:1; 계 12:7-9; Holland, 111). 하지만 데살로니가후서 2장 3~12절은 미래에 일어날 선과 악의 전쟁을 그리는 묵시문학적 도식을 제시하는 것이 아니라, 현재 이미 부분적으로 활동하고 있는 임박한 위기가 예수의 강림 때에 그 실체가 드러나게 될 '종말론적 도식'(eschatological schema)을 제시한다:

현재	미래
배도(2:2)	불법의 사람(2:3-4)
카테콘(중성 분사, 2:6)	카테콘(남성 분사, 2:7)
불법의 비밀(2:7)	불법한 자(2:8)

종말론적 도식을 제시하는 세 구절은 평행절이다(2:8 주석 참고). 각각의 경우에 있어서 미래에 일어날 것은 현재 활동 중인 악한 힘의 인격화된 실체이다. 따라서 '카테콘'(κατέχον/-ων)의 해석은 위에서 보여 준 바와 같이

배도, 불법의 비밀, 불법의 사람, 불법한 자와 직결되는 종말론적 도식에 의해 결정되어야 할 것이다.

카테콘의 부정적 이미지에 대해서 기블린(Giblin)은 동사 κατέχω의 해석에 있어서 새로운 대안을 제시하였다. κατέχω는 '가지다'라는 뜻의 동사 ἔχω(엑코)의 강조형으로 통상적으로 '(손에) 붙들다, 움켜잡다, 사로잡다, 주문에 걸리다'라는 의미로 사용된다. 그는 당시 데살로니가에서 매우 일반적인 디오니소스와 세라피스 종교 내에서 발견되는 악마적 힘에 사로잡힘과 열광적으로 흥분된 행동을 묘사하기 위해 '카테코' 동사를 사용하는 것은 매우 일반적이었다고 주장한다. 그러므로 τὸ κατέχον(토 카테콘)과 ὁ κατέχων(호 카테콘)은 부정적 의미의 '사로잡는 힘'과 '사로잡는 자'로 각각 번역되어야 한다는 것이다.

동사 κατέχω는 "어떤 사람이나 재산에 대한 법적 (혹은 부당한) 권리를 요구하다, 붙잡다, 소유하다, 체포하다, 사로잡다, 압수하다, 몰수하다"라는 의미로 흔히 사용된다. 신약성서에서 16번 가운데 κατέχω가 '막다', '저지하다'라는 의미로 사용되는 경우는, 데살로니가후서 2장을 제외할 때, 오직 두 곳(눅 4:42; 몬 13) 뿐이다(Krodel, 440-446). 성전에서의 신성모독 행위와 관련이 있는 '불법의 사람'과 '카테콘'의 연관성은 이방 통치자의 특징적인 면모이다. 데살로니가 교회의 신앙의 위협과 관련하여 '카테콘'은 불법과 미혹의 억압적 정치적, 종교적 권력을 나타냄이 분명하다. 따라서 그것은 불법의 비밀과 불법한 자로서 '압제하는 것(힘)'과 '압제자'라는 의미를 가진다(참고, 김형동 2021).

압제하는 것(힘)은 '그의 정해진 때'(ἐν τῷ ἑαυτοῦ καιρῷ, 엔 토 헤아우투 카이로)에 그 실체가 드러난다. αὐτὸν(남성)은 문장의 구조적인 면에서 분명히 τὸ κατέχον(중성)을 가리킨다. 그렇다면 중성 분사 τὸ κατέχον(토 카테콘)과 남성 인칭대명사 αὐτὸν(아우톤) 사이에는 분명한 문법적인 불일치가 있다. 여기서 '그의 때'의 '그'는 앞의 αὐτὸν(아우톤: 남성)의 재귀대명사로 '그 자신의 때'이다. 따라서 물론 그 시간도 하나님에 의해서 정해진 시간이지만 '그'는 하나님을 가리키는 표현이 아니라 '압제하는 것(힘)'의 인격화된 실체(남성)를 가리킨다.

τὸ κατέχον(중성)과 αὐτὸν(남성)의 관계는 '종말론적 도식'의 장치이다(김형동 2021: 486). 예를 들면, "멸망의 가증한 것(τὸ βδέλυγμα, 토 브델뤼그마, 중성)이 서지 못할 곳에 선(ἑστηκότα, 헤스테코타, 남성 분사) 것을 보거든……"(막 13:14)에서 성전을 더럽히는 '멸망의 가증한 것'(중성 명사)은 성전을 더럽히는 하나님을 반대하는 인물의 일을 나타내지만 '서지 못할 곳에 선'(남성 분사)에서 그리스도의 대항마인 신성모독적 인격화된 인물로 나타난다(Giblin, 217-218; 김형동 2021: 486). 그러므로 τὸ κατέχον과 αὐτὸν 사이의 문법적인 불일치는 현재와 미래 사이의 관련성을 나타내기 위한 종말론적 도식의 장치로서 중성 τὸ κατέχον은 그것의 궁극적 실체가 드러나기 위해서 남성 ὁ κατέχων으로 인격화되어야 한다.

[2:7] [사역] "왜냐하면 불법의 비밀은 압제자가 사라질 때까지 활동하기 때문이다". "사라질 때까지"(ἄρτι ἕως ἐκ μέσου γένηται, 아르티 헤오스 에크 메수 게네타이)라는 표현에서 ἐκ μέσου(에크 메수)는 그 자체로 옮김을 의미한다. ἐκ μέσου γένηται(에크 메수 게네타이)는 헬라 문학에서 '옮기다, 옮겨지다' 혹은 '제하여지다'라는 뜻으로 '사라지다'를 의미한다(Frame, 265; Wanamaker, 256). 따라서 번역에서 '그중에'라는 말은 불필요한 번역이다. 즉, 불법의 비밀이 다음 절에서 제시하는 '불법한 자'가 드러날 때까지 활동하지만 결국 사라지고 만다는 것이다.

이 불법의 비밀은 단순히 미래의 위협이 아니라 "이미 활동하고 있는"(ἤδη ἐνεργεῖται, 에데 에네르게타이) 현재적 실재이다. 동사 ἐνεργεῖται는 데살로니가전서 2장 13절에서 사용된 것으로서 그것이 신성한 것이든(마 14:2; 막 6:14; 고전 12:6; 갈 2:8; 3:5; 엡 1:11; 3:20; 빌 2:13; 골 1:29),

악마적이든(엡 2:2; 살후 2:9) 간에 어떤 종류의 초자연적 행위를 함의한다. 2장 9절에서 악한 자의 나타남은 사탄의 활동을 따른 것이라는 점을 밝힌다.

[2:8] [사역] "그 때에 불법한 자가 드러나리니". '그 때에'(καὶ τότε, 카이 토테)라는 표현은 앞의 6절의 '지금'(καὶ νῦν, 카이 뉜)과 교차대구적으로 균형을 이루면서(2:6 주석 참고) 지금 일어나고 있는 것의 실체가 미래에 드러날 것임을 말한다. 바울은 불법의 비밀의 활동을 '불법한 자'라고 표현함으로써 완전히 그 정체를 드러낸다. 앞의 3절과 6절에서 언급된 '불법의 사람'이라는 히브리적 표현이 좀 더 전형적인 헬라적 표현인 '불법한 자'(ὁ ἄνομος, 호 아노모스)로 표현된다. 이 두 표현 사이에는 미묘한 차이가 있다. '불법의 사람'은 율법이 없음이라는 특징으로 규정되지만, '불법한 자'는 불법의 화신으로서 마땅히 지켜야 할 율법을 무시하는 자이다. 따라서 '불법한 자'라는 칭호는 단순히 이방적 기원을 언급하는 표현이 아니라, 구체적으로 4절에서 언급된 성전에서의 신성모독 행위와 관련이 있다. 궁극적으로 성전에서 신성모독을 벌이는 행위는 이방 통치자들의 특징적인 면모이다(Trilling, 107).

주목할 것은 '나타내다, 계시하다'라는 헬라어, '아포칼립토'의 수동태 형태(ἀποκαλυφθήσεται, 아포칼립쎄세타이)가 3절과 6절에 이어 세 번째로 사용되고 있다는 점이다. 여기서 불법한 자는 현재 활동하고 있는 불법, 또한 악한 힘의 인격화된 실체로서 곧 '불법의 화신'이다. 즉, 현재 활동하고 있는 악한 힘이 그 때, 곧 주 예수께서 강림하여 나타나실 때에 그 실체가 '드러나게 될'(ἀποκαλυφθήσεται) 것을 말한다. "그 때에 불법한 자가 드러나리니(밝혀지리니)"라는 문장은 앞의 6~7절의 논증을 마무리하면서 8절 하반절과 9~12절에서 언급할 두 가지 요점, 즉 (1) 불법한 자의 멸망(9b)과 (2) 불법한 자의 활동과 그것이 가져오는 결과(심판)를 묘사한다.

바울은 카테콘이 지금 활동하지만 결국은 사라지게 될 운명으로 드러나게 될 것이라는 점을 삼중적으로 표현한다. ἀποκαλύπτω(아포칼립토)의 수동태 형태가 사용되는 3, 6, 8절, 이 세 구절이 평행절이라는 점은 '불법의 사람'과 '카테콘'과 '불법한 자'가 '멸망의 아들'이라는 점을 분명하게 보여 준다:

3절 ἀποκαλυφθῇ ὁ ἄνθρωπος τῆς ἀνομίας
    불법의 사람이 드러나리라

6절 εἰς τὸ ἀποκαλυφθῆναι αὐτὸν
    (결과적으로) 그가 드러나리라

8절 ἀποκαλυφθήσεται ὁ ἄνομος
    불법한 자가 드러나리라

따라서 카테콘의 미래는 그의 나타남(ante-parousia)이 아니라 '사라지게 될' 운명, 곧 불법한 자의 파멸로 드러나게 될 것이다(김형동 2021: 481).
"주 예수께서 그 입의 기운으로 그를 죽이시고 강림하여 나타나심으로 폐하시리라". 불법한 자의 결국은 파멸뿐이다. 이러한 묘사는 고대 바벨론 마술사들이 입의 기운으로 불태우는 마술을 연상하게 한다(루키안, The Liar 12). '그 입의 막대기', '입술의 기운'이라는 표현이 이사야서에 나온다(사 11:4). 이새의 그루터기에서 나온 새순이 막대기로 잔인한 자들을 치고, 입김으로 하나님 없는 자들을 죽인다. 요한계시록 19장에서는 말을 탄 자의 입에서 검이 나와 원수를 죽인다(계 19:15, 21). "그 입의 기운으로 그를 죽이시고"라는 표현은 주께서 아무런 어려움이 없이 불법한 자를 제거한다는 의미이다(Giblin, 91-92; Holland, 115).
'강림'(파루시아)과 '나타나심'(에피파네이아)은 사실 같은 의미로 '신성' 또는 '신적 인물의 현현'을 나타내는 전문 용어이다. 굳이 구분하자면 강림(파루시아)은 '오심'에 강조점이 있고, 에피파네이아는 '나타나심' 또는 '현현'으로 번역되면서 그 임재성에 강조점이 있다(Frame, 266). 에피파네이아는 목회서신을 제외하고 신약성서에서 여기에서만 사용된다. 강림과 현현을 가리키는 두 표현을 겹쳐서 사용한 것은 에피파네이아가 함의하는 신적 능력과의 연관성 때문이다. 고대에서 신의 현현은 그 자신 혹은 그의 능력에 의한 신성의 나타남을 의미한다. 신성의 나타남은 종종 공동체나 개인을 구출하거나 구원하는 그의 신성한 능력과 연관되었다.

주 예수의 나타나심으로 불법한 자는 폐함을 당한다. '폐하시리라'(καταργήσει, 카타르게세이)라는 동사는 고전 헬라어와 칠십인역(LXX)에서 거의 사용되지 않지만 바울서신에서는 25회나 사용된다. 동사 καταργέω(카타르게오)는 문자적으로 '활동하지 못하게 하다, 무기력하게 만들다'라는 의미를 갖는다. 여기서는 '폐하다, 없애다'라는 뜻으로 앞의 '죽이다'와 의미가 같다.

[2:9] [사역] "그의 나타남은 사탄의 활동을 따라"(οὗ ἐστιν ἡ παρουσία κατ' ἐνέργειαν τοῦ σατανᾶ, 후 에스틴 파루시아 카타 에네르기안 투 사타나). 본문은 '불법한 자'가 어떻게 활동하는가를 설명한다. 성서 원문에서 우리말 대부분의 성서번역본(개역, 개역개정, 공동번역, 공동새번역)에서의 '악한 자'라는 출처를 찾을 길은 없다. 새번역, 표준새번역은 '불법자'로 번역하고 있다. '악한 자'라는 번역은 영어번역본(the wicked: KJV, ASV, CEV)을 닮았다는 점에서 그 출처를 가늠해 본다.

본문에서 관계대명사 속격 οὗ(후)는 앞의 '불법한 자'를 가리킨다. 바울은 이제 불법한 자의 출현과 활동을 묘사한다. 주께서 강림하시듯이 불법한 자도 그의 '파루시아'를 갖는다. 그의 파루시아는 현재형 동사로 표현된다(ἐστιν, 에스틴). 여기서 불법한 자의 임함을 파루시아로 표현한 것과 불법한 자가 가지는 이방 통치자의 함의성과 현재형 동사는 "바울이 황제의 지방 속주를 공식적으로 방문하는 것(파루시아)을 염두에 둔" 것으로 판단된다

(Wanamaker, 259). 바울은 앞선 2장 4절에서 이미 '불법의 사람'을 일컬어 '대적하는 자'로서 그 자신을 신으로 높이고 예루살렘 성전에서 자기의 신성을 드러내려고 하였다고 묘사하였다. 바울은 이것을 "사탄의 활동을 따른 것"이라고 한다. 사탄은 하나님의 궁극적인 대적자로서 역사하는 힘(에네르게이아)을 가진다. 요한계시록에 의하면 바다에서 올라온 짐승(박해하는 로마제국)이 거대한 붉은 용으로부터 "능력과 보좌와 큰 권세"를 받는다(계 13:2).

"모든 능력과 표적과 거짓 기적과"(ἐν πάσῃ δυνάμει καὶ σημείοις καὶ τέρασιν ψεύδους, 엔 파세 뒤나메이 카이 세메이오이스 카이 테라신 프슈두스). "모든 능력과 표적과 거짓 기적으로"(ἐν πάσῃ……ψεύδους)는 평행구인 10절의 "모든 불의의 속임으로"(ἐν πάσῃ……ἀδικίας)와 같이 'πάσῃ……형용사' 형태를 띠므로 '모든'은 능력과 표적과 기적이라는 세 명사 모두를 수식한다. 능력과 표적과 기적이라는 일련의 표현은 전통적으로 기적적인 현상을 묘사하는 데 사용될 뿐만 아니라 능력은 표적과 기적을 동반한다(Malherbe 2000: 425).

본문에서 '거짓'이라는 형용사는 마지막에 위치한다. "모든 능력과 표적과 거짓 기적"(개역개정)과 같이 거짓은 바로 앞의 '기적'만을 수식할 수도 있지만 앞의 '모든'과 같이 세 명사 모두를 수식한다고 판단된다(Frame, 269 ; Malherbe 2000: 425). 따라서 "모든 거짓된 능력과 표적과 기적(기사)"이라는 의미를 갖는다. 공동번역은 "온갖 종류의 거짓된 기적과 표징과 놀라운 일들"로 번역한다. 여기서 '거짓'이라는 용어는 불법한 자의 능력(뒤나미스)과 표적(세메이아)과 기적(테라스)의 실재를 부정하는 것이 아니라, 그것이 가지는 '미혹시키는, 거짓된' 성격(Wanamaker, 259)과 기원(Frame, 269)을 가리킨다.

거짓은 '진리'의 반대말이자(2:11-12 ; 롬 1:25 ; 엡 4:25), '불의한'과 평행을 이룬다(2:10-12). 물론 이 세 명사는 예수의 사역(예, 행 2:22)과 하나님의 증언(히 2:4)을 가리키는 용어이지만, 요한계시록 13장 13~14절에 의하면 또 다른 짐승이 큰 이적을 행함으로써 땅에 거하는 자들로 하여금 자신을 예배하도록 유도한다. 악한 자는 '진리'에 반대되는 '불의한' 능력과 표적과 기사로써(10-12절) 그의 신성한 신분을 '증언한다'.

[2:10] "불의의 모든 속임으로 멸망하는 자들에게 있으리니". "능력과 표적과 기적"이 불법한 자의 한 단면을 보여준다면, '불의의 속임'은 악한 자의 또 다른 단면을 드러낸다. "불의의 모든 속임으로"라는 표현은 3절의 "누가 어떻게 하여도 너희가 미혹되지 말라"라는 경고와 연관된다. 불의는 진리에 반대되는 것으로 믿음의 공동체 바깥에 있는 '멸망하는 자들'에게만 영향을 미친다. 그들은 '진리의 사랑'을 받아들이고 공동체 내에 속하여 구원을 받는 이들과는 대조를 이룬다. 그들은 스스로 멸망의 길을 택하는 자들이다. 그러므로 불법한 자의 나타남은 불가분 그들을 속여 멸망으로 이끈다.

"이는 그들이 진리의 사랑을 받지 아니하여 구원함을 받지 못함이라". 멸망하는 자들은 구원을 받기 위한 진리의 사랑을 받아들이지 아니한다. 진리는 때로 복음과 실제적인 동의어이다(고후 4:2; 13:8; 갈 5:7; 참고. 갈 2:5, 14; 골 1:5, 6; 딤후 2:15). 여기서와 12절에서도 진리는 복음과 같은 의미로 사용된다. '진리의 사랑'이라는 표현은 신약성서에서 이곳에만 사용된다. 진리는 사랑의 목적이 된다. 따라서 진리의 사랑은 진리를 사랑함, 곧 복음을 사랑함이다. "그들은 복음을 받아들이지 아니하였을 뿐 아니라, 진리를 좋아하지도 않았고, 진리에 대한 갈망도 없었다"(Milligan, 105). 그들은 복음이 데살로니가에 선포되었을 때 복음을 받아들이지 아니하였고 오히려 그리스도인들을 박해하였다(1:8). 진리는 "불의의 모든 속임"과는 대조를 이루는 것으로 종말론적 미혹으로부터 신실한 자들을 보호한다. 데살로니가후서를 기록한 것은 데살로니가 교회로 하여금 미혹으로부터 그들을 보호해 줄 진리를 굳게 붙잡게 하고자 함이다.

[2:11] "이러므로 하나님이 미혹의 역사를 그들에게 보내사". '이러므로'(διὰ τοῦτο, 디아 투토)는 '이것 때문에'라는 말로서 10절 후반절을 가리킨다. 멸망하는 자들이 진리의 사랑을 영접하지 아니한 이유로 인해 하나님이 그들을 어떻게 처리하시는지를 설명한다. 그리하여 그들의 잘못과 하나님이 그들에게 내리시는 형벌이 서로 상응함을 보여준다. 하나님이 '미혹의 역사'(ἐνέργειαν πλάνης, 에네르게이안 플라네스)를 보내신 것도 복음을 받아들이기를 거부한 사람들에 대한 직접적인 응답이다. 이에 대하여 바울은 로마서에서 "그들이 마음에 하나님 두기를 싫어하매 하나님께서 그들을 그 상실한 마음대로 내버려 두사 합당하지 못한 일을 하게 하셨으니"(롬 1:28)라고 언급한다. 미혹의 역사(ἐνέργειαν πλάνης, 에네르게이안 플라네스)는 9절의 '사탄의 활동/역사'(ἐνέργειαν τοῦ σατανᾶ, 에네르게이안 투 사타나)이라는 표현과 평행을 보여준다. 그렇다면 미혹의 역사는 곧 사탄의 활동/역사를 의미하는 것으로 궁극적으로는 하나님의 계획을 이루는 수단으로서 마지막 심판에 이르는 길을 준비하는 것이 된다(Frame, 272).

"거짓 것을 믿게 하심은". 미혹의 역사로 말미암아 멸망하는 자들은 "거짓 것을 믿게" 된다. '거짓 것'이란 9절의 "모든 거짓된 능력과 표적과 기적(기사)"과 연관된 것으로 불법한 자가 행하는 표적과 기적의 성격을 가리킨다. 거짓과 관련하여 로마서 1장 25절은 "하나님의 진리를 거짓 것으로 바꾸어 피조물을 조물주보다 더 경배하고 섬김이라"라고 말한다. 거짓 것은 "하나님의 하나님 되심"라는 기본적 진리를 부인하는 것을 의미한다(브루스, 292).

[2:12] "진리를 믿지 않고 불의를 좋아하는 모든 자들로 하여금". 진리는 10절에서 사용된 것과 같이 복음을 가리킨다. 멸망하는 자들은 복음을 믿지 않고 오히려 불의를 좋아한다. '좋아하다'라는 동사 εὐδοκέω(유도케오)는 자발적인 선호로 곧 어떤 대상을 지향하는 성향을 뜻하는 말이다. 따라서 진리

를 믿지 않는 자들은 악을 행하는 것을 즐기는 자들이다. 이 말은 그들이 그리스도인 공동체를 향하여 즐거이 악을 행하였음을 의미한다. 그렇기에 그들은 모든 거짓 능력과 표적과 기적으로 사람들을 미혹하는 사탄의 하수인으로서 불의한 자들이다.

"심판을 받게 하려 하심이라". '심판을 받다'(κριθῶσιν, 크리쏘신)라는 가정법 단순과거 수동태 표현은 "진리를 믿지 않고 불의를 좋아하는 모든 자들"에게 판결이 내려져 정죄에 이르게 됨을 함의한다(롬 2:1; 14:3, 13; 고전 4:5). 여기서 심판은 최후의 심판이라는 의미로 사용되었다. 지금(now) 박해하는 자들이 그때에는(then) 고통을 당할 것이고(1:6), 지금(now) 하나님을 알지 못하고 복음에 순종하지 않는 자들이 그때에는(then) 주님에 의해서 거부당할 것이다(1:8-9). 2장 1~12절의 종말론적 도식(eschatological schema)은 신실한 자들을 위로하고 격려하기 위한 수단으로 지금의 정황을 미래에 투사한다. 지금 진리의 사랑을 받아들이지 않는 자들이 그때에는 '멸망하는 자들'이 될 것이다(2:10). 그러나 종말론적 진행 과정에 대한 '진리'를 아는 자들은 그들의 확신으로부터 흔들리거나 두려워하지 않을 것이다(2:2).

해설(Comment)

데살로니가후서 2장 3~12절은 신약성서에서 가장 난해한 본문 가운데 하나이다. 적어도 터툴리안 시대 이후부터 동사 κατέχω(카테코)는 '막는다'의 의미로 해석되어 왔다. 중성 분사 τὸ κατέχον은 '막는 것'으로 해석되어 로마제국을 가리키는 것으로, 남성 분사 ὁ κατέχων는 '막는 자'로 해석되어 로마의 황제를 암시하는 것으로 이해되었다. 이러한 이해는 바울이 로마 시민으로서 유대인 대적자들과 그의 선교를 방해할 수도 있었던 일반적인 무질서로부터 자신을 방어해 주었던 로마법과 황제의 보호를 귀하게 여겼다는 생각에 기초하고 있다.

긍정적 의미의 '막는 힘/막는 자'로 이해된 카테콘은 다르게는 성령이거나 교회로 이해되었다. 이러한 경우 교회나 성령이 적그리스도가 오기 전에 사라진다('옮겨지다', 7절)라는 견해는 터무니없는 것이다. 또 다른 해석의 방향으로 쿨만과 먼크는 '막는 것'을 복음 전파로, '막는 자'를 이방에 복음을 전파하는 바울 자신으로 해석하였다. 이러한 해석의 방향은 동사 '카테코'를 하박국 2장 3절에 비추어 '늦추다, 연기하다'로 해석하여 하나님을 '종말을 늦추시는 분'으로, 구체적으로는 '그리스도의 오심을 늦추시는 분'으로 해석한다(고먼, 402).

하지만 신약성서에서 로마 황제와 로마제국은 선한 힘이나 선한 힘의 인격화된 실체가 아니라 오히려 거대한 붉은 용으로부터 "능력과 보좌와 큰 권세"를 받는 바다에서 올라온 짐승(박해하는 로마제국)으로 묘사된다(계 13:2). 또한 복음은 방해를 받지도 않고, 주의 오심을 간접적으로 막지도 않는다. 신약성서에서 그 어떤 본문도 그 힘이 선하든 그렇지 않든 주의 오심을 연기할 수 있다고 말하지 않는다.

데살로니가후서 2장 3~12절은 주께서 강림하실 때에 '불법한 자'를 멸하시는 바울의 진정한 종말론적 가르침이다. 바울의 종말론의 특징은 "주 예수의 위치가 절대적으로 중심이라는 것과 그의 강림이다"(비교, 살전 4:14, 16; Ford, 30). 평행절인 3, 6, 8절에서의 수동태 ἀποκαλυφθῆναι(아포칼립쎄나이)는 주 예수의 강림으로 불법의 비밀의 실체가 '드러나게 될' 것을 말한다. 바울은 이러한 현재와 미래의 상관관계를 나타내는 종말론적 도식(eschatological schema)을 삼중적으로 제시함으로써(3, 6, 8절) '카테콘'의 특징과 그것의 궁극적 실체(운명)를 밝힌다. '그 때에' 주께서 강림하심으로 '불법한 자'를 가차 없이 죽이시고(참조, 마 2:16; 눅 22:2; 행 2:23), 폐하실 것이다.

2장 3~12절의 암묵적인 묵시문학적 용어들은 주의 날이 이르지 아니하였음을 드러내고, 박해를 겪고 있는 데살로니가 교우들에게 궁극적인 소망을 제시함으로써 그들을 격려하고자 함이다. 바울은 불법의 비밀이 현재 이미 활동하고 있음과 악한 자의 '나타남'(파루시아, 9절)이 사탄의 활동을 따라 "능력과 표적과 거짓 기적과 불의 모든 속임으로" 활동하고 있음을 경고하면서, 주께서 오실 때에 "하나님을 모르는 자들과 우리 주 예수의 복음에 복종하지 않는 자들"이 받게 될 멸망과 믿는 자들이 얻게 될 영광을 제시한다(11-13절). 바울이 제시하는 '종말론적 도식'이야말로 박해와 고통에 직면한 데살로니가 교회에게 가장 적합한 장치인 것이다(김형동 2021: 482).

데살로니가 교회의 정황은 데살로니가의 정치·사회·종교적 양상과 밀접한 관련을 가진다. 그리스도교 운동은 황제 숭배를 포함한 시민종교와 밀의 종교에 대한 위협과 도전으로 이해되었을 것이다. 바울이 여기서 표현하는 것은 데살로니가의 시민종교를 수호하는 자들과 바울에 반대하는 유대인 선동자들을 향하고 있음이 틀림없다. 데살로니가 교회는 계속적인 박해적 정황에 처해 있었다. 데살로니가후서 1장 4절은 환난(θλῖψις)뿐만 아니라 박해(διωγμός)를 명시한다. 환난과 박해가 장기간 지속되었을 뿐만 아니라 더욱 악화되었다. 바울이 디모데를 파송함은 데살로니가 교우들이 이러한 정황 가운데서 아무도 '흔들리지 않게' 하고, 오히려 그들을 굳건하게 하고 위로하기 위해서이다(살전 3:2-3). 바울은 이러한 정황을 사탄의 역사라고 지적한다. "그러므로 나 바울은 한번 두번 너희에게 가고자 하였으나 사탄이 우리를 막았도다"(살전 2:18). 데살로니가전서에서의 사탄에 대한 언급은 바울이 이 도시를 다시 방문하는 것을 강하게 반대하는 정치적 상황을 나타낸다(김형동 2010: 344).

불법의 비밀은 추상적인 개념이 아니라 "이미 활동하고 있는" 힘이다. 이 비밀의 활동은 배교를 동반하고, 결국은 불법한 자, 곧 불법의 화신으로 드러날 것이다. 이 불법의 비밀은 이미 활동 중인 정치권력과 (이교도의 종교적 행위)를 가리키는 은유인 것이다. 이 불법한 자는 구약성서와 묵시문학적 전승으로부터 기인한 표현이지만 예루살렘 성전을 모독하고 자신을 신이라고 선언한 안티오쿠스 4세(안티오쿠스 에피파네스)를 암시할 뿐만 아니라 가이우스 카이사르(칼리굴라 황제)가 그 배경에 있을 수 있다(2:4). 동사 κατέχω가 히브리어 '아하스'(אחז)의 번역어라는 점 역시 이러한 이해를 지지한다. 아하스 왕은 배교와 이스라엘의 배교의 원인이 되는 고전적 예이다(참고, Giblin, 236-239).

카테콘은 신앙에 위협이 되는 '압제적 힘'과 '압제(하는) 자'로 환난과 박해를 가져왔고, 이로 인한 미혹은 데살로니가 교회의 무질서와 깊은 관련을 갖는다. 카테콘의 신성에 대한 주장은 대적하는 자의 악마(사탄)적 기원을 드러낸다. 대적하는 자가 신성의 흉내를 내는 것은 미혹의 본질이다(2:3, 9). 불의한 자의 나타남은 사탄의 활동을 따른 것으로 현재에 있어서 지속적으로 신앙에 위협이 되는 것이다. 카테콘은 불법과 미혹의 억압적 정치적, 종교적 권력을 나타낸다.

신약성서는 그 어느 곳에서도 예수 그리스도의 파루시아에 앞서 미래의 어느 시점에 인격적 힘으로 출현하게 될 적그리스도의 파루시아(ante-parousia)를 말하지 않는다. 우리는 신약성서에서 적그리스도의 현재와 미래 두 개념에 대한 어떠한 암시도 찾을 수 없다. 적그리스도는 현재 이미 활동하고 있고, 아버지와 아들을 부정하는 미혹하는 자로서(요일 2:22), 적그리스도의 문제는 현재의 실제적 정황을 묘사하는 것으로 이미 활동하고 있는 그 무엇이다(Berkower, 270). "요한에 의해서 묘사된 적그리스도의 현재적 실제성(actuality)은 신약성서의 전체의 종말론적 선포와 일치하고", "신약성서에 기초하여 적그리스도가 역사의 마지막 때의 사람이라고 확신할 아무런 이유가 없다"(Berkower, 267, 271)

그러므로 적그리스도(antichrist)가 역사적 과정에서 파루시아에 앞서 드러나게 되는 것(ante-parousia)으로 이해하는 것은 묵시문학적 표상의 본질을 잘못 이해한 것이다. 리더보스(Riderbos, 517)는 이 점에 대해 다음과 같이 그의 견해를 밝힌다: "적그리스도의 출현을 마지막 때로 미루고 그 전조적 현상만을 다룬다면 우리는 바울이 말하고자 하는 바를 이해하는 데 실패할 것이고, 적그리스도적 힘 대신에 그 전조만을 다루게 되는 것이다".

B. 감사(2 : 13-14)

¹³주께서 사랑하시는 형제들아 우리가 항상 너희에 관하여 마땅히 하나님께 감사할 것은 하나님이 처음부터 너희를 택하사 성령의 거룩하게 하심과 진리를 믿음으로 구원을 받게 하심이니 ¹⁴이를 위하여 우리의 복음으로 너희를 부르사 우리 주 예수 그리스도의 영광을 얻게 하려 하심이니라

2장 13~14절은 데살로니가후서의 두 번째 감사 부분이다. 첫 번째 감사와 마찬가지로 바울은 감사를 통하여 이어지는 엑소르타치오에서 권면을 주고 있다. 앞서 2장 3~12절에서 바울은 프로바치오의 주제가 되는 그리스도의 강림과 관련된 문제들을 상술하였다. 이제 바울은 종말과 관련된 두 번째 주제인 그 앞에 성도들의 '모임'(ἐπισυναγωγή, 에피쉬나고게 ⟨2 : 1⟩)을 택하심에 의한 '구원'(2 : 13)과 부르심에 의한 '영광'(2 : 14)에 대한 감사로 갈음한다. 왜냐하면 하나님에 대한 감사는 미래의 구원과 영광에 데살로니가 교우들이 참여할 수 있다는 확실함을 표현하는 보증이기 때문이다.

[2:13] "주께서 사랑하시는 형제들아". 감사의 표현이 앞선 1장 3절과 거의 같지만 '형제들아'라는 표현에 '주께서 사랑하시는'(ἠγαπημένοι ὑπὸ κυρίου, 에가페메노이 휘포 퀴리우)이라는 말이 첨가되었다. '주'라는 표현은 예수가 아니라 하나님을 가리킨다(Malherbe 2000: 436; 비교, 브루스, 311; Wanamaker, 265). 그 이유는 첫째, 바울은 데살로니가전서에서 데살로니가 교우들을 일컬어 '하나님의 사랑하심을 받은 형제들'(살전 1:4)로, 그리고 데살로니가후서에서도 하나님을 일컬어 '우리를 사랑하시는 분'(2:16)으로 표현하고 있고, 둘째, 택하심에 의한 구원과 부르심에 의한 영광을 감사하는 13~14절은 미혹으로 인한 불의를 좋아하는 자들의 심판을 언급하는 11~12절과 대조를 이루는 것으로(참고, Malherbe 2000: 436), 구원과 심판은 전적으로 하나님의 행위이다. 따라서 하나님이 각 문장의 주어이다: "하나님이 미혹의 역사를 보내사……심판을 받게 하려 하심이라……하나님이……너희를 택하사……구원을 받게 하심이니"(2:11-14), 셋째, 데살로니가후서에서 바울은 예수를 '주'라 칭하지 아니하고 '주 예수'(1:7), '우리 주 예수'(1:8, 12), '주 예수 그리스도'(1:1, 2, 12; 3:6, 12), 그리고 '우리 주 예수 그리스도'(2:1, 14, 16; 3:6, 18)로 칭한다(3:3 주석 참고). 그러므로 '주'는 하나님을 일컫는다.

"우리가 항상 너희에 관하여 하나님께 마땅히 감사할 것은". 앞의 1장 3절의 감사와 거의 같다. 다만 차이점은 '우리'를 문장 제일 앞에 두어 '우리가 마땅히' 감사한다는 강조 형태를 취한다(Ἡμεῖς δὲ ὀφείλομεν εὐχαριστεῖν, 헤메이스 데 오페일로멘 유카리스테인). 이것은 "우리의 입장에서 감사하는 것이 마땅하다"는 표현이다. 이어서 바울은 하나님께 감사하는 이유를 구체적으로 열거한다. 그것은 데살로니가 교우들의 택하심에 의한 구원(13절)과 부르심에 의한 영광(14절)이다. 그러므로 접속사 δέ(데)는 11~12절의 사탄에 의해 미혹되어 거짓 것을 믿고, 멸망 받을 자들과 대조를 이루는 13~14절의 특징을 드러낸다.

[사역] "하나님이 너희를 첫 열매로 '택하사'(εἴλατο, 헤일라토)……구원을 받게 하심이니". 택하심과 마찬가지로 '구원(을 받게 하심)'은 전적인 하나님의 행위이다. 하나님은 데살로니가 교우들을 구원하기 위하여 택하여 주셨다. 하나님이 그의 백성을 택하심과 관련하여 바울은 다양한 동사를 사용한다: '미리 알다'(προγινώσκω, 프로기노스코 〈롬 8:29-30〉); '미리 정하다'(προορίζω, 프로오리조 〈롬 8:29; 11:2〉); '택하다'(ἐκλέγομαι, 에크레고마이 〈고전 1:27-28; 엡 1:4〉); '세우다'(τίθημι, 티쎄미 〈살전 5:9〉). 바울은 여기서 '더 좋아서 선택하다'라는 뜻을 갖는 αἱρέομαι(하이레오마이)를 사용한다. '택하사'(εἴλατο, 헤일라토)는 단순과거시제로 하나님의 택하심의 일회적 동작을 나타낸다.

본문에는 사본 상의 다른 읽기가 있다. '처음부터'(ἀπ' ἀρχῆς, 아프 아르케스 〈א D E K L, byz. pesh. arm. eth.〉)와 '첫 열매'(ἀπαρχὴν, 아파르켄 〈B G P, Vulg. boh.〉)라는 읽기이다. 사본 상으로는 원문을 판단하기가 쉽지 않지만, 헬라어 신약성경은 '첫 열매'(ἀπαρχὴν)라는 읽기를 택한다. 하지만 다수의 학자들은 '처음부터'라는 읽기를 선호한다(예, Frame, 280; Wanamaker, 266). '처음부터'는 '영원 전부터' 또는 '만세 전에'라는 의미를 갖는다. '첫 열매'라는 읽기가 원문일 개연성이 높다(브루스, 311; Malherbe 2000: 436): (1) '첫 열매'는 바울서신의 다른 곳에서 6회 더 사용된다(롬 8:23; 11:16; 16:5; 고전 15:20, 23; 16:15); (2) 필사자들은 '첫 열매'(ἀπαρχὴν)를 '처음부터'(ἀπ' ἀρχῆς)로 바꾸는 경향을 보여준다(예, 롬 16:5; 계 14:4).

'첫 열매'를 지지하는 증거들 역시 결정적이지는 못하다. 하지만 첫 열매라는 읽기가 문맥과 상응한다. 해석자들은 첫 열매가 가지는 시간적 우선성 때문에 첫 열매라는 읽기를 거부한다. 왜냐하면 아가야의 첫 열매는 데살로니가 교회가 아니라 먼저 세워진 빌립보 교회이기 때문이다(참조, 롬 16:5; 고전 16:15). 하지만 첫 열매는 시간적 순서로서의 처음, 그 이상의 의미를 담는다. 첫 열매는 하나님께 바쳐져서 전체를 거룩하게 하는 구약성서의 제의적 개념이다. 또한 첫 열매는 고난 가운데서도 신실한 믿음으로 인해서 종말론적 속량을 받는다는 의미를 내포한다(Malherbe 2000: 437). 예를 들면, 첫 열매에 대한 언급은 종말론적 속량과 관련하여 로마서에서는 현재의 고난과 장래의 영광을 언급하는 문맥에서(롬 8:23), 요한계시록에서는 144,000이 부르는 노래라는 문맥에서(계 14:4), 야고보서에서는 복음 전파와 관련하여 시험에 견디는 자라는 문맥에서 언급된다(약 1:18). 데살로니가후서는 "본질적으로 한 가지 주제, 즉 박해 하에서의 신실한 인내라는 주제만을 다루고 있다"(Krentz, 61; 고먼, 408)라는 점과, 데살로니가후서 2장 13~14절의 주제가 거룩하게 하심(sanctification)과 종말론적 속량(여기서는 구원)과 복음 전파라는 점은 '첫 열매'라는 읽기를 강하게 지지한다(Malherbe 2000: 437).

해석의 역사에 있어서 불가타(라틴어 성서)의 영향 아래 '첫 열매'라는 읽기는 (1) 데살로니가 교우들이 '멸망하는 자들'과는 구분된 '거룩한 제물'로 성별됨(sanctification)과 (2) 데살로니가 교우들이 종말론적 속량(eschatological redemption)에 있어서 뒤따른 이들의 본보기라는 해석을 가져온다. 참고로 모든 우리말 성서번역은 '처음부터'라는 읽기를 택하여, '처음부터'(개역, 개정, 표준, 새번역), 또는 '먼저'(공동, 공동개정)라고 번역하지만 최근 출간된 새한글성경(2021년)은 '첫 열매'라는 읽기를 택한다.

"성령의 거룩하게 하심과 진리를 믿음으로". 본문은 전치사 ἐν에 연결되어 데살로니가 교우들이 구원에 이른 확실한 방법 또는 수단을 묘사한다. 성령의 거룩하게 하심은 하나님의 백성을 거룩하게 함에 있어서 현재 믿는 이들 안에서 행하시는 성령의 사역을 가리킨다. 데살로니가후서에서는 '거룩하게 하다'(하기아조)와 '거룩'(하기오쉬네)이라는 용어가 나타나지 않는다. 단지 성령의 '거룩하게 하심'(ἁγιασμός, 하기아스모스)만 언급된다. 거룩함은 데살로니가전서의 중심 주제 가운데 하나이다(살전 4:7-8). 하지만 데살로니가후서에서 바울은 다른 정황을 맞이하여 데살로니가 교우들이 고난 가운데서 하나님의 나라와 부름에 '합당한 자'로 여김을 받게 될 것을 하나님께 간구한다. 이러한 맥락에서 성령의 거룩하게 하심은 '진리를 믿는 것'과 긴밀하게 연결되어 있다. 거룩하게 하심과 진리를 믿는 것은 함께 속한 것으로 서로 분리될 수 없다. 진리를 믿는 것은 앞에서와 마찬가지로 복음에 대한 믿음으로 해석된다. 진리는 하나님의 계시이며, 또한 하나님의 복음으로 전한 구원의 길이다.

[2:14] "이를 위하여 우리의 복음으로 너희를 부르사". '이(것)'은 앞 절 전체를 가리킨다. 바울은 앞에서 언급한 바를 구체적으로 밝힌다. 즉, 하나님께서 그가 전한 복음을 통해서 데살로니가 교우들을 택하셨다는 것이다. '우리의 복음'은 곧 그가 전한 복음으로 '우리 주 예수의 복음'(1:8)과 동일하다. 하나님이 그들을 부르신 것은 그들로 하여금 구원을 받게 하기 위함이다. 부르심에 관해서는 데살로니가전서의 해당 구절의 주석을 참조하라(2:12; 4:17; 5:24).

"우리 주 예수 그리스도의 영광을 얻게 하려 하심이니라". '얻게 함'을 가리키는 περιποίησις(페리포이에시스)는 하나님의 부르심이나 선택과 함께 사용되는 전형적인 표현으로서, 바울은 여기서 전승을 사용하고 있다(살후 2:14; 엡 1:11-14; 벧전 2:9; 히 10:39). '페리포이에시스'는 능동적 의미의 소유(권), 획득이라는 뜻을 가진다. "하나님이 자기 피로 사신(περιεποιήσατο, 페리에포이에사토) 교회"(행 20:28)에서도 이러한 능동적 의미를 함의한다.

주의 날에 그리스도인들이 소유하게 될 그 무엇(소유, 획득)은 구원으로, 곧 우리 주 예수 그리스도의 영광이다. 바울은 데살로니가전서와 바로 앞선 전반절에서 언급한 구원(1:14, 살전 5:9) 대신에 '영광'이라는 표현을 사용한다. 영광은 명예와 연관된 것으로 당시 명예와 수치라는 문화에서는 매우 중요한 관심이었다(Green, 328). 영광은 우리 주 예수 그리스도 안에서 얻게 되는 것이다. 그리스도의 이름도 데살로니가 교우들 가운데서 영광을 받게 될 것이다(1:12). 바울이 그들에게 그리스도의 영광을 얻게 됨에 관해 이야기할 때 그는 부활과 하나님의 백성들의 종말론적 육신의 변화를 염두에 두고 있다(Wanamaker, 268):

욕된 것으로 심고 영광스러운 것으로 다시 살아나며……(고전 15:43).

그는 만물을 자기에게 복종하게 하실 수 있는 자의 역사로 우리의 낮은 몸을 자기 영광의 몸의 형체와 같이 변하게 하시리라(빌 3:21).

바울은 이러한 영광을 얻음을 푯대를 향하여 달려가는 경주라는 은유를 사용하여 그리스도 예수 안에서 하나님이 위에서 부르신 부름의 상이라고 한다(빌 3:14).

해설(Comment)

바울은 감사로 프로바치오를 마무리한다. 바울의 감사는 하나님을 향하고 있다. 첫째, 바울은 데살로니가 교우들을 하나님의 백성으로 택하심에 대해 하나님께 감사드린다. 이는 하나님께서 그가 전한 복음을 통해서 데살로니가 교우들을 택하심에 대한 감사이다. 하나님은 데살로니가 교우들을 '첫 열매'로 택하여 주셨다. 첫 열매는 하나님께 바쳐져서 전체를 거룩하게 하는 구약성서의 제의적 개념이다. 첫 열매는 그 말이 함의하듯이 고난 가운데서도 신실한 믿음으로 굳게 세워져 얻게 된 열매를 가리킨다. 데살로니가 교우들은 환난 가운데서도 성령의 기쁨으로 말씀을 받아 주를 본받은 자가 되었다(살전 1:6 참조). 그러므로 이제 그들은 '주께서 사랑하시는 자들'(13절)이라 불린다. '주께서 사랑하시는 자들'은 하나님의 택한 이스라엘을 가리키는 신명기 7장 7~8절을 반영한다. 첫 열매는 하나님의 구원 계획에서의 첫 열매로서 거짓에 미혹된 자들과 대비를 이룬다(비교, 계 14:4-5, 14-15; Boring, 285).

둘째, 바울은 데살로니가 교우들이 구원의 과정에서 성령의 거룩하게 하시는 사역을 경험하고 있음에 대해 하나님께 감사한다. "성령의 거룩하게 하심"은 하나님의 백성을 거룩하게 함에 있어서 현재 믿는 이들 안에서 행하시는 성령의 사역을 가리킨다. 거룩하게 하심과 진리를 믿는 것은 함께 속한 것으로 서로 분리될 수 없다. 데살로니가후서에서의 일차적 관심은 '진리를 믿음', 곧 '진리에 대한 신실함'(πίστει ἀληθείας, 피스테이 알레쎄이아스)이다(2:13). 진리는 '구원의 진리'로 이러한 진리에 대한 신실함은 실천적인 결과인 '거룩함'(2:13), '선한 행위와 말'(1:11; 2:17), 박해 가운데서의 '굳건함'(1:4; 3:5), 하나님의 나라 혹은 구원으로의 부름에 '합당함'(1:5, 11; 2:14)으로 표현된다.

셋째, 바울은 장래의 구원에 대해 하나님께 감사한다. '첫 열매'는 또한 종말론적 속량을 함축하는 표현이다. 따라서 첫 열매는 주의 날에 그리스도인들이 소유하게 될 그 영광을 미리 맛봄을 가리킨다. 그 영광은 아담 안에서 잃어버렸던 것이 그리스도 안에서 회복되는 것을 의미한다. 그리스도의 영광을 얻게 됨은 하나님의 백성들의 종말론적 육신의 변화를 염두에 둔 표현으로 영광스러운 몸의 부활, 곧 신령한 몸으로의 부활을 함의한다(참조, 고전 15:44).

C. 결 론(2:15)

¹⁵그러므로 형제들아 굳건하게 서서 말로나 우리의 편지로 가르침을 받은 전통을 지키라

[2:15] "그러므로 형제들아 굳건하게 서서". '그러므로'(ἄρα οὖν, 아라 운)에 대해서는 앞의 주석을 참조하라(살전 5:9 주석 참고). 바울은 명령조의 권면을 주고 있다. '굳건하게 서다'(στήκω, 스테코 〈살전 3:8 주석 참고〉)라는 동사는 군사적 용어로서 바울은 데살로니가 교우들에게 잘못된 가르침에 동요하지 말 것을 강하게 권면한다. 동사 στήκω는 보통은 굳건하게 서야 할 대상을 수반한다. 예를 들면, '믿음에'(고전 16:13), '주 안에'(빌 4:1; 살전 3:8), '한 마음(영)으로'(ἑνὶ πνεύματι, 헤니 프뉴마티 〈빌 1:27〉)라는 말과 더불어 '굳게 서라'는 말이 사용된다. 하지만 본문에서는 그 자체로 독립적으로 사용된다. '굳건하게 서라'(στήκετε, 스테케테)는 현재 명령법으로 계속해서 굳게 서라는 점을 함의한다.

"말로나 우리의 편지로 가르침을 받은 전통을 지키라". 전통/전승(파라도시스)은 바울로부터 가르침을 받은 것을 가리킨다. 물론 이 전승에는 바로 앞서 언급한 바울이 전한 '복음'(14절)이 포함된다. 전승은 알려진 바를 전수하거나(파라디도미), 전달의 과정(파라람바노)을 통해 안 바를 전제로 하므로 그 자체로 연속성을 함의한다(Malherbe 2000: 440). '전하다'(파라디도미), '전해 받다'(파라람바노)는 전승의 전문 용어이다. 그러므로 데살로니가전서 4장 1~2절은, 비록 '전승'이라는 용어가 나타나지 않지만, 전승의 의미를 드러낸다. 바울은 고린도전서에서도 전승을 전하였음에 대해 언급할 뿐만 아니라 고린도 교회가 그 전승을 전하여 준 대로 지킨 것에 대해 그들을 칭찬하였다(고전 11:2). 따라서 전승은 전통이 되는 것이다. 본문은 굳게 서야 하는 이유가 전승을 지키기 위함이라는 점을 잘 설명한다. 그래서(καὶ) 바울

은 '전통/전승을 지키라'라고 명한다(καὶ κρατεῖτε τὰς παραδόσεις, 카이 크라테이테 타스 파라도세이스).

바울은 이러한 전승을 그들과 함께 있을 때는 직접 말로써 가르쳤고, 그들과 떨어져 있을 때는 편지로 가르쳤다. 여기서 '우리의 편지'는 데살로니가전서를 가리킨다. 비록 와나메이커는 '우리의 편지'가 데살로니가후서라고 주장하지만, 무엇보다도 '가르침을 받은'이라는 단순과거 형태를 서간체로 보기는 어렵다. 그 가르침을 받은 편지를 데살로니가전서로 보는 것이 자연스러울 뿐만 아니라, 앞에서 언급한 것처럼 데살로니가후서는 전반에 걸쳐서 데살로니가전서를 그 전제로 하고 있다. 예를 들면, 2장 1절에서의 "주 예수 그리스도의 강림과 우리가 그 앞에 모임"은 데살로니가전서에만 언급된 내용이고, 데살로니가후서는 그것을 전제로 다른 내용을 전개하고 있다.

해설(Comment)

전승을 '전하고'(파라디도미), '전해 받는다'(파라람바노)라는 표현이 바울 서신에서 몇 차례 반복적으로 등장한다는 점은 전승을 전하는 것이 바울의 선교적 활동의 규칙적인 특징이었음을 보여준다(고전 15:3; Wanamaker, 268). 바울은 전승을 전하는 방법으로 함께 있을 때는 직접 말로써 가르쳤고, 그들과 떨어져 있을 때는 편지로 가르쳤다. 데살로니가후서에서 전승과 관련하여 바울은 '성령'을 언급하지 않는다는 점은 주목할 만하다: "그러므로 형제들아 굳건하게 서서 말로나 우리의 편지로 가르침을 받은 전통을 지키라"(살후 2:15). 바울은 데살로니가전서에서 모든 영적인 언급들을 검증할 영분별의 책임이 교회의 책무라는 점을 가르쳤다(살전 5:21).

바울의 전승은 크게 세 가지 형태로 구분된다: (1) 선포적 전승(kerygmatic tradition) — 중심되는 복음의 메시지에 관한 전승(예, 고전

15:1-3); (2) 교회 전승(church tradition) ― 교회의 실천 사항에 관한 전승(예:고전 11:23-25); (3) 윤리적 전승(ethical tradition) ― 그리스도인으로서 타당한 행동에 관한 전승(예:고전 7:10; 11:2; 살전 4:1).

D. 중보의 기도(2:16-17)

¹⁶우리 주 예수 그리스도와 우리를 사랑하시고 영원한 위로와 좋은 소망을 은혜로 주신 하나님 우리 아버지께서 ¹⁷너희 마음을 위로하시고 모든 선한 일과 말에 굳건하게 하시기를 원하노라

바울은 감사에 이어 데살로니가 교우들을 위한 기도로 한 단락을 마무리한다. 이는 마치 데살로니가전서 3장 11~13절의 기도가 1장 3절에서 시작된 긴 감사 단락을 마무리하는 것과 같다(Best, 319; Malherbe 2000: 441). 이 기도는 소원을 담은 중보의 기도이다. 바울은 하나님 아버지와 주 예수께서 데살로니가 교우들의 삶 가운데서 그들을 설득하고자 시도했던 것(2:3-15)을 이루어 주시기를 바란다.

[2:16] "우리 주 예수 그리스도와……하나님 우리 아버지께서". 그리스도의 이름이 하나님의 이름에 앞서 언급된다. 본문의 문맥이 기독론에 정초되어 그리스도가 하나님보다 더 두드러진다는 주장(Rigaux, 690)은 정당성을 갖지 못한다. 아마도 하나님에 대해 길게 설명하는 분사구문이 동반된 까닭에 하나님이 문장의 처음이 아니라 나중에 위치한 것 같다(Trilling, 131). 바울

은 자주 그리스도의 사랑과 하나님의 사랑은 서로 엮여 있어 분리할 수 없는 것으로 언급한다(Malherbe 2000: 442). 예수 그리스도 안에서 하나님의 사랑이 구체화됨으로써 하나님과 그리스도는 통일체(일치)가 된다:

> 누가 우리를 그리스도의 사랑에서 끊으리요……이 모든 일에 우리를 사랑하시는 이로 말미암아……우리를 우리 주 그리스도 예수 안에 있는 하나님의 사랑에서 끊을 수 없으리라(롬 8 : 35, 37, 39).

비록 바울이 고린도전서 8장 6절에서 하나님을 '아버지'라고 일컫지만, '우리 아버지'라는 표현은 바울서신 가운데서 오직 이곳에서만 사용된다. 하나님을 일컬어 '우리 아버지'라 부르는 점은 바울서신에 있어서 생소한 것이지만 "위로와 소망을 주신" 하나님이라는 표현과는 잘 어울린다.

"우리를 사랑하시고 영원한 위로와 좋은 소망을 은혜로 주신". '사랑하다'와 '주다'라는 동사가 분사 형태로(ὁ ἀγαπήσας……καὶ δοὺς……, 호 아가페사스……카이 두스……) 하나님에 연결되어 하나님을 수식한다. 이는 그리스도를 따르는 사람들을 향한 하나님의 구원 활동을 묘사한다. 첫째, 하나님은 우리를 사랑하셨다(ἀγαπήσας, 아가페사스). 이는 복음 전파를 통하여 구원에 참여하게 하시는 하나님의 택하심과 부르심을 가리킨다(Malherbe 2000: 442). 둘째, 하나님은 은혜로우신(δοὺς……ἐν χάριτι, 두스……엔 카리티) 분이시다. 은혜로우신 하나님은 영원한 위로(격려)와 좋은 소망을 주셨다.

믿음으로 인하여 학대와 거부와 박해에 직면한 데살로니가 교우들은 하나님으로부터 시험과 환난에 굳건히 설 수 있는 영원한 위로(파라클레시스)를 받았다. 이 위로는 일시적인 위로가 아니라, 영원에 정초된 위로로 위안, 또는 안위이다. NRSV는 이를 'comfort'(위로, 안위)로 번역한다. 앞서 바울은 "환난을 받는 너희에게는 우리와 함께 안식으로 갚으시는 것이 하나님의 공의"라는 점을 언급하였다. '안식'(1 : 7 주석 참고)은 단순한 휴식이나 쉼이 아니라 박해와 환난으로부터 놓임을 받은 상태인 자유와 해방을 의미하는 종말론적 위로가 되기 때문이다. 따라서 그 위로는 '영원하다'. '좋은 소망' 또한 헬라 세계에서 죽음 후의 생명에 대한 표현이다. 이러한 하나님의 사랑과 선물은 '은혜로' 주어졌다. 하나님은 그의 은혜로 우리를 사랑하시고, 위로(격려)와 소망을 주셨다.

[2:17] "너희 마음을 위로하시고 모든 선한 일과 말에 굳건하게 하시기를 원하노라". 바울은 희구법을 사용하여 이것이 소원의 기도임을 분명하게 한다. '파라칼레오' 동사는 앞의 명사 '파라클레시스'와 마찬가지로 '위로하다'라는 의미로 사용된다. 주어는 '우리 주 예수 그리스도'와 '하나님 우리 아버지'로 복수이지만 동사는 단수 형태를 취한다(살전 3 : 11 주석 참고). 박해의 정황(1 : 4)과 절박한 종말론적 환난(2 : 3-12) 가운데서 주 예수 그리스도와 하나님께서 데살로니가 교우들을 위로하고 굳건하게 해주시기를 바울은 간절히 바란다.

'마음'은 온전한 인격체로서의 사람을 가리키고, '일'과 '말'은 사람의 모든 활동을 일컫는 표현이다(Malherbe 2000: 442). '파라칼레오'(위로하다)라는 말의 기본적 의미는 '바로 옆으로 부르다'라는 뜻으로 도와줌을 함의한다. '위로하다'라는 동사가 마음과 더불어 사용될 때 일반적으로 '격려하다 혹은 권고하다'라는 뜻으로(행 11 : 23 ; 엡 6 : 22 ; 골 2 : 2 ; 4 : 8) 도덕적 의미를 함의한다(Green, 333). 그러므로 바울은 그들의 내적 심령뿐만 아니라 외적인 행동에도 관심을 기울인다. 그는 하나님께 "모든 선한 일과 말에 있어서" 그들을 굳건하게 하시기를 간절히 바란다. 위로하고 굳건하게 함은 바울이 디모데를 데살로니가 교회에 다시금 보낸 이유이기도 하다(살전 3 : 2). 격려(위로) 역시 '굳건하게 하다'라는 의미를 가진다.

해설(Comment)

    데살로니가 교우들을 향한 바울의 목회적 관심과 접근은 중보의 기도에서도 계속된다. 데살로니가전서에서 바울은 자신과 데살로니가 교우들 간의 유대관계를 돈독하게 하는 정서적 언어를 사용하였다(살전 2:17-3:13). 바울은 중보 기도에서 그들을 위한 하나님과 그리스도의 행동을 강조한다. 바울은 먼저 영원한 위로와 좋은 소망을 주심에 대해 우리 주 예수 그리스도와 하나님 우리 아버지께 감사한다. 바울은 이어서 하나님과 그리스도를 향하여 데살로니가 교우들이 부르심에 합당한 삶을 살 수 있게끔 위로하시고 굳게 세워달라고 소원의 기도를 드린다.
    바울은 그들의 내적 심령뿐만 아니라 외적인 행동에도 관심을 기울인다. 그는 하나님께 "모든 선한 일과 말에 있어서" 그들을 굳건하게 하시기를 간절히 바란다. 바울이 디모데를 데살로니가 교회에 다시금 보낸 이유도 데살로니가 교우들을 위로하고 굳건하게 세우기 위함이다(살전 3:2).

제 V 부

엑소르타치오

데살로니가후서 3 : 1-13

A. 전체적 권면 : 중보 기도의 요청(3 : 1-5)
B. '아탁토이'에 대한 권면(3 : 6-13)

| 데살로니가후서 3 : 1-13 |

엑소르타치오

　바울은 여기서부터 새로운 권면의 단락을 시작한다. 권면의 단락은 두 부분으로 나누어지는데, 공동체 전체를 향한 권면(3 : 1-5)과 공동체 내의 구체적인 권면(3 : 6-15)으로 구분된다. 전체적인 권면은 박해와 환난에 직면한 공동체와 선교 사역을 위하여, 구체적인 권면은 공동체 내에서 수정되어야 할 특별한 문제점들에 대하여 언급하고 있다. 이러한 문제점들은 주의 날에 대한 잘못된 가르침으로 인함이다.

A. 전체적 권면 : 중보 기도의 요청(3 : 1-5)

¹끝으로 형제들아 너희는 우리를 위하여 기도하기를 주의 말씀이 너희 가운데서와 같이 퍼져 나가 영광스럽게 되고 ²또한 우리를 부당하고 악한 사람들에게서 건지시옵소서 하라 믿음은 모든 사람의 것이 아니니라 ³주는 미쁘사 너희를 굳건하게 하시고 악한 자에게서 지키시리라 ⁴너희에 대하여는 우리가 명한 것을 너희가 행하고 또 행할 줄을 우리가 주 안에서 확신하노니 ⁵주께서 너희 마음을 인도하여 하나님의 사랑과 그리스도의 인내에 들어가게 하시기를 원하노라

데살로니가후서 3장 1~5절은 공동체 전체를 향한 권면의 성격을 띤 것으로 데살로니가 교회의 구체적 정황을 반영한다(비교, Wanamaker, 273). 바울은 먼저 기도의 부탁으로 권면을 시작한다. 이어서 "주는 미쁘시어 데살로니가 교회 공동체를 세우리라"라는 확신의 고백이 뒤따른다. 바울은 데살로니가 교우들에게 두 가지 기도를 부탁한다. 하나는 복음('주의 말씀') 전파 사역에 관한 것이고, 다른 하나는 자신을 포함한 동료들의 안전에 관한 것이다. 이 두 가지 기도 부탁은 모두 다 하나님의 말씀을 맡은 사도로서의 자신에 관한 것이다. 바울은 박해라는 정황 속에서 그가 맡은 선교 사역의 성공을 위한 기도를 데살로니가 교우들에게 부탁하는 것이다. 이러한 기도의 부탁은 박해의 정황 속에서 그들을 굳건하게 세우기 위한 권면의 양상이다. 바울은 이를 위해 하나님의 미쁘심에 의지하여 데살로니가 교우들이 하나님의 사랑 안에서 그리스도의 인내에 들어가게 해달라는 소원의 기도를 주께 올린다.

[3:1] "끝으로 형제들아". 이 말의 형식은 "그러므로 형제들아 우리가 끝으로"라는 데살로니가전서 4장 1절과 닮았다(살전 4:1 주석 참고). '끝으로'(Τὸ λοιπὸν, 토 로이폰)라는 표현은 편지가 끝나는 새 단락이 시작됨을 나타내기 위해서(고후 13; 11; 빌 4:8), 때로는 다루는 주제의 전환을 표시하

기 위해 사용된다(빌 3:1; 고전 4:2). 데살로니가후서에서는 다음 단락으로의 이동을 나타내기 위해 사용되고 있다.

"너희는 우리를 위하여 기도하기를". 데살로니가전서 5장 25절, "형제들아 우리를 위하여 기도하라"라는 요청과 닮았다. 바울은 데살로니가 교우들에게 그와 동역자들을 위한 기도를 부탁한다. 데살로니가전서에서의 간단한 형식적인 기도의 요청과는 대조적으로 본문은 구체적으로 기도의 내용을 명시한다. 바울이 요청하는 기도의 내용은 복음이 널리 퍼져 나가는 것(3:1; 엡 6:18-19; 골 4:3-4)과 믿지 않는 자들의 손으로부터 건짐을 받는 것이다(3:2). 이러한 기도의 요청은 교회를 위해서 사도들이 기도하고 있다는 데살로니가 교우들의 확신에 호소하는 것이다. 바울은 거듭해서 그가 교회를 위해서 기도하고 있음을 알리고, 교회에게도 그를 위해 기도할 것을 부탁한다(참고, 롬 15:30-32; 고후 1:11; 빌 1:19; 몬 22). 지도자와 교우들 간의 서로에 대한 관심은 교회의 특징이다. 그들은 그리스도를 위한 고난과 서로를 위한 기도의 교제로 묶여 있다.

"주의 말씀이 너희 가운데서와 같이 퍼져 나가 영광스럽게 되고". '주의 말씀'이라는 표현은 바울서신 중 데살로니가전서 1장 8절, 4장 15절과 데살로니가후서 3장 1절에서만 나타난다. 주의 말씀은 바울서신에서 자주 사용되는 '그리스도의 복음'과 같은 말로서, 곧 바울과 동역자들이 전한 복음을 가리킨다(살전 1:8; 4:15; 참고. 행 8:25; 13:44, 48-49; 15:35-36; 19:10).

바울이 원하는 바는 주께서 간섭하시어 복음이 '퍼져 나가는' 것이다. '퍼져 나간다'(τρέχω, 트레코)라는 동사는 경기장의 트랙에서 달리는 모습을 나타내는 은유로서 바울서신의 여러 곳에서 사용되고 있다(고전 9:24-27; 갈 2:2; 5:7; 빌 2:16). '영광스럽게 되다'는 1장 10, 12절을 반영한다. '퍼져 나가다'(τρέχω)와 '영광스럽게 되다'(δοξάζηται, 독사제타이)라는 동사는 운동장의 트랙을 달려 상을 타서 영광을 받는 선수의 이미지를 나타낸다. '너희 가운데서와 같이'라는 표현은 데살로니가 교회 공동체가 환난 가운데서 성령의 기쁨으로 말씀을 받은 것을 상기시킨다(살전 1:6).

[3:2] "또한 우리를 부당하고 악한 사람들에게서 건지시옵소서 하라." "부당하고 악한 사람들로부터 건지시옵소서"라는 두 번째 간구는 복음 전파 사역이 아무런 방해를 받지 않고 퍼져 나가는 앞의 이미지를 강조한다(Malherbe 2000: 444). 이 기도는 "장래의 노하심에서 우리를 건지시는 예수시니라"(살전 1:10)라는 말씀을 상기시킨다. 이 기도를 통해 우리는 바울이 이 편지를 쓸 당시의 정황을 가늠할 수 있다. 불법의 비밀이 이미 활동하고 있었다(2:6). '부당하고 악한 사람들'(τῶν ἀτόπων καὶ πονηρῶν ἀνθρώπων, 톤 아토폰 카이 포네론 안쓰로폰)은 복음을 전파하는 일을 거스리는 자들을 가리킨다. 이들을 가리키는 정관사(τῶν)는 이들이 어떤 구체적인 그룹이라는 점을 나타낸다. 바울이 데살로니가를 방문했을 때 '유대인들'의 사주로 인한 소요가 있었고, 그로 인해 지방행정관(읍장)이 개입하게 되었고(행 17:6-7), 데살로니가 교우들도 그들의 동족으로부터 환난을 당하였다(살전 2:14). 박해로 인하여 심지어 어떤 이들은 순교적 죽음에 이르게 되었다(살전 4:14 주석 참고).

사태는 더욱 악화되어 데살로니가 교우들은 환난과 박해 가운데 놓이게 되었다(살후 1:4). 바울은 이러한 전반적인 정황을 사탄이 거듭해서 데살로니가 교회를 방문하는 것을 방해하고 있다고 말한다(살전 2:18). 이러한 정황은 바울이 데살로니가를 다시 방문하는 것을 강하게 반대하는 정치적 상황을 나타냄이 분명하다. 바울의 복음 사역과 관련된 데살로니가전서의 '시험하는 자'(살전 3:5)에 대한 언급과 데살로니가후서 2장 6, 7절의 '압제하는 힘'(τὸ κατέχον, 토 카테콘)과 '압제하는 자'(ὁ κατέχων, 호 카테콘)라는 표현은 지방행정관의 결정과 '부당하고 악한 사람들'의 행위 뒤에 있는 사탄의 반대를 뚜렷하게 나타내고 있다(Bruce 1951: 327; 2:6, 7 주석 참고).

'부당하다'라는 표현과 '악하다'라는 표현은 본문의 문맥에서 실제로 같은 의미를 가진 동의어이다(Wanamaker, 275). '부당하다'라는 ἄτοπος(아토포스)는 '장소'(τόπος, 토포스)에 부정적 의미를 가지는 접두어 'α'(알파)가 붙은 말로 원래는 '장소를 벗어난, 어울리지 않는'이라는 뜻을 가지지만, 점차 윤리적 차원의 '부적절한, 부당한'이라는 뜻으로 사용되었다. 어쩌면 '무례하다'라는 표현이 '아토포스'의 의미를 잘 드러낸다. '건지시옵소서'(ῥυσθῶμεν, 뤼스쏘멘)는 수동태로서 건짐을 받게 해달라는 기도 요청이다. 왜냐하면 예수는 종말론적 '구원자'(살전 1:10)이기 때문이다. 여기서 바울은 종말론적 악을 대표하는 대적자들을 '부당하고 악한 사람들'이라고 비난하고 있다. 사회학적 측면에서 비난은 서로 다른 가치관을 드러내고 강화하기 위해 사용된다(Collins, 314).

"(왜냐하면) 믿음은 모든 사람의 것이 아니니라". '모든 사람의'(πάντων, 판톤)라는 말이 수식하는 명사가 없이 독립적으로 사용된다. 따라서 해석상의 어려움을 가져온다. 다수의 학자들은 이 말을 세상을 믿는 자들과 믿지 않는 자들로 구분하는 것으로 이해하여, 부분적으로는 유대인들에게 적용시키고 있다. 특별히 믿음을 신실함으로 이해할 때 그러하다는 것이다(Best, 326). 바울은 유대인들이 '배도'(2:3)라고 일컫는 정치적, 종교적 반역의 형태를 취했다는 것이다. 유대의 교회들에게 행한 유대인들의 반대는 바울에게 있어서 그리스도교의 전파에 대한 모든 반대의 전형으로 비쳐진다는 것이다(살전 2:15-16).

하지만 '믿지 않는 자들'을 유대인으로 규정하는 것은 데살로니가 교회의 정황과 어울리지 않는다. 데살로니가 교우들은 자신들의 '동족'으로부터 고난을 받고 있었고(살전 2:15 주석 참고), 대적하는 자들은 '카테콘'(κατέχον /-ων)으로 압제하는 힘과 그 힘을 행사하는 자들이다. 2장 11~12절에서 바울은 하나님의 종말론적 계획이라는 면에서 믿지 않은 자들을 언급한다. 따라서 바울에게 있어서 그의 대적자의 특징은 민족적 정체성에 있는 것이 아니라 하나님을 믿지 않음에 있다. 믿지 않음이 그를 대적하는 이유라는 점을 바울은 "믿음은 모든 사람의 것이 아니다"라는 말로 단순하게 언급한다(Malherbe 2000: 444).

오히려 본문은 믿는 자들과 믿지 않는 자들을 구분하는 것이 아니라, 오히려 하나님의 신실하심을 드러낸다(Trilling, 51). 첫째, 이 표현은 '부당하고 악한 자들'의 존재를 설명하는 것으로 로마서에서와 같이 신실한 하나님과 비교된다: "어떤 자들이 믿지 아니하였으면 어찌하리요? 그 믿지 아니함이 하나님의 미쁘심을 폐하겠느냐? 그럴 수 없느니라. 사람은 다 거짓되되 오직 하나님은 참되시다……"(롬 3:3-4). 둘째, 이러한 하나님의 미쁘심은 그의 공동체를 향한 그의 예기되는 행동으로 묘사된다: "주는 미쁘사 너희를 굳건하게 하시고 악한 자에게서 지키시리라"(3:3). 바울은 앞서 자신의 기도(2:16-17) 가운데서도 하나님께서 그분의 미쁘심으로 인하여 데살로니가 교회를 굳건하게 하여 주시기를 간구하였다.

[3:3] "주는 미쁘사". "주는 미쁘시다"라는 말씀은 "너희를 부르시는 이는 미쁘시니 그가 또한 이루시리라"(살전 5:24)라는 말씀과 평행을 이룬다. 이 말씀은 데살로니가 교회 공동체를 위한 주 (하나님)의 미래적 행동에 대한 확신의 근거를 제공한다. "주는 미쁘시다"(Πιστὸς ἐστιν ὁ κύριος, 피스토스 에스틴 호 퀴리오스)라는 표현은 바울서신의 다른 곳에서 나타나는 "하나님은 미쁘시다"(πιστὸς ὁ θεός, 피스토스 호 데오스 〈고전 1:9; 10:13; 고후 1:18; 살전 5:24〉)와 거의 같지만 같은 표현은 아니다. 주어는 하나님(ὁ θεός)이 아니라 주(ὁ κύριος)이고, 문장은 강조적 어법(ἐστιν)으로 표현되고 있다. '주'는 주 예수 그리스도에 대한 언급일 수도 있지만(Frame, 293), 하나님을 가리킨다(참고, 브루스, 326; Malherbe 2000: 445; 2:13 주석 참고).

"주는 미쁘시다"라는 표현은 회당 예배에서의 '아멘'에 해당되는 표현으로 언약을 이루시는 하나님에 대한 확신을 나타낸다(브루스, 325). 본문과 평행을 이루는 데살로니가전서 5장 24절의 "너희를 부르시는 이는 미쁘시다"에서 '너희를 부르시는 이'는 하나님이시다. '굳건하게 하시다'와 관련된 또 다른 평행 본문인 2장 17절에서 바울은 '우리 아버지' 곧 하나님께 데살로니가 교우들을 "위로하시고 모든 선한 일과 말에 굳건하게 하시기를 원하노라"라고 간구한다. 데살로니가후서에서 예수를 가리키는 표현은 '주'가 아니라 대부분 '우리 주 예수 그리스도'(2:14, 16)와 '주 예수 그리스도'(1:12; 2:1; 3:6, 12)이다. 또한 "악한 자에게서 지키시리라"라는 기도는 '주의 기도'(Lord's Prayer)를 그 배경으로 한다. '주의 기도'는 하나님께 드리는 청원이다. 그러므로 앞서 데살로니가후서 2장 13절과 3장 1절에서 '주'라는 호칭이 하나님을 가리키는 것과 같이 본문에서도 '주'는 하나님을 가리킨다(Malherbe 2000: 445).

"너희를 굳건하게 하시고". '굳건하게 하다'(στηρίζω, 스테리조)라는 동사는 특별히 배교나 박해에 직면했을 때 믿음 안에 자리를 잡게 하는 것을 의미한다(2:15 주석 참고). 앞서 2장 17절에서 소원의 간구로 드렸던 기도가 이제는 "너희를 굳건하게 하시고 악한 자에게서 지키시리라"라는 확신에 찬 선언으로 표현된다(Malherbe 2000: 445).

"악한 자에게서 지키시리라"(φυλάξει ἀπὸ τοῦ πονηροῦ, 퓔락세이 아포 투 포네루). 주 (하나님)의 미래적 행동은 데살로니가 교회 공동체를 "굳건하게 하심과 악한 자로부터 지켜주심"이다. '지키다'(φυλάσσω, 퓔라소)라는 동사는 목자가 그의 양떼를 지키기 위해 경계하며 보호하는 모습을 나타낸다. 로마서 2장 26절과 갈라디아서 6장 13절에서 '지키다'라는 동사는 율법에 적용되고 있지만, 구약성서에서 이 동사는 모든 악과 부당함의 올무로부터 의로운 자를 지키시는 하나님에게 적용된다(시 121:7).

ἀπὸ τοῦ πονηροῦ(아포 투 포네루)에서 τοῦ πονηροῦ는 문법적으로 중성 명사(악)일 수도, 또는 남성 명사(악한 자)일 수도 있다. 물론 본문은 "악에서 구하옵소서"라는 '주의 기도'를 그 배경으로 하고 있음이 분명하지만,

비인격적인 '악'(중성)보다 인격적인 존재인 '악한 자'(남성)라는 해석이 '주'와 더 잘 대조를 이룬다(브루스, 326). 이러한 대조는 "하나님은 미쁘시다"라는 일반적인 표현 대신에 "Πιστὸς ἐστιν ὁ κύριος"(주 그는 미쁘시다)라는 강조적 어법이 사용된 이유를 잘 설명한다. τοῦ πονηροῦ가 악한 자를 가리킨다는 해석은 '악한 자'(호 포네로스)가 신약성서 전반에서 사탄을 가리키고 있고(마 5:37; 13:19, 38; 엡 6:16; 요일 2:13; 3:12; 5:18), 사탄의 방해로 인해서 바울이 데살로니가 교회를 다시 방문할 수 없었던 정황과도 어울린다.

데살로니가 교우들을 굳건하게 하고 악한 자로부터 지키신다는 미래적 표현, φυλάξει는 미래진행적(progressive future) 표현으로 주께서 "그들(데살로니가 교우들)을 계속해서 굳건하게 하고 지켜 주실" 것이라는 확신을 나타낸다(Wanamaker, 276).

[3:4] "너희에 대하여는……우리가 주 안에서 확신하노니". 바울은 바로 앞에서 주 (하나님)의 미래적 행동에 대한 확신을 표현하였다. 이제 바울은 데살로니가 교우들의 행동, 특별히 그들이 그로부터 배운 것을 행하리라는 확신을 드러낸다. 이러한 그의 확신은 '주 안에서' 비롯된다. 바울은 고린도후서에서도 이러한 확신을 피력한다:

> 너희는 우리로 말미암아 나타난 그리스도의 편지니 이는 먹으로 쓴 것이 아니요 오직 살아 계신 하나님의 영으로 쓴 것이며 또 돌판에 쓴 것이 아니요 오직 육의 마음판에 쓴 것이라 우리가 그리스도로 말미암아 하나님을 향하여 이같은 확신이 있으니(고후 3:3-4).

"우리가 명한 것을 너희가 행하고 또 행할 줄을". "우리가 명한 것"은 데살로니가전서 4장 2절의 "주 예수로 말미암아 너희에게 무슨 명령으로 준 것"을 가리킨다. 좀 더 구체적으로는 데살로니가전서 4장 1~12절에서 주 예수 그리스도의 명령으로 주어진 거룩함과 형제 사랑에 관한 권면이다. 이러한 권면은 주께서 가르쳐주신 이중 계명인 하나님 사랑과 이웃 사랑에 대한 표현이다(참고, 김세윤, 114-117). 바울은 "너희가 행하고 또 행할 줄을……확신하노니"라는 말로 데살로니가 교우들의 과거의 행동과 앞으로도 계속될 그 행동에 대한 확신을 피력한다. 데살로니가 교우들의 행동에 대한 확신은 앞서 데살로니가전서에서도 "너희가 행하는 바라 더욱 많이 힘쓰라"(살전 4:1)라는 말로 피력되고 있다.

[3:5] "주께서 너희 마음을 인도하여 하나님의 사랑과 그리스도의 인내에 들어가게 하시기를 원하노라". 바울은 첫째 단락과 마찬가지로 둘째 단락 역시 기도로 마무리한다. 바울의 이 기도는 권면의 첫 번째 단락을 마무리하는 2장 17절의 "너희 마음을 위로하시고"라는 기도를 생각나게 한다. 이 기도는 또한 데살로니가전서에서의 "하나님 우리 아버지와 우리 주 예수는 우리 길을 너희에게로 갈 수 있게 하시오며"(살전 3:11)라는 기도에서도 그 평행을 찾을 수 있다.

바울은 데살로니가 교우들을 위하여 두 가지 덕목을 주께 간구한다. 그것은 하나님의 사랑과 그리스도의 인내이다. '주'는 그리스도에 대한 언급일 수도 있지만 앞선 1~5절이 하나님에 대한 언급이듯이 여기서도 하나님에 대한 언급이라 판단된다(Malherbe 2000: 447). 왜냐하면 기도는 예수 그리스도의 이름으로 하나님께 드리는 것이기 때문이다. '마음을 인도하다'라는 표현은 칠십인역(LXX)에서 사람의 마음을 하나님께로 돌리는 의미로 사용되거나(대하 12:14; 19:3; 20:33; 시락 49:5; 51:20[영혼]), 주께서 백성들의 마음을 자신에게로 돌리는 경우에 적용된다(대상 29:18; 잠 21:2). 히브리어에서 대명사적 접미사와 함께 쓰인 '마음'은 단순히 인칭대명사를 강조하기 위한 것으로 사람의 전인격을 가리킨다(브루스, 329; Malherbe

2000: 447).

바울서신에서 '하나님의 사랑'이라는 표현은 주격적 소유격으로 항상 사람 혹은 그의 백성을 향한 하나님의 사랑을 가리킨다(롬 5:5; 8:39; 고후 13:13). 데살로니가 서신에서도 바울은 데살로니가 교우들에게 그들을 향한 하나님의 사랑을 상기시킨다(살전 1:4; 살후 2:13, 16; Malherbe 2000: 447). 마찬가지로 '그리스도의 인내' 역시 주격적 소유격으로서 그를 따르는 자들이 본받아야 할 그리스도의 인내이다. 그리스도의 인내는 환난과 박해 가운데 있는 그들을 고무시키고 격려하는 모범이 되는 것이다. 데살로니가전서에서 소망에 의해 고무된 인내에서부터 그리스도가 보여주신 인내를 본받는 것으로 그 초점이 옮겨지고 있다. 따라서 바울이 강조하고자 하는 바는 데살로니가 교우들이 본받아야 할 하나님의 사랑과 그리스도의 인내이다. 하나님의 사랑과 그리스도의 인내, 곧 신실하심에 들어감은 예수 그리스도의 명령, 곧 바울이 전한 전승에의 신실함과 연결된다.

해설(Comment)

바울은 적의와 환난 가운데서 그의 선교 사역을 감당하였다. 데살로니가 교회 역시 외적으로는 환난과 박해 가운데 놓이게 되었고 내적으로는 거짓 가르침으로 인한 미혹의 활동으로 말미암아 사도의 가르침의 전승에 반하는 일들이 생겨났다. 이러한 정황 가운데 바울은 데살로니가 교우들에게 주의 말씀이 방해를 받지 않고 전파되도록 자신과 동역자들이 악한 자들의 손에서부터 건짐을 받도록 중보의 기도를 부탁한다. 바울은 대적자들을 '부당하고 악한 사람들'이라고 비난한다. 바울은 특정한 그룹이 사도들과 데살로니가 교회를 박해하는 이유가 그들의 믿지 않음에 있음을 밝히 드러낸다. 왜냐하면 "믿음은 모든 사람의 것이 아니기" 때문이다.

한편, 대적자들의 믿지 않음과 관련하여 바울은 오히려 하나님의 신실하심을 드러낸다(Trilling, 51). 바울이 복음 전파를 위한 중보의 기도를 부탁할 수 있는 것은 하나님의 신실하심에 대한 확신으로부터 출발한다. 사람은 다 거짓되지만 하나님은 참되신 분으로서(롬 3:3-4) 하나님의 미쁘심은 그의 백성을 굳건하게 하시고 악한 자로부터 지키신다(3:3). "주 그는 미쁘시다"라는 강조적 표현은 바울의 이러한 확신에 대한 표현으로 예배 때의 '아멘'과 같다. 바울은 데살로니가 교회를 향해서도 "너희가 행하고 또 행할 줄을……확신하노니"라는 말로써 데살로니가 교우들의 행함에 대한 그의 확신을 피력한다.

바울은 데살로니가 교우들이 예수 그리스도의 명령으로 주어진 하나님의 뜻에 온전히 행할 줄을 하나님께 의탁한다. 바울은 주(하나님)를 향해 데살로니가 교우들을 인도해달라고 중보의 기도를 드린다. 데살로니가 교우들이 하나님의 사랑과 그리스도의 인내를 본받기를 기도하는 것이다. 바울은 데살로니가 교우들에게 그들을 향한 하나님의 사랑을 기억케 하며(살전 1:4; 살후 2:13, 16), 그들이 본받아야 할 그리스도의 인내를 모범으로 제시한다. 하나님의 사랑과 그리스도의 인내, 곧 신실하심에 들어감은 예수 그리스도의 명령, 곧 바울이 전한 전승에의 신실함과 연결된다.

B. '아탁토이'에 대한 권면(3:6-13)

⁶형제들아 우리 주 예수 그리스도의 이름으로 너희를 명하노니 게으르게 행하고 우리에게서 받은 전통대로 행하지 아니하는 모든 형제에게서

떠나라 ⁷어떻게 우리를 본받아야 할지를 너희가 스스로 아나니 우리가 너희 가운데서 무질서하게 행하지 아니하며 ⁸누구에게서든지 음식을 값 없이 먹지 않고 오직 수고하고 애써 주야로 일함은 너희 아무에게도 폐를 끼치지 아니하려 함이니 ⁹우리에게 권리가 없는 것이 아니요 오직 스스로 너희에게 본을 보여 우리를 본받게 하려 함이니라 ¹⁰우리가 너희와 함께 있을 때에도 너희에게 명하기를 누구든지 일하기 싫어하거든 먹지도 말게 하라 하였더니 ¹¹우리가 들은즉 너희 가운데 게으르게 행하여 도무지 일하지 아니하고 일을 만들기만 하는 자들이 있다 하니 ¹²이런 자들에게 우리가 명하고 주 예수 그리스도 안에서 권하기를 조용히 일하여 자기 양식을 먹으라 하노라 ¹³형제들아 너희는 선을 행하다가 낙심하지 말라

신실함에 대한 명령은 계속된다. 가르침에 신실할 것에 대한 강조는 그 권위를 주 예수 그리스도의 이름에 둠으로써 더욱 강화된다. 이 단락은 '제멋대로 행하는 자들'(아탁토이)의 문제를 다룬다. 바울은 주 예수 그리스도의 이름과 전승에서 비롯된 권위로써 '제멋대로 행하는 자들'에 대한 구체적인 권면을 명한다.

[3:6] "형제들아 우리 주 예수 그리스도의 이름으로 너희를 명하노니". '제멋대로 행하는 자들'에 관한 내용은 데살로니가전서에서 그 평행을 찾을 수 있다. 다루게 될 주제와 형식은 데살로니가전서 5장 14절과 유사하다. 하지만 바울은 데살로니가전서에서의 '권면하다'(παρακαλοῦμεν, 파라칼루멘 〈살전 4:1〉) 대신에 '명령하다'(παραγγέλλομεν, 파랑겔로멘)라는 표현을 사용한다. "주 예수 그리스도의 이름으로"는 바울이 주 예수 그리스도의 권위를 가지고 명령하고 있음을 나타낸다(참조, 고전 7:10; 11:17). 바울은 공동체 규율을 언급할 때 "주 예수 그리스도의 이름으로" 권하고 명령

한다(고전 1:10; 5:4; 참조, 살전 4:2). 이 말이 귀신 축출에 사용된다는 점은 이 말이 가지는 권위를 잘 드러낸다(예, 행 16:18; 참조, 19:13; Malherbe 2000: 449).

[사역] "제멋대로 행하고 우리에게서 받은 전승대로 행하지 아니하는 모든 형제에게서 떠나라". '떠나라'(στέλλεσθαι, 스텔레스싸이)라는 중간태 형태는 이곳과 고린도후서 8장 20에만 사용된다. 14절에서 "그 사람과 사귀지 말라"라는 언급으로 미루어 볼 때 '멀리하라'라는 뜻으로 사용된다. 이러한 가르침은 데살로니가전서의 "제멋대로 행하는 자들을 권계하라"(살전 5:14)라는 가르침보다 단호하고 엄중하다.

형용사 ἄτακτος(아탁토스)는 자연과 신들과 이성에 모순되는 것을 가리키는 말이다(살전 5:14 주석 참고). 요세푸스는 이 용어를 '법과 질서가 없는'을 뜻하는 ἄνομος(아노모스)와 짝을 이루는 말로 사용하였다(Ap. 2.151). 또한 '아탁토스'는 '질서가 없다'라는 뜻의 군사적 용어로 주로 사용되어, 예를 들면, 계급 질서를 지키지 못하거나, "ἀτάκτως καὶ οὐδενὶ κόσμῳ"(아탁토스 카이 우데니 코스모)와 같이 무질서하게 행군하는 모습을 나타낸다(브루스, 334). 동사 ἀτακτέω(아탁테오)도 어원적 의미가 밝히듯이 '질서가 없다' 혹은 '무질서한 방법으로 행하다'라는 뜻으로 사용되어 자기가 해야 할 일을 행하지 않는 사람에게 적용되었다(Milligan, 152).

바울은 전승(παράδοσις, 파라도시스)을 기초로 하여 '제멋대로 행하는 자들'(아탁토이)을 배격한다. 전승은 한 번은 복수(2:15)로, 다른 한 번은 이곳에서 단수(3:6)로 사용된다. 복수적 표현은 전승 전체를 가리키고, 단수 표현은 그 가운데 어떤 구체적인 전승을 가리킨다. 바울은 구체적인 전승에 호소한다. 무엇보다도 자신의 손으로 일하지 않는 제멋대로 행하는 삶은 바울의 가르침과 일치하지 않는다. 바울은 이 전승을 설명함에 있어서 자신을 본받아 할 것(3:7-9)과 일에 관한 권면(3:10)에 호소한다. 일과 관련된 전승은 데살로니가전서의 가르침(4:11-12)과, 자신이 보여준 모범(3:7-8),

그리고 계속적으로 가르친 구두 전승을 포함한다. 이러한 구두 전승 가운데 "누구든지 일하기 싫어하거든 먹지도 말게 하라"(3:10)라는 금언이 포함되어 있다. 이러한 금언은 작업장 정신(workshop mentality)을 반영하는 것으로 바울 자신에 의해서 만들어져 데살로니가 교회를 개척한 바울의 사역 초기에서부터 내려온 전승의 일부였을 것이다(Best, 175).

[3:7] [사역] "(왜냐하면) 어떻게 우리를 본받아야 할지를 너희 자신들이 아나니". 7~11절에서 바울은 접속사 γάρ(왜냐하면)를 3번(7, 10, 11절) 사용하여 교회 공동체가 왜 제멋대로 행하는 자들을 멀리해야 하는 이유를 구체적으로 제시한다. 바울은 데살로니가 교우들이 이 점에 있어서 필요한 모든 지식을 가지고 있음을 강조한다. '너희가 스스로'(개역개정)는 강조적 표현으로 '너희 자신들이'라는 뜻을 갖는다. 그는 데살로니가 교우들에게 새로운 가르침을 주는 것이 아니라, 그들이 이미 잘 알고 있는 것에 대해서 다시금 그들의 관심을 환기시킨다. 자신을 본받음에 대해서 바울은 데살로니가전서에서도 이미 언급하였다(살전 1:6). 데살로니가전서에서 바울을 본받음이 권면의 양식으로 제시되었다면, 데살로니가후서에서는 권고가 아니라 반드시 그렇게 해야 되는(δεῖ, 데이) 교회 규율로 제시되고 있다(Malherbe 2000: 450).

[사역] "우리가 너희 가운데서 제멋대로 행하지 아니하며". 동사 ἀτακτέω(3:6, 11)의 단순과거 형태인 ἠτακτήσαμεν(에탁테사멘)이 사용되었다. 동사 ἀτακτέω'(아탁테오)는 앞서 언급했던 것처럼 '훈련되지 아니하다', '무질서하게 살다'라는 의미로 자신의 의무를 행하지 않는 태만한 행동을 표현한다. 참고로 개역개정은 ἀτακτέω 동사 이해에 있어서 앞선 6절에서는 '게으르게 행하다'로 번역하지만 본문에서는 "무질서하게 행하지 아니하였다"로 번역하고 있다.

[3:8] "누구에게서든지 음식을 값없이 먹지 않고". '음식을 먹다'라는 표현

은 셈어적 표현으로서 '생계를 벌다,' '살아가다'라는 뜻이다(창 3:19; 암 7: 12). 따라서 "음식을 값없이 먹지 않고"라는 표현은 환대하는 초대에 응하지 아니하였다는 뜻이 아니라, 생계의 수단으로 다른 사람에게 의존하지 아니하였다라는 셈어적 관용구(לֶחֶם תֹאכַל, 토칼 레헴⟨창 3:19⟩)를 반영한다 (Wanamaker, 284).

"(ἀλλά) 오직 수고하고 애써 주야로 일함은". '오히려'(ἀλλά, 알라)라는 표현을 사용하여 강한 대조적 의미를 드러낸다. 바울은 조금 전에 언급한 음식을 값없이 먹는 것과는 전적으로 다른 자신의 행동을 나타낸다. 그가 수고하고 애써 주야로 일함은 데살로니가전서 2장 9절에서와 마찬가지로 복음을 전하는 선교사와 목회자로서의 행동이다. 본문은 데살로니가전서 2장 9절의 "형제들아 우리의 수고와 애쓴 것을 너희가 기억하리니 너희 아무에게도 폐를 끼치지 아니하려고 밤낮으로 일하면서 너희에게 하나님의 복음을 전하였노라"라는 말씀과 매우 닮았지만 다른 의도를 표현한다. 데살로니가전서에서 이러한 본보기는 공동체의 선과 이익에만 관심이 있는 참된 사도로서의 바울의 신분에 대한 증명으로, 그리고 다른 한편으로는 선교적 전략으로 사용되었다(Wanmaker, 284; 참조, 고전 9:1-18; 고후 11:7). 하지만 데살로니가후서에서 이러한 본보기는 데살로니가 교우들이 본받아야 할 덕목의 자의적인 모델로서, 즉 그들에게 전해진 전승의 일부로 제시된다 (Green, 348).

"너희 아무에게도 폐를 끼치지 아니하려 함이니". 이에 대해서는 데살로니가전서 2장 9절의 주석을 참고하라.

[3:9] "우리에게 권리가 없는 것이 아니요". 바울은 고린도전서에서 자기가 먹고 마실 권리가 있음과 개종자들이 베푸는 모든 경제적 도움을 받을 권리가 있음을 주장하면서도, 어떠한 권리도 취하지 않을 것을 밝힌다(고전 9: 15). 여기서 사도(들)의 권리란 "일꾼이 자기의 먹을 것 받는 것이 마땅함이

라"(마 10:10)라는 주님의 말씀에 근거한 것이다. 이는 "주께서도 복음 전하는 자들이 복음으로 말미암아 살리라 명하셨느니라"(고전 9:14)라는 말씀과 맥락을 같이 한다.

[사역] "우리가 너희 자신들에게 본을 보여주듯이 너희가 우리를 본받게 하려 함이라". 바울은 데살로니가 교회에게 폐를 끼치지 않고 어떻게 행하였는지를 설명한 후에 그가 경제적 도움을 받을 권리가 있음과 그럼에도 불구하고 왜 그러한 권리를 사용하지 않았는지를 설명한다. 그것은 데살로니가 교회 공동체가 본받아야 할 어떤 모범을 보여주고자 했기 때문이다. 그린(Green)은 데살로니가 교우들이 사도(들)의 권리를 후원자와 클라이언트(피후원자) 사이의 상호교환의 관점에서 바라보았을 가능성을 제시한다. 당시의 많은 철학자들의 일반적인 관행에 따르면, 그들은 자신들을 경제적으로 돌보아 줄 후원자들을 찾고 있었지만, 클라이언트의 위치에 처하는 것을 피하고자 하는 사회적 유보(social reservation)도 있었다. 그린은 바울이 이러한 모범을 보인 것이 데살로니가 교우들로 하여금 클라이언트로 살아가는 것을 막고자 함이었다라고 주장한다(Green, 348).

하지만 자신의 결핍으로 인해 다른 사람의 짐이 되지 말라(살전 4:12)라는 권면과 마케도니아 교회의 '극심한 가난'(고후 8:2 참조)에 대한 표현은 데살로니가 교회가 대다수의 육체노동자들로 구성된 '공유 경제의 공동체'였다는 점을 제시한다(박영호, 368; Borg and Crossan, 190). 그러므로 일하지 않는 구성원은 공동체에 심각한 위협이 되었을 것이다(Jewett, 68).

[3:10] "(왜냐하면) 우리가 너희와 함께 있을 때에도 너희에게 (이것을) 명하기를". 7절에서 "왜냐하면 너희 자신이 안다"로 시작된 바울의 명령은 10절에서 "왜냐하면 너희에게 명하곤 하였다"라는 말로 끝이 난다. '명령하다'라는 동사는 미완료 시제로 표현되어($\pi\alpha\rho\eta\gamma\gamma\acute{\epsilon}\lambda\lambda o\mu\epsilon\nu$, 파렝겔로멘) 지속적으로 가르쳐 왔음을 나타낸다. 원문에서 '이것'($\tauο\tilde{υ}\tauο$, 투토)의 강조적 형태

는 바울이 이 점을 강조했음을 나타낸다. '이것'은 바로 하반절의 "누구든지 일하기 싫어하거든 먹지도 말게 하라"라는 말씀을 가리킨다.

[사역] "누구든지 일하기 싫으면 먹지도 말라"(εἴ τις οὐ θέλει ἐργάζεσθαι μηδὲ ἐσθιέτω, 에이 티스 우 쎌레이 에르가제스타이 메데 에스티에토). 바울은 자신의 사역에서 데살로니가 교우들이 따라야 할 본보기를 보여 주었을 뿐만 아니라, 스스로 일하여 먹고 사는 책임성에 대해서도 분명한 명령을 주고 있다. 그 명령은 "누구든지 일하기 싫으면 먹지도 말라"라는 말씀이다. "μηδὲ ἐσθιέτω"(메데 에스씨에토)는 3인칭 단수 명령법으로 "(그는) 먹지도 말라"(표준새번역, 공동번역)를 뜻한다. 금언의 성격을 가진 이러한 표현 자체는 그 뿌리를 유대와 헬라 문헌에 두고 있는 것으로(창 3:17-19; 시 128:2; 잠 10:4; 12:11; 19:15), 일의 '황금률'과 '좋은 작업장 정신'을 반영한다(참고, Malherbe 2000: 452). 랍비 아바후는 "내가 일하지 않으면 먹을 것이 없다"라고 말하였다. 헬라 문헌에서도 "힘써 일하면 자신의 것으로 살아갈 수 있다"라는 생각을 표현하고 있다.

하지만 본문에서의 바울의 가르침은 "일하기를 원치 않는 자"(τις οὐ θέλει ἐργάζεσθαι, 티스 우 쎌레이 에르가제스싸이)를 향하고 있다는 점에서 그 차이점을 보인다(Rigaux, 709). 본문의 가르침이 당시의 일반적인 정서를 반영하고 있지만 직접적인 인용이 아니라는 점은 이 가르침이 데살로니가 교회의 정황에서 바울에 의해 만들어진 것 같다(Morris, 256). "자기의 양식을 위해 일하여야 한다"라는 가르침은 디다케에서도 반영되고 있다: "만일 그가 너희와 함께 살기를 원하고 그가 어떤 기술을 가졌다면, 그로 하여금 자기 양식을 위해 일하도록 하라"(12.3). 디다케에 의하면 방문자가 오면 교회는 그를 이틀(필요하다면 사흘) 동안 도와줄 수 있다.

[3:11] [사역] "(왜냐하면) 우리가 들은즉 너희 가운데 제멋대로 행하여". 세 번째 이유를 나타내는 γάρ(왜냐하면)를 통해 바울은 "누구든지 일하기 싫으

면 먹지도 말라"라는 엄명을 하는 정황을 밝히고 있다. 그들 가운데 '제멋대로' 행하는 자들이 있다는 소식을 바울이 듣고 있었기 때문이다. 본문은 데살로니가 교회의 정황을 가장 구체적으로 밝히고 있다. '너희 가운데'라는 표현은 "우리가 너희 가운데서 제멋대로 행하지 아니하며"(7절)라는 바울의 행동과 대조를 이룬다.

[사역] "도무지 일하지 아니하고 돌아다니며 참견하는". 그린(Green, 351)은 "후원자-피후원자의 관점에서, 그들[아탁토이]이 공적 모임에서 후견인의 대의명분을 지지하여 그들의 관심도 아닌 것에 관여하였다는 것을 의미한다(필자 첨가)"라고 주장한다. 하지만 그들이 일하지 아니함은 그들의 클라이언트로서의 사회적 지위나 형편의 문제가 아니라 교회 내적인 문제로 판단된다. 일반적인 관점에서 볼 때, 그들은 "공동체를 실제로 어지럽게 하거나 그러한 잠재성을 가진 자들로서 공동체의 평판을 좋지 않게 하므로 공동체 전체를 위해서는 물론이고 그들 자신을 위해서도 권계가 필요한 자들이었다"(브루스, 336).

바울은 이러한 자들을 "영적 무장이 되어 있지 않은 자들"로 표현한다(살전 5:8). 이들은 단순히 '질서 없는' 자들이 아니라, 바울의 가르침에 순종하지 아니하여 '제멋대로 행하며' '돌아다니는' 자들이었다. 이와 관련하여 그들(아탁토이)은 자신들의 카리스마적 권위를 주장함으로써 일을 하지 않고 다른 이들의 지원을 받아야 마땅하다고 주장하는 이들로 남의 일에 참견함으로써 교회 내에서 문제를 일으킬 가능성이 있는 자들이었다는 해석은 데살로니가 교회 내의 영적 리더십의 갈등을 주장한다(Holmberg, 111, 159; Jewett, 105).

하지만 이러한 해석은 개종한 지 얼마 되지 않은 초기 그리스도인들로 구성된 데살로니가 교회의 정황과는 어울리지 않는다. 오히려 본문, "μηδὲν ἐργαζομένους ἀλλὰ περιεργαζομένους"(메덴 에르가조메누스 알라 페리에르가조메누스)는 일하지 아니하고 여기저기 참견하여 일을 만드는 모습을 표현한다. 이러한 행동은 "조용히 자기 일을 하고 너희 손으로 일하기를 힘쓰라 이는 외인에 대하여 단정히 행하고 또한 아무 궁핍함이 없게 하려 함이라"(살전 4:11-12)라는 바울의 가르침과는 정면으로 배치된다. 일하지 않고 가르침으로 먹고 사는 철학자들은 흔히 오지랖이 넓어 참견하는 자로 비난을 받았다(Malherbe 2000: 453). 그렇다면 '제멋대로 행하는 자들'은 단순히 태만한 자가 아니라 이처럼 당시에 잘 알려진 비난으로 그들을 묘사하는 것은 주의 날에 대한 잘못된 견해와 관련된 자들이라고 할 수 있다.

[3:12] "이런 자들에게 우리가 명하고 주 예수 그리스도 안에서 권하기를". 접속사 δέ는 제멋대로 행하는 자들을 향하고 있음을 보여준다. 이런 자들을 향한 바울의 가르침은 엄중하다. '명하다'라는 동사에 이어 '권하다'라는 동사는 명령의 내용이 구체적으로 무엇인지를 명시한다.

"조용히 일하여 자기 양식을 먹으라 하노라". 데살로니가후서의 엄중한 가르침의 형태는 일반적인 데살로니가전서 4장 11절의 "조용히 자기 일을 하고 너희 손으로 일하기를 힘쓰라"라는 가르침보다 엄중하다. '조용한'(με τὰ ἡσυχίας, 메타 헤쉬키아스) 태도는 다른 사람의 일에 간섭하면서 말썽을 일으키는 것과는 대조적이다. 때로 '조용하다'라는 주제는 당시의 문학에서 공동체에 문제를 야기하지 않는 존경할 만한 사람들에 대한 묘사에 나타난다. 필로는 조용한 삶을 일반 대중의 삶과 대조하면서 조용함을 귀족의 표시로 이해했다. 조용한 삶을 영위하는 것은 때로 "자기 일에 관심하다"(살전 4:11)라는 표현과 함께 사용되어 "공적 활동에서부터 물러서다"라는 의미를 갖는다. 사실 자기 일에 관심을 갖는 것은 공적인 일들에 참여하는 것과는 정반대의 의미를 갖는다. 이러한 맥락에서 그린(Green)은 이 구절을 피후원자의 지위에 있는 데살로니가 교우들에게 후견인의 명분을 위한 공적/정치적 일들로부터 물러나 있기를 명하는 가르침으로 이해한다. 피후원자로 살기보다는 자기 손으로 벌어서 생활하라고 권면한다는 것이다.

하지만 여기서 "조용히 일하라"라는 권면은 '제멋대로 행하는', 즉 다른 이들의 삶에 참견하는 행위를 금하는 반대적 가르침이다. 바울은 '제멋대로 행하는 자들'에 대해 "도무지 일도 하지 않을 뿐만 아니라 일만 만드는 자들"이라고 말한다(3:11). "조용히 일하라"라는 권면의 궁극적인 목적은 "자기 양식을 먹으라"라는 것이다. 이 말은 생계의 수단으로 다른 사람에게 의존하지 말라는 뜻이다. 그들은 바울의 가르침과는 달리 다른 이들에게 부담을 주어 생계를 유지했던 것 같다(3:8). 따라서 그들에게 필요한 것은 그들이 다른 이들에게 경제적으로 부담이 되지 말고 자기 손으로 일하여 자신의 음식을 먹는 것이다.

[3:13] "형제들아 너희는 선을 행하다가 낙심하지 말라". 문장을 시작하는 '(그러나) 형제들아 너희는'(Ὑμεῖς δέ, ἀδελφοί, 헤메이스 데 아델포이)이라는 강조적 표현은 앞의 '제멋대로 행하는 자들'(아탁토이)과 대조를 이룬다. 이제 바울은 화두를 돌려 교회 공동체를 향하여 "선을 행하다가 낙심하지 말라"라고 권면한다. '선을 행하다'라는 말은 '옳은 일 혹은 고귀한 일을 하다'(Frame, 308; Morris, 257), 혹은 '자선을 베풀다'(von Dobschütz, 315; Best, 342)라는 말로서 일반적으로 가난한 자들을 돌본다는 의미를 담고 있다. 어쩌면 바울은 '아탁토이'와 관련하여 자기 손으로 일하라는 권면이 확대 해석되어 곤궁한 자들을 외면할 수 있는 가능성을 내포하기에 이러한 권면의 필요성을 의식했을 것이다(Wanamaker, 288; 참조, Malherbe 2000: 458). "낙심하지 말라"라는 말은 포기하거나 주저앉지 말라는 뜻이다(눅 18:1; 고후 4:1, 16; 갈 6:9; 엡 3:13).

갈라디아서 6장 9절, "우리가 선을 행하되 낙심하지 말지니"라는 말씀은 거의 같은 표현으로서 위의 두 생각을 잘 표현하고 있다. 갈라디아서에서의 권면은 일반적인 권면이다. 하지만 데살로니가후서에서 "형제들아 너희는 선을 행하다가 낙심하지 말라"라는 말씀은 구체적으로 앞의 3장 6~12절을 그 배경으로 한다. 여기서 바울이 어느 정도로 구체적인 권면을 주고 있는지를 판단하기는 어렵지만, 갈라디아서의 권면과는 그 정황이 다르다. "낙심하지 말라"(μὴ ἐγκακήσητε, 메 엥카케세테)라는 단순과거 가정법 표현은 아직 일어나지 않은 행동을 금하는 표현이지만(Malherbe 2000: 458), 데살로니가 교회의 구체적인 정황을 염두에 둔 명령이다(Wanamaker, 288). 앞의 6~12절과 뒤의 14절이 '제멋대로 행하는 자들'(아탁토이)의 문제를 다루고 있다는 점에서 볼 때, '아탁토이'와 관련하여 바울은 구체적으로 그들을 "원수와 같이 생각하지 말고 형제 같이 권면하라"(15절)라는 말로 그들을 포기하지 말 것을 당부하기 위해 이러한 권면을 주고 있다.

해설(Comment)

대부분의 학자들은 데살로니가 서신의 '아탁토이'의 문제를 그리스도의 임박한 강림에 대한 믿음으로 인해 종말론적 흥분(상태)에 뿌리를 둔 것으로 이해하여 일하지 않는 게으른 자들로 해석한다. '아탁토이'를 게으른 자들로 이해하는 이러한 해석은 게으른 자들을 향한 바울의 통렬한 질책의 구체적인 동기에 대한 논쟁을 가져왔다. 그리스도가 곧 오시리라는 믿음이 그들로 하여금 일상적인 삶의 영위를 포기하고 영적인 준비, 곧 기도와 종말론적 담론에 온 관심을 쏟아붓게 하였다는 것이다. 그리하여 그들(아탁토이)은 곧 빈곤하게 되었고, 데살로니가 교인들과 믿지 않는 자들에게 문젯거리가 되었다는 것이다.

하지만 형용사 ἄτακτος(아탁토스)는 '법과 질서가 없는'을 뜻하는 ἄνομος(아노모스)와 짝을 이루는 말로, 또한 '질서가 없다'라는 뜻의 군사적 용어로 사용되었다(Milligan, 152). 동사 ἀτακτέω(아탁테오) 역시 어원적 의미가 밝히듯이 '질서가 없다' 혹은 '무질서한 방법으로 행하다'라는 뜻으로 사용되어 자기가 해야 할 의무를 행하지 않는 사람에게 적용되었다(Milligan, 153). 바울 당시 이 말은 의도적인 악한 소행보다는 비유적으로 일상에 있어서의 태만과 부주의한 생활 태도, 예들 들면, 무단결석과 같은 행동을 주로 일컬었다(Milligan, 154).

그들(아탁토이)은 일하지 아니하였고(3:10), 교회의 질서와 전통을 무시하였고(3:6; 4:28), 공동체 내에서 조용한 삶을 산 것이 아니라 다른 이들의 삶에 개입하여 일을 만들었고(3:12), 어쩌면 마땅치 않은 해서는 안 될 말을 하였던 자들이었다(참조, 딤전 5:13). 바울은 데살로니가전서에서 이러한 자들을 가리켜 "영적 무장이 되어 있지 않은 자들"로 표현한다(살전 5:8). 이들은 일하지 않고 공동체로부터 경제적 후원을 받았다(3:8, 13). 그러므로 이들은 단순히 '게으른' 자들이 아니라 바울의 전승을 무시하고 제멋대로 행하는 자들이었다. 이러한 아탁토이의 행동은 '영'의 문제와 "주의 날이 이르렀다"라는 잘못된 가르침과 연결된다(살후 2:2). 이는 환난과 박해로 인한 주의 날이 이르렀다는 거짓 가르침으로 말미암아 신앙이 흔들리고 두려움에 빠진 정황을 묘사한다.

제 VI 부

페로라치오

데살로니가후서 3 : 14-15

| 데살로니가후서 3 : 14-15 |

페로라치오

¹⁴누가 이 편지에 한 우리 말을 순종하지 아니하거든 그 사람을 지목하여 사귀지 말고 그로 하여금 부끄럽게 하라 ¹⁵그러나 원수와 같이 생각하지 말고 형제같이 권면하라

페로라치오, 혹은 콘클루지오(conclusio, 결론)는 편지의 논증을 요약하여 글쓴이가 제시한 행동을 따를 것을 설득하는 단락이다. 따라서 페로라치오는 글쓴이의 주된 관심이 무엇인지를 잘 보여주는 믿을 만한 지침으로서 수신자들이 기억하기를 원하는 요점을 제시한다. 데살로니가후서에서 바울은 다시금 전승에 순종할 것, 즉 "이 편지에서 한 우리 말"(3:14)을 강조한다.

[3:14] "누가 이 편지에 한 우리 말을 순종하지 아니하거든". 바울은 여기서 6절에서 처음 언급된 전승을 따르지 않고 제멋대로 행하는 자들을 훈육하는

문제로 되돌아간다. 여기서 '말'(로고스)은 고전 헬라어와 토라에 대한 바울의 이해에 뿌리를 둔 것으로 '행동 규칙'(규율)이라는 의미로 사용되고 있다(참고, 롬 13:9; 갈 5:14; Wanamaker, 288). 단수 표현 λόγος(로고스)는 바울이 6~12절에서 다루고 있는, 구체적으로는 12절에서 언급한 명령을 가리킨다(Wanamaker, 289). '우리(의) 말', 곧 '우리의 행동 규칙'이라는 말 속에는 사도적 권위가 담겨 있다(Bruce, 209).

이 명령은 전승을 어떻게 가르치고 전해야 하는지를 제시한다. 바울의 견해에서 볼 때, 말과 편지는 전승의 가르침의 올바른 수단이다. "그러므로 형제들아 굳건하게 서서 말로나 우리의 편지로 가르침을 받은 전통을 지키라"(2:15). 바울은 잘못된 가르침과 영적 주장과의 상관성을 함축적으로 드러낸다. 바울은 '말과 편지'라는 전승의 수단을 본문에서는 '편지에 한 우리 말' 곧 '편지를 통한 우리 말'이라는 표현으로 나타낸다(말크쎈, 살후 162).

"그 사람을 지목하여 사귀지 말고 그로 하여금 부끄럽게 하라". 바울은 앞서 데살로니가 교우들에게 "우리에게서 받은 전통대로 행하지 아니하는 모든 형제"를 멀리할 것을 명하였다(3:6). 이 명령은 이제 구체적으로 "그 사람을 지목하여 사귀지 말라"라는 명령으로 언급된다. 먼저, '지목하다'라는 동사 σημειόω(세메이오오)의 중간태, σημειουσθε(세메이우스데)는 '표시하다'(mark), '기록하다' 또는 '서명하다'라는 뜻으로 사용된다(Milligan, 117).

"사귀지 말라"(μὴ συναναμίγνυσθαι, 메 쉰아나밍뉘스싸이)라는 부정사 표현은 결과나 목적을 나타내는 것으로 6절의 '떠나라', 즉 '멀리하라'라는 말씀에 대한 해석이다. '사귀다'(συναναμίγνυμι, 쉰아나밍뉘미)라는 동사는 신약성서에서는 단지 고린도전서 5장 9, 11절에서 두 번 사용된다. 바울은 고린도 교회를 향하여 음행하는 자들과 교제하는 것을 금할 뿐만 아니라 함께 먹는 것을 금한다. 함께 먹는 것을 금하는 것은 음행하는 자가 성찬에 함께할 수 없음을 함의한다(Greeven, 855; 재인용, Wanamaker, 289). 본문은 함께 먹는 것을 금하는 것을 명시하지 않지만 순종치 않는 자들이 성찬이 행해지는 공동식사에 참여할 수 없음을 함축한다(Wanamaker, 289).

"그로 하여금 부끄럽게 하라"(ἵνα ἐντραπῇ, 히나 엔트라페). 가르침을 따르지 않는 자와의 사귐을 금하는 것은 그에게 창피를 주기 위함이다. 단순과거 수동태 ἐντραπῇ는 순종치 않는 자가 공동체에 의해서 부끄러움을 당함을 함의한다. 이러한 공동체의 조치는 궁극적으로는 순종치 않는 자를 내치기 위함이 아니라 그 사람을 다시금 공동체 안으로 받아들이기 위한 긍정적인 결과를 얻기 위함이다(3:15; 고전 5:4-8 참조). 또한 이러한 조치는 다른 한편으로 나쁜 영향으로부터 공동체를 멀리하여 공동체의 거룩성을 지키기 위함이다(Meeks 1983: 130).

[3:15] "그러나 원수와 같이 생각하지 말고 형제 같이 권면하라". 그레코-로마 세계에서 더 이상 받아들일 수 없는 관계인 경우에 그 관계는 친구(φίλος, 필로스)에서 원수(ἐχθρός, 에크쓰로스)로 바뀐다. 원수는 친구 관계에서 떨어져 나간 사람을 정의하는 용어이다. 원수라는 용어는 형용사 '증오하다'에서 나온 것이다. 사회적 관계의 단절에서 시작된 적의와 반목의 관계는 궁극적으로는 '명예, 재산, 시민권'에까지 미치는 공격으로 나타났다. 그러나 바울은 데살로니가 교회 공동체에게 '제멋대로 행하는 자들'을 향하여 원수를 대하듯 적의를 나타내지 말 것을 경고한다. 오히려 형제에게 하듯 '권면하라'라고 말한다. 바울은 그러한 경고를 통해 그 형제를 얻을 수 있다는 소망을 제시한다.

해설(Comment)

데살로니가후서 3장 13~15절은 순종하지 않는 자들에 의해서 일어난 교회의 정황에 대하여 데살로니가 교우들이 어떻게 행해야 할지를 다룬다. 제멋대로 행하는 자들은 잘못된 가르침으로 말미암아 미혹에 빠져 순종치 않는 자들이었다(비교, 말크쎈, 살후 161). 이들을 대하는 바울의 권면은 매우 엄격하고, 단호하다. 하지만 바울은 이러한 그의 권면이 과도하게 해석될 것을 염려하여 세심한 주의를 기울인다. 바울은 교회 공동체로 하여금 이들의 행동이 잘못된 것임을 깨닫도록 이들로 하여금 부끄러운 줄 알게 하고, 그 결과 이들을 다시금 얻고자 한다.

이를 위해 교회 공동체는 '제멋대로 행하는 자들'에 대해서 먼저, "지목하여 사귀지 말라"라고 권면한다. 바울은 '지목하다' 혹은 '표시하다'라는 교회 공동체의 행동 규칙에 대해서는 구체적으로 언급하고 있지 않지만 여러 증거들로 미루어 볼 때, 그러한 실제적인 조치가 행해졌고, 그러한 조치는 교회 공동체의 조치였다는 것이다(참고, 고전 5:4; 마 18:19-20; 비교, 신 19:15-21; 1QS 5:24-6:1; Malherbe 2000:460). 바울은 데살로니가 교회를 향해 이들과 어떠한 교제도 가져서는 안 된다고 권면한다. 이러한 권면은 잘못된 가르침이 데살로니가 교회에 혼란을 야기했을 뿐만 아니라 여전히 미혹으로 인도할 개연성 때문이었다. 다음으로 바울은 데살로니가 교회를 향해 순종치 않는 자들에게 원수를 대하듯 적의를 내비치지 말고 형제에게 하듯 선으로 대해 줄 것을 권면한다. 이러한 맥락에서 바울은 데살로니가 교회를 향해 "형제들아 너희는 선을 행하다가 낙심하지 말라"(3:13)라고 권면하는 것이다.

제Ⅶ부

종 결

데살로니가후서 3 : 16-18

| 데살로니가후서 3 : 16-18 |

종 결

¹⁶평강의 주께서 친히 때마다 일마다 너희에게 평강을 주시고 주께서 너희 모든 사람과 함께 하시기를 원하노라 ¹⁷나 바울은 친필로 문안하노니 이는 편지마다 표시로서 이렇게 쓰노라 ¹⁸우리 주 예수 그리스도의 은혜가 너희 무리에게 있을지어다

바울은 그의 편지를 공동체를 위한 중보의 기도로 마무리한다. 바울이 평강의 인사로 편지를 시작했듯이(1 : 2) 평강의 인사로 끝맺는다. 평강(εἰρήνη, 에이레네)에 대한 기원은 "편지의 주요 관심사들을 합치는 기도"이다(Richard, 392). 문안 인사의 강조점은 인사 자체에 있는 것이 아니라 이 편지의 진정성을 표시하기 위함이다.

[3 : 16] "평강의 주께서 친히 때마다 일마다 너희에게 평강을 주시고". 바울이 그의 편지를 마무리하면서 데살로니가 교회 공동체를 위해 드리는 중보

의 기도는 평강에 대한 기원이다. 바울은 평강의 인사로 시작한(1:2) 그의 편지를 평강의 인사로 끝맺는다. "평강의 주께서 친히 너희에게 평강을 주시고"라는 평강에 대한 이중적 언급으로 평강(εἰρήνη)의 중요성을 강조한다.

바울은 데살로니가전서 5장 23절에서 사용된 보다 일반적인 칭호인 '평강의 하나님' 대신에 '평강의 주'께 기도한다. 데살로니가전서에서 바울은 그의 권면이 '하나님의 뜻'임을 밝히고(살전 4:3; 5:18), '하나님의 뜻'이라는 말로써 그의 권면을 둘러싼다(살전 4:1-5:22). 따라서 데살로니가전서에서 바울은 하나님을 향하여 마침 기도를 드린다. 그러나 데살로니가후서에서 그의 권면(3:6-15)은 "주 예수 그리스도의 이름으로" 주어졌고(3:6), "주 예수 그리스도 안에서"(3:12) 명한 가르침이었다. 따라서 데살로니가후서에서 바울은 마침 기도를 '주 예수'께 올린다 (Frame, 310; Green, 357; 비교, Malherbe 2000: 462). 바울은 그의 주 예수 그리스도의 은혜가 모두에게 임하기를 바라는 축도로서 데살로니가후서를 마친다. 이러한 주 예수에 대한 강조는 데살로니가후서의 주요 쟁점이 '주의 날'과 관련이 있다는 점에서 비롯된 것 같다(Nicholl, 175).

평강의 간구는 제멋대로 행하는 자들로 인하여 내적 긴장을 가진 데살로니가 교회 공동체의 우선된 바람이라 할 수 있다(참고, Holland, 92). 평강에 대한 간구는 앞서 데살로니가전서에서 "너희끼리 화목하라"(살전 5:12-14)라는 권면과도 일치한다. 하지만 "때마다 일마다"(διὰ παντὸς ἐν παντί, 디아 판토스 엔 판티 트로포)라는 표현은 데살로니가 교우들이 직면한 "수많은 곤경을 암시하며, 또한 박해받고, 교리적으로 혼란이 있으며, 사회적으로 곤경에 빠진 교회를 보여준다"(웨이마, 819; Martin, 291). 평강을 세우는 것은 신들의 역할이라는 점에 익숙한 데살로니가 교우들을 향하여(Green, 358), 바울은 주 예수께 데살로니가 교회가 직면한 문제에 간여하여 궁극적인 평강을 가져다줄 것을 간구한다. 바울은 끝으로 예수 그리스도만이 참된 평강의 주이심을 다시금 확증한다. 보다 분명한 점은 본문이 "여호와는……

평강 주시기를 원하노라"라는 민수기 6장 26절의 제사장의 축복 기도를 닮았다는 것이다. 바울의 마침 기도의 삶의 자리(Sitz im Leben)는 예배로 바울은 예전적 배경을 편지에 적용하였다(Malherbe 2000: 462).

[3:17] "나 바울은 친필로 문안하노니". 편지의 후기에는 실제로 인사 자체는 없다. 단지 문안(ασπασμός, 아스파스모스)에 관한 언급만 있다. 본문은 데살로니가후서의 진정성에 관한 논의를 불러일으켰다. 고대의 서신 양식에는 발신인이 서신의 내용을 받아 적게 한 후, 마지막 한두 문장으로 자신의 친필을 적어 보내는 일이 흔히 있었다. 이러한 관행은 수신자들에게 이 편지가 발신인의 것임을 확인시켜줄 뿐만 아니라, 개인적인 친밀감을 주기 위해서였다(브루스, 346). 고린도전서에서도 여러 인사에 이어서 친필의 인사가 나온다(고전 16:21). 갈라디아서에서는 친필의 인사에 이어서 편지의 요점이 다시금 언급된다(갈 6:11). 빌레몬서 19절에서 친필의 인사는 "오네시모가 빚진 것이 있다면 바울 자신이 대신 갚겠다"라는 엄중한 약속의 일부이다. 그러므로 바울에게 있어서 친필의 인사는 인사 후의 내용을 인증하는 것으로서 그 내용이 바울 자신의 것임을 강조하는 것이다. 하지만 데살로니가후서에서는 친필의 인사가 전체 인사를 대신한다. 이 친필의 인사는 그 뒤의 내용을 인증할 뿐만 아니라 편지의 전체 내용을 인증한다(참고, Green, 359).

"이는 편지마다 표시로서 이렇게 쓰노라". 바울은 이러한 인증의 기능을 분명하게 명시한다. 개인적인 친필의 표시는 위경에서는 일반적이다. 하지만 데살로니가후서에서 이러한 친필의 인사는 위서에 대한 안전장치 혹은 보증으로 간주되어서는 안 된다. 친필의 인사는 개인적인 유대관계의 표현이다(말크쎈, 살후 163; 브루스, 346). 바울이 친필의 인사를 항상 포함시켰든 그렇지 않든 간에 바울의 편지를 작성하는 관행을 떠나서, 수신자들과의 개인적인 유대관계가 그 어느 때보다 절실히 요구되는 정황에서 바울은 이러한 바울의 친필의 인사를 포함시키는 것이 필요하다고 판단한 것 같다.

데살로니가후서 역시 데살로니가전서와 마찬가지로 바울의 편지이지만 공동 발신인(바울과 실라와 디모데)의 이름으로 데살로니가 교회 공동체로 보내졌다. 또한 데살로니가 교회 공동체 내에서 발생한 종말론에 관한 오해는 바울의 가르침에 대한 오해였다. 바울은 이러한 오해를 바로잡고자 했기에 마지막에 자신의 권위에 호소하는 것은 지극히 당연한 일이었을 것이다.

[3:18] [사역] "우리 주 예수 그리스도의 은혜가 너희 모두에게 있을지어다". 마지막 축도이다. '모두'라는 말을 제외하면 본문은 데살로니가전서 5장 28절과 고린도전서 16장 23절의 축복기도와 동일하다. '모두'에 대한 언급은 어쩌면 공동체의 사귐에 참여할 수 없는, 그러나 형제자매처럼 권면이 필요한 이들에게도 예수 그리스도의 은혜가 임하기를 기도하는 것이다. 마찬가지로 데살로니가전서에서도 편지를 끝맺으면서 그가 쓴 편지를 모든 형제자매들에게 읽어 주라고 엄중하게 요청하고 있다. 어떤 사본들(a A D F G byz syr cop)에는 축도 다음에 '아멘'이 덧붙여져 있다. 아멘은 예배에서 마지막 축도 후의 회중의 응답이다.

해설(Comment)

바울은 그의 편지의 결론을 데살로니가 교회 공동체를 위한 중보의 기도로 마무리한다. 그는 평강의 주 예수께 공동체의 평강을 기원한다. 바울은 데살로니가후서를 평강의 인사로 시작하고(1:2), 평강의 인사로 끝맺는다. 이는 데살로니가 교우들이 직면한 박해와 수많은 곤경을 가리키며, 내적으로는 이로 인한 혼란과 무질서와 갈등을 시사한다. 평강은 데살로니가후서의 중요한 사안으로서 평강에 대한 기원은 편지의 주요 관심사들을 수렴한다고 할 수 있다(Richard, 392).

평강은 제멋대로 행하는 자들이 조용한 삶을 살고, 데살로니가 공동체를 '흔들리게' 했던 종말에 대한 잘못된 해석이 제거될 때 얻어지는 결과이기도 하지만, 주 예수의 은혜로 말미암는 궁극적인 축복이다. 그러므로 바울은 "우리 주 예수 그리스도의 은혜가 너희 무리에게 있을지어다"라는 마지막 축도로 그의 편지를 마친다. 이러한 바울의 중보의 기도는 평강을 세우는 것은 신들의 역할이라는 당시의 이해와 구약성서에서의 "여호와는……평강 주시기를 원하노라"라는 민수기 6장 26절의 제사장의 축복 기도를 그 배경으로 한다. 또한 이러한 바울의 마침 기도는 초기 그리스도교 공동체의 예배라는 삶의 자리와 예전적 삶을 보여준다.

참고문헌

김세윤. 「데살로니가전서 강해」. 서울: 두란노, 2002.
김형동. 「공관복음」. 서울: 한국장로교출판사, 2010.
_____. "데살로니가전서에 나타난 환난과 로마제국의 상관성에 대한 재조명," 「신약논단」 17/2 (2010), 325-356.
_____. "신약성서 종말론 이해의 '부딪히는 돌'(σκάνδαλον): 데살로니가후서 2:1-12 재논의," 「신약논단」 28/2 (2021), 467-500.
박영호. 「에클레시아: 에클레시아에 담긴 시민공동체의 유산과 바울의 비전」. 서울: 새물결플러스, 2019.
박창환 역. 「신약성경」. 서울: 국제크리스천학술원, 2008.
최영숙, "데살로니가전서 4:4의 스큐오스(skeu/oj)에 대한 번역과 해석 연구", 「성경원문연구」 28 (2011), 128-145.
최혜영, "로마의 종교," 「로마 제정사 연구」. 서울: 서울대출판부, 1990.
_____. "로마 황제 숭배와 유대-크리스트교와의 갈등," 「서양고대사연구」 제25권 (2009), 251-282.
_____, 「그리스·로마: 그리스·로마의 역사와 문화」. 광주: 전남대학교출판문화원, 2019.
고먼, 마이클, 박경미, 소기천, 윤철원, 장동수 옮김. 「바울연구개론」. 서

울: 대한기독교서회, 2021.

말크쎈, W. 「데살로니카전후서」. 국제성서주석. 서울:한국신학연구소, 1986.

브루스, F. F. 「살전·후」. W. B. C. 주석. 인천: 임마누엘, 1992.

웨이마, 제프리, 배용덕 옮김. 「데살로니가전후서」. 서울: 부흥과개혁사, 2018.

포드, J. 매싱버드. 「요한계시록A」. 최흥진 역, 앵커바이블. 서울: CLC, 2017.

Aune, David. *Prophecy in Early Christianity and the Ancient Mediterranean World*. Grand Rapids, MI:Wm. B. Eerdmans, 1983.

Aus, R. D. "The Liturgical Background of the Necessity and Propriety of Giving Thanks according to 2 Thess 1:3," *Journal of Biblical Literature* 92 (1973): 432-438.

Barrett, C. K. *A Commentary on the First Epistle to the Corinthians*. HNTC. New York:Harper & Row, 1968.

Bassler, Jouette M. "The Enigmatic Sign: 2 Thessalonians 1:5," *Catholic Biblical Quarterly* 46 (1984): 496-510.

Bengel, Johann Albrecht. *Gnomon of the New Testament*. A New Translation by Charlton T. Lewis and Marvin R. Vincent. 2 vols. Grand Rapids: Kregel, 1971.

Best, Ernest. *A Commentary on the First and Second Epistles to the Thessalonians*. BNTC. London:A and C Black, 1972.

Baur, Ferdinand Christian. *Paulus, der Apostel Jesu Christi*. Stuttgart:Becher & Müller, 1845.

Boring, M. Eugene. *I & II Thessalonians: A Commentary*. The

New Testament Library. Louisville, KY : Westminster John Knox Press, 2015.

Bruce, F. F. *1 & 2 Thessalonians*. WBC 45. Waco, TX: Word Books, 1982.

_____. *The Acts of the Apostles*. Grand Rapids, MI:Wm. B. Eerdmans, 1951.

Cicero, *Rhetorical ad Herennium*. trans. Harry Caplan. Cambridge: Harvard University Press, 1989.

Collins, Adela Yarbro. "Vilification and Self-Definition in the Book of Revelation," *Havard Theological Review* 79 (1986): 308-320.

Collins, Raymond F. "I Commend That This Letter Be Read," *The Thessalonians Debate:Methodological Discord or Methodological Synthesis?* ed. Karl P. Donfried and Johannes Beutler, 319-339. Grand Rapids, MI:Wm. B. Eerdmans, 2000.

Cranfield, C. E. B. *A Critical and Exegetical Commentary on the Epistle to the Romans*. ICC, 2 vols. Edinburgh:T & T Clark, 1975.

Danker, Frederick W. *Benefactor:Epigraphic Study of a Graeco-Roman and New Testament Semantic Field*. St. Louis: Clayton Publishing House, 1982.

von Dobschütz, Ernst. *Die Thessalonicher-Briefe*. Meyer Kommentar. Göttinghen:Vandenhoeck und Ruprecht, 1909.

Donfried, Karl Paul. *Paul, Thessalonica, and Early Christianity*. London:T & T Clark, 2002.

Donfried, Karl P. and Beutler, Johannes. *The Thessalonians Debate:Methodological Discord or Methodological Synthesis?* Grand Rapids, MI:Wm. B. Eerdmans, 2000.

Doty, William G. *Letters in Primitive Christianity.* Philadelphia: Fortress Press, 1973.

Edson, Charles. "Cults of Thessalonica," *Harvard Theological Review* 41 (1948), 153-204.

Elliot, Neil and Reasoner, Mark, eds. *Document and Images for the Study of Paul.* Minnerapolis: Fortress Press, 2011.

Everson, A. Joseph. "The Days of Yehweh," *Journal of Biblical Literature* 93.3 (1974), 329-337.

Findlay, C. G. *The Epistles to the Thessalonians.* Cambridge: Cambridge University Press, 1891.

Funk, Robert W. "The Apostolic Parousia:Form and Significance," *Christian History and Interpretation.* Studies Presented to John Knox, ed. Wm. R. Farmer, C. F. D. Moule and R. Richard Niebuhr, 249-268. Cambridge:Cambridge University Press, 1967.

Furnish, Victor Paul. *1 Thessalonians, 2 Thessalonians.* Nashville: Abingdon, 2007.

Green, Gene L. *The Letters to the Thessalonians.* Grand Rapids, MI:Wm. B. Eerdmans, 2002.

Giblin, Charles H. *The Threat to Faith:An Exegetical and Theological Re-examination of 2 Thessalonians 2.* Rome: Pontifical Biblical Institute, 1967.

_____. "The Heartening of Apocalyptic of Second Thessalonians,"

TBT 26 (1988).

Hendrix, Holland. "Benefactor/Patron Networks in the Urban Environment:Evidence from Thessalonica," *Semeia*, 39-58.

_____. *Thessalonians Honors Romans*. Th.D. dissertation. Harvard University, 1984.

Henneken, B. *Verkündigung und Prophetie im 1. Thessalonicherbrief.* SBS 29. Stuttgart:Katholisches Bibelwerk, 1969.

Hock, Ronald F. *The Social Context of Paul's Ministry:Tentmaking and Apostleship*. Philadelphia:Fortress Press, 1980.

Holland, G. S. *The Tradition That You Received from Us: 2 Thessalonians in the Pauline Tradition*. HUTh 24. Tübingen:J.C.B. Mohr, 1988.

Holmberg, P. *Paul and Power*. Philadelphia:Fortress Press, 1980.

Holtz, Traugott. *Der erste Brief and die Thessalonicher*. EKKNT 13. Zürich: Benziger, 1986.

Hughes, Frank W. *Early Christian Rhetoric and 2 Thessalonians*. JSNT Supplement Series 30. Sheffield:Sheffield Academic Press, 1989.

Jewett, Robert. *The Thessalonian Correspondence: Pauline Rhetoric and Millenarian Piety*. Philadelphia:Fortress Press, 1986.

Judge, E. A. "The Decrees of Caesar at Thessalonica," *Reformed Theological Review* 30 (1971): 1-7.

Koester, Helmut. "From Paul's Eschatology to the Apocalyptic Schemata of 2 Thessalonians," 441-458 in Raymond F. Collins, *Thessalonian Correspondence*. BETL 87. Leuven:

Leuven University Press, 1990.

Krentz, Edgar. "Through a Lens: Theology and Fidelity in 2 Thessalonians," in *Thesssalonians, Philippians, Galatians, Philemon*. vol. 1 of *Pauline Theology*. ed. Jouette M. Bassler. Minneaspolis: Fortress Press, 1991, 51-62.

Krodel, Gerhard. "The 'Religious Power of Lawlessness' (Katechon) as Precursor of the 'Lawless One' (Anomos) 2 Thess 2:6-7." *Currents in Theology and Mission* 17 (1990), 440-446.

Lake, Kirsopp. *The Earlier Epistles of St. Paul: Their Motive and Origin*. London: Rivingtons, 1911.

Lambrecht, Jan. "Thanksgivings in 1 Thessalonians 1-3," *The Thessalonian Debate*, 135-162.

_____. "A Structural Analysis of 1 Thessalonians 4-5," *The Thessalonian Debate*, 163-178.

Lehmann, Phyllis Williams, *Samothrace: The Hieron*. Princeton: Princeton University, 1969.

Lightfoot, J. B. *Notes on Epistles of St. Paul*. Repr. Grand Rapids: Baker, 1980.

Malherbe, Abraham J. "Exhortation in First Thessalonians," *Novum Testamentum* 25 (1983), 238-256.

_____. *Paul and Thessalonians*. Philadelphia: Fortress Press, 1987.

_____. *Paul and the Popular Philosophers*. Minneapolis:Fortress Press, 1989.

_____. *The Letters to the Thessalonians*. The Anchor Bible 32B. New York: Doubleday, 2000.

Marshall, I. Howard. *1 and 2 Thessalonians*. Grand Rapids, MI: Wm. B. Eerdmans, 1983.

Martin, D. Michael. *1, 2 Thessalonians*. New American Commentary 33. Nashville: Broadman & Holman, 1995.

Meeks, Wayne A. *The First Urban Christians*. New Haven: Yale University Press, 1983.

_____. *The Origin of Christian Morality*. New Haven: Yale University Press, 1993.

_____. "Social Function of Apocalyptic Language in Pauline Christianity," *Apocalypticism in the Mediterranean World and the Near East*. Proceedings of the International Colloquium on Apocalypticism. Uppsala, ed. David Hellholm, 687-705. *Tübingen*: Mohr, 1983.

Merklein, H. "Der Theologie als Prophet: zur Funktion prophetischen Redens im theologischen Diskurs," *New Testament Studies* 38 (1992): 402-429.

Metzger, Bruce M. *A Textual Commentary on the Greek New Testament*. 2nd ed. London: United Bible Societies, 1994.

Milligan, George. *St. Paul's Epistles to the Thessalonians*. London: Macmillan, 1908.

Morris, Leon. *The First and Second Epistles to the Thessalonians*. Grand Rapids, MI: Wm. B. Eerdmans, 1991.

Moule, C. F. D. *An Idiom-Book of New Testament Greek*. Cambridge: Cambridge University Press, 1971.

_____, *The Origin of Christology*. Cambridge: Cambridge University Press, 1977.

Nestle, E. "2 Thessalonians 2 : 3," *Expository Times* 16 (1904-1905): 472-473.

Nicholl, Colin. R. *From Hope to Dispair in Thessalonica: Situating 1 and 2 Thessalonians.* Society for New Testament Studies Monograph Series 125. Cambridge: Cambridge University Press, 2004.

O'Brien, Peter T. *Introductory Thanksgiving in the Letters of Paul.* Supplements to Novum Testamentum 49. Leiden: E. J. Brill, 1977.

Otto, W. F. *Dionysus: Myth and Cult.* Bloomington: Indiana University Press, 1965).

Pobee, John S. *Persecution and Martyrdom in the Theology of Paul.* JSNT Supplement Series 6. Sheffield:JSOT Press, 1985.

Richard, E. J. *First and Second Thessalonians.* Sacra pagina. Collegeville, MN: Liturgical Press, 1995.

Rigaux, Beda. *Saint Paul. Les épîtres aux Thessaloniciens.* Paris: Gabalda, 1956.

Russell, D. A. *Greek Declamation.* Cambridge:Cambridge University Press, 1983.

Schmithals, Walter. *Paul and Gnostics.* Nashiville:Abingdon Press, 1972.

Schnider, Franz, and Stegner, Weiner. *Studien zum neutestamen-tlichen Briefformular.* NTTS 11. Leiden: E. J. Brill. 1987.

Schoon-Janssen, Johannes. "On the Use of Elements of Ancient Epistolography in 1 Thessalonians," *The Thessalonians*

Debate, 179-193.

Schubert, Paul. *Form and Function of the Pauline Thanksgivings*. BZNW 20. Berlnin:Töpelmann, 1939.

Selwyn, E. G. *The First Epistle of St. Peter*. London:Macmillan, 1961.

Still, Todd D. *Conflict at Thesssalonica:A Pauline Church and Its Neighbours*. JSNTSup 183. Sheffield:Scheffield Academic Press, 1999.

Stowers, Stanley K. *Letter Writing in Greco-Roman Antiquity*. LEC 5. Philadelphia:Westminster, 1986.

Thiselton, Anthony C. *1 & 2 Thessalonians through the Centuries*. West Sussex: Wiley-Blackwell, 2011.

Trilling, Wolfgang. *Der Zweite Brief an die Thessalonicher*. EKK XIV. Zürich:Benziger and Neukirchener Verlag, 1980.

Wanamaker, Charles A. *The Epistles to the Thessalonians*. NIGTC. Grand Rapids, MI:Wm. B. Eerdmans, 1990.

Watson, Duane F. "The Contribution and Limitations of Greco-Roman Rhetorical Theory for Constructing the Rhetorical and Historical Situations of a Pauline Epistle," Stanley E. Porter and Dennis L. Stamps eds, *The Rhetorical Interpretation of Scripture*. Sheffield:Scheffield Academic Press, 1999, 125-151.

White, John L. "Saint Paul and the Apostolic Letter Tradition," *Catholic Biblical Quarterly* 45 (1983): 433-444.

Wiles, Gordon P. *Paul's Intercessory Prayers*. Cambridge: Cambridge University Press, 1974.

Wilson, Bryan. *Religion in Sociological Perspective*. Oxford: Oxford University Press, 1982.

Wrede, William. *Die Echtheit des zweiten Thessalonicherbrief untersucht*. Leipzig:Henrichs, 1903.

| 한국장로교총회창립 100주년기념 표준주석 |

구약

집필부분	집필자
창세기	김중은 박사
출애굽기	이종록 박사
레위기	정중호 박사
민수기	김진명 박사
신명기	김회권 박사
여호수아	강사문 박사
사사기/룻기	허성군 박사
사무엘상·하	김선종 박사
열왕기상·하	김태훈 박사
역대상	배희숙 박사
역대하	함 택 박사
에스라/느헤미야	민경진 박사
에스더	이미숙 박사
욥기	하경택 박사
시편	이승현 박사
잠언	천사무엘 박사
전도서	채은하 박사
아가	강승일 박사
이사야	조성욱 박사
예레미야	강성열 박사
예레미야애가	박동현 박사
에스겔	이은우 박사
다니엘	배정훈 박사
호세아/요엘	김정철 박사
아모스	최인기 박사
오바댜/요나	김유기 박사
미가	오택현 박사
나훔/하박국/스바냐	윤동녕 박사
학개/스가랴/말라기	김근주 박사

신약

집필부분	집필자
마태복음	최재덕 박사
마가복음	차정식 박사
누가복음	오덕호 박사
요한복음	김문경 박사
사도행전	이 달 박사
로마서	장흥길 박사
고린도전서	조광호 박사
고린도후서	박흥순 박사
갈라디아서	이종윤 박사
에베소서	석원식 박사
빌립보서/빌레몬서	김덕기 박사
골로새서	김철홍 박사
데살로니가전·후서	김형동 박사
디모데전·후서/디도서	박종기 박사
히브리서	소기천 박사
야고보서	이승호 박사
베드로전·후서	왕인성 박사
요한1·2·3서/유다서	최흥진 박사
요한계시록	김춘기 박사

Presbyterian Church of Korea Standard Commentary

| 한국장로교총회창립 100주년기념 표준주석 |

데살로니가전·후서

| 초판인쇄 | 2015년 6월 20일 |
| 개정증보판1쇄 | 2024년 6월 30일 |

기획·편찬 표준주석편찬위원회 김형동
편 집 인 대한예수교장로회총회교육자원부
발 행 인 강성훈
발 행 소 한국장로교출판사
주　 소 03128 / 서울 종로구 대학로3길 29 4층(총회창립100주년기념관)
전　 화 (02)741-4381 / 팩스 741-7886
영 업 국 (031)944-4340 / 팩스 944-2623
홈페이지 www.pckbook.co.kr
인스타그램 pckbook_insta　　카카오채널 한국장로교출판사
등　 록 No. 1-84(1951. 8. 3.)

ISBN 978-89-398-9396-2 / 978-89-398-0681-8(세트)
Printed in Korea

값 32,000원

책임편집 정현선
편집 오원택 김효진 박신애　　디자인 남충우 남소현
경영지원 박호애 서영현　　마케팅 박준기 이용성 성영훈

※ 이 출판물은 저작권법에 의해 보호를 받는 저작물이므로 무단전재와 무단복제를 할 수 없습니다.